P9-ASA-128

Bernard Lewis

Le retour de l'Islam

*Essais traduits de l'anglais
par Tina Jolas et Denise Paulme*

Gallimard

AVERTISSEMENT

Cette édition reprend l'essentiel des textes parus sous le titre *Le retour de l'Islam* dans la collection « Bibliothèque des Histoires » en 1985. Deux chapitres de la troisième partie (« Arabes et Juifs ») ne figurent pas ici, du fait du développement des événements au Proche-Orient (« La Résolution antisioniste ») et de la publication, par les soins de l'auteur, d'un ouvrage amplifiant les thèses d'une contribution (« Sémites et antisémites »). À la place, le lecteur pourra lire « Le conflit israélo-arabe : les conditions d'un règlement », chapitre tiré de l'ouvrage collectif *Islam et politique au Proche-Orient aujourd'hui* (Paris, Gallimard, collection « Le Débat », 1991). Ce texte a été traduit de l'anglais par Rose Saint-James.

TINA JOLAS
a traduit l'essai intitulé « Le retour de l'islam ».

REMERCIEMENTS

L'auteur et l'éditeur expriment leur reconnaissance aux périodiques et aux maisons d'édition qui leur ont permis de reproduire ces essais : G. Allen & Unwin, *The American Scholar, Cahiers d'Histoire mondiale,* Centre national de la recherche scientifique (Colloques internationaux), *Commentary, Le Débat,* l'Economic and Social Studies Conference Board, les éditeurs de l'*Encyclopaedia of Islam, Foreign Affairs,* L'Istituto dell' Enciclopedia italiana *(Enciclopedia del Novocento), Judaism, The International History Review, The New York Review of Books, Studia Islamica, Survey.* Le lecteur trouvera au début de chaque étude les indications de provenance.

L'auteur a mis à jour et révisé certains de ses articles en vue de la traduction française.

NOTE SUR LES TRANSCRIPTIONS

Les termes et noms propres passés en français sont ici donnés dans la forme consacrée par les dictionnaires : Coran, calife, Abbassides...

Les mots et phrases arabes cités sont transcrits selon les normes de l'*Encyclopédie de l'Islam*. Le Coran est cité dans la traduction de Régis Blachère.

Le persan et le turc sont transcrits selon le système adopté par les Orientalistes, mais, s'agissant du turc moderne, la graphie officielle est généralement suivie avec ces modifications : DJ pour C, CH pour Ç et SH pour S.

Première partie

L'ISLAM CLASSIQUE

La signification de l'hérésie
dans l'histoire de l'Islam

Pour le musulman médiéval, l'hérésie avait une signification religieuse : c'est-à-dire qu'elle était liée à des différences de croyances, d'opinions ou de pratiques concernant la divinité, la révélation, les prophéties et les sujets qui en dérivent. Ces sujets, dans l'islam, couvraient le domaine entier de la vie politique et publique, et toute explication autre que religieuse était inutile, voire absurde, car que pouvait-on ajouter au plus grand et plus important de tous les problèmes auxquels l'humanité doit faire face ? Les sujets et les termes de discussion entre factions religieuses opposées étaient presque invariablement théologiques. Ce qui ne veut pas dire que les polémistes musulmans admettaient toujours la bonne foi de leurs opposants. Très souvent ils accusent ceux dont ils n'aiment pas les doctrines d'obéir à des motifs cachés — mais en général ces motifs cachés sont eux-mêmes religieux. Le plus courant d'entre eux est le thème répété d'un complot pour miner l'islam de l'intérieur, en faveur de quelque autre foi. Ce thème est habituellement lié à quelque figure plus ou moins fabuleuse, d'une malfai-

« The Significance of Heresy in Islam », *Studia Islamica*, 1952, pp. 43-63. Repris dans B. Lewis, *Islam in History*, 1973.

sance et d'une perversité sans pareilles, qui fonctionne comme un *diabolus ex machina*, pour expliquer dissensions et hérésie dans la communauté. Cela est dû, en partie, à la tendance générale de la tradition historique islamique d'attribuer les résultats d'un long développement de pensée et d'action à l'activité multiple et d'une duplicité sans bornes d'un individu ; en partie, aussi, à la tactique, familière en d'autres temps et d'autres lieux, qui consiste à discréditer les critiques à l'intérieur de la communauté en les associant à des ennemis à l'extérieur de la communauté. Les deux exemples classiques sont ʿAbdallāh ibn Saba' et ʿAbdallāh ibn Maymūn al-Qaddāḥ. Le premier, un converti du judaïsme et un contemporain du calife ʿAlī (qui régna de 656 à 661), serait à l'origine de la plupart des croyances et des lignes d'action des extrémistes chiʿites dans les premiers siècles de l'islam.

Au second, un associé d'Ismāʿīl ibn Jaʿfar aṣ-Ṣādiq (disparu vers 755-762), on attribue tout le développement complexe de la religion ismaélite et son organisation jusqu'aux temps fatimides. Il est décrit tantôt comme un juif, comme un adepte du chrétien hérétique Bardesane de Mésopotamie, et le plus couramment, comme un dualiste iranien ; comme pour son prédécesseur, on prétend qu'il aurait cherché à détruire l'islam de l'intérieur dans l'intérêt de sa religion première. La critique moderne a montré que les rôles prêtés à ces deux personnages, ainsi que beaucoup des doctrines qui leur sont assignées, sont exagérés, déformés et fictifs à maints égards.

L'Européen du Moyen Âge, qui partageait les manières de voir fondamentales de son contemporain musulman, aurait été d'accord avec lui pour attribuer les mouvements religieux à des causes religieuses, et n'aurait pas cherché d'explication plus loin. Mais quand les Euro-

péens eurent cessé d'accorder à la religion la première
place dans leurs pensées, leurs sentiments, leurs intérêts
et leurs fidélités, ils cessèrent aussi d'admettre que
d'autres hommes, en d'autres temps et en d'autres lieux,
pussent lui faire cette place prééminente. Pour une
génération matérialiste et rationaliste, il était inconcevable que des débats aussi grands et des conflits aussi
importants pussent n'avoir impliqué que de simples
problèmes religieux. C'est ainsi que les historiens, une
fois dépassé le stade du dédain amusé, imaginèrent une
série d'explications, mettant en avant ce qu'ils décrivaient
comme la signification « réelle » ou « dernière » servant
de base plus ou moins nette aux mouvements religieux et
aux différences. Les heurts et les querelles des Églises
primitives, le grand Schisme, la Réforme, tout fut réinter-
prété en termes de motifs et d'intérêts raisonnables selon
les normes du jour — et pour les mouvements religieux
de l'Islam on trouva aussi des explications qui correspondaient aux intérêts et aux conceptions des chercheurs.
  Pour le XIXᵉ siècle, obsédé par les problèmes de
libéralisme et de nationalité, seul un combat pour la
libération nationale pouvait expliquer de façon suffisante
le clivage religieux dans l'Islam, les controverses amères
entre doctrines, la lutte armée entre sectes. L'intuition de
Gobineau et de Renan, la perspicacité de Dozy et de
Darmesteter aidèrent à créer une image du chiʿisme
comme d'une renaissance libérale du génie national
persan, comme une réapparition de l'aryanisme de l'Iran
en révolte généreuse contre le sémitisme étranger et
contraignant de l'Islam arabe. Quand les spécialistes de la
littérature chiʿite en surent plus long, et quand les
voyageurs eurent approfondi leur connaissance de la
pratique chiʿite, la légende d'une réforme libérale ne tarda
pas à voler en éclats. Mais l'identification du chiʿisme avec

l'Iran fut plus tenace, et trouve quelque support dans l'adoption du chiʾisme comme religion d'État par la Perse à partir du XVIᵉ siècle, ainsi que dans les assertions fréquentes des premiers auteurs qui attribuent doctrines et activités chiʾites à des convertis persans.

Néanmoins, cette hypothèse est maintenant généralement abandonnée. Wellhausen, Goldziher, Barthold et d'autres ont montré que les principaux centres du chiʾisme primitif se trouvaient dans la population mélangée, à prédominance linguistique sémitique du sud de l'Irak ; que le chiʾisme fut introduit en Perse d'abord par les Arabes eux-mêmes, et, longtemps encore, trouva là quelques-uns de ses adeptes les plus enthousiastes parmi les soldats et les colons arabes, et en des lieux comme la ville de garnison arabe de Qumm — aujourd'hui encore l'un des centres les plus vigoureux de la religion chiʾite en Perse. Bien que les antagonismes raciaux aient joué leur rôle dans ces combats — et les érudits du XIXᵉ siècle ont contribué de façon durable à dégager ces antagonismes —, ils n'étaient pas le seul facteur ni même le plus puissant. Les accusations des premiers polémistes sont dirigées contre la vieille religion perse, non contre la nation persane — et les attaques contre l'infiltration dualiste iranienne peuvent être mises en parallèle avec des récits similaires de tentatives faites par les juifs et les chrétiens pour insinuer leurs propres doctrines dans l'Islam sous couvert d'hérésie islamique. C'est en Afrique du Nord, en Égypte et en Arabie que le chiʾisme remporta ses premiers et plus retentissants succès politiques. Seules deux des dynasties indépendantes importantes de la Perse musulmane professèrent la religion chiʾite. La première, celle des Bouyides du Xᵉ siècle, venait de la province de Dailam près de la mer Caspienne, province périphérique et non typique de la Perse. Malgré leur chi'isme, les Bouyides désiraient préserver le califat arabe, sunnite, et leur chute fut suivie d'une restauration sunnite qui ne coûta guère d'efforts. La seconde, celle des Séfévides au XVIᵉ siècle, était une famille de langue turque du nord-ouest, s'appuyant sur un soutien turc et professant des doctrines qui dérivaient des idées religieuses de l'Anatolie et de l'Azerbaïdjan, non des Perses. Pour expliquer qu'ils aient réussi à imposer par la force ces doctrines dans un pays qui était encore à prédominance sunnite, il faut tenir compte des conditions morales et politiques de l'Iran au XVIᵉ siècle. Cette réussite est sans rapport avec les schismes et les conflits antérieurs.

La progression dans la connaissance et la compréhension a ainsi conduit à abandonner une théorie qui, de toute façon, avait cessé de satisfaire entièrement. Pour le XXᵉ siècle, au moins en Occident, les problèmes de nationalité et de libération nationale n'étaient plus les thèmes dominants du processus historique. L'expansion et la contraction des sociétés, le heurt des intérêts et des classes, le changement économique et les bouleversements sociaux, la guerre de classes et les cataclysmes — telles étaient les vérités de base que l'historien du XXᵉ siècle voyait dans le miroir de l'histoire. Le kharidjisme, le chi'isme, et les autres mouvements de l'islam étaient désormais interprétés en termes de catégories non pas nationales mais sociales, non de races mais de classes. Dans le premier quart du XXᵉ siècle, le progressiste russe Barthold, le conservateur allemand Becker, le positiviste italien Caetani, le catholique français Massignon regardèrent autour d'eux et parvinrent à une compréhension nouvelle des révolutions dans l'islam primitif — aussi bien de celles qui réussirent que de celles qui échouèrent.

Il peut être utile à ce propos de décrire brièvement le tableau que le savoir orientaliste offre aujourd'hui des causes et des phases de l'hérésie dans l'islam. Alors qu'il y a certainement des différences d'opinion ou d'interprétation sur de nombreux points spécifiques, le modèle courant de pensée est dans les grandes lignes le suivant.

Durant la période qui va de la mort du Prophète, en 632, à la chute du califat omeyyade, en 750, deux grands groupes hérétiques se développèrent, exprimant en termes religieux l'opposition de certains partis à l'ordre politique et social existant et à la foi orthodoxe qui était son expression publique et morale. L'un d'eux, le kharidjisme, s'appuyait dans une large mesure sur les Bédouins, et exprimait le ressentiment des nomades indomptés contre l'État usurpateur — non tellement contre l'État omeyyade en tant que tel, que contre le fait même et la notion d'État, d'une autorité constituée exerçant la contrainte et même la coercition, et rognant la totale liberté de la société tribale. La théorie kharidjite du califat conduit la doctrine du consentement jusqu'au point de l'anarchie, et les kharidjites ont en fait été décrits comme l'aile anarchiste de l'opposition révolutionnaire.

Le second groupe d'opposition, beaucoup plus important, était celui de *shī'at 'Alī*, les partisans de 'Alī, couramment appelés les chi'ites. Ce groupe commença comme un groupe politique défendant les prétentions de 'Alī au califat, mais se développa rapidement en secte religieuse. En tant que tel, il reflétait l'attitude et les aspirations d'une classe sociale importante — les *mawālī* (sing. *mawlā*) — ces musulmans qui n'étaient pas pleinement membres d'une tribu arabe de par leur naissance. La plus grande part d'entre eux était les convertis à l'islam d'origine non arabe. On les trouvait surtout autour des villes de garnison implantées par les Arabes dans les provinces conquises. Autour des cantonnements où les guerriers arabes étaient postés, de nouvelles cités appa-

raissaient, pleines d'artisans et de marchands *mawālī*,
pourvoyant aux besoins divers et croissants des conquérants, et prospérant grâce au flot d'or apporté par les
conquêtes. Bientôt, des soldats *mawālī* eux-mêmes prirent part aux guerres de conquête, alors que leur savoir-
faire et leur expérience leur donnaient une place prédominante dans l'administration quotidienne de l'Empire.
Conscients de leur importance croissante, ils s'irritèrent
de plus en plus contre les incapacités économiques et
sociales que leur imposait le régime arabe aristocratique,
et se rallièrent aisément à une forme de l'islam qui
contestait la légitimité de l'État aristocratique arabe
existant. Leurs aspirations allaient à un ordre de choses
où tous les musulmans seraient égaux et où la naissance
arabe ne comporterait plus de privilèges. Leurs doctrines
religieuses étaient des adaptations de leurs croyances
premières. Messianisme et légitimisme judéo-chrétien et
persan les préparaient à accepter les revendications des
descendants du Prophète qui promettaient de renverser
l'Empire de tyrannie et d'injustice et d'établir un Empire
de justice et d'équité.

À l'intérieur du camp chi'ite, il y avait deux courants
principaux — un courant modéré, très soutenu par les
Arabes, et aux objectifs politiques limités ; un courant
extrémiste, soutenu surtout par les *mawālī*, aux programmes et aux tactiques révolutionnaires. Le régime
existant était arabe ; les Persans étaient importants parmi
les révolutionnaires et quelques éléments de conflit racial
furent introduits dans le combat. Mais les *mawālī*
n'étaient en rien exclusivement persans ; beaucoup
d'entre eux, y compris leurs chefs, étaient arabes, et les
bases du conflit étaient sociales plutôt que nationales.

Les Abbassides accédèrent au pouvoir dans la foulée
d'un de ces mouvements d'opposition religieuse et leur

victoire fut une révolution sociale autant que politique.
Dans le premier siècle du gouvernement abbasside,
l'hégémonie exclusive de l'aristocratie arabe prit fin, et
des hommes de nombreuses races trouvèrent des chances
égales dans un ordre politique et social nouveau. Répu-
diant leurs antécédents révolutionnaires honteux, les
Abbassides s'efforcèrent de formuler et d'inculquer une
nouvelle orthodoxie, qui n'était plus le culte tribal d'une
race de conquérants étrangers, mais la religion universelle
d'un empire universel. Après avoir, au début, expéri-
menté sans résultat d'autres idées religieuses, les Abbassides finalement adoptèrent le consensus d'opinion des
théologiens, qui par la suite devint l'islam sunnite,
orthodoxe. L'orthodoxie fut une fois de plus la religion
de l'État et de l'ordre existant — et de nouvelles hérésies
apparurent pour satisfaire les besoins spirituels et les
aspirations matérielles des mécontents.

   Les premiers à s'opposer aux Abbassides, à leur État, à
leur foi, furent les membres déçus de l'aile extrémiste du
mouvement qui les avait portés au pouvoir. Par la suite,
les grands changements économiques et sociaux des VIIIe
et IXe siècles créèrent de nouveaux foyers de mécontentement, surtout parmi les artisans et les ouvriers des cités
fourmillantes, et parmi les tribus arabes dépossédées des
frontières désertiques. Ces mécontentements trouvèrent
leur expression dans un ensemble confus de petites sectes
radicales ayant chacune son support partiel et local. La
plupart de ces sectes acceptaient sous une forme ou sous
une autre les prétentions du parti de ʿAlī, et sont ainsi
sans trop de rigueur classées comme chiʿites. Au début du
Xe siècle la plupart d'entre elles avaient rejoint l'un des
deux groupes principaux. L'un d'eux, les ithnā ʿasharī ou
duodécimains, poursuivait l'opposition limitée, modérée,
des premiers chiʿites arabes ; l'autre, la secte des ismaé-

liens, reprenait le développement interrompu des premiers chi'ites *mawālī* extrémistes. Ce second groupe
accomplit une révolution qui réussit et établit le califat
fatimide, lequel régna deux siècles en Égypte.

Au XIᵉ siècle, le changement politique et social en
Orient avait à nouveau créé une situation révolutionnaire. La croissance du pouvoir militaire et féodal,
accéléré et consolidé par les invasions seldjoukides,
amena des soulèvements massifs. Des propriétaires fonciers arabes et persans, dépossédés ou assujettis par des
maîtres féodaux turcs, des marchands ruinés par le
manque de monnaie battue et le déclin du commerce, des
bureaucrates rongeant leur frein sous des maîtres militaires étrangers, tous aidèrent à grossir les rangs des
mécontents et des rebelles. À ceux-ci l'ismaélisme, sous
une forme renouvelée et modifiée, apportait une doctrine
séduisante de révolution politique et morale, désormais
associée à une stratégie d'attaque nouvelle et efficace.

Pendant un certain temps, les activités des Assassins
ismaéliens dépendirent du Caire, capitale fatimide ; mais
bientôt, les Fatimides eux-mêmes étant tombés sous la
domination de leurs chefs militaires turcs, les rapports
furent rompus entre Le Caire et les Assassins, et ceux-ci
se trouvèrent libres de s'attacher à leurs idées et méthodes
radicales sans la souillure d'aucun lien avec l'État ou
l'Empire. Les Seldjoukides, conscients du danger, s'efforcèrent d'y parer. De même que leurs soldats gardaient les
corps de leurs serviteurs des poignards des Assassins, de
même leurs théologiens et leurs maîtres gardaient les
esprits de leurs sujets des idées ismaéliennes. C'est durant
cette période que se développe la *madrasa* — le séminaire
théologique fondé comme centre de propagation de la
doctrine orthodoxe, afin d'affronter le défi ismaélien qui
vint d'abord des collèges et des écoles missionnaires de

l'Égypte fatimide, plus tard des châteaux des Assassins dans les montagnes. À la même époque, le génie religieux d'al-Ghazālī (mort en 1111) élabora une forme nouvelle d'orthodoxie, où les dogmes froids, plats, des théologiens tiraient chaleur et contours de la foi mystique et intuitive des soufis. La marée de la piété populaire, ayant reçu de nouvelles directions et de nouvelles impulsions, se mit à refluer vers les écoles et la dynastie — équivalents musulmans les plus proches de l'Église et de l'État —, non plus à s'en détourner.

Venu le temps des grandes invasions mongoles du XIIIᵉ siècle, le chi'isme extrémiste avait cessé d'être une force vitale dans l'islam. Çà et là, dans des repaires lointains de la montagne et du désert, ou isolé et immobilisé au milieu d'entourages étrangers, il traîna une existence diminuée et fossilisée. Mais dans les principaux centres islamiques du Proche-Orient, les théologiens et le peuple, poussés l'un vers l'autre par le double choc de l'invasion mongole et chrétienne, professèrent désormais la même religion orthodoxe sunnite ; la même, en fait, dans sa doctrine centrale essentielle, bien que variant encore grandement dans les croyances et plus encore dans les pratiques et l'organisation, d'un lieu à l'autre et d'un groupe à l'autre.

Depuis le XIIIᵉ siècle, l'histoire religieuse de l'islam au Proche-Orient a été concernée surtout par les actions réciproques de la religion dogmatique et de la piété populaire. Bien que la grande synthèse d'al-Ghazālī et de ses successeurs ait fait communier les deux, elles restaient distinctes — parfois en accord, parfois en conflit, toujours se modifiant et s'influençant l'une l'autre dans une alternance de heurts et de compromis. Pour le peuple — considéré indépendamment de l'État, des écoles, et de la hiérarchie — l'expression caractéristique de la vie religieuse est demeurée, jusqu'à nos jours, la confrérie soufi, avec sa foi mystique et extatique, ses saints et chefs derviches, son hostilité latente à l'ordre politique et théologique établi. Bien que les ordres soufi fussent devenus, avec le temps, formellement sunnites et politiquement quiétistes, beaucoup d'entre eux demeuraient suspects aux yeux des sultans et des ouléma — et à l'occasion, comme dans la grande révolte des derviches ottomans au début du XVe siècle, un incendie jaillissait des braises enfouies du mécontentement.

On vient de donner un résumé de la genèse et de l'évolution de l'hérésie islamique : il est évidemment incomplet et nécessairement schématique et personnel. Mais il reflète dans leurs grandes lignes les acquis de l'érudition moderne, et, en fait, dans la mesure où la vérité est traitée par les historiens, il est, selon toute probabilité, en grande partie vrai — c'est-à-dire qu'il représente tout ce qu'on peut savoir d'après les témoignages aujourd'hui accessibles à l'actuelle génération des observateurs, bien que dans le futur de nouvelles sources puissent livrer un savoir plus grand, une expérience nouvelle, apporter une vue plus profonde.

Mais après tout, que voulons-nous dire au juste quand nous affirmons que tel ou tel intérêt ou motif est « sous-jacent » à un mouvement religieux — ou, approchant le problème de l'angle opposé, que l'une ou l'autre secte ou doctrine « représente » ou « exprime » un groupe social ou une aspiration ? Cela signifie-t-il, comme les plus grossiers disciples de notre temps le diraient, que des hommes intrigants se sont servis sans scrupule de la religion comme d'un masque ou d'un voile derrière lequel ils cachent leurs buts réels à des adeptes qu'ils trompent ? Cela signifie-t-il, en termes marxistes, que la secte était l'interprète idéologique des conditions et des intérêts économiques d'une classe — ou, dans le langage plus subtil de Max Weber, que, lorsqu'une forme appropriée de religion est apparue dans une certaine couche sociale, les conditions de cette couche lui ont donné la chance maximale de survie dans le combat sélectif pour l'existence contre d'autres formes moins appropriées ? Le problème n'est pas seulement d'intérêt historique pur, car de nos jours, en Perse, en Égypte et dans d'autres pays islamiques, de nouveaux mouvements religieux s'agitent sous la surface laïcisée ; des sectes et des croyances remplacent partis et programmes ruinés qui n'ont jamais vraiment répondu aux besoins et aux passions des peuples de l'Islam.

Peut-être nous rapprocherons-nous plus d'une compréhension du sens de l'hérésie dans l'islam si nous regardons ce que les auteurs classiques de l'islam ont eux-mêmes dit sur le sujet, et en particulier si nous examinons la signification précise des différents termes techniques employés.

Il est curieux, même étonnant, que, parmi le très petit nombre de mots d'emprunt, d'origine chrétienne ou européenne, employés dans l'arabe littéraire moderne, se trouvent les mots *hartaqa*, hérésie et *hurtūqī* (ou *hartīqī*), hérétique. Ce mot apparaît en premier dans la littérature arabe chrétienne de Syrie dès le Moyen Âge, et est venu assurément par la voie de la langue syriaque et des Églises orientales. Au début, il apparut surtout dans des traductions de livres occidentaux et dans des contextes non religieux ou chrétiens occidentaux. Mais de nos jours il est employé par des écrivains musulmans à propos de l'histoire musulmane — non, il est vrai, par ceux qui ont été éduqués selon des modèles théologiques traditionnels, mais par des historiens de formation occidentale, cherchant à appliquer à leur propre histoire les principes et les méthodes appris ailleurs. Se peut-il que l'islam, avec ses hérésies dont on a recensé plus de soixante-douze, n'ait pas de nom pour l'hérésie, et soit ainsi dans la position de la tribu indienne d'Amérique qui, nous dit-on, a une vingtaine de verbes pour les différentes façons de couper, mais pas de verbe « couper » ? Ou la notion d'hérésie dans le sens chrétien est-elle si étrangère à l'islam qu'il a fallu emprunter un mot pour la décrire ?

En fait, les érudits occidentaux proposent plusieurs termes islamiques pour « hérésie ». Ils ne sont en rien synonymes. Chacun a son sens propre, et aucun d'entre eux, comme les écrivains arabes modernes s'en sont aperçus, ne peut vraiment exprimer ce qui est appelé hérésie dans les Églises chrétiennes.

Le premier qui soit apparu est *bidʿa*, qui veut dire « innovation », et plus spécifiquement toute doctrine ou pratique non attestée du temps du Prophète. Le terme est donc l'inverse de *sunna*. Il est employé couramment par les premiers théologiens, et apparaît même dans les paroles que la tradition attribue au Prophète. Il aurait dit, selon la citation : « Les choses les pires sont celles qui sont des nouveautés ; chaque nouveauté est une innovation, chaque innovation est une erreur et chaque erreur mène au feu de l'enfer. » Dans sa forme extrême, ce principe signifiait le rejet de toute idée et de toute commodité qui n'étaient pas connues dans l'Arabie occidentale à l'époque de Mohammed et de ses compagnons, et, de fait, des générations successives d'ultra-conservateurs y ont recouru pour s'opposer aux tables, aux tamis, au café et au tabac, aux presses à imprimer et à l'artillerie, au téléphone, à la radio et au vote des femmes. Il devint bientôt nécessaire de distinguer entre innovations « bonnes » ou licites, et innovations « mauvaises » ou illicites, les secondes étant celles contraires au Coran,

aux Traditions ou à l'*idjmā*ʿ, le consensus de la communauté musulmane. Ce dernier signifiait en effet que
l'acceptation ou le rejet de l'innovation était déterminé
par ce qui, en langage courant, se dirait le « climat de
l'opinion » parmi les savants et les puissants, et que,
comme le climat de l'opinion change, la *bidʿa* d'aujour-
d'hui peut devenir la *sunna* de demain, auquel s'opposer
est en soi une *bidʿa*. De plus, puisque aucun mécanisme
n'existe pour la consultation ni la formulation d'un
*idjmā*ʿ universel pour tout l'Islam, il peut y avoir
différents *idjmā*ʿ influencés par des traditions et des
circonstances différentes en des lieux différents du monde
islamique, et la ligne de partage entre *sunna* et *bidʿa* peut
ainsi varier dans l'espace aussi bien que dans le temps.
L'islam a en fait absorbé bien des choses qui étaient
étrangères à la religion des Compagnons, parfois par
concession à de nouvelles idées, parfois en faisant un
compromis avec les pratiques existantes des peuples chez
lesquels il parvenait. Mais ces innovations de la doctrine
et de la pratique ont toujours été limitées et modifiées par
l'action de l'*idjmā*ʿ, et, de temps à autre, sévèrement
restreintes par une vague de conservatisme religieux.
L'essentiel de l'accusation de *bidʿa* portée contre une
doctrine n'était pas d'abord qu'elle était fausse ou
mauvaise, mais qu'elle était nouvelle — qu'elle faisait
infraction aux usages, à la coutume et à la tradition, au
respect qui est profondément enraciné dans le passé tribal
pré-islamique, et renforcé par la croyance dans la finalité
et la perfection de la révélation musulmane.

On comprendra facilement qu'il y a beaucoup de
contextes où le mot *bidʿa* peut raisonnablement être
traduit par hérésie, mais les deux termes sont loin d'être
des équivalents exacts. Les polémistes théologiens sont
facilement disposés à lancer des accusations contre ceux

dont ils désapprouvent les doctrines, mais ils sont souvent moins enclins à pousser leurs attaques jusqu'à leurs conclusions logiques. Même un aussi fanatique adversaire de toutes les innovations que le juriste syrien Ibn Taymiyya (mort en 1328) préfère une sorte de mise en quarantaine des groupes et des individus suspects, suivie si nécessaire de réprimande et même d'une action coercitive. Ce n'est que lorsqu'une *bid'a* est excessive, persistante et agressive que ses adeptes sont exclus de la communauté de l'islam.

L'idée d'excès s'exprime aussi dans un autre terme théologique — *ghuluww*, d'une racine arabe voulant dire dépasser, aller au-delà de la limite. Elle repose sur la notion, profondément enracinée dans l'islam, qu'une certaine mesure de diversité d'opinion est inoffensive, et même bénéfique. « La différence d'opinion dans ma communauté est un acte de la merci divine », dit une tradition attribuée au Prophète. La sainte Loi de l'islam est exposée en quatre versions, par quatre écoles de jurisprudence, ayant chacune ses principes, ses manuels, son organisation judiciaire, qui lui sont propres. Toutes quatre sont différentes, cependant toutes sont valides et vivent dans une tolérance mutuelle. Même le chi'isme était à l'origine un *tashayyu' ḥasan* — une partialité légale, n'excédant pas les limites du désaccord permis — et plus tard seulement quitta le terrain commun de l'orthodoxie. Cette doctrine presque parlementaire du désaccord limité et de présomptions de base communes, malgré des périodes de défaillance, a survécu à travers toute l'histoire de l'islam et explique la tolérance mutuelle entre les chi'ites et les sunnites dans l'Irak abbasside, des derviches et des ouléma dans l'Islam post-mongol. Les adeptes des quatre écoles, et de quelques autres qui ont disparu, sont tous considérés comme orthodoxes. Même les chi'ites, les kharidjites et d'autres, bien que tenus pour être dans l'erreur manifeste sur des points importants de la doctrine et de la Loi sainte, étaient encore des musulmans, et jouissaient des privilèges de ceux-ci dans ce monde et dans le prochain. Seuls certains groupes qui poussaient leurs divergences à l'excès (*ghuluww*) sont exclus de l'islam. Tels sont les excessifs (*ghulāt* — sing, *ghālī*), parmi les chiʿites, qui dans leur vénération pour ʿAlī et ses descendants leur assignent des pouvoirs divins, et sont ainsi coupables de polythéisme. Tels aussi sont les autres groupes d'extrémistes parmi les chiʿites, les kharidjites, les murdjiites, les muʿtazilites, même parmi les sunnites, qui nient les prophéties, les révélations, ou la Loi sainte, ou prêchent des doctrines comme la réincarnation, la métempsycose ou l'antinomianisme. Ceux-ci, aux yeux de la majorité des théologiens, doivent être exclus de l'islam : mais où faut-il tracer la ligne ? Fait caractéristique, les opinions diffèrent sur ce point.

Le terme le plus couramment traduit par hérésie est *zandaqa* — la foi du *zindīq*. Ce mot est d'origine incertaine — peut-être syriaque, plus probablement persane. À l'époque sassanide, il semble avoir été appliqué aux manichéens, et plus généralement aux adeptes des formes non orthodoxes et ascétiques de la religion iranienne. À l'époque islamique, aussi, le mot fut d'abord appliqué aux manichéens et aux groupes apparentés, plus spécialement à ceux qui professaient des doctrines dualistes tout en faisant profession nominale de l'islam. Plus tard, il fut généralisé pour couvrir tous les tenants de croyances suspectes, impopulaires, hétérodoxes, surtout celles considérées comme dangereuses pour l'ordre social et l'État. En même temps il était appliqué de façon vague aux matérialistes, aux athées, aux agnostiques et à leurs semblables, et en vint à avoir le sens général de libre penseur et libertin.

Malgré son obscurité étymologique et son vague sémantique, le mot *zindīq* avait, par ailleurs, une terrible précision. Car à la différence des autres termes examinés, il appartenait à l'usage administratif plutôt que théorique. Une accusation de *bidʿa* ou de *ghuluww* que ne compliquait pas un acte quelconque de rébellion ouverte ne signifiait rien de plus que d'être voué par quelque théologien au feu de l'enfer. Une accusation de *zandaqa* signifiait être conduit par un policier en prison, être interrogé, peut-être exécuté. La première poursuite attestée est celle de Jaʿd ibn Dirham, un précurseur des muʿtazilites qui, en 742, durant le règne du calife omeyyade Hishām, fut condamné, mutilé et crucifié pour avoir été accusé de *zandaqa*. D'une façon générale, cependant, les Omeyyades ne réprimèrent que les doctrines qui contestaient ouvertement leur propre titre au califat. Ils ne se souciaient pas beaucoup des déviations du dogme en tant que telles, d'autant moins que le dogme orthodoxe était encore en cours de formation.

Les Abbassides comprirent plus profondément les potentialités des enseignements religieux séditieux. La répression des *zindīq* commença durant le règne d'al-Mansūr (754-775), et quelques-uns furent condamnés à mort. Le calife attachait une importance suffisante à cette question pour inclure une injonction d'extirper la *zandaqa* dans le testament politique qu'il laissa à son successeur, al-Mahdī (775-785), sous lequel la répression devint vraiment grave. En 779, passant par Alep, le calife ordonna une chasse aux *zindīq* où beaucoup furent pris, condamnés, décapités et écartelés. Par la suite la répression se poursuivit avec vigueur, et une inquisition en règle fut instituée sous le contrôle d'un Grand inquisiteur

nommé *'Arīf* ou *Ṣāḥib-al-Zanādiqa*. Il semble peu dou-
teux que parmi les nombreuses victimes que l'inquisition
réclama sous al-Mahdī et al-Hādī (785-786) les manichéens fournirent le plus grand nombre. Mais, comme on
pouvait s'y attendre, le filet de l'inquisition prit aussi
d'autres poissons. Certains, tels les poètes Bashshar ibn
Burd et Ṣāliḥ ibn 'Abd al-Quddūs — tous deux exécutés
en 783 pour *zandaqa* —, n'étaient guère plus que des
investigateurs sérieux, qui ne respectaient pas suffisamment l'autorité. D'autres, trop nombreux pour qu'on les
cite, étaient de bons musulmans dont la suppression,
pour des raisons personnelles ou politiques, fut jugée
opportune par le calife, ses ministres ou ses inquisiteurs.

Après l'époque d'al-Hādī, la menace directe du manichéisme semble s'être calmée, et les persécutions des
zindīq, bien qu'elles aient continué, sont intermittentes et
plus réduites. En même temps, le mot *zindīq* perd sa
connotation de manichéisme et de dualisme, et finit par
s'appliquer à toute doctrine extrême ou séditieuse — à
quelques formes de croyances soufi — ou à une absence
de croyance. En langage juridique, le *zindīq* est le
dissident criminel — qui, se déclarant musulman, soutient des croyances ou suit des pratiques contraires aux
dogmes centraux de l'islam, et doit donc être tenu pour
apostat et infidèle. Les juristes diffèrent sur la formulation théorique du point d'exclusion, mais, en fait, ils
adoptent généralement le critère pratique de rébellion
ouverte.

Plus ou moins synonyme de *zandaqa* dans son application tardive généralisée est le mot *ilḥād*, dont le sens
premier est une déviation du chemin. Le mot apparaît en
ce sens général dans le Coran, mais ne faisait pas partie du
vocabulaire technique des premiers juristes et théologiens. Dans les premiers siècles de l'islam le *mulḥid* — le

déviationniste — est l'homme qui rejette toute religion, l'athée, le matérialiste ou rationaliste du type tristement notoire d'Ibn al-Rāwandī (IXe-Xe siècles). En ce sens, le mot fut appliqué à tort par des théologiens orthodoxes, comme terme injurieux, à nombre de sectes et spécialement aux Assassins de Perse. À l'époque mongole, il était devenu l'appellation courante des Assassins, en sorte que les visiteurs aussi bien Chinois qu'Européens en Perse les appelèrent ainsi. À l'époque post-mongole et surtout dans l'usage ottoman, *mulḥid* et *ilḥād* tendent à remplacer *zindīq* et *zandaqa* pour décrire les idées disséminées en Turquie par les émissaires de la Révolution française [1].

Dès les premiers jours où les graines de l'islam furent jetées par l'ouragan arabe sur le sol de nombreuses terres, d'étranges fleurs sont souvent apparues dans le jardin de la foi — doctrines et pratiques aberrantes, discordantes, incongrues. Certaines d'entre elles étaient peut-être naturelles à l'islam arabe — mauvaises herbes et tares apportées par le vent même de la conquête. D'autres, la majorité, étaient des greffes et des hybrides de souches étrangères — croyances et coutumes venues de cultes préexistants, d'enseignements étrangers de Plotin, Mazdak et Mani, plus tard de Voltaire, Rousseau et Marx. Celles-ci furent dûment reconnues et condamnées par les gardiens de la foi comme des innovations, des exagérations, des intrusions et des erreurs. Bien qu'elles aient apporté quelques modifications à la souche principale et aux sous-variétés locales de l'islam, à la longue elles furent, pour la plupart, discrètement rejetées par l'action du consensus de la communauté islamique qui évoluait lentement.

---

1. Jevdet DJEVDET, *Tarih*, 2e édition, VIII, Istamboul, 1309 H, pp. 147-148.

Mais dans quelle mesure s'agit-il d'hérésies au sens
strict, technique du terme ? Le mot grec αἵρεσις a signifié
d'abord « choix », puis une école ou une secte qui
représente le « choix » de ses adhérents. Finalement, dans
l'Église chrétienne, il s'est spécialisé pour signifier une
erreur religieuse, contraire à la vérité telle que l'Église
l'autorise et la promulgue, et condamnée à ce titre par une
autorité ecclésiastique compétente. Selon cette définition,
il n'y a eu et ne peut y avoir d'hérésie dans l'islam.
Comme le dit Goldziher :

> Le rôle du dogme dans l'islam ne peut être comparé à celui
> qu'il joue dans la vie religieuse de l'une quelconque des
> Églises chrétiennes. Il n'y a ni conciles ni synodes pour, après
> une controverse animée, fixer les formules qui désormais
> seront censées embrasser l'ensemble de la vraie foi. Il n'y a
> pas d'institution ecclésiastique qui serve de mesure à l'ortho-
> doxie, pas d'interprétation autorisée des écritures saintes qui
> soit unique, sur laquelle la doctrine et l'exégèse de l'Église
> puissent être bâties. Le Consensus, l'autorité suprême dans
> toutes les questions de pratique religieuse, exerce une juridic-
> tion élastique, en un sens à peine définissable, dont la
> conception même est, de plus, expliquée de façon variée.
> Surtout en matière de dogme, il est difficile de déterminer à
> l'unanimité ce qui aura effet comme Consensus incontesté.
> Ce qui est accepté comme Consensus par un parti est loin
> d'être accepté comme tel par un autre [1].

En l'absence d'une tradition apostolique et d'un pon-
tife suprême, orthodoxie et hétérodoxie en Islam pouvaient à première vue être déterminées seulement en
prenant les enseignements d'une école comme pierre de

---

1. I. GOLDZIHER, *Vorlesungen über den Islam*, 2ᵉ éd., Heidelberg,
1925, pp. 183-184.

touche pour le rejet des autres. Les difficultés et les absurdités d'un tel critère sont bien résumées par al-Ghazālī. Al-Bāqillanī est-il un hérétique pour être en désaccord avec al-Ashʿarī, ou al-Ashʿarī pour être en désaccord avec al-Bāqillanī ? Pourquoi la vérité serait-elle la prérogative de l'un plutôt que de l'autre ? La vérité tient-elle à la priorité ? En ce cas les muʿtazilites n'ont-ils pas priorité sur al-Ashʿarī ? À cause de la plus grande vertu et du plus grand savoir ? Dans quelles balances et selon quelles mesures mesurera-t-on les degrés de vertu, en sorte que la supériorité de l'un ou l'autre théologien puisse être établie ? « (…) Si vous êtes de bonne foi, vous comprendrez vite que quiconque fait de la vérité la chasse gardée de n'importe quel théologien est lui-même fort proche de l'hérésie (…) car il donne à son maître un rang qui n'appartient qu'au seul Prophète, le considérant comme inaccessible à l'erreur, en sorte que l'orthodoxie consiste à le suivre et l'hérésie seulement à s'opposer à lui[1]. »

Dans ce passage, les mots traduits, « hérétique » et « hérésie » ne sont nullement ceux examinés ci-dessus, mais *kāfir* et *kufr*, incroyant et incroyance. Et avec ces mots terribles et sans équivoque, nous sommes peut-être au plus près d'un équivalent islamique d' « hérésie ». Le sectaire, bien que quelques-unes de ses doctrines puissent, avec le temps, être exclues du courant principal de l'islam par la force cumulative du Consensus, est encore un musulman. Aux yeux des juristes, il a encore droit au statut et aux privilèges d'un musulman dans la société — propriété, mariage, témoignage, fonction publique ; il a même droit qu'on le traite comme un croyant, bien que

1. AL-GHAZĀLĪ, *Fayṣal al-tafriqa bayn al-islam wa'l-zandaqa*, Le Caire, 1901, pp. 10-18.

rebelle, dans l'insurrection et la guerre. Aux yeux des
théologiens, c'est un musulman, même si c'est un
pécheur, et il peut aspirer au salut dans la vie à venir. La
barrière vitale se trouve, non entre sunnite et sectaire,
mais entre sectaire et incroyant. Et l'incroyance, comme
l'observe al-Ghazālī, est une question juridique, comme
l'esclavage et la liberté, qui doit être déterminée par des
règles et des procédures juridiques, et impliquant des
conséquences juridiques[1]. L'incroyant excommunié n'est
pas seulement damné dans le monde de l'au-delà, il est
mis hors la loi dans ce monde-ci. Il est privé de tous
droits juridiques et exclu de toute fonction religieuse ; sa
vie même et ses biens sont perdus. S'il est né musulman,
sa position est celle d'un apostat, un membre mort qui
doit être tranché sans pitié.

À cet égard, comme à beaucoup d'autres, la pratique de
l'islam était moins sévère que sa théorie. Dans les cercles
théologiques, il est vrai, on lançait facilement des accusations d'incroyance, et le mot *kāfir* faisait partie de la
menue monnaie de la polémique religieuse. « La piété des
théologiens, observe al-Djāḥiẓ, consiste à se hâter de
dénoncer les dissidents comme incroyants[2]. » Al-Ghazālī
parle avec un mépris cinglant de ceux « qui limiteraient la
vaste pitié de Dieu envers Ses serviteurs et feraient du
paradis l'enclos réservé d'une petite clique de théologiens »[3]. Mais en fait ces accusations vagues n'avaient pas
d'effet pratique. Les victimes étaient pour la plupart
laissées en paix, et beaucoup occupèrent de hautes

---

1. *Ibid.*, pp. 18-19 ; cf. AL-GHAZĀLĪ, *Al-Iqtiṣād fi'l-iʿtiqād*, Le
Caire, s.d., p. III et suiv.
2. *Ḥayawān*, 1ʳᵉ éd., Le Caire, 1325, I, p. 80 ; 2ᵉ éd., Le Caire, 1938, I,
p. 174 ; *cf.* GOLDZIHER, *Vorlesungen*, p. 186.
3. *Fayṣal al-tafriqa*, p. 68.

charges — même des charges légales — dans l'État musulman.

À mesure que les règles du droit musulman étaient codifiées et les châtiments mis en application, les accusations de *kufr* devinrent de plus en plus rares. Il y a deux versions des derniers mots d'al-Ash'arī (mort en 935-936), l'un des plus grands dogmatistes musulmans. Selon l'une, il mourut en maudissant les mu'tazilites. Selon l'autre, ses derniers mots furent : « J'atteste que je ne tiens pour infidèle aucun de ceux qui prient vers La Mecque. Tous en priant tournent leurs pensées vers le même objet. Ils ne diffèrent que par l'expression[1]. » Cette assertion, même si elle est apocryphe, est une expression vraie de l'attitude de l'islam sunnite à l'égard du problème du *takfīr* — la dénonciation ou l'excommunication de l'incroyant. Beaucoup de définitions furent avancées quant au minimum de base dans la foi — mais la plupart inclinaient, dans la pratique sinon toujours en théorie, à accepter comme musulmans tous ceux qui reconnaissent l'unité de Dieu et l'apostolat de Mohammed. Ce critère était le plus acceptable pour les juristes, du fait que les seules transgressions religieuses pour lesquelles la *sunna* de Mohammed prescrit la peine de mort sont le polythéisme et les injures à l'égard du Prophète. Le comportement extérieur suffit, selon une tradition du Prophète, puisque Dieu seul peut juger de la sincérité d'un homme. Des penseurs aussi différents que le mystique et tolérant al-Ghazālī et le fanatique et puritain Ibn Taymiyya sont d'accord pour étendre le plus possible les limites de l'islam.

Un adage des juristes pose que, dans un procès d'apostasie, toute règle juridique ou tout précédent,

---

1. GOLDZIHER, *Vorlesungen*, pp. 185-186.

même faible, qui aboutiraient à l'acquittement doivent
être suivis. Même la rébellion ouverte n'entraînait pas
automatiquement le *takfīr*. En 923, le principal cadi Ibn
Buhlūl refusa de dénoncer les rebelles carmathes comme
incroyants, puisqu'ils commençaient leurs lettres par des
invocations à Dieu et au Prophète et étaient donc, à
première vue, des musulmans. La loi châféite insiste sur le
fait que le sectaire, même en révolte, a droit à être traité
comme un musulman ; c'est-à-dire à ce que sa famille et
ses biens soient respectés et qu'il ne puisse être sommai-
rement exécuté ou vendu en esclavage une fois fait
prisonnier. Seules l'erreur la plus persistante et la plus
révoltante, ou l'inconduite, étaient condamnées comme
kufr, ou comme des crimes plus ou moins équivalents de
zandaqa et de *ilḥād*. L'accusé était alors sommé de se
rétracter et de se repentir, et s'il y manquait, était mis à
mort. Certains juristes refusaient la possibilité de se
rétracter, puisque la bonne foi d'un *zindīq* ne pouvait être
admise.

Naturellement tout cela ne veut pas dire que la
persécution de l'hérésie fût inconnue en Islam. De temps
à autre on jugeait et condamnait des hérétiques, avec ou
sans *takfīr* ; leur punition était alors la prison, le fouet, la
décapitation, la pendaison, le feu ou la crucifixion. Les
enquêtes étaient rares, mais le pouvoir judiciaire islamique ordinaire pouvait être autorisé à traiter de la découverte et de la punition de l'erreur religieuse. La suppression des *zindīq* par les premiers Abbassides a déjà été
mentionnée. Sous al-Ma'mūn on recourut à une nouvelle
inquisition, connue sous le nom de *miḥna*, pour imposer
la doctrine officielle mu'tazilite ; avec la restauration de
l'orthodoxie sunnite sous al-Mutawakkil (847-861), les
mêmes moyens furent employés contre les mu'tazilites
eux-mêmes et contre les chi'ites.

La répression des doctrines dangereuses continua de façon sporadique sous les Abbassides, la plus frappante étant celle des extrémistes chi'ites. En même temps des enseignements mystiques, dont la menace envers l'État était moins immédiatement évidente, étaient gardés sous surveillance. En 922 le soufi al-Ḥusayn ibn Manṣūr al-Ḥallāj, enivré de Dieu, souffrit le martyre à Bagdad pour avoir proclamé son union avec Dieu, mettant ainsi en danger l'ordre établi dans le ciel et sur la terre. Deux siècles et demi plus tard, l'illuminé al-Suhrawardī subit le même sort à Alep. Les Seldjoukides usèrent de tous les moyens possibles pour affronter la menace des Assassins. Saladin foula aux pieds les cendres du califat fatimide ismaélien et restaura par la force le sunnisme en Égypte. À l'époque post-mongole, la menace du chi'isme s'étant affaiblie pour un temps, l'adversité rapprocha les mystiques et les dogmatistes. On note quelques exécutions de chi'ites en Syrie sous les Mamelouks : pour la plupart, elles semblent dues aux provocations délibérées d'individus qui cherchaient le martyre [1].

En Turquie, la transformation de la principauté ottomane en État et en Empire restreignit la liberté religieuse d'autrefois et l'éclectisme qui régnait aux frontières, et provoqua la résistance armée de groupes qui se trouvaient à la limite ou hors des limites de ce que l'orthodoxie pouvait tolérer. Les Bekṭāshīs, puissants surtout parmi les populations mélangées de l'Anatolie occidentale et de la Roumélie, firent leur paix avec l'Empire, et furent traités avec indulgence, voire avec faveur. Les chi'ites se trouvaient surtout parmi les Turcomans dans l'Anatolie centrale et orientale, et avaient des liens étroits avec les

---

1. E. STRAUSS, « L'inquisition dans l'État mamlouk », in *Rivista degli Studi Orientali*, XXV, 1950, pp. 11-26.

Séfévides chi'ites qui gouvernèrent la Perse à partir du début du XVIe siècle. Les chi'ites anatoliens étaient ainsi des ennemis potentiels ou réels de l'État, et les sultans ottomans usèrent à la fois de la répression et de la rééducation pour les rendre inoffensifs. Au même moment une répression beaucoup plus efficace avait lieu en Perse, cette fois du sunnisme, qui aboutit à son extinction virtuelle dans ce pays.

Le seul critère constant était la subversion. Les adeptes des doctrines et des pratiques qui menaçaient l'État, la dynastie ou la structure de la société étaient mis hors la loi et réprimés. D'autres — fussent-ils aussi éloignés de l'islam que les roseïris, les druzes et les azidis — étaient tolérés et on leur accordait même le nom et le statut de musulmans.

À notre époque, le concept de *takfīr* a acquis une signification nouvelle et radicalement différente, il fait partie de l'arsenal intellectuel et du vocabulaire technique des mouvements fondamentalistes islamiques militants. Dans le sens où ils l'emploient, le mot de *takfīr*, la dénonciation comme *kāfir*, n'est pas une accusation lancée par les autorités contre le sujet, mais par le sujet contre les autorités. Pour l'opposition musulmane militante en Égypte, dans l'Iran impérial, et ailleurs, les gouvernements de ces pays, bien qu'ils se disent musulmans, ne méritent cette qualification en aucun vrai sens du mot. En abandonnant la loi de Dieu, la *charī'a*, et en la remplaçant par des lois et des coutumes étrangères importées, ils ont cessé d'être des musulmans, et les États et les sociétés qu'ils gouvernent ne vivent plus selon l'islam. De tels gouvernants, et ceux qui exécutent leurs ordres, sont donc des apostats et des infidèles, et en tant que tels n'ont plus droit à l'obéissance des croyants. De tels régimes représentent un retour à la *djahiliyya*, l'âge d'ignorance et de barbarie qui précéda la venue du Prophète Mohammed. Loin d'obéir à de tels gouvernants, c'est le devoir du vrai musulman de désobéir et en fait de les destituer, afin d'amener une restauration de l'islam par la mise en vigueur de la Loi sainte. Le nom donné à l'un des groupes islamiques militants en Égypte, *al-takfir wa'l-hidjra*, symbolise exactement cette doctrine islamique de la révolution. *Takfir*, le fait de reconnaître et dénoncer l'apostat, veut dire la condamnation formelle de la société et du régime existants. *Hidjra*, qui évoque la migration du Prophète de La Mecque païenne pour fonder sa propre société islamique et sa propre administration à Médine, veut dire que les vrais musulmans s'en vont de la société existante — non pas, naturellement, dans un sens territorial — afin d'en créer une nouvelle qui soit vraiment islamique. Cette doctrine islamique de la révolution s'est montrée extraordinairement puissante.

On a observé comme une curiosité que le mot religion n'apparaît pas dans l'Ancien Testament. Ce n'est pas parce que les anciens Hébreux n'avaient pas de religion, mais parce qu'ils ne distinguaient pas une partie séparée ou une portion de leur vie publique et privée pour laquelle ils auraient eu besoin de ce terme spécial. La religion embrassait toute leur vie — les rapports d'un homme avec ses compagnons, avec la société et avec l'État, aussi bien que ses rapports avec Dieu. Même les simples actes de base du travail et du repos, le fait de manger, de boire et de procréer étaient sanctifiés comme l'accomplissement d'un commandement divin et d'un objectif divin. L'islam non plus n'a pas de mot pour distinguer le sacré du profane, le spirituel du temporel, car il n'accepte pas ou même ne connaît pas la dichotomie que ces paires d'antonymes expriment — le clivage et le heurt entre l'Église et l'État, le pape et l'empereur, Dieu et César. L'État islamique est en théorie et dans la conception populaire une théocratie, où Dieu est la source unique à la fois du pouvoir et de la loi, et le souverain Son vice-régent sur terre. La foi était le credo officiel de l'État constitué et de la société, le culte, le symbole externe et visible de leur identité et de leur cohésion ; s'y conformer, même superficiellement, c'était donner une marque et un gage de fidélité. L'orthodoxie signifiait l'acceptation de l'ordre existant ; l'hérésie ou l'apostasie, sa critique ou son rejet. La même loi sacrée, venant de la même source et administrée par la même juridiction, embrassait les règles civiles, criminelles et constitutionnelles aussi bien que rituelles et doctrinales. Le souverain était l'incarnation suprême de la Loi sainte, soutenu par elle et la soutenant. Là où l'Église et l'État sont inextricablement entrelacés, religion et politique le sont aussi, et la religion fournit la seule expression possible, en termes publics et sociaux, d'une opposition soutenue. Chaque fois qu'un groupe d'hommes cherchait à contester et à changer l'ordre existant, ils faisaient de leurs enseignements une théologie et de leur instrument une secte, aussi naturellement et aussi inévitablement que leurs modernes homologues font des idéologies et des partis politiques.

Cependant, même cette explication, fondée sur les caractéristiques locales de la loi et de la foi sémites, ne peut que demeurer partielle. Au-delà se trouve un rapport plus profond entre hérésie et révolte, lié au sens dernier de la religion dans la vie humaine.

Les premières révolutions dans l'Islam

En un sens, l'apparition de l'islam fut une révolution en soi. La foi nouvelle, venue brûlante de l'Arabie, submergea les doctrines et les Églises existantes ; les nouveaux maîtres qui l'apportaient renversèrent un ordre ancien et en créèrent un nouveau. Dans l'islam, il ne devait y avoir ni église ni prêtre, ni orthodoxie ni hiérarchie, ni royauté ni aristocratie. Il ne devait y avoir ni castes ni rangs pour troubler l'unité des croyants ; pas de privilèges si ce n'est la supériorité évidente de ceux qui acceptent sur ceux qui rejettent obstinément la vraie foi — et, bien sûr, des faits naturels et sociaux aussi évidents que la supériorité de l'homme sur la femme et du maître sur l'esclave. Même ces infériorités étaient adoucies par la nouvelle distribution. L'esclave n'était plus un bien mais un être humain, avec des droits moraux et juridiques reconnus ; la femme, bien que demeurant soumise à la polygamie et au concubinage, acquérait des droits de propriété qui n'ont pas été égalés en Occident avant les temps modernes, et même le non-musulman jouissait d'une tolérance et d'une sécurité en contraste marqué

« The Revolutions in Early Islam », *Studia Islamica*, XXXII, 1970, pp. 215-231. Repris dans B. Lewis, *Islam in History*, 1973.

avec l'ensemble des non-chrétiens dans la chrétienté médiévale — et parfois moderne.

Dans le monde romain, ni la venue du christianisme ni l'arrivée des Barbares n'amenèrent de choc révolutionnaire soudain comparable à celui de l'islam. L'un et l'autre mouvements furent plus lents et plus graduels que les conquêtes arabo-islamiques. La chrétienté, après plus de trois siècles d'opposition, captura l'empereur romain et se trouva elle-même prise dans le filet de l'Empire romain et du gouvernement ; les Barbares germaniques acceptèrent et prirent à leur charge aussi bien la foi chrétienne que l'État romain et adaptèrent l'un et l'autre à leurs façons et à leurs buts. Les conquérants arabes amenèrent leur propre religion et créèrent leur propre État ; pour une grande part, le conflit des premiers temps de l'islam vient du heurt entre les deux.

Tous les guerriers arabes avaient leur part — bien qu'inégale — dans le tribut des terres conquises. Beaucoup d'entre eux cherchèrent d'autres avantages — parfois contradictoires. Il y avait des nomades en quête de pâturages, des habitants d'oasis cherchant des domaines et des marchands de La Mecque avides d'exploiter le riche commerce des grandes cités. À beaucoup, il semblait que le gouvernement des califes, surtout du troisième calife ʿUthmān, répondait mieux à leurs besoins qu'à ceux de l'islam.

Les besoins de l'islam étaient compris et interprétés différemment. Pour les nomades, privés du libre usage des terres qu'ils avaient conquises, et soumis au contrôle ennuyeux et peu familier d'une autorité organisée, la richesse et le pouvoir des gens de La Mecque étaient un affront, une trahison de la cause pour laquelle ils avaient combattu. L'islam voulait dire la fraternité et l'égalité des croyants, limitée par leur seule fidélité au chef qu'ils avaient choisi librement et pouvaient révoquer. La richesse et le rang social qu'elle donne, le pouvoir et l'autorité qu'elle confère, étaient tenus pour une dérogation au message authentique de l'islam, et des accusations de vol et de tyrannie appelaient une réaction immédiate.

La réalisation correspond rarement à ce qu'on attendait. Le califat islamique avait été établi pour servir la cause et répandre le message de l'islam. Au lieu de cela, il semblait servir les intérêts d'un petit groupe d'hommes riches et puissants, lesquels le maintenaient par des méthodes qui se rapprochaient, de façon croissante et inquiétante, de celles des anciens empires que l'islam avait supplantés. Des hommes pieux et sérieux dénonçaient les califes comme des mondains, des usurpateurs et des tyrans ; des hommes ambitieux et irrités se joignaient à eux pour chercher à renverser cette tyrannie, et l'État et la communauté de l'islam furent bouleversés par une série de cruelles guerres civiles. Les buts déclarés étaient le califat — qui régnerait, et comment ? — et la restauration de l'islam authentique. Chaque victoire, qu'elle fût celle des rebelles ou des défenseurs, se terminait par un renforcement du pouvoir souverain, par un pas de plus dans la direction d'une autocratie centralisée selon le vieux style du Proche-Orient. Par un paradoxe tragique, seul le renforcement de l'État islamique pouvait sauver l'identité et la cohésion de la communauté musulmane — et l'État islamique, à mesure qu'il devenait plus fort, s'éloignait de plus en plus des idéaux éthiques et sociaux de l'islam. La résistance à ce processus de changement fut constante et vigoureuse, parfois victorieuse, mais toujours inefficace — et de cette résistance émergea une série de sectes religieuses, différentes dans leur idéologie et leur soutien, mais semblables dans leur effort pour restaurer le dynamisme radical qui se perdait. Au début,

alors qu'Arabe et musulman étaient encore virtuellement
des termes synonymes, le combat religieux fut une guerre
civile entre Arabes ; par la suite, à mesure que l'islam se
répandait parmi les peuples conquis, les convertis commencèrent à jouer un rôle croissant et parfois dominant.
C'est un témoignage frappant en faveur de l'appel
universaliste et du pouvoir révolutionnaire survivant de
l'islam que les grands mouvements révolutionnaires dans
l'Empire musulman aient tous été des mouvements à
l'intérieur de l'islam et non contre lui.

La première guerre civile se termina en 661, avec la
victoire de Mu'awiya et l'établissement d'un nouveau
califat, dans sa propre famille, qui dura quatre-vingt-dix
ans. La discipline et l'ordre du régime de Mu'awiya, par
contraste avec les factions anarchiques de beaucoup des
partisans de 'Alī, semblaient offrir de meilleures perspectives pour l'unité et la survie de l'islam et sa protection
contre les forces de trouble, et beaucoup même parmi les
dévots transférèrent leur allégeance aux Omeyyades,
moins attirants mais plus efficaces. Le califat omeyyade,
dans ses phases successives, représenta une série de
compromis — d'arrangements temporaires qui préservè-
rent l'unité du régime islamique, moyennant l'établissement d'une prédominance de l'aristocratie arabe et
d'un système impérial qui, peu à peu, emprunta de plus
en plus à la structure et aux méthodes des empires
vaincus.

Le processus ne fut pas sans rencontrer des résistances.
Un groupe des partisans de 'Alī, les kharidjites, s'était
tourné contre lui de son vivant, et continua à s'opposer
aux Omeyyades et après eux aux Abbassides. Les chi'ites,
ou partisans de 'Alī, portèrent leur soutien après sa mort
à d'autres membres de la famille du Prophète, pas
nécessairement ses descendants, et suivirent une série de

rebelles et de prétendants qui essayèrent de renverser les Omeyyades et de prendre leur place.

Le martyre dramatique des parents du Prophète à Kerbala, en 680, plus que tout autre événement de l'époque, aida à transformer les chi'ites d'une faction politique — les partisans d'un candidat à un poste — en une secte religieuse avec de forts accents messianiques. Un autre renfort vint des nouveaux convertis, qui apportaient avec eux, venant de leurs passés judéo-chrétien et iranien, beaucoup d'idées religieuses étrangères à l'islam primitif. Ces nouveaux convertis devinrent des musulmans, ils ne devinrent pas des Arabes, encore moins des aristocrates, et les espoirs éveillés en eux par leur nouvelle foi les emplirent d'une rancune profonde, du fait de la condition économique et sociale qui leur était accordée par l'aristocratie arabe dominante. Ces sentiments étaient partagés par des Arabes à la fois pieux et mécontents, surtout par ceux qui souffraient de la différenciation économique et sociale apparue avec la conquête et les richesses. Beaucoup de nouveaux convertis connaissaient très bien le légitimisme à la fois politique et religieux. Les revendications de la Maison du Prophète leur inspiraient une sympathie spontanée, car elles semblaient proposer un terme aux injustices de l'ordre existant et un accomplissement de la promesse de l'islam.

L'histoire des débuts du chi'isme est encore très obscure. La plupart des exposés qui nous sont parvenus sont l'œuvre de théologiens, aussi bien sunnites que chi'ites, et sont présentés selon une classification théologique, non historique, déterminée par des types de doctrine plutôt que par la suite des événements. Ils furent tous écrits à des dates ultérieures, et ils lisent souvent dans le passé les idées et les conflits d'époques ultérieures. Ce faisant, ils tendent à systématiser et à stabiliser bien des choses qui étaient mouvantes et chaotiques. Par la suite, le chiʻisme se cristallisa en une secte, ou un groupe de sectes, avec des doctrines clairement définies, les distinguant de l'islam sunnite d'une part, et par ailleurs, d'autres sectes. Au début, il n'en allait pas encore ainsi : les musulmans étaient une seule communauté, à l'intérieur de laquelle des groupes variés se formaient et se séparaient : ils suivaient des doctrines et des chefs différents, et ils en changeaient avec une aisance déconcertante.

C'est pendant cette première période obscure que certaines doctrines, qui en vinrent à être caractéristiques du chiʻisme, se formèrent graduellement. L'une était la croyance en un *imam* — un chef choisi par Dieu, de la Maison du Prophète, qui était la seule tête légitime de la communauté islamique. Une autre, qui lui était étroitement liée, était la croyance en un *mahdi*, un *imam* messianique qui, au moment choisi par Dieu, rejetterait la règle des usurpateurs infidèles qui tenaient le pouvoir, et « emplirait la terre de justice et d'équité comme elle est aujourd'hui emplie par la tyrannie et l'oppression ».

Derrière les mythes exubérants, les doctrines exotiques, les explosions violentes et passionnées, des forces puissantes étaient à l'œuvre. Leur nature a été interprétée diversement, et quand on a tenté de les expliquer, en termes d'abord nationaux puis socio-économiques, on a rencontré beaucoup d'obstacles.

Une difficulté est apparue du fait des catégories et des termes employés par les chercheurs occidentaux et dérivés de l'expérience occidentale — c'est-à-dire de la théologie chrétienne et de la société européenne. Les explications de « sectes » musulmanes au moyen de « classes » musulmanes tendent à être les explications d'une analogie au moyen d'une autre analogie — avec des résultats qui sont profondément abstraits et éloignés de la réalité. Un autre problème, plus pratique, est le manque de connaissances sérieuses des faits concernant les développements économiques et sociaux dans l'Islam à ses débuts. Il est déjà difficile de relier des mouvements religieux aux conditions sociales quand les deux ont été bien étudiés et explorés à fond ; il l'est encore beaucoup plus quand on s'efforce de relier le peu qu'on sait à l'inconnu — et avec des outils intellectuels forgés dans un autre but.

Néanmoins, on peut enregistrer quelques progrès. On s'aperçoit que les explications par le seul conflit entre riches et pauvres, entre possesseurs et dépossédés, sont aussi insuffisantes en soi que les explications purement ethniques qui les avaient précédées. La structure de classes, dans la société islamique médiévale, était d'une complexité déroutante. Il y avait, par exemple, des nomades, des cultivateurs et des citadins — mais avec d'innombrables sous-divisions et classifications qui se recoupaient. Les nomades comprenaient des tribus fortes et faibles, des tribus nobles et d'autres du commun, du Nord et du Sud, des riches et des pauvres. À l'intérieur de la tribu aussi, il y avait d'importantes distinctions selon la naissance, la richesse et le statut. Dans les campagnes il y avait de la petite noblesse et des paysans, de grands et de petits propriétaires fonciers, des paysans libres, des métayers et des serfs. Dans les villes, il y avait des hommes libres, des affranchis et des esclaves ; des notables et de la populace ; des courtisans, des fonctionnaires du gouvernement, des collecteurs d'impôts, des soldats, des érudits, des religieux, des marchands, grands et petits, des artisans et la masse des pauvres citadins. Les professions n'étaient pas nettement différenciées : gouverneurs et soldats tiraient profit du commerce aussi bien que d'une solde de l'État, et les marchands, eux, pouvaient solliciter un salaire et une pension. À cela s'ajoutaient des distinctions sociales et des disputes — sur la naissance, la tribu — qui étaient profondément ressenties, et des prétentions amèrement combattues auxquelles toutefois il serait très difficile d'assigner une quelconque origine économique ou des conséquences claires ; et, de même, l'effet des divisions ethniques et religieuses ne doit pas être minimisé et ne peut être expliqué pleinement. Enfin, il y avait de très importantes variations et divisions selon les régions, entre les cités et les provinces d'un empire nouvellement assemblé, avec de vastes différences aussi bien dans leur histoire antérieure que dans leur développement ultérieur.

Les sources sont riches en allusions aux conflits économiques et plus encore sociaux — souvent entre groupes relativement petits et délimités localement. Certains sont des manifestations de conflits plus vastes. Les membres d'une tribu se plaignent d'une répartition injuste de la terre et d'autre butin, où leur tribu n'a pas reçu la part qui convenait ; des nomades font objection à l'emploi de terres conquises pour la culture au lieu de l'élevage. Des débiteurs bédouins parlent avec amertume des marchands et des prêteurs d'argent, aussi bien arabes que persans ; des gentilshommes iraniens gardent leur mépris de gens bien nés pour le commerce et ceux qui s'y livrent. Le ressentiment est général à l'égard de l'impôt, qui est inconnu des nomades, avilissant pour les conquérants, mais qui va devenir plus efficace et plus pesant à mesure que l'État islamique s'affermira. Ce ressentiment est accru par des inégalités d'assiette et par l'apparition d'éléments privilégiés du point de vue fiscal. On parle beaucoup des doléances des *mawālī*, qui adoptent la foi des conquérants et rejoignent la fraternité de l'islam, mais auxquels on refuse les privilèges fiscaux et autres des musulmans.

Les *mawālī* se trouvent surtout dans les villes nouvelles, dont la croissance rapide est l'un des faits les plus importants survenus sous le califat arabe. Dans les anciennes provinces byzantines, où la vie citadine était connue de longue date, le changement fut relativement faible. Dans les anciennes terres sassanides, où l'urbanisation était beaucoup moins avancée, le développement soudain et rapide des villes musulmanes amena tensions et conflits.

L'histoire économique et sociale des débuts de l'Empire islamique est encore peu connue ou explorée, mais il y a certaines évolutions importantes, que l'on peut apercevoir ou raisonnablement déduire. Les conquêtes arabes déplacèrent des groupes importants de dominants et de possédants ; l'effet de ce changement doit avoir été beaucoup plus grand dans les provinces orientales que dans l'Ouest. Les magnats byzantins vaincus et dépossédés pouvaient se retirer sur ce qui restait de l'Empire byzantin, laissant à de nouveaux maîtres les provinces qui leur étaient jadis soumises. Une telle échappée n'était pas ouverte aux magnats de l'Empire persan déchu, qui devaient rester où ils étaient, endurer la nouvelle domination, et trouver leur place à l'intérieur, de leur mieux. Il n'est pas surprenant que ces éléments, avec leurs réserves de savoir-faire et d'expérience, avec leurs souvenirs récents de grandeur perdue, aient joué un rôle plus décisif dans le développement de la société islamique et de son gouvernement que le résidu inerte de la population dans les cités byzantines depuis longtemps soumises. Au début, ils semblèrent s'être accommodés du conquérant arabe, et avoir retenu quelque chose de leurs fonctions et de leurs privilèges sous sa règle. Mais avec la consolidation du pouvoir arabe, l'installation massive de tribus arabes en Iran et la croissance des villes, on peut discerner de nouveaux conflits et de nouveaux alignements.

Les conquêtes remirent aussi en circulation de grandes richesses accumulées qui avaient été gelées dans des possessions privées, publiques ou ecclésiastiques. Les sources sont pleines d'histoires de butins magnifiques, d'immenses largesses et de folles dépenses. Elles parlent aussi de grandes nouvelles fortunes, bâties par des membres de l'aristocratie arabe.

Au jour où fut tué ʿUthmān [dit al-Masʿūdī], il possédait, entre les mains de son trésorier, 100 000 dinars et un million de dirhams. La valeur de ses domaines dans le Wādī 'l-Qurā, Ḥunayn et ailleurs était de 100 000 dinars, et il laissa aussi beaucoup de chevaux et de chameaux. À l'époque de ʿUthmān, nombre de Compagnons du Prophète acquièrent des maisons et des domaines. Al-Zubayr ibn al-ʿAwwām construisit sa maison à Basra, où elle est aujourd'hui bien connue, l'année 332 de l'Hégire [= 943] et fournit des logements aux marchands, commerçants maritimes et autres. Il construisit également des maisons à Kūfa, Fusṭāṭ et Alexandrie. Aujourd'hui encore, ces maisons et ces domaines sont bien connus. La valeur des biens d'al-Zubayr à sa mort était de 50 000 dinars. Il laissa aussi un millier de chevaux, un millier d'esclaves, mâles et femelles, et des terres dans les cités que nous avons mentionnées. De la même façon, Ṭalḥa ibn ʿUbaydallāh al-Taymī construisit une maison dans le quartier Kunāsa à Kūfa, fort connue de nos jours sous le nom de « maison Talḥīs ». Le revenu qu'il tirait de ses domaines d'Irak s'élevait à 1 000 dinars par jour, et certains disent plus ; de ses domaines de la région d'al-Sharāh, il recevait plus encore. Lui-même construisit une maison à Médine, faite de plâtre, de briques et de bois de teck. De la même façon, ʿAbd al-Raḥmān ibn ʿAwf al-Zuhrī construisit une maison et la fit grande. Dans ses étables étaient attachés 100 chevaux et il possédait 1 000 chameaux et 10 000 moutons. À sa mort, un quart de ses biens valait 84 000 dinars. Sa'id ibn Abī Waqqās construisit sa maison à al-Aqīq. Il la fit haute et vaste, et mit des balcons autour de la partie supérieure. Sa'id ibn al-Musayyab dit que lorsque Zayd ibn Thābit mourut, il laissa des lingots d'or et d'argent qui furent cassés à la hache, outre des biens et des domaines pour la valeur de 100 000 dinars. Al-Miqdād construisit sa maison au lieu-dit al-Jurf, à quelques kilomètres de Médine. Il mit des balcons autour de la partie supérieure, et mit du plâtre à l'intérieur et à l'extérieur. Quand Y a'lā ibn Munya mourut, il laissa un demi-million de dinars, et aussi des créances sur des personnes, des terres et d'autres biens pour la valeur de 300 000 dinars[1].

Avec leur part des dépouilles, leurs dotations généreuses en terres et en revenus, leur monopole des commandements militaires et leur contrôle indirect de l'administration, les aristocrates arabes de la conquête acquirent d'immenses richesses ; entourés des délices des pays avancés où ils se trouvaient, ils dépensaient leur fortune avec entrain. Chez les peuples conquis, et d'abord parmi leurs propres compatriotes arabes, les murmures de mécontentement allaient croissant. Mais il y eut aussi, probablement, des gens qui y trouvèrent leur compte.

Les conquêtes arabes mirent un point final au conflit perso-byzantin sur les routes commerciales du Moyen-Orient, et, pour la première fois depuis Alexandre, unirent toute la région de l'Asie centrale à la Méditerranée en un seul système impérial. Il est vraisemblable que

---

1. AL-MAS'ŪDĪ, *Murūj al-dhahab*, éd. C. Barbier de Meynard et Pavet de Courteille, IV, Paris, 1861-1877, pp. 253-255. (Ici traduit de l'anglais.)

ces changements favorisèrent la croissance du commerce
et de l'industrie, à laquelle les *conquistadores* nouvellement enrichis offraient des marchés. Comme les Vikings
dans l'Europe médiévale, les riches Arabes du Moyen-
Orient dépensaient de l'argent dans des tissus de belle
qualité, pour lesquels la cour des Omeyyades et l'aristocratie montraient un intérêt particulier. Il se peut bien
que l'industrie textile ait été le facteur le plus important
pour la croissance d'une société industrielle et commerciale. La construction de palais royaux et privés et
d'autres bâtiments, et les besoins multiples des soldats
bien payés et des colons dans les villes de garnison,
auront aussi encouragé ce développement.

Ces nouvelles villes à la croissance rapide devinrent les
centres d'un mécontentement qui semble avoir été dû à la
dislocation et à la frustration plus qu'à des privations
véritables. Parmi les riches, l'arrogance de l'aristocratie
conquérante et les incapacités imposées à ceux qui ne lui
appartenaient pas devinrent de plus en plus pénibles ;
parmi les pauvres, privés du système villageois qui les
protégeait et à la dérive dans les villes, le spectacle
inhabituel de la richesse éveillait de nouveaux désirs qui
ne pouvaient être satisfaits. Comme plus tôt et comme
plus tard, la population des cités s'accrut plus rapidement
que ne le justifiait leur développement économique ; mais
il aura existé aussi une populace instable, désorientée, qui
avait du mal à survivre, une foule de travailleurs non
qualifiés, de paysans qui s'étaient enfuis, de vagabonds,
de pauvres et de mendiants — déracinés, frustrés et pleins
de ressentiment.

Dans l'opposition pieuse et sectaire au système
omeyyade, on peut discerner des gradations différentes ;
selon le degré de leur sophistication, leur extrémisme,
leur radicalisme — leurs divergences des normes de

l'islam, et leur empressement à user de violence. Beaucoup d'efforts ont été faits pour rapporter ces gradations
à des groupes ethniques et sociaux, et l'on peut accepter
certaines conclusions, de façon très provisoire. Les
Arabes du Nord tendent à être moins radicaux que les
Arabes du Sud, les Arabes du Sud que les *mawālī*. À
partir de l'époque de Mukhtār († 686) les radicaux chi'ites
tendent à s'appuyer de plus en plus sur le soutien *mawlā*,
bien que leurs chefs demeurent arabes, généralement du
Sud ou de tribus frontalières assimilées. Les identifica-
tions ethniques sont relativement faciles, car les sources
elles-mêmes s'expriment plus volontiers en termes ethniques. Ceci ne veut pas dire nécessairement qu'elles sont
plus importantes.

Parmi les premiers représentants des *ghuluww*, doctrines extrémistes, les sources mentionnent un tisserand,
un vendeur d'orge et un marchand de paille. Ces
allusions, et quelques autres encore, aux artisans et
boutiquiers présents parmi les *ghulāt*, ne suffisent pas à
nous renseigner vraiment sur la composition sociale de
leurs appuis. On peut tirer une meilleure indication de
leurs enseignements et de leurs aspirations : de ce qu'ils
voulaient, et de ce à quoi ils s'opposaient. Ils étaient
contre l'aristocratie — contre le système du privilège
exclusif, lequel allait jusqu'à faire une distinction entre
deux fils d'un même père si l'un était né d'une mère arabe
libre et l'autre d'une esclave. Il y avait beaucoup de ces
fils de concubines, dont les familles ajoutaient au nombre
des mécontents. Ils étaient contre l'autocratie et le
pouvoir croissant de l'État, surtout en matière de répartition et de levée des impôts. Dieu avait envoyé son
Prophète pour révéler la vérité, non pour lever des
impôts, et le mérite se trouve dans l'observation des
commandements de Dieu, non dans une naissance noble.

S'il devait y avoir un ordre de préséance, il devrait être celui de la priorité dans l'islam, non selon la naissance, la richesse ou le pouvoir.

Leur programme politique consistait habituellement dans le rejet du califat existant et l'installation de l'imam choisi par eux. Il est plus difficile de parler d'un quelconque programme social ou économique, bien que leurs activités — et les réussites auxquelles ils parvinrent — soient clairement liées aux aspirations, aux mécontentements et aux antagonismes économiques et sociaux. Il y a des allusions éparses aux promesses faites par les agitateurs et les chefs des rebelles — pour défendre ceux qui ne sont pas nobles, pour distribuer le butin de façon équitable, pour fournir des aides à ceux qui sont démunis, même pour libérer les esclaves qui se rallient à la cause. Des espoirs alors éveillés, on peut se faire quelque idée d'après les traditions messianiques qui parlaient de ce que le Mahdi ferait quand il se révélerait. Mis à part une variété de détails pittoresques, personnels, topographiques et militaires, ces traditions donnent une idée assez précise des besoins auxquels on attendait que le Messie répondît. Une partie de sa tâche était islamique — ramener les hommes à l'islam véridique, répandre la foi jusqu'aux limites orientales et occidentales de la terre, et conquérir la ville chrétienne de Constantinople. De façon plus urgente et plus insistante, il devrait établir la justice — « emplir le monde de justice et d'équité comme il est maintenant empli de tyrannie et d'oppression ». Quelques versions sont plus explicites ; il devrait établir l'égalité entre les faibles et les puissants, apporter l'abondance et la sécurité, et une prospérité si grande que l'argent ne serait plus considéré ni compté — « comme ce qui est laissé par terre pour être piétiné » ; les cieux ne retiendraient pas la pluie ; la terre donnerait des récoltes abondantes et livrerait ses métaux précieux. Venu ce temps, un homme dirait : « Ô Mahdi, donne ! » et le Mahdi dirait : « Prends », et verserait dans son vêtement autant qu'il pourrait emporter.

De plus en plus, ces aspirations politiques, religieuses et sociales convergeaient sur les prétentions des parents du Prophète, les Hachémites, à un héritage qui, semblait-il, avait été détourné et employé de façon abusive par les représentants de la noblesse de Qoraich. La maison de 'Abbās réclama cet héritage et, après bien des échecs, finit par l'obtenir.

Avec la chute des Omeyyades, le vieil ordre avait été renversé. Un nouvel ordre avait été établi, avec les parents du Prophète à sa tête. La victoire avait été gagnée par une fraternité de révolutionnaires religieux voués à leur tâche, travaillant, prêchant et dont le nombre s'était accru pendant plus de trente ans. De grands espoirs avaient été éveillés et de grandes attentes, leur accomplissement était maintenant un devoir.

Il ne se passa pas longtemps avant que les nouveaux maîtres de l'Empire dussent affronter le dilemme qui, tôt ou tard, se pose à tous les rebelles victorieux — le conflit entre les responsabilités du pouvoir et les attentes de ceux qui les y ont portés. Pendant un temps, les Abbassides essayèrent bien de persuader les musulmans que leur accession représentait l'accomplissement véritable du millénaire promis. L'adoption d'étendards noirs puis de robes noires comme emblèmes de la dynastie fut un effort pour se conformer à la venue du maître légitime, tel que les prophéties le présentent. Un autre fut l'adoption de titres royaux de provenance messianique. Les Omeyyades ne s'étaient pas servis de titres honorifiques ou autres, on les connaissait simplement par leurs noms personnels. Le premier Abbasside, lui aussi, ne fut en son temps qu'un Abu'l-ʿAbbās, sans titre — mais le second fut appelé al-Manṣūr, appellation du rédempteur qu'attendaient les Arabes du Sud, et son fils et son petit-fils portèrent les titres encore plus évidemment messianiques de al-Mahdī et al-Hādī. Ce n'est qu'avec le cinquième calife abbasside, Hārūn al-Rashīd, que cette note messianique disparaît de la nomenclature officielle de la dynastie[1].

Pour réussir la révolution, il fallait bien autre chose qu'une modification des titres royaux. Un changement immédiat et frappant fut l'abandon du principe aristocratique des naissances. Les califes omeyyades avaient tous été fils de mères arabes libres, aussi bien que de pères omeyyades ; le fils d'une esclave, pour capable qu'il fût, n'était pas même pris en considération comme un candidat possible à la succession. Abu'l-ʿAbbās aussi était le fils d'une mère libre et noble, et c'est pour cette raison qu'il avait été préféré comme imam puis comme calife à son frère Abū Jaʿfar, fils d'une esclave berbère. Mais, à sa mort, ce fut Abū Jaʿfar qui, en dépit des reproches de quelques-uns de ses partisans, succéda comme calife avec le titre d'al-Manṣūr. La mère d'al-Mahdī était, fort à propos, une femme d'Arabie du Sud, dont on disait qu'elle descendait des anciens rois de Ḥimyar ; mais ses successeurs al-Hādī et Hārūn al-Rashīd étaient les fils d'une esclave d'origine incertaine. Des deux fils de Hārūn al-Rashīd qui se firent la guerre pour la succession, al-Amīn, le perdant, était né d'une princesse abbasside, al-Maʾmūn, le gagnant, d'une concubine persane. Par la suite, la plupart des califes abbassides furent les fils de mères esclaves, en général étrangères, et une telle nais-

---

1. Bernard LEWIS, « The Regnal Titles of the First Abbasid Caliphs », in *Dr Zakir Husain Presentation Volume*, New Delhi, 1968, pp. 13-22.

sance cessa d'être un obstacle à la réussite mondaine ou au prestige social.

L'aristocratie arabe et le principe aristocratique subirent d'autres défaites. Pendant le premier demi-siècle de gouvernement abbasside, la noblesse de la naissance et le prestige tribal cessèrent d'être les principaux titres pour des positions de pouvoir et de profit, et les tribus arabes reculèrent graduellement dans l'indifférence. À la place, la faveur du calife servait désormais de passeport pour la réussite ; de plus en plus, elle allait à des hommes d'origine modeste et même étrangère. Les *mawālī* obtenaient enfin l'égalité qu'ils avaient sollicitée, et, avec leur réussite, le nom même et le statut de *mawlā* perdirent leur signification. Une nouvelle élite régnante multinationale émergea, fonctionnaires, soldats, propriétaires fonciers, marchands et hommes de religion. Leur caractéristique commune était l'islam, qui remplaça l'arabisme comme citoyenneté de première classe de l'Empire.

Les Abbassides insistèrent beaucoup sur le caractère islamique de leur domination et de leurs buts. Les Omeyyades impies et mondains étaient partis, et à leur place étaient venus les pieux parents du Prophète, pour restaurer et préserver l'égalité et la fraternité des croyants. Bien que leur mode de vie personnel fût rarement — s'il le fut jamais — meilleur que celui des Omeyyades, les califes abbassides avaient le souci de préserver les convenances extérieures de la religion — et de témoigner tout le respect qui se devait au culte, à la loi, et surtout au personnel de la religion musulmane.

Pour persister dans cette attitude, il fallait prendre une position beaucoup plus proche du consensus sunnite central que ne le permettait la secte hāshimiyya qui avait été le principal instrument dans la prétention au pouvoir des Abbassides. Les missionnaires militants et les chefs

qui avaient contribué si grandement à la victoire abbasside furent, d'une façon ou d'une autre, déplacés, et un
groupe religieux qui avait salué le calife comme divin fut
écrasé sans pitié par les troupes du calife. Les Abbassides
avaient désavoué des origines qu'ils tenaient désormais
pour honteuses ; le calife al-Mahdī fit plus : il abandonna
la prétention à l'imamat qui émanait de Muḥammad ibn
al-Ḥanafiyya et Abū Hāshim, et à la place annonça que le
Prophète avait nommé son oncle al-ʿAbbās comme
successeur, conférant ainsi un droit héréditaire à ses
descendants et, soit dit en passant, excluant les Alides.

Inévitablement, la conversion des Abbassides à
l'Empire et à l'orthodoxie déçut les espoirs de quelques-
uns de ceux qui les avaient suivis. Il y avait aussi d'autres
sources de ressentiment. Les changements qui se produisaient dans la société islamique engendraient de nouvelles
tensions et donnaient naissance à de nouveaux griefs, qui
cherchèrent à s'exprimer. Plusieurs de ces changements
sont discernables, qui commencèrent avant l'accession
des Abbassides et continuèrent longtemps après. Comme
dans les autres révolutions, le changement de régime ne
signifia pas une transformation soudaine, immédiate et
totale dans l'ordre de la société, au sens vulgaire du terme
révolutionnaire ; il marqua plutôt le point où un nouvel
ordre politique fit son apparition. Ce renouvellement
faisait partie d'un ensemble de changements en cours,
étendus et profonds, et il allait ensuite aider lui-même à
pousser plus loin ces changements.

L'un de ces changements est la croissance du commerce et l'élévation des marchands, quant à la richesse, au
pouvoir et au rang social : c'était la bourgeoisie des villes
musulmanes en expansion. Le marchand prospère et
respecté n'était pas une figure nouvelle. À la différence
d'autres aristocraties conquérantes, la noblesse arabe ne

méprisait pas le commerce ; au contraire, nombre de ses membres s'y engagèrent avec de grands profits — bien que la plupart d'entre eux trouvassent le gouvernement et la guerre plus lucratifs et plus attrayants. La communauté marchande, cependant, continua de croître et fut renforcée par des *mawālī* et même des non-musulmans. Sous les Abbassides, les marchands devinrent une classe importante — riche, sûre d'elle et indépendante ; ils étaient fiers de leur appartenance à une profession honorable, et étaient même enclins à regarder de haut les serviteurs de l'État : des gens qui se livraient à des tâches moralement inférieures et qui recevaient de l'argent moralement souillé. Dans une proportion qui n'était pas mince, les théologiens et les juristes qui formulaient les règles de l'orthodoxie islamique étaient issus de la classe marchande, et leurs écrits tendaient souvent à refléter l'esprit et les besoins de la bourgeoisie musulmane. De nombreuses traditions étaient citées ou inventées pour montrer que le commerce est une profession agréable aux yeux de Dieu et la richesse un signe de la faveur divine. Même l'étalage de consommation jouissait de l'approbation divine, car « quand Dieu donne la richesse à un homme, Il veut qu'elle soit apparente sur lui ». Cette citation et des traditions similaires sont évoquées pour justifier le port de beaux vêtements, et la construction et l'ameublement de demeures luxueuses. Un adage, attribué sans vraisemblance au Prophète, soutient même que « la pauvreté est presque comme l'apostasie ». Sous les premiers Abbassides, le rôle des marchands est limité, et ils sont repoussés dans l'ombre par les bureaucrates, dont beaucoup sont Iraniens et, par tradition aristocratique, méprisent le commerce. Au IXe siècle, toutefois, ils apparaissent parmi les personnages puissants de la cour, intimement liés aux souverains eux-mêmes.

L'agriculture et l'élevage demeuraient les moyens d'existence de l'immense majorité de la population, et la principale source de revenus de l'État. Les techniques de production industrielle n'accusaient pas un grand progrès sur celles de l'antiquité ; l'organisation et l'étendue de la production, cependant, témoignent d'un développement considérable, tandis que le commerce, aussi bien à l'intérieur qu'à l'extérieur du vaste Empire musulman, se développait largement, à la fois en activités et en dimensions. Une monnaie stable, acceptée internationalement, et un système élaboré de crédit facilitaient le commerce et encourageaient la croissance d'entreprises commerciales et financières sur une large échelle. Ce capitalisme naissant touchait d'autres couches de la société. Non seulement des marchands et des financiers, mais aussi des fonctionnaires, des propriétaires fonciers, des intellectuels, des généraux, et même des princes risquaient leur capital dans des entreprises commerciales — tandis que des marchands, de leur côté, investissaient parfois une part de leurs économies dans des domaines fonciers et dans des affermages d'impôts.

Par contraste avec l'Europe à la même époque, on assista à un grand développement des villes, qui devinrent plus vastes, plus nombreuses et plus raffinées. Le principal centre de la vie urbaine se déplaça de la citadelle et des cantonnements, qui avaient été le cœur des premières villes, aux faubourgs résidentiels et commerciaux. Il y avait des artisans, des apprentis et des ouvriers souvent organisés en entreprises établies sur une large échelle, dans le cadre d'une propriété privée ou publique, des manœuvres, des boutiquiers et des vendeurs itinérants, et une population flottante de gens déracinés et sans emploi. L'esclavage était d'importance économique limitée — les esclaves apparaissent surtout dans des emplois domestiques, comme artisans ou comme agents ou intendants de propriétaires fonciers et d'entrepreneurs.

Nos sources sont d'origine urbaine et nous disent peu de chose des campagnes. L'impression qu'elles laissent est que, dans une très large mesure, les changements dans le temps auront eu peu d'effet sur la condition du paysan et du nomade. Les techniques agricoles sont demeurées en grande partie inchangées, bien que de nouvelles cultures et de nouvelles méthodes d'irrigation aient été quelquefois introduites d'une région à une autre. La campagne fournissait aux villes la nourriture et les matières premières, mais il semble que le profit revenait dans l'ensemble à des propriétaires fonciers résidant en ville et à des collecteurs d'impôts. Le commerce se faisait entre les villes ; on n'a guère de témoignages sur le mouvement des biens ou des services de la ville vers les campagnes, lesquelles suffisaient à leurs modestes besoins. La propriété s'étant concentrée entre les mains des riches marchands et des chefs militaires, on vit naître des domaines plus grands, plus strictement surveillés, où la vie des paysans devint plus dure. Dans les premiers temps de l'ère abbasside, il y avait encore de petits propriétaires fonciers paysans et des métayers preneurs à bail plus ou moins indépendants. Il semble même qu'on ait fait quelques efforts pour corriger le système de calcul des impôts à leur avantage. Par la suite, toutefois, ils furent contraints par des pressions fiscales et autres à céder leurs biens à de grands propriétaires, et à y demeurer comme tenanciers. La loi islamique ne connaissait pas le servage, mais le débiteur ne pouvait payer sa dette que par son travail personnel et était poursuivi s'il s'enfuyait. Certains trouvèrent refuge dans le banditisme, qui se mit à sévir partout. D'autres rejoignirent la populace des villes.

Les provinces orientales conquises sur la monarchie persane affrontaient des problèmes particuliers. Ici la vie citadine était relativement nouvelle, et les tensions résultant de la croissance de nouveaux centres urbains se faisaient sentir plus vivement. La vieille noblesse iranienne avait survécu à la conquête arabe en gardant intacte une grande partie de son influence et de son pouvoir dans les affaires locales, et en entretenant avec orgueil le souvenir de l'Empire sassanide récemment déchu. Sous les premiers Abbassides, des hommes de cette classe, convertis à l'islam, furent en mesure de jouer un rôle de quelque importance dans l'administration de l'État musulman. Plus tard, quand des mécontentements apparurent, ils purent fournir une direction cohérente et compétente dont les provinces occidentales, socialement fragmentées, ressentaient le manque.

Les changements qui préparèrent, accompagnèrent et suivirent la révolution abbasside apportèrent soulagement et facilités à certains, épreuves et déception à d'autres. À divers égards, les sectateurs radicaux atteignirent leurs buts. Le privilège de la naissance et, dans une large mesure, de la race fut graduellement aboli et le chemin de l'avancement ouvert à tous — ou presque tous — les musulmans. Malgré la tendance inévitable et périodique à la formation d'aristocraties, cet égalitarisme social est demeuré caractéristique de l'islam jusqu'à nos jours. Il est vrai que le non-musulman était encore soumis à certaines incapacités, mais on estimait la chose raisonnable ; les incapacités n'étaient pas oppressives, et s'y soumettre était en un sens un choix, puisque la fraternité de l'islam était désormais ouverte à tous ceux qui choisissaient de la rejoindre. En théorie et même en pratique, dans une mesure qui n'était pas mince, l'islam était la citoyenneté commune de la communauté, la source de son génie et de sa loi, ce qui déterminait en dernier ressort l'identité, l'allégeance et le statut.

Malgré ces améliorations, les vieux mécontentements survécurent et de nouveaux apparurent. En général, le millénium ne s'était pas réalisé ; plus spécifiquement, le développement économique et social rapide avait amené la détresse pour beaucoup. Socialement, la révolution avait à son actif des réussites notables, même si elles étaient souvent inégales dans leurs effets, selon les régions et selon les classes. Politiquement les choses étaient pires qu'avant. L'État aristocratique omeyyade avait été limité par le besoin de gagner et de retenir l'allégeance des grands aristocrates arabes — hommes puissants et influents, dont la puissance et l'influence dérivaient de sources indépendantes du calife, et dans une large mesure hors de sa portée. L'État bureaucratique abbasside, avec son administration bien ordonnée et son armée professionnelle, ne souffrit pas de pareilles limitations. Malgré les signes extérieurs de la piété islamique dont les Abbassides se parèrent et ornèrent leur cour, leur gouvernement était en fait plus éloigné des idéaux politiques de l'islam que ne l'était celui des Omeyyades, et beaucoup plus proche du régime impérial de l'ancien Iran. Le souverain n'était plus le premier parmi ses égaux, mais un autocrate lointain et inaccessible, exerçant un immense pouvoir sur ses sujets par l'entremise d'un appareil gouvernemental qui devenait plus complexe et plus oppressif. Il n'est guère étonnant qu'un poète se soit exclamé :

Que la tyrannie des fils de Marwān ne nous revient-elle,
Que la justice des fils de ʿAbbās n'est-elle en enfer[1] *!*

1. Abu'l-ʿAṭaʾ AL-SINDĪ, cité in Abu'l-Faraj AL-ISFAHĀNĪ, *Kitāb al-Aghānī*, XVI, Bulaq, 1285, p. 84 ; cf. H. LAMMENS, *Études sur le règne du calife omeiyade Moʾâwiya Iᵉʳ*, Beyrouth, 1906, p. 188.

Les concepts islamiques de révolution

Au milieu du VIIIe siècle, le califat omeyyade fut renversé et le califat abbasside établi à sa place. Parmi les érudits modernes, il est devenu habituel, quand on parle aussi bien des actions qui ont amené ce changement que des résultats qui s'ensuivirent, d'employer le terme *révolution*. Parmi les contemporains, le terme, couramment employé pour indiquer la victoire abbasside, fut le mot arabe *dawla*, qui plus tard finit par signifier « dynastie », puis simplement « État ». Or ce n'en était pas le sens originel. La signification de base de la racine *d-w-l*, qui se trouve aussi en d'autres langues sémitiques, est « tourner » ou « alterner » — comme, par exemple, dans les versets coraniques : « Ces jours [heureux et malheureux], nous les faisons alterner (*nudāwiluhā*) parmi les Hommes » (Coran, III, 134-140), et : « Ce qu'Allah a octroyé comme prise à Son Apôtre sur la population des Cités appartient à Allah, à l'Apôtre, au Proche [de celui-ci], aux Orphelins, aux Pauvres, au Voyageur, afin que cela ne soit point quelque chose de dévolu (*dūlatan*) aux

« Islamic Concepts of Revolution », *Revolution in the Middle East*, éd. P.J. Vatikiotis, Londres, G. Allen & Unwin, 1972. Repris dans B. Lewis, *Islam in History*, 1973.

Riches parmi vous » (LIX, 7). D'autres textes du début confirment le sens de « tourner » — le temps de la réussite, du pouvoir, de la fonction ou de la propriété dont jouit un individu ou un groupe. Parfois le mot est employé en parlant des vicissitudes de la fortune. « *Al-dunyā duwal* », dit un auteur du début — à peu près : « le monde est plein de hauts et de bas » — et il continue : « Ce qui est pour vous viendra à vous malgré votre faiblesse ; ce qui est contre vous, vous ne pouvez l'empêcher par votre force [1]. » Dans un essai composé par Ibn al-Muqaffaʿ (env. 720 - env. 756), ce conseiller persan des premiers califes abbassides recommande la prudence à un dirigeant dont le pouvoir est de fraîche date, et emploie la phrase : *Idhā kāna sultānuka ʿinda jiddati dawla* — « si ton pouvoir est prêt à tourner » [2]. C'est dans ce sens qu'Ibn al-Muqaffaʿ, parlant de l'avènement des Abbassides, dit : « Alors vint cette *dawla* », et que le premier calife abbasside al-Saffāh, s'adressant aux gens de Kūfa, après son avènement, leur dit : « Vous avez atteint notre temps, et Dieu vous a apporté notre *dawla* [3]. » Dans un autre passage, al-Saffāh est cité comme parlant de *dawla*, c'est-à-dire le temps du pouvoir et du succès, d'Abū Muslim [4] — un serviteur et non un membre de la dynastie. Par la suite, le terme *dawla* finit par désigner plus particulièrement la maison régnante des Abbassides ; il acquit ainsi le sens de dynastie et finalement d'État.

1. Attribué à IBN AL-MUQAFFAʿ, *Al-Adab al saghīr*, in *Rasāʾil al-bulaghā*, éd. Muhammad Kurd ʿAlī, 4ᵉ éd., Le Caire, 1954, p. 17 ; cf. p. 18.

2. *Al-Adab al-kabīr, ibid.*, p. 50.

3. *Ibid.*, p. 125 ; AL-ṬABARĪ, *Taʾrīkh*, éd. M.J. de Goeje et *al.*, III, Leyde, 1879-1901, p. 30.

4. AL-ṬABARĪ, p. 86.

Il est possible que des théories politiques cycliques, dérivées de sources grecques ou persanes, aient contribué à cet emploi du mot *dawla*. Bien qu'aucun exposé ancien de semblables théories en arabe n'ait été mis au jour jusqu'ici, elles apparaissent dans des écrits légèrement postérieurs, comme par exemple dans un essai astrologique par le philosophe al-Kindī au IXe siècle et, de façon plus étendue, dans le travail encyclopédique du Xe siècle, appelé *Rasā'il Ikhwān al-Safa* (*Épîtres des Frères sincères*). Selon ces écrits, *dawla*, qui est associé à *mulk*, la royauté, passe de nation en nation, de pays en pays, de dynastie en dynastie. Un tel changement intervient à des intervalles de deux cent quarante ans. Fait significatif, les *Rasā'il* furent composés environ deux cent quarante ans après l'accession des Abbassides au pouvoir, et les auteurs des épîtres étaient en rapport avec les ismaéliens, un groupe chiʿite activiste qui cherchait à renverser les Abbassides et à les remplacer par une nouvelle lignée d'imam-califes, descendants du Prophète par sa fille Fāṭima[1]. Des interprétations cycliques de l'histoire sont au centre des doctrines des ismaéliens et des sectes apparentées, elles sont souvent avancées pour soutenir des revendications de prétendants messianiques et de rebelles.

Les difficultés des Abbassides ne prirent pas fin avec la défaite des Omeyyades et leur propre intronisation comme souverains suprêmes de l'Islam. Ils durent encore

---

1. O. LOTH, « Al-Kindī als Astrolog », in *Morgenländische Forschungen, Festschrift...* H. L. Fleischer, Leipzig, 1875, pp. 263-309 ; *Rasā'il Ikhwān al-Ṣafa*, Le Caire, 1928, I, pp. 106, 130-131 ; III, p. 258 ; IV, pp. 234 et suiv., 237 ; cf. A. L. TIBAWI, « Ikhwān al-Ṣafaʿ and their Rasā'il », *Islamic Quarterly*, II, 1955, p. 37, n. 4. Voir aussi « Daʷla », in *Encyclopédie de l'Islam*, 2e éd., par F. Rosenthal.

faire face à une série de mouvements d'opposition et même de rébellions armées, et résister à des groupes qui contestaient leur droit à régner, et cherchaient à installer d'autres souverains à leur place. Les plus actifs et les mieux connus parmi eux furent ceux qui sentaient que le changement n'était pas allé assez loin — que le régime abbasside ressemblait trop à celui qu'il avait remplacé et devrait laisser place à un autre, qui apporterait une transformation plus radicale de l'ordre politique et social. Quelques-uns d'entre eux, désignés assez librement par le nom général de chi'ites, espéraient atteindre ce résultat en transférant le pouvoir aux parents du Prophète ; d'autres, les kharidjites, rejetaient toute forme de légitimisme et cherchaient à établir un califat vraiment électif basé sur le consentement volontaire et révocable des gouvernés.

Un point de vue entièrement différent était représenté par le groupe de ceux qu'on appelle parfois al-Nābita, ce qui signifie, à peu près, les jeunes arrivistes. Politiquement, ceux-ci soutenaient les Omeyyades destitués — c'étaient des légitimistes qui croyaient aux droits de la vieille dynastie des califes, et mettaient en question les arguments, invoqués par les Abbassides et leurs porte-parole, pour justifier leur violente prise du pouvoir. Dans un essai écrit aux alentours de 840, le grand prosateur arabe al-Djāḥiẓ passe brièvement en revue l'histoire politique de l'Islam jusqu'à son époque et s'efforce de justifier, par des motifs religieux, l'action des Abbassides renversant le calife régnant. Il rejette spécifiquement la doctrine de l'obéissance inconditionnelle qui, soutient-il, est implicite dans les arguments des Nābita.

Le malfaiteur est maudit, et quiconque interdit la malédiction du malfaiteur est lui-même maudit. Mais les Nābita de notre temps et les innovateurs de notre siècle avancent

qu'insulter de mauvais dirigeants est de la sédition (*fitna*) et
que maudire les tyrans est une innovation (*bid'a*), même si ces
dirigeants... terrorisent les bons et encouragent les mauvais,
et règnent par le favoritisme et l'arbitraire, l'étalage du
pouvoir, le mépris du peuple, la répression des sujets, et des
accusations sans frein ni retenue. Si cette inconduite atteint le
degré de l'incroyance, si elle passe de l'erreur à l'irréligion,
alors elle devient une erreur plus grande même que celle de
quiconque s'empêche de les condamner et de se désolidariser
d'eux... Les Nābita acceptent que quiconque tue un croyant,
soit avec l'intention claire de le faire ou sous un prétexte
spécieux, est maudit ; mais si le tueur est un souverain
tyrannique ou un émir querelleur, ils ne considèrent pas
qu'on ait le droit de le maudire ou de le déposer ou de le
bannir ou de le dénoncer, même s'il a terrorisé les bons,
assassiné les lettrés, affamé les pauvres, opprimé les faibles,
négligé les frontières et les marches, bu des boissons fermen-
tées et étalé sa dépravation [1].

La position d'al-Djāḥiẓ dans cet essai est claire. Le
souverain est un être humain, et peut se rendre coupable
de quelque erreur humaine et pécher tout en gardant son
droit de régner et de réclamer l'obéissance de ses sujets.
Mais si son erreur atteint le point où il néglige ses devoirs
et abuse de ses pouvoirs comme souverain, alors le devoir
d'obéissance cesse, et ses sujets ont le droit — ou plutôt le
devoir, car c'est à des devoirs, non à des droits, qu'ont
affaire la jurisprudence et la politique islamiques — de le
dénoncer et, si possible, de le déposer et de le remplacer.

La doctrine occidentale du droit de résister à un
mauvais gouvernement est étrangère à la pensée islami-

---

1. *Rasā'il al-Djāḥiẓ*, éd. Hasan al-Sandūbī, Le Caire, 1933, pp. 295-
296 ; trad. française par Ch. Pellat, « La " Nābita " de Djāḥiẓ », *Annales
de l'Institut d'Études orientales*, 10, Alger, 1952, pp. 317-318.

que. À la place, il y a une doctrine islamique du devoir de résister au gouvernement impie qui, dans les premiers temps, eut une importance historique décisive. Cette doctrine était enchâssée dans les traditions concernant le Prophète, notamment dans ce dit : « Il n'y a pas de devoir d'obéissance dans le péché », et dans cet autre · « N'obéissez pas à une créature contre son Créateur. » L'intention de ces deux adages souvent cités et d'autres maximes similaires [1] est bien évidente. Normalement, le sujet a un devoir d'obéissance complète et indiscutable envers l'imam, qui est la tête de l'État et de la communauté islamiques. Si toutefois l'imam ordonne une chose contraire à la loi de Dieu, alors le devoir d'obéissance tombe et, à sa place, c'est le devoir du sujet de désobéir — et de résister — à un tel ordre.

À première vue, ce principe apparaît comme la base de doctrines qui soutiendraient à la fois une limitation du gouvernement et une justification de la révolution. Son efficacité, toutefois, fut réduite par deux défauts fatals. En premier lieu, les juristes n'expliquèrent jamais comment on pouvait déterminer qu'un acte était conforme à la loi ou criminel ; en second lieu, aucun dispositif ni procédure juridique ne fut jamais imaginé ni établi pour appliquer la loi contre le souverain. En fait, les pressions politiques et sociales suffirent habituellement pour imposer un respect formel à l'égard des principes fondamentaux de l'observance islamique — et de pas grand-chose de plus. Cette interprétation s'exprime dans de nombreux dits attribués au Prophète. Selon une tradition sans aucun doute apocryphe, le Prophète adjura ses disciples : « Si ceux qui vous commandent ordonnent la prière, l'au-

---

1. AL-MUTTAQĪ, *Kanz al-'ummāl*, III, Hyderabad, 1312, pp. 201-203.

mône légale et la guerre sainte, alors Dieu vous interdit de
les insulter et vous permet de prier derrière eux. » Une
autre tradition, également apocryphe, apporte le message
du quiétisme et ses limites — sous une forme plus
colorée : « Les imams sont de Qoraich [la tribu arabe à
laquelle appartenait le Prophète]… Si Qoraich donne à un
esclave éthiopien au nez plat autorité sur vous, écoutez-le
et obéissez-lui aussi longtemps qu'il ne force aucun
d'entre vous à choisir entre son islam et son cou. Et s'il
force quelqu'un à choisir entre son islam et son cou, qu'il
offre son cou[1]. »

Par la suite, le devoir de désobéissance se trouva
enserré dans une haie de restrictions et de réserves, et de
fait on l'oublia quand prévalut généralement, en théorie
comme en pratique, le quiétisme le plus complet. Un cadi
du XIXᵉ siècle, al-Idjī, mentionne encore, assez indirectement, le devoir de résistance au péché ; toutefois il
s'applique seulement si deux conditions sont réunies. En
premier lieu, un homme doit être assuré que son action
n'entraînera pas de sédition (*thawarān fitna*) et qu'elle
remplira son but. (S'il pense qu'elle n'atteindra pas son
but, alors la résistance est méritoire, mais non obligatoire.) En second lieu, il ne faut pas mettre son nez
partout (*tajassus*)[2]. En d'autres mots, ne cherchez pas
d'histoires ; si vous en rencontrez, essayez de les éviter ;
et ne résistez pas avant que le succès soit acquis d'avance.

À l'époque antérieure, avant que fût adoptée cette
attitude défaitiste et quiétiste, le devoir de désobéissance
était encore un facteur politique et religieux d'importance. Il inquiéta particulièrement les premiers Abbas-

1. *Ibid.*, pp. 197-198.
2. AL-IDJĪ, *Mawāqif*, VIII, Le Caire, 1907, p. 375 ; cf. p. 348 et suiv.

sides, qui sentaient le besoin de se justifier, aux termes de l'islam, et d'avoir pris le pouvoir par la révolution, et de le conserver contre toute contestation éventuelle. Ibn al-Muqaffaʿ examina la question dans un essai adressé au calife al-Manṣūr, vers 757-758. Il y a des gens, dit-il, qui citent le mot du Prophète selon lequel on ne doit pas obéir à une créature contre son Créateur, et qui en tirent une interprétation fausse et déformée. Selon eux, si l'imam nous ordonne de désobéir à Dieu, il faut désobéir à l'imam ; s'il nous ordonne d'obéir à Dieu, il faut obéir à l'imam. Mais s'il faut désobéir à l'imam en désobéissance, et obéir à d'autres que l'imam s'ils ordonnent ce que Dieu ordonne, alors il n'y a pas de différence entre l'imam et quiconque d'autre dans le droit à l'obéissance. Cette doctrine, dit Ibn al-Muqaffaʿ, est une ruse du diable pour corrompre l'obéissance et bouleverser l'ordre, en sorte que les hommes puissent être égaux (*naẓāʾir*) et sans chef, et sans défense contre leur ennemi. Un autre groupe, dit-il, va à l'extrême opposé. Selon ses membres, nous devons obéir aux imams dans tous leurs commandements, sans demander si ces commandements sont en accord avec l'obéissance ou la désobéissance à Dieu. Nul d'entre nous ne peut leur demander de comptes, car ils sont les maîtres du pouvoir et du savoir, et nous sommes leurs sujets, tenus à l'obéissance et à la soumission. Cette doctrine, dit Ibn al-Muqaffaʿ, est aussi dangereuse que la première dans la mesure où elle dégrade l'autorité et mine l'obéissance, puisqu'elle conduit à la scélératesse et vilenie dans la façon de gouverner, et à la licence manifeste et publique de pécher. La vérité se trouve entre les deux. Il est bien de dire qu'il ne doit pas y avoir d'obéissance dans le péché ; il est mal de miner l'autorité de l'imam en donnant la permission de lui désobéir. La limitation du devoir d'obéissance s'applique seulement aux préceptes

majeurs de la religion. Si l'imam interdit le jeûne, la prière
et le pèlerinage, empêche l'accomplissement des commandements de Dieu et permet ce que Dieu a interdit,
alors il n'a pas autorité pour le faire. Il a toutefois le droit
— qui plus est, le droit exclusif — d'être obéi dans toutes
les affaires qui relèvent de la sagesse du pouvoir en
matière gouvernementale et administrative, telles que
commencer ou finir une campagne militaire, collecter des
fonds et les dépenser, nommer et renvoyer des subor-
donnés, prendre des décisions discrétionnaires, fondées
sur le Coran et la Sunna, dans des affaires où il n'y a pas
de précédent contraignant, faire la guerre et la paix, etc. [1]
La plupart des écrivains plus tardifs sont d'accord pour
limiter le devoir de désobéissance à des violations évidentes de prescriptions majeures de la loi rituelle ;
beaucoup vont plus loin, et spécifient que ceci ne
s'applique pas à la conduite personnelle du souverain, qui
vraisemblablement peut violer la loi avec impunité, mais
seulement aux ordres qu'il donne à ses sujets.

　　Un thème récurrent dans les discussions sur le devoir
de désobéissance est la nécessité impérieuse d'éviter toute
fitna — terme qui normalement désigne un mouvement
tendant à rompre l'ordre religieux, social et politique. Le
mot a une histoire intéressante. Le sens premier de la
racine est un essai ou une mise à l'épreuve, d'où par
extension une tentation, qui éprouve la foi d'un homme
et sa loyauté envers la communauté. Le mot se rencontre
souvent dans le Coran dans le sens de tentation ou
d'épreuve de la foi, contre laquelle le croyant devra se

---

1. *Risāla fi'l-Ṣaḥāha*, in *Rasā'il al-bulaghā'*, pp. 120-121. Sur le devoir
de désobéissance voir aussi H. LAOUST, *Essai sur les doctrines sociales et
politiques de... Ahmad b. Taimīya*, Le Caire, 1939, pp. 310-315.

tenir sur ses gardes. Souvent, le contexte indique que le
danger est public et social plutôt que privé et personnel
— tentation de mécontentement autant que d'incroyance.
« Expulsez-les [les Mecquois] d'où ils vous ont expulsés !
car la *fitna* est pire que le meurtre... Combattez-les
jusqu'à ce qu'il n'y ait plus de *fitna*, et que le culte soit
[rendu] à Allah » (Coran, II, 191, 193).

C'est ce sens — de troubles ou de mécontentement —
qui prédomine dans l'usage post-coranique, et qui se
réfléchit en retour dans quelques-uns des dits apocryphes
prêtés au Prophète. La conception islamique de *fitna* est
une conséquence naturelle de la conception islamique de
la conformité. L'orthodoxie, dans le christianisme, signifie en premier lieu la croyance en une foi définie
officiellement et la soumission à l'autorité ecclésiastique.
Le sunnisme, dans l'islam, implique à la base la fidélité
envers la communauté et l'acceptation de ses traditions —
et, puisque religion et politique en Islam sont inextricablement entremêlées, ceci à son tour implique l'obéissance
au calife comme chef accrédité à la fois de l'État et de la
communauté. La dissidence religieuse est une affaire
privée aussi longtemps qu'elle ne concerne que des
croyances théologiques ; elle devient *fitna,* dangereuse et
punissable, quand elle implique une rupture des liens
politiques et sociaux — une séparation de la communauté
(mufāraqat al-jamāʿa) et le retrait de l'allégeance envers
le calife.

La *fitna* archétype, souvent dite la « grande *fitna* »,
survint lors du meurtre du calife ʿUthmān, en 656 de
notre ère, et lors de la guerre civile qui s'ensuivit. Le
calife avait été assassiné par des mutins musulmans, et un
autre installé à sa place. On défia ce successeur, et on lui
dénia tout droit à remplir sa charge, l'accusant de fermer
les yeux sur un crime. Selon les uns, ʿUthmān était le

calife légitime, ceux qui l'avaient tué étaient des rebelles et des meurtriers dont le crime devait être puni, ceux qui trouvaient des excuses à ce méfait étaient eux-mêmes des malfaiteurs. Selon les autres, 'Uthmān avait violé la loi de Dieu, et perdu son droit de gouverner ; sa mort était une exécution, non un meurtre, un acte de justice, non un crime. La guerre civile fut un temps de grandes épreuves et tentations, où la foi et la fidélité de tous les musulmans furent mises à l'épreuve.

Par la suite, *fitna* devint le terme normal pour dissidence séditieuse ou opposition violente à l'autorité établie. C'est par exemple le terme employé par al-Kindī, dans son épître astrologique, pour désigner les troubles et les soulèvements qui amènent un cycle de pouvoir à sa fin. Il est employé pour des groupes religieux dont la déviation de la tradition va au-delà des limites de différence permises — en particulier des groupes militants comme les kharidjites et les ismaélites. Dans ce contexte, il est souvent associé à l'idée de *bid'a* — innovation qui est une dérogation ou une violation de la *Sunna*. Plus tard il est appliqué à presque toute explosion de violence — mutineries militaires, émeutes citadines, rébellions provinciales. C'est invariablement un terme d'insulte employé à l'égard des autres groupes, jamais du sien propre. C'était le terme employé par les premiers écrivains musulmans pour parler de la Révolution française de 1789[1].

---

1. 'ATIF EFENDI, « Memorandum of 1789 », in DJEVDET, *Tarih*, VI, Istamboul, 1309 A.H., p. 394 ; *Bonapart tarihi* (trad. turque de la *Storia d'Italia* de Botta), Le Caire, 1249 A.H., réimpr. Istamboul, 1293, p. 8 ; cf. shaykh Rifā'a Rāfi' AL-TAHTĀWĪ, *Takhlīs al-ibrīz*, Bulaq, 1834, nouv. éd., Le Caire, 1958, p. 252, sur la révolution de 1830, et p. 259, sur celle de 1789 — *al-fitna al-ula li'l-hurriya*, la première *fitna* pour la

L'arabe classique a nombre de mots pour désigner la rébellion ou l'insurrection. Les verbes les plus courants sont *kharadja*, littéralement sortir[1], *qāma*, se lever ou se mettre debout, et *nazā*, sauter, sauter hors de, d'où se détacher, s'évader. Dans la forme dérivée *intazā*, cette racine est employée surtout dans des textes de l'Occident (c'est-à-dire d'Afrique du Nord et d'Espagne) au sens de se révolter contre son souverain, se rendre indépendant. L'auteur espagnol du Xe siècle, Ibn Faradj de Jaen, est dit avoir écrit, alors qu'il était en prison, une histoire des rebelles et des insurgés dans l'Espagne musulmane (*Ta'rikh al-muntazīn wa'l-qā'imīn bi'l-Andalus wa-akhbāruhum*). Il est malheureux — mais non pas surprenant — que ce livre soit perdu[2].

Un mot dont l'histoire est quelque peu différente est *baghā* (participe présent *bāghī*, pl. *bughāt*). À partir du sens de la racine première d'excès, d'abus, le *bāghī* en vient à être quelqu'un qui transgresse la loi, qui viole les normes légales, sociales, morales ou religieuses. Aussi bien qu'un rebelle, il peut être un gouvernant tyrannique qui abuse de son pouvoir, il peut aussi être un débauché sexuel ou un pervers. Par un glissement inévitable, on peut traiter de *bāghī* un chameau fougueux ou têtu. Dans

---

liberté. Pour l'usage classique, voir « Fitna » in *Encyclopédie de l'Islam*, 2e éd., par L. Gardet, et E. L. Petersen, *'Alī and Mu'āwiya in Early Arabic Tradition*, Copenhague, 1964, p. 9 et suiv. ; sur *Bid'a*, voir plus haut, p. 25.

1. Le nom de la secte appelée les kharidjites — ceux qui sortent — vient probablement d'un épisode de leurs débuts, le départ secret des membres de la secte de Kūfā, plutôt que du sens général de sécessionnistes ou rebelles.

2. Voir « Ibn Faradj al-Djayyāni, in *Encyclopédie de l'Islam*, 2e éd., par H. Monès.

le langage technique de la loi musulmane, *bughāt* est le terme normal pour « rebelles ».

Les juristes apportent beaucoup de soins à l'étude des problèmes juridiques de la rébellion — le règlement de la guerre contre les rebelles, leurs droits en tant que belligérants et que prisonniers, l'inviolabilité de leurs biens, la validité des jugements rendus sous leur juridiction [1].

Comme il arrive bien souvent, la terminologie et l'argumentation des juristes cachent un but autre que celui qui est apparent. Dans la théorie stricte de la loi musulmane, il ne pouvait y avoir qu'un seul État musulman, l'universel *Dār al-Islām* (Maison de l'islam), et un seul souverain musulman, le calife. Les discussions des juristes de droit international — sur la guerre, la diplomatie, etc. — ne pouvaient donc porter que sur les relations entre l'État musulman et un ou des États non musulmans. En fait, naturellement le monde musulman était divisé en de nombreux États autonomes ou indépendants, et il était nécessaire de régler juridiquement leurs relations. On y parvenait par la fiction de droit selon laquelle un État autre que le califat était un groupe reconnu de rebelles. On présume que les *bughāt* de la littérature juridique sont des musulmans ; ils ont à leur disposition des forces armées organisées, et contrôlent un territoire où ils maintiennent la loi et l'ordre (musulmans). Leur rébellion consiste dans le refus de l'obéissance au calife. Tout cela montre à l'évidence que les juristes ont dans l'esprit une tentative, non pas pour renverser le régime, mais simplement pour s'en retirer et établir un État indépendant à l'intérieur d'un certain

---

1. Voir par exemple M. HAMIDULLAH, *Muslim Conduct of State*, éd. revue, Lahore, 1945, p. 168 et suiv.

territoire. En un mot, il s'agit non de révolution, mais de sécession.

Pendant le XIXᵉ et le XXᵉ siècle, pour les besoins de la discussion sur les révolutions européennes, et plus tard aussi sur les révolutions intérieures, on introduisit trois termes de plus. *Ikhtilāl*, quoique d'origine arabe, est surtout limité à l'usage turc. À partir de son sens originel, qui est désordre ou soulèvement, les auteurs turcs du XVIᵉ siècle l'emploient couramment pour des révoltes, des émeutes, des mutineries et des troubles de l'ordre public de toutes sortes [1]. C'était le terme employé par les écrivains turcs contemporains pour désigner la grande Révolution française [2]. Depuis lors, il a été spécialisé dans l'usage turc moderne pour indiquer les soulèvements révolutionnaires auxquels manque le respect ou l'approbation de celui qui en parle. Ainsi il n'est jamais employé pour les révolutions des Jeunes Turcs ou kemalistes ; à l'occasion, mais peu souvent, pour la Révolution russe ; il l'est presque invariablement pour le soulèvement anti-Jeunes Turcs de 1909. Il est aussi employé par l'historien turc du XIXᵉ siècle, Cevdet, dans ce qui doit être l'un des premiers exposés musulmans de la Révolution américaine [3].

Dans les pays arabophones, on se servait d'un mot différent pour révolution — *thawra*. La racine *th-w-r* en arabe classique veut dire se lever (en parlant par exemple d'un chameau), être stimulé ou excité et, de là, surtout dans l'usage maghrébin, se rebeller. Dès l'époque médié-

1. Voir par exemple ʿIZZI, *Tarih*, Istamboul, 1199 A.H., pp. 128, 136 et *Tarih Vesikalari*, vol. II, nᵒ 7, 1942, p. 65 et suiv.

2. ʿĀTIF EFENDI, *ibid.*, p. 395. AHMED EFENDI, in *Tarih Vesikalari*, vol. III, nᵒ 15, 1949, p. 184 ; cf. *Bonapart tarihi*, pp. 8, 70, etc.

3. DJEVDET, II, Istamboul, 1309, p. 265 et suiv.

vale, le mot apparaît dans des contextes politiques. Ainsi
al-Saffāḥ, le premier calife abbasside, se servant du
participe présent, se nomme lui-même *al-Thā'ir* dans son
adresse au peuple de Kūfa, et un chef alide dans la Perse
du Xᵉ siècle adopte même ce terme dans son titre — *al-
Thā'ir fi'llāh*, le *thā'ir* en Dieu. Certainement dans le
premier et probablement dans le second cas, *thā'ir*
signifie celui par qui arrivent le trouble et le soulèvement.
Dans un sens négatif, il est employé par le biographe de
Saladin pour indiquer un complot destiné à le renverser et
à restaurer les Fatimides déposés [1]. Souvent, il suggère la
création d'une petite souveraineté indépendante ; ainsi,
par exemple, on appelle *thuwwār* (sing. *thā'ir*), les *Reyes
de Taifas*, « les rois de parti », comme on dit, qui
régnèrent en Espagne, au XIᵉ siècle, après le démembrement du califat de Cordoue. Le nom *thawra* veut dire
d'abord excitation, comme dans la phrase citée dans le
Ṣiḥāḥ, dictionnaire de base de l'arabe médiéval, « *intaẓir
ḥattā taskun hadhibi 'l-thawra* » (« attendez que cette
excitation tombe ») — recommandation très appropriée.
Le verbe est employé par al-Īdjī, sous la forme *thawarān*
ou *ithārat fitna*, exciter la sédition, comme l'un des
dangers qui devraient décourager un homme de mettre en
pratique le devoir de résistance à un mauvais gouvernement. *Thawra* est le terme employé par les écrivains
arabes du XIXᵉ siècle pour la Révolution française [2] et par

1. AL-ṬABARĪ, III, p. 30 ; G. C. MILES, « Al-Mahdī al-haqq, Amīr
al-Mu'minin », *Revue numismatique*, 6ᵉ série, 7, 1965, p. 335 ; ABŪ
SHĀMA, *Kitāb al-Rawḍatayn*, 2ᵉ éd., M. Ḥilmy M. Aḥmad éd., I/II, Le
Caire, 1962, p. 563.

2. Exemples dans Ra'īf AL-KHŪRĪ, *Al-Fikr al-ʿArabī al-ḥadīth*,
Beyrouth, 1943, pp. 118 et suiv., 168, 220 et suiv., etc.

leurs successeurs pour les révolutions de notre temps, domestiques et étrangères.

Dans l'usage arabe courant, le nom *thawra* et l'adjectif *thawrī* sont les termes acceptés par les régimes socialistes révolutionnaires d'Égypte, de Syrie, d'Irak et d'ailleurs pour décrire leurs propres actions, intentions et idéologies. À part le rejet de la monarchie héréditaire et l'affirmation d'une forme de socialisme, ces termes ne s'identifient à aucun système politique particulier. Le contraire de *thawrī* est *radjʿī*, un néologisme[1] voulant dire réactionnaire, et employé surtout pour les régimes monarchiques conservateurs et libéraux dans les pays arabes. La spécialisation du terme *thawra* pour désigner des gouvernements, leurs groupes dominants et leurs idéologues de palais a ouvert de nouvelles lignes au développement sémantique. Pour certains, l'antithèse *thawra/radjʿiyya* (révolution/réaction) remplace l'antithèse précédente islam/incroyance et, comme elle, donne à penser à un conflit perpétuel et à une victoire ultime inévitable. Pour d'autres, *thawra* est simplement devenu un synonyme d'autorité, et répète ainsi l'évolution sémantique du mot médiéval *dawla*. Une autre possibilité, si les relations avec les puissances communistes continuent à se développer comme elles le font présentement, est que le mot *thawra* acquière une signification voisine de *comprador* ou peut-être prince indigène.

Il reste un dernier mot à considérer. La racine de l'arabe classique *q-l-b* veut dire tourner ou retourner. La septième forme, *inqalaba*, veut dire habituellement être

1. Du verbe *radjʿa*, revenir. Le terme arabe *radjʿī* fut probablement inspiré par les néologismes turcs légèrement antérieurs : *irtidjʿā*, réaction, et *mūrtedjiʿ*, réactionnaire, tous deux de la même racine.

modifié, changé ou retourné sens dessus dessous, et se
trouve dans un verset bien connu du Coran (XXVI, 227) :
*Wa sayaᶜlamu'l-ladhīna ẓalamū ayya munqalibin yanqa-
libūn* — « Ceux qui sont injustes sauront vers quel destin
ils se tournent », Al-Kindī, dans ses écrits astrologiques [1],
l'emploie en parlant de retournement de pouvoir cyclique
prédéterminé, *inqilāb al-dawla*. L'emploi du nom verbal
inqilāb comme l'équivalent du terme européen révolution semble avoir été introduit par les Jeunes Ottomans
exilés, notamment par les radicaux Mehmed Bey et Vasfi
Bey, qui publièrent un journal, appelé *Inqilāb*, à Genève,
en 1870. Par la suite, ce terme se fit admettre en turc pour
« révolution », et on l'applique aux changements politiques de 1908, 1919-1923 et 1960. Son emploi en arabe est
rare, et quand il intervient, il est habituellement peu
flatteur.

---

1. LOTH, *op. cit.*, p. 303 ; cf. pp. 274, 277.

Deuxième partie

L'INFLUENCE
DE L'OCCIDENT

Les répercussions
de la Révolution française en Turquie
Quelques notes sur la transmission des idées

La Révolution française a été le premier grand mouvement d'idées de la chrétienté occidentale à s'être imposé à
l'Islam. Chrétienté et islam s'étaient longuement
affrontés en Méditerranée ; innombrables avaient été, de
la Syrie à l'Espagne, leurs contacts pacifiques ou guerriers ; et pourtant des courants d'idées européens antérieurs, comme ceux de la Renaissance et de la Réforme,
n'avaient pas éveillé d'écho ni provoqué de réaction chez
les peuples musulmans. Il peut sembler étrange au
premier abord que la civilisation islamique, qui dans ses
étapes antérieures avait été si ouverte aux influences de
l'hellénisme et de l'Iran, voire de l'Inde et de la Chine, ait
néanmoins rejeté l'Occident de façon aussi catégorique.
Mais il ne faut pas en chercher bien loin l'explication.
Quand l'islam était encore en expansion et réceptif, ce
que l'Occident chrétien avait à offrir était peu de chose
ou même rien : il flattait plutôt l'orgueil des musulmans
en leur donnant le spectacle d'une culture visiblement et
sensiblement inférieure. De plus, cette culture était

« The Impact of the French Revolution on Turkey : Somes Notes on
the Transmission of Ideas », *Cahiers d'histoire mondiale.* vol. I, juillet
1953.

chrétienne, et de ce fait même elle était déconsidérée d'emblée, car la doctrine des révélations successives, culminant dans la mission finale de Mohammed (Mahomet), permettait de rejeter le christianisme comme étant une forme antérieure et imparfaite de ce que le musulman, lui, possédait dans son intégralité, et donc permettait aussi de laisser de côté la pensée et la civilisation chrétiennes. Après l'influence initiale de la chrétienté d'Orient sur l'islam dans ses premières années, l'apport chrétien, y compris celui de la civilisation très développée de Byzance, fut des plus limités. Plus tard, l'avancée chrétienne et le déclin musulman créèrent de nouveaux rapports, mais l'islam était figé — pour ne pas dire sclérosé — et était devenu imperméable aux sollicitations extérieures, surtout lorsqu'elles venaient de l'ennemi millénaire d'Occident.

Cela ne signifie pas qu'aucune influence de l'Occident ne se soit exercée sur le monde islamique. Les canons avec lesquels Mehmed le Conquérant éventra les murs de Constantinople, les cartes navales et les voiles carrées des vaisseaux de la flotte ottomane, l'imprimerie d'Ibrahim Muteferrika [1] et l'architecture italianisante de la mosquée de Nuruosmaniye d'Istamboul témoignent de telle ou telle influence occidentale. Mais cette influence demeura toujours limitée et d'ordre matériel. Elle ne déborde guère le milieu des renégats et des aventuriers nés en Occident, ceux qui l'ont apportée. Il faut attendre la Révolution française pour qu'un grand courant d'idées enfonce la barrière qui séparait la Maison de la Guerre de

---

1. Établie en 1729 par un renégat hongrois (voir F. BABINGER, *Stambuler Buchwesen im 18. Jahrhundert,* Leipzig, Deutscher Verein für Buchwesen und Schrifttum, 1919). Ce fut la première presse typographique musulmane au Proche-Orient.

la Maison de l'islam, et trouve un prompt accueil parmi les dirigeants et les intellectuels musulmans pour toucher plus ou moins profondément toutes les couches de la société musulmane. Le succès des idées occidentales dans le monde musulman au XIXe siècle est souvent attribué au progrès technique qui fait la puissance de l'Occident — à sa prépondérance dans les domaines politique, économique, et finalement militaire, imposée à une grande partie du monde islamique. Les musulmans ne sont pas moins disposés que d'autres à accorder intérêt et respect aux croyances de ceux que Dieu a favorisés en leur donnant pouvoir et richesse en ce bas monde. Or la réussite manifeste de l'Occident contribua certainement, si tant est même qu'elle n'ait pas été un préalable nécessaire, à rendre ses idées acceptables. Mais ce n'est pas là une explication suffisante. L'époque de la Renaissance et des Découvertes a vu de réelles avancées chrétiennes en Méditerranée occidentale et en Asie. Celles-ci, même contrebalancées dans une certaine mesure par le pouvoir encore formidable des Ottomans, auraient pu exercer quelque effet sur les musulmans des régions envahies, si la force à elle seule avait été suffisante pour imposer l'adhésion. La richesse et la puissance des Européens n'expliquent pas non plus pourquoi les idées de la Révolution française, plutôt que tout autre mode de pensée concurrent venu d'Occident, devaient aussi largement prévaloir. L'attrait initial de ces idées — qui furent par la suite modifiées pour répondre aux besoins politiques des temps et des lieux —, il faut plutôt le chercher dans leur caractère laïque. La Révolution française est le premier grand bouleversement social qui, en Europe, trouve son expression intellectuelle en des termes non religieux. La laïcité en soi n'a pas grand attrait pour les musulmans, mais dans un mouvement européen qui était non chrétien, même antichrétien, coupure que soulignaient les principaux interprètes, le monde musulman pouvait espérer trouver le secret insaisissable du pouvoir occidental sans compromettre pour autant ses propres croyances et traditions religieuses.

Pendant la période d'un siècle environ qui suivit la première infiltration d'idées nouvelles venues d'Europe, les réseaux de transmission se développèrent et se firent plus nombreux : le filet d'eau s'enfla jusqu'à devenir rivière, puis inondation. Tandis que la civilisation matérielle de l'Occident transformait la structure et l'aspect de la société islamique — souvent pour le pire —, de nouvelles idées touchaient les bases mêmes de la cohésion des groupes, créant de nouveaux modèles d'identité, de fidélité et de solidarité, et fournissant à la fois les objectifs et les formulations des nouvelles aspirations. Ces nouvelles idées se résument en trois mots : liberté, égalité, et... non pas fraternité, mais ce qui en est peut-être l'inverse : nationalité. Avant 1800, le mot liberté dans les langues de l'islam était en premier lieu un terme juridique, désignant le contraire de l'esclavage. Au cours du XIXe siècle, il acquit un nouveau contenu politique venu d'Europe, et finit par être un cri de guerre lancé à la fois contre le despotisme intérieur et contre l'impérialisme étranger. La liberté organisée requérait des constitutions, un gouvernement représentatif, le règne de la loi — et tout cela à son tour impliquait une autorité et une législation civiles, avec une nouvelle classe d'hommes politiques et d'hommes de loi, lesquels n'étaient pas les Docteurs de la Loi sainte ou les agents du pouvoir autocratique des époques précédentes. Égalité tendait à prendre un sens différent. L'inégalité sociale et l'inégalité économique n'étaient pas des doléances principales. La société islamique ne connaissait pas les barrières

sociales rigides ni les privilèges de caste de l'Europe
prérévolutionnaire ; son économie peu développée limitait les occasions d'acquérir ou de dépenser des richesses
et prévenait ainsi le développement de disparités trop
voyantes entre riches et pauvres[1]. L'abîme qui les
séparait était encore comblé, dans une certaine mesure,
par la structure corporative de la société et par les
traditions charitables et morales de l'islam. Mais s'il
n'était guère efficace de faire appel à l'individu, l'appel au
groupe, lui, frappait une corde sensible. Bientôt, s'éleva la
revendication de l'égalité entre les nations, liée par la suite
au nouveau principe européen du droit des peuples à
disposer d'eux-mêmes. Le concept occidental de nation
comme entité territoriale, raciale et linguistique n'était
pas inconnu de l'Orient musulman, mais n'avait jamais
été le fondement de l'identité de groupe. Cette base était
la fraternité de la foi à l'intérieur de la communauté
religieuse, renforcée par l'allégeance à une même dynastie. Jusqu'à aujourd'hui, les notions occidentales de
patriotisme et de nationalité n'ont jamais entièrement
remplacé le modèle plus ancien — en fait, si les fidélités
dynastiques ont perdu de leur éclat, la fidélité ou
solidarité religieuse montre en ce moment même une
vigueur renaissante. L'histoire des mouvements réfor-
mistes au XIXe et au début du XXe siècle découle, en
grande partie, de l'effort des intellectuels éduqués à
l'occidentale pour imposer un modèle européen de
classification politique et d'organisation communautaire

---

1. À l'heure actuelle, le développement des techniques et facilités
occidentales a, avec l'effondrement du système traditionnel de responsabilité sociale, contribué dans une très large mesure à l'accroissement des
disparités réelles et visibles entre riches et pauvres.

sur la base de l'islam[1]. Il est instructif d'examiner le développement des mots turco-arabes pour patrie et nation : *vatan* et *millet*. Avant 1800, le mot *vatan* voulait simplement dire le lieu de naissance ou de résidence d'un homme, et pouvait être un pays, une province, une ville ou un village, selon le contexte. Dans ce sens, un *vatan* pouvait inspirer des sentiments et un dévouement dont on retrouve souvent l'expression dans la littérature classique[2] — mais le mot n'a pas plus de signification politique que le mot anglais *home*. Bientôt les connotations du terme français « patrie » commencèrent à empiéter sur le sens islamique du mot *vatan*. Ali Efendi, l'ambassadeur turc auprès du Directoire, décrivant les dispositions prises par les Français pour soigner les soldats blessés, parle d'hommes qui ont souffert « pour la cause de la République et par zèle pour leur *vatan* »[3]. Ce sont là des notions nouvelles pour l'époque. Vers le milieu du siècle, les dictionnaires turcs accueillent l'équation *vatan* — *patrie*, ainsi que de nouveaux dérivés pour patriote et patriotisme, avec des exemples de leur emploi qui sont purement occidentaux ; dans la seconde moitié du XIXe siècle, ces mots sont désormais d'usage courant. Le mot *millet* signifiait à l'origine une secte ou une communauté religieuse, plus spécialement la commu-

---

1. Ainsi, dans le régime de conception théocratique de l'islam, Dieu devait être remplacé deux fois : comme source de la souveraineté, par le peuple ; comme objet de la fidélité, par la nation. Ce sont sûrement les échecs de notre commune humanité qui sont responsables du fait que le second objectif fut plus aisé à atteindre que le premier.

2. Il n'est pas sans signification que cette sorte de sentiment apparaisse plus particulièrement en Syrie et en Palestine pendant la période des Croisades.

3. Ahmed REFIK, éd. « Moralî Esseyyid Ali Efendinin Sefaretnamesi », *Tarih-i Osmani endjümeni Medjmuasî*, 1329 [1911], p. 1459.

nauté de l'islam. Dans l'Empire ottoman, on en vint à l'appliquer aux communautés religieuses organisées et légalement reconnues, tels les chrétiens grecs, les chrétiens arméniens et les juifs et, par extension, les différentes « nations » des Francs[1]. Il y avait un *millet* musulman, mais pas de *millet* arabe ni turc, et ce n'est qu'à une date relativement tardive qu'on rencontre l'idée d'entités nationales transcendant les frontières religieuses. Même alors, l'idée est encore reconnaissable comme étrangère, avec des références incertaines au lieu.

Dans les pages qui suivent, je propose d'examiner le premier effet des idées de la Révolution française sur la Turquie, principal État musulman dans la période qui précède la déposition de Selim III en 1807 — c'est-à-dire la période où la Révolution elle-même est encore en marche, mais où le courant d'influence occidentale n'a pas encore pris les proportions d'une véritable inondation. Le problème est examiné en deux parties : 1. Les voies par lesquelles ces idées furent transmises de France en Turquie ; 2. La réaction immédiate des Turcs à ces idées durant cette période, telle que la révèlent les documents ottomans contemporains.

1. VOIES DE DIFFUSION

De loin, la plus importante de ces voies fut l'instruction militaire : à partir de la Renaissance, l'islam se mit à l'école de la chrétienté dans les arts de la guerre, surtout dans les branches techniques tels le génie, la navigation et

1. Même appliqué aux nations franques, le terme fut d'abord compris comme ayant un sens avant tout religieux. Ainsi les Anglais étaient la « nation luthérienne » et les protestants non anglais étaient considérés comme étant sous protection anglaise.

l'artillerie. Pendant quelque temps, l'imposante façade militaire de l'Empire ottoman masqua un déclin interne et croissant de la technique et de l'esprit d'invention. Ce déclin eut pour résultat la prééminence des renégats ou employés occidentaux parmi les fondeurs de canons et les canonniers des armées ottomanes, et parmi les constructeurs et navigateurs de la marine. Au XVIIIe siècle, les maîtres de l'Empire, réagissant à une série d'échecs infligés par des adversaires chrétiens qu'ils méprisaient, se mirent à prendre conscience, par intermittence, de la nécessité de moderniser l'équipement et l'entraînement de leurs armées.

Un premier projet pour la formation d'un corps d'officiers du génie étrangers dans l'armée ottomane fut soumis à la Porte en 1716 par le Français Rochefort, mais n'aboutit pas. Pendant le règne de Mahmud Ier (1730-1754), un effort plus sérieux fut accompli par un autre Français, le comte de Bonneval, qui, après avoir servi dans les armées de la France et de l'Autriche, devint général d'artillerie dans les forces ottomanes. Bonneval, connu après sa conversion à l'islam sous le nom de Humbaradji Ahmed Pasha, entreprit un programme de réformes techniques et militaires, dont le résultat fut la fondation d'une école d'ingénieurs militaires à Scutari, en 1734, et la création d'un « corps de mathématiciens » sous le commandement de son fils adoptif Suleyman. Ni l'une ni l'autre ne durèrent longtemps. Naturellement, les janissaires étaient férocement opposés à toutes ces innovations : bien qu'on eût apparemment tenté de garder le projet secret, ils en avaient été avertis et exigèrent la fermeture de l'école.

Toutefois l'effort ne fut pas entièrement vain. Quelques années plus tard, une nouvelle tentative fut faite à l'initiative du Grand vizir Raghib Pasha, admirateur de la science européenne à qui l'on attribue l'initiative de faire traduire en turc un traité de Voltaire sur la philosophie de Newton[1]. Avec l'aide du baron de Tott, officier d'artillerie d'origine hongroise et de nationalité française, on ouvrit en 1773 une école de mathématiques pour la marine où furent transférés un certain nombre d'élèves de l'école précédente. Le nouvel établissement prit de l'ampleur au cours des années qui suivirent. Il en existe une description contemporaine due au prêtre vénitien Toderini. Le premier enseignant, nous dit-il, fut un Algérien qui, outre l'arabe et le turc, connaissait l'anglais, le français et l'italien, entendait fort bien la navigation et le maniement des instruments nautiques ; de plus, il avait lu de nombreux ouvrages européens. Quand Toderini visita l'école, il la trouva bien équipée en cartes et instruments européens ; il y examina une bibliothèque de livres européens, dont certains comportaient une traduction en turc[2].

En octobre 1784, on inaugura un nouvel enseignement, avec deux officiers du génie français comme instructeurs, aidés d'interprètes arméniens. L'un de ces instructeurs, Jean de Laffite-Clavé, écrivit un traité sur la castramétation et la fortification temporaire qui parut en turc en 1787, imprimé par l'ambassade de France à Constantinople. La même imprimerie publia en 1788 un travail en turc sur les manœuvres et les tactiques navales, par l'amiral français Laurent-Jean-François Truguet, et en 1790 un manuel de turc, en français[3]. Après le déclenche-

---

1. Giambattista TODERINI, *Letteratura Turchesca*, I, Venise, Storti, 1787, p. 130.

2. *Ibid.*, I, p. 177 et suiv.

3. Sur l'imprimerie de l'ambassade française à Constantinople voir F. BABINGER, *Stambuler Buchwesen*, pp. 27-28, et Selim Nühzet GER-

ment de la guerre avec l'Autriche et la Russie, en 1787, on rappela les instructeurs français, car on considérait leur présence prolongée comme un manquement à la neutralité. De ce fait, et sous la pression de la guerre elle-même, le développement des nouvelles écoles se trouva entravé.

La restauration de la paix en 1792 donna au nouveau sultan Selim III l'occasion de prévoir et d'exécuter une vaste réforme des forces ottomanes, afin de les amener au niveau des armées occidentales de l'époque en ce qui concernait l'équipement technique, l'entraînement et la pratique. Au cœur des projets de Selim on trouve les nouvelles écoles navales et militaires, qui assuraient la formation dans les domaines de l'artillerie, des fortifications, de la navigation et des sciences auxiliaires. Dans ces écoles, Selim s'appuyait très fortement sur l'aide française[1]. Des officiers français furent recrutés comme enseignants et instructeurs, le français devint langue obligatoire pour tous les étudiants, et l'on acquit une bibliothèque de quelque quatre cents livres européens, la plupart en français, et comprenant, ce qui n'est pas sans importance, un exemplaire de l'*Encyclopédie*[2].

ÇEK, *Türk Matbaacılığı*, I, *Müteferrika Matbaası*, Istamboul, éd. du ministère de l'Éducation, 1939, p. 99 et suiv. Dans ce dernier ouvrage, on trouvera des reproductions des pages de titre des trois livres.

1. Mais pas exclusivement. Il est aussi fait allusion à des instructeurs suédois et britanniques et, parmi ceux-ci, à un certain Campbell connu des Turcs sous le titre doublement incongru de Ingiliz Mustafa. Voir A. DE JUCHEREAU DE SAINT-DENYS, *Révolutions de Constantinople en 1807 et 1808*, I, Paris, Brissot-Thivars, 1819, pp. 72-73.

2. A. DE JUCHEREAU, *Révolutions de Constantinople*, I, p. 76. Quelques décennies plus tard, la bibliothèque des écoles militaires de Mehemet Ali en Égypte comprenait des encyclopédies, et les œuvres de Voltaire et de Rousseau. Voir J.-H. DUNNE, *An Introduction to the History of Modern Education in Egypt*, Londres, Luzac, s. d., p. 110.

Le changement de régime en France ne découragea nullement le sultan de rechercher l'aide française. À l'automne de 1793, le gouvernement ottoman envoya à Paris une liste d'officiers et de techniciens qu'il souhaitait recruter en France ; en 1795, nous voyons de nouveau le reis ül-Küttab (ministre des Affaires étrangères), Ratib Efendi, envoyer une liste semblable mais plus longue au Comité de Salut public[1]. En 1796, l'ambassadeur de France, le général Aubert du Bayet (ou Dubayet) arriva à Constantinople avec tout un corps d'experts militaires français[2]. La coopération française à la réforme militaire ottomane fut interrompue par la guerre de 1798-1802, mais reprit ensuite et atteignit son point culminant avec la mission en Turquie du général Sébastiani, en 1806-1807. Le vin pur de la Révolution était désormais mêlé de césarisme, mais le goût n'en était que plus familier, et les épices de la victoire ne pouvaient que le rendre plus agréable[3].

---

1. Voir H. VON SYBEL, « La Propagande révolutionnaire en 1793 et 1794 », *Revue historique*, II, 1879, pp. 107-108 ; A DEBIDOUR, *Recueil des Actes du Directoire*, II, Paris, Imprimerie nationale, 1911, p. 630 et suiv. ; Enver Ziya KARAL, « Osmanli Tarihine dair Vesikalar », *Belleten*, 4, 1940, p. 175 et suiv.

2. A. DE JUCHEREAU, *Révolutions de Constantinople*, I, p. 68 et suiv., II, p. 12 et suiv.

3. Sur les réformes militaires voir J. VON HAMMER, *Geschichte des Osmanischen Reiches*, III, Pest, Hartleben, 1827-1835, *passim*, et J. W. ZINKEISEN, *Geschichte des Osmanischen Reiches in Europa*, V-VII, Gotha, Perthes, 1840-1863, *passim*, qui comporte d'autres références. Les documents turcs sont publiés et analysés dans : Mehmed ARIF, « Humbaradji bashi Ahmed Pasha (Bonneval) », *Tarih-i Osmani endjümeni Mejmuasi*, 3, 1328 [1910], p. 1153 et suiv. ; 4, 1329 [1917], p. 1220 et suiv., 1282 et suiv. ; Enver Ziya KARAL, *Selim III ün hatti hümayunlari, Nizam-i Cedit, 1789-1807*, Ankara, Société historique turque, 1946, pp. 43-94 ; Ismail Hakki UZUNCARSİLİ, *Osmanli devleti-*

Il en résulta la création d'un nouvel élément social, d'une classe de jeunes officiers de l'armée et de la marine, familiarisés avec quelques aspects de la civilisation occidentale par l'étude, la lecture et les contacts personnels, connaissant au moins une langue occidentale — généralement le français[1] —, habitués à regarder les experts occidentaux comme leurs mentors et leurs guides dans les voies de l'innovation et du progrès. Ces hommes ne pouvaient pas, comme la plupart de leurs contemporains, mépriser l'Occident infidèle et barbare à partir d'une ignorance sécurisante sur laquelle rien n'avait de prise ; au contraire, pour des raisons à la fois de penchant et d'intérêt, ils s'alignaient sur les partisans de l'Occident contre les réactionnaires. Mais ces néophytes de la culture occidentale, pleins d'un enthousiasme souvent naïf pour les choses de l'Europe[2], eurent tôt fait de s'apercevoir

---

nin merkez ve bahriye teşkilâtı, Ankara, Société historique turque, 1948, p. 507 et suiv. (sur la marine), ainsi que de nombreux autres ouvrages turcs.

1. L'italien aussi était assez bien connu, surtout dans la marine. Parmi les premiers mots européens empruntés en turc, nombreux sont ceux de forme italienne.

2. On trouvera un exemple du point de vue de ces gens dans la *Diatribe de l'ingénieur sur l'état de l'art militaire, du génie et des sciences à Constantinople,* imprimé à Scutari en 1803, et réimprimé à Paris en 1810. L'auteur, Seid Mustafa (ce peut être le pseudonyme d'un interprète grec dans l'administration ottomane), sortait de l'école du Génie et il y enseigna plus tard. Il fut tué dans le soulèvement réactionnaire de 1807-1808. Voir A. ADNAN, *La Science chez les Turcs ottomans,* Paris, Maisonneuve, 1939, pp. 156-157. Mustafa décrit son enthousiasme précoce pour la science européenne et remarque : « Aussi je me suis formé l'idée de m'en rapprocher ; et sans perdre de temps je m'appliquai à l'étude de la langue française, comme la plus universelle, et capable de me faire parvenir à la connaissance des auteurs qui ont écrit sur les belles sciences », *Diatribe* (édition de Paris), pp. 16-17 (en français dans le texte).

que l'Occident avait autre chose à offrir que les mathématiques ou la balistique, de s'apercevoir aussi que leur connaissance du français leur permettait de lire autre chose que leurs manuels. Certaines de ces choses-là étaient accessibles dans la bibliothèque de leur propre collège. Nous pouvons aussi penser que certains furent amenés à les connaître par le truchement des instructeurs français qui, après 1792, furent choisis et nommés par le gouvernement de la République française [1].

Pendant la même période, une autre des réformes de Selim III ouvrit une seconde fenêtre sur l'Occident : c'était la diplomatie. Jusqu'à la fin du XVIIIe siècle, l'Empire ottoman n'avait pas entretenu de représentation diplomatique permanente dans les pays étrangers. De temps à autre, une mission spéciale était envoyée dans telle ou telle capitale, dans une intention précise — mais on en a enregistré moins de vingt pour toute la période allant jusqu'en 1792. Dans le cadre normal de ses relations avec les puissances étrangères, l'Empire préférait s'appuyer sur les ambassadeurs en poste à Constantinople ; mais, même avec ceux-ci, les affaires étaient traitées principalement par le canal de drogmans (interprètes) chrétiens locaux. Parmi les plus hauts fonctionnaires de l'État, rares étaient ceux qui connaissaient quelques mots d'une langue occidentale ou qui avaient vu l'Europe de leurs yeux [2]. Dans les temps plus anciens, les

1. Cf. La chronique d'Asim Efendi, citée ci-dessous, p. 124-125.
2. En 1770, lorsqu'une flotte russe commandée par l'amiral Spiridov fit le tour de l'Europe occidentale pour entrer en Méditerranée et attaqua les Turcs dans la mer Égée, la Porte, se servant encore apparemment de cartes médiévales, protesta auprès de Venise pour avoir permis aux Russes de venir de la Baltique jusque dans l'Adriatique. Voir J.-H. KRAMERS. « Djughrafiya », *Encyclopédie de l'Islam, Supplément*, Leyde, Brill, 1938.

renégats avaient joué un rôle de premier plan. C'étaient des Européens de naissance et d'éducation, qui souvent atteignirent les postes les plus élevés dans l'administration ottomane et apportèrent avec eux d'inappréciables talents et connaissances. Toutefois, ceux-ci étaient rarement transmis et au XVIIIᵉ siècle, de toute façon, les ex-chrétiens avaient cessé de jouer un rôle important dans les conseils d'État, qui étaient désormais de plus en plus monopolisés par les Turcs musulmans.

Ce fut sûrement à dessein d'obtenir des informations plus directes et plus dignes de confiance sur les pays européens et leurs affaires, et aussi afin d'aligner la Turquie sur la pratique habituelle des États occidentaux, que Selim III décida, en 1792, d'établir des ambassades ottomanes permanentes dans les principales capitales européennes. La première fut celle de Londres, suivie, après un certain temps, de celles de Vienne, de Berlin et de Paris, où, en 1796, Seyyid Ali Efendi arriva comme premier ambassadeur ottoman auprès de la République française [1]. La plupart de ces premiers diplomates étaient des fonctionnaires du palais ou de la chancellerie ottomane, formés à la vieille école, ignorant les langues occidentales et dont le point de vue était conservateur. Pour la plupart, à en juger par leurs dépêches, ils apprirent peu de chose des pays où ils avaient été envoyés, et ce nouveau savoir ne fit pas sur eux une forte

---

1. Son rapport général de mission fut publié par Ahmed REFIK dans *Tarih-i Osmani endjümeni Medjmuasi*, IV, 1329 [1911], pp. 1246 et suiv., 1332 et suiv., 1378 et suiv., 1458 et suiv., 1548 et suiv. Un choix de ses dépêches a été édité par Enver Ziya KARAL dans *Fransa-Misir ve Osmanli Imparatorluğu (1797-1802)*, Istamboul, Presse de l'université d'Istamboul, 1940.

impression [1]. Mais ils ne voyageaient pas seuls. Outre les inévitables drogmans grecs, ils avaient pris avec eux de jeunes secrétaires, qui avaient pour tâche d'étudier les langues de l'Europe — le français tout spécialement — et d'apprendre quelque chose des façons de la société occidentale. L'un d'entre eux peut être cité à titre d'exemple : Mahmud Ra'if, premier secrétaire d'ambassade à Londres, connu après son retour comme Ingiliz Mahmud. C'était le fils d'un inspecteur des greniers, et il était en poste auprès du Grand vizir avant d'aller à Londres. À son retour, il exerça diverses fonctions officielles à Istamboul, et fut, de 1800 à 1805, reis ül-Küttab près du Grand vizir. Il fut tué en 1807 par des soldats janissaires mutinés alors qu'il s'efforçait de les persuader de porter des uniformes de style européen. Il parlait couramment le français, langue dans laquelle il écrivit un compte rendu des réformes ottomanes, un ouvrage de géographie et une description de son voyage à Londres. Son fils, Ibrahim Efendi, fut fonctionnaire de la Porte [2].

1. Sur ces ambassades voir J. W. ZINKEISEN, *Geschichte des Osmanischen Reiches*, VII, p. 55 ; Enver Ziya KARAL, *Selim III ün hattı hümayunları*, p. 163 et suiv. ; F. BABINGER, *Die Geschichtsschreiber der Osmanen und ihre Werke*, Leipzig, Harrassowitz, 1927, pp. 331-332, où est donnée une bibliographie des documents publiés. Nombre des dépêches et des rapports de ces ambassadeurs ont été publiés depuis et étudiés par Enver Ziya KARAL, Ismail Hakki UZUNÇARSİLİ, et d'autres savants turcs. Parmi leurs tâches, les ambassadeurs devaient, d'après leurs instructions, étudier les institutions des pays auprès desquels ils étaient accrédités, et acquérir « les langues, les connaissances et les sciences utiles aux serviteurs de l'Empire » (KARAL, *op. cit.*, p. 79). Voir aussi Bernard LEWIS, *Comment l'Islam a découvert l'Europe*, Paris, 1984.

2. A. ADNAN, *La Science...*, p. 157 ; Mehmed SÜREYYA, *Sijilli-Osmani*, IV, Istamboul, 1308-1315 [1890-1898], pp. 329-330. Les deux premiers ouvrages de Mahmud furent imprimés à Scutari en 1797 et 1804. La description de l'Angleterre est toujours en manuscrit à la bibliothèque Saray à Istamboul (n° B 707 de la collection Ahmed III).

Le temps de service d'Ali Efendi à Paris prit fin en 1802, lorsque Amedi Ghalib Efendi vint en mission spéciale signer la paix avec la France. Le nom mérite d'être retenu. À la différence de son prédécesseur, Amedi Ghalib Efendi apparaît dans sa correspondance comme un diplomate intelligent et clairvoyant. En 1806, il succéda à Vasif comme reis ül-Küttab et par la suite devint Grand vizir. C'était un réformateur convaincu, et il est considéré comme le fondateur de l'école politique qui compta les grands réformateurs libéraux du XIXᵉ siècle ottoman[1]. De 1803 à 1806, l'ambassadeur turc régulier en France fut Halet Efendi[2]. Après une brève mission en 1806 de Mehmed Emin Vahid, Muhibb occupa le poste d'ambassadeur jusqu'en 1811. Bien que ces envoyés — notamment Halet — fussent rien moins que bienveillants envers la Révolution française, leurs missions, et des missions semblables en d'autres pays, permirent à un certain nombre de jeunes gens de résider quelque temps dans une ville européenne, d'en maîtriser la langue, et de se familiariser avec quelques-unes des idées révolutionnaires qui avaient cours chez leurs contemporains européens. Quelques-uns d'entre eux, à leur retour, devinrent des fonctionnaires de la Porte où ils formèrent au sein de la hiérarchie bureaucratique une minorité ayant les yeux tournés vers l'Occident, minorité comparable à celle qui se constitua parmi les officiers à la suite des réformes navales et militaires.

---

1. Ses dépêches de Paris furent éditées par Ismail Hakki UZUNÇARSİLİ, « Amedi Galip Efendinin murahhasliği ve Paris' ten gönderdiği şifrelimektuplar », *Belleten*, I, 1937, p. 357 et suiv.
2. Un compte rendu de l'ambassade de Halet avec de nombreux documents a été publié par Enver Ziya KARAL, *Halet Efendinin Paris büyük elçiliği (1802-1806)*, İstamboul, Presse de l'université d'Istambul, 1940.

Jusqu'ici nous n'avons parlé que des musulmans, mais il y avait naturellement d'autres éléments dans l'Empire, des chrétiens et aussi des juifs. Chose étrange, il semble que les juifs aient été bien peu touchés par les influences occidentales à cette période et, à une ou deux exceptions près, n'aient joué aucun rôle important. Les chrétiens, en revanche — surtout l'élite grecque et arménienne de la capitale —, étaient depuis longtemps en relations familières avec l'Occident. Grâce à leur monopole de la connaissance des langues occidentales, ils avaient réussi à occuper une position importante dans l'État turc et dans sa vie économique. À la fin du XVIIᵉ siècle, les Grecs phanariotes remplacèrent progressivement les renégats et les Levantins qui avaient jusque-là servi d'interprètes dans les relations avec les ambassades étrangères. Les Grecs et, à un degré moindre, les Arméniens connaissaient assez bien la culture occidentale : nombre de familles, parmi les plus riches, avaient depuis longtemps l'habitude d'envoyer leurs fils faire leurs études dans les universités italiennes, surtout à Padoue. Ils étaient ainsi préparés, à la fois linguistiquement et intellectuellement, à recevoir les nouvelles idées occidentales de leur temps. Dans l'ensemble, toutefois, l'influence des idées de la Révolution sur les chrétiens de Constantinople ne fut pas considérable. Les Églises, naturellement, s'y opposèrent de toute leur autorité ; l'aristocratie grecque riche et conservatrice, reconnaissant le danger que cette influence représentait pour l'ordre ottoman existant, préféra d'abord le maintien d'un régime qui offrait pour elle un intérêt si considérable. On trouva, néanmoins, quelques chrétiens pour adopter les idées françaises, plus particulièrement quand les Français commencèrent à faire directement appel aux aspirations nationales grecques et autres. Il se peut que certains — le fameux drogman arménien Mouradgea d'Ohsson, par exemple — aient exercé quelque influence sur la politique ottomane à l'égard de la République française; par la suite, ils jouèrent sûrement un rôle essentiel en apportant aux peuples des Balkans les idées de la Révolution, dont l'effet fut explosif. Mais leur participation à la promotion des idées occidentales parmi les Turcs musulmans est minime et indirecte, et se limite pour l'essentiel à leurs fonctions d'interprètes, de professeurs de langues et de traducteurs. Ces chrétiens, ces citoyens de seconde zone, n'avaient guère de chances de trouver un vrai public, réceptif aux idées nouvelles qu'ils pouvaient essayer de faire partager, ce d'autant moins que leurs propres chefs, civils et religieux, leur étaient opposés. Si les minorités jouèrent un rôle, ce fut celui de zone tampon qui, en Turquie, absorba le choc des activités occidentales courantes, commerciales ou diplomatiques, et, de la sorte, protégea les Turcs d'un contact direct. Pourtant ils accomplirent une chose : ils fournirent un noyau, un petit groupe de personnes connaissant d'une part le turc, d'autre part le français ou l'italien, et capables donc, quand il en était besoin, de traduire des livres occidentaux, d'agir comme interprètes pour des instructeurs étrangers, d'enseigner des langues occidentales aux Turcs qui le désiraient.

Si les voies par lesquelles les idées de la Révolution pouvaient circuler en Turquie existaient, leur mouvement n'était pas laissé au hasard : les Français lui consacraient des efforts soutenus. Tant par zèle militant que pour s'assurer l'appui, en temps de crise, d'une puissance ottomane qui demeurait non négligeable, les Français s'attachèrent avec beaucoup de soin à gagner des sympathies dans la capitale et dans les provinces de l'Empire. Dès le début, une fraction importante de la communauté française à Constantinople avait adhéré à la Révolution et soulevé la colère des ambassadeurs d'Autriche et de Prusse en portant des emblèmes révolutionnaires et en tenant des réunions révolutionnaires [1]. En juin 1793, le citoyen Descorches (*ci-devant* marquis de Sainte-Croix) arriva à Istamboul comme émissaire de la République, avec une double mission, celle de s'assurer le soutien ottoman pour la politique française et la sympathie ottomane pour la Révolution française. On fit du 14 Juillet l'occasion d'une célébration publique, qui culmina dans le salut rendu par deux bateaux français mouillés sous la pointe du Sérail. Ils hissèrent les couleurs de l'Empire ottoman, des républiques française et américaine « et celles de quelques autres puissances qui n'ont pas souillé leurs armes dans la ligue impie des tyrans » [2]. Descorches, apôtre fervent de la Révolution, fit tout ce qui était en son pouvoir pour en transmettre le message au Levant. Parmi ceux qui l'aidèrent dans cette tâche se trouvait Mouradgea d'Ohsson, auteur du *Tableau historique de l'Empire ottoman*. Arménien de naissance, Mouradgea d'Ohsson devint un personnage important comme drogman de l'ambassade de Suède, avant d'y être promu ministre en 1796. Dès 1792, on le disait en

---

1. E. DE MARCÈRE, *Une ambassade à Constantinople. La politique orientale de la Révolution française*, I, Paris, Félix Alcan, 1927, p. 45 ; J. W. ZINKEISEN, *Geschichte des Osmanischen Reiches*, VI, p. 861 et suiv. ; Ahmed DJEVDET PASHA, *Vekayi-i Devlet-i Aliyye*, VI, Istamboul, 2e éd., 1294 [1877], p. 119 et suiv.

2. E. DE MARCÈRE, *Une ambassade à Constantinople*, II, pp. 12-15. Voir aussi H. VON SYBEL, « La Propagande révolutionnaire en 1793 et 1794 », p. 107 et suiv., pour la propagande française en Turquie à cette époque. Les actes publiés du Comité de Salut public contiennent plusieurs références à l'utilisation de grosses sommes d'argent en Turquie pour les besoins de la République.

rapports étroits avec les cercles jacobins français d'Istamboul, faisant tout ce qui était en son pouvoir pour amener la Porte à reconnaître la République française. Knobelsdorf, le chargé d'affaires prussien, pensait qu'il avait des instructions pour « rendre la Porte favorable à la Révolution française ». Dans les années qui suivirent, d'Ohsson semble avoir collaboré étroitement avec les ambassadeurs français Descorches, Verninac et Aubert du Bayet, et, en 1798, nous le trouvons encore participant aux vains efforts du chargé d'affaires français, Pierre Ruffin, dans sa tentative désespérée pour justifier l'expédition d'Égypte. Il n'est guère surprenant qu'après le déclenchement de la guerre avec la France la Porte ait demandé au gouvernement suédois de l'éloigner[1].

Toutefois la France n'avait aucunement besoin d'un soutien chrétien local, qui n'était généralement ni solide ni efficace, pour se faire connaître des peuples de l'Islam. Pendant le XVIIIᵉ siècle, tout le système de recrutement et de formation des interprètes pour les services diplomatiques et consulaires français avait été radicalement réorganisé. On fit mieux que recruter sur place, plus ou moins au hasard, des chrétiens levantins et orientaux ; on choisit des jeunes Français et on les forma dès leur jeune âge. Par une ordonnance de 1721, les douze bourses jusque-là attribuées à de jeunes Arméniens pour être formés comme missionnaires catholiques devaient désormais revenir à de jeunes Français qui, leurs études à Paris terminées, iraient au collège capucin français de Constan-

1. J. W. ZINKEISEN, *Geschichte des Osmanischen Reiches*, VI, pp. 861, 867-880 ; VI, pp. 70-73, 755 ; H. VON SYBEL, « La Propagande révolutionnaire en 1793 et 1794 », pp. 111-113 ; A. SOREL, *L'Europe et la Révolution française*, III, Paris, Plon, 1908, p. 435.

tinople pour une formation plus poussée. Les « jeunes de langue », comme on appelait ces cadets, recevaient l'éducation classique habituelle du collège, et en plus apprenaient l'arabe, le persan et le turc avec les meilleurs orientalistes de France [1]. Pendant plus d'un siècle, les drogmans de France au Levant furent recrutés ainsi, et les gouvernements révolutionnaire et napoléonien furent de la sorte en mesure de s'appuyer sur un corps de fonctionnaires qui, d'une part, se composait d'hommes instruits et cultivés selon les normes et dans l'esprit de la France métropolitaine, et, de l'autre, avait une connaissance à la fois pratique et savante du monde musulman. Tels furent Pierre Ruffin (1742-1824), qui servit à Constantinople pendant la plus grande partie de la période révolutionnaire et napoléonienne [2], Amédée Jaubert (1779-1847), traducteur en français de la géographie d'Idrissi et envoyé de Napoléon auprès de la Porte, Venture de Paradis (1742-1799), drogman à Constantinople et, plus tard, interprète principal de l'expédition française en Égypte, Daniel Kieffer (1767-1833) et Xavier Bianchi (1783-1864), auteurs du célèbre dictionnaire français-turc, et bien d'autres encore. Si certains d'entre eux, tel Antoine Fonton, rejetèrent la Révolution et passèrent dans le camp des Alliés, la plupart continuèrent à servir les nouveaux maîtres de la France. En 1795, quand Raymond Verninac prit l'ambassade de France à Constantinople, non moins de quatre Français sur les

---

1. H. DEHÉRAIN, *La Vie de Pierre Ruffin, orientaliste et diplomate, 1742-1824*, I, Paris, Félix Alcan, 1919, pp. 4-5, et « Les Jeunes de Langue à Constantinople sous le Premier Empire », *Revue de l'Histoire des colonies françaises*, 16, 1928, p. 385 et suiv.

2. Asim le dit *pür mekr ü fenn* — « plein de ruses et d'artifices ». *Asim Tarihi*, I, Istamboul, s.d., p. 380.

cinq qui constituaient son personnel étaient d'anciens
« jeunes de langue »[1].

L'importance attachée par la République à la formation
en langues orientales est mise en lumière par la fondation,
en 1795, de l'École nationale des langues orientales
vivantes de Paris.

Qu'une action de propagande en faveur de la République française fût alors engagée, voilà qui ressort à
l'évidence, tant des instructions et des activités que de la
carrière individuelle des trois premiers ambassadeurs
républicains en Turquie. Tous trois étaient de fervents
révolutionnaires. Descorches, qui arriva le 7 juin 1793, ne
se borna pas à tenter d'influencer la Porte, mais tint des
réunions et distribua de la littérature en faveur des idées
de la Révolution[2]. Verninac, son successeur à partir du
14 avril 1795, et Aubert du Bayet qui servit à Constantinople du 2 octobre 1796 jusqu'à sa mort le 17 décembre
1797, poursuivirent cette œuvre. Tous trois étaient des
hommes dont la carrière publique avait commencé avec la
Révolution. Aubert du Bayet, il est intéressant de le
noter, était né à La Nouvelle-Orléans et avait combattu
en Amérique sous La Fayette. Il avait rejoint la Révolution dès ses débuts et siégé à l'Assemblée législative
comme député de Grenoble.

Le 4 avril 1795, le ministre des Affaires étrangères à
Paris informa Descorches que le Comité de Salut public

---

1. H. DEHÉRAIN, *Pierre Ruffin*, I, p. 103. À une réunion de la
colonie française à Constantinople, le 14 juillet 1795, le chancelier
Charles Adanson fit un discours, « dans lequel il fit un tableau énergique
et fidèle des principaux événements qui avaient amené la mémorable
époque du 14 Juillet » (en français dans le texte).

2. En juillet 1795, Descorches rapporte qu'il a distribué un bulletin en
turc sur les victoires des armées républicaines.

avait décidé de rétablir l'imprimerie française de Constantinople et annonça l'envoi de Louis Allier, directeur de l'Imprimerie nationale, pour en prendre la direction. Trois autres assistants furent envoyés avec deux presses et une quantité de caractères français. L'ambassadeur reçut des instructions pour les utiliser au mieux des intérêts de la République. À Constantinople, l'imprimerie française fonctionnait déjà sous la direction d'un drogman arménien appelé Battos. On y avait publié un certain nombre de pamphlets, bulletins de nouvelles et autres textes. Le 27 juillet 1795, Verninac, qui avait entre-temps succédé comme ambassadeur, mit toute cette presse et son personnel sous l'autorité de Charles Houel qui, avec l'aide d'Allier et de ses collègues, lança un nouveau programme. L'imprimerie, selon Verninac, « devait servir à remplir deux objets également intéressants, celui d'instruire les nationaux établis au Levant des affaires de la République et celui de donner aux Turcs connaissance des intérêts qui occupent l'Europe et de leur inspirer par la publication de quelques livres élémentaires le goût des sciences qu'il leur importe le plus d'apprendre ». Une tentative pour se procurer des caractères turcs et imprimer en turc échoua, mais un bulletin bimensuel de nouvelles de France, de six à huit pages in-8°, fut imprimé en français et distribué dans tout le Levant. En 1796, une autre publication parut — la *Gazette française de Constantinople*, de quatre à six pages in-8°. Celle-ci, semble-t-il, parut irrégulièrement, à des intervalles d'environ un mois, pendant quelque deux années, jusqu'en septembre 1798, car, au début de la guerre avec la France, le personnel de l'ambassade de France fut interné, et les presses confisquées par les autorités turques. Après la paix de 1802, elles furent restituées et remises en route pour imprimer des textes de propagande et des bulletins divers. Durant cette période, quelques-unes de ses publications semblent avoir été bilingues[1].

En France aussi, des textes de propagande étaient traduits et imprimés dans les sections orientales de l'Imprimerie nationale, sous la direction de l'orientaliste Louis Langlès. Ce fut le cas, par exemple, de l'appel de la Convention nationale au peuple français du 9 octobre 1794, traduit en arabe par Pierre Ruffin et publié dans une brochure in-4° avec les textes français et arabes en vis-à-vis[2].

Nous avons quelques réactions turques à ces activités. Halet Efendi, ambassadeur à Paris de 1802 à 1806, rapporte : Aux premiers jours de la République, les Français, afin de séduire les gens candides et attiser la sédition, essayèrent de se présenter comme musulmans, et proclamèrent que c'était pour cette raison qu'ils avaient détruit des églises. N'obtenant pas de résultat, ils publièrent certaines œuvres de Voltaire. Selon certains rapports, les Français comprirent alors que, puisque le peuple de l'Empire ottoman ne connaissait pas le français, leurs efforts étaient vains, et ils firent donc traduire en grec, en arménien et en turc un certain nombre de livres soutenant les avantages du républicanisme et de la liberté, et s'efforcèrent de les répandre dans les territoires ottomans ; de plus, ils envoyèrent des agents spéciaux dans la plupart des îles de la Méditerranée, un ou deux

1. L. LAGARDE, « Note sur les journaux français de Constantinople à l'époque révolutionnaire », *Journal asiatique*, vol. 236, 1948, p. 271 et suiv. ; Selim NÜZHET, *Türk Gazeteciliği 1831-1931*, Istamboul, Association de la presse d'Istamboul, 1931, p. 10 et suiv. Dans ce dernier ouvrage figure en reproduction un numéro complet de la *Gazette française de Constantinople*, daté du Iᵉʳ Floréal, an V (20 avril 1797).

2. H. DEHÉRAIN, *Pierre Ruffin*, I, p. 91.

par île, pour fomenter des troubles. Halet poursuit en suggérant que des recherches soient faites dans les îles et des ordres donnés, par le canal de la hiérarchie de l'Église, pour empêcher les sujets chrétiens de lire de tels livres s'ils apparaissaient. Une note ajoutée à Constantinople à la dépêche de Halet témoigne du fait que « des manifestes séditieux » avaient déjà été trouvés parmi les Grecs, et que le patriarche grec avait reçu des ordres pour les supprimer. Au reçu de la lettre de Halet, un ordre semblable interdisant ces écrits fut envoyé en Morée, en Crète et dans les autres îles grecques[1].

Qu'une telle propagande ait été adressée aux Grecs, le fait est bien connu. Les références turques à des textes de propagande sont confirmées par une histoire que rapporte Asim, l'historiographe de l'Empire ottoman pour la période 1791-1808. En 1807, nous dit-il, « une brochure tout à fait étrange et extraordinaire » fut introduite à partir de la France. Écrite en français, elle fut traduite à la fois en turc et en arabe, et imprimée à Paris dans ces langues pour être distribuée dans l'Empire ottoman. La brochure était intitulée « Adresse du muezzin Osman à ses coreligionnaires » et se donnait pour écrite par un musulman. Cependant Asim ne s'y trompa pas, et il écrasa de son mépris ces pages de propagande aussi grossières qu'inefficaces. Le texte de la brochure, qui est cité en entier, se compose d'attaques contre la Russie, qui est présentée comme l'ennemie éternelle de l'Islam et des Turcs, alors que les Français, et surtout Bonaparte, sont couverts de louanges comme alliés et amis de l'Islam. Son but était évidemment d'encourager les Turcs à combattre les Russes — probablement avant l'entrevue de Tilsit. Pour Asim, on tentait là de troubler et de fourvoyer la

---

1. E. Z. KARAL, *Halet*, pp. 56-57.

communauté musulmane et il compare cet écrit aux publications destinées à « tromper et corrompre et pervertir (...) les imbéciles de Bédouins et de paysans d'Égypte », à l'époque de l'expédition française[1].

Il y eut plus important que les brochures, les bulletins ou les journaux : il y eut les efforts individuels, dont nous n'avons aucune relation, des Français de Constantinople et d'ailleurs. Abandonnant cette exclusivité par laquelle, de consentement mutuel, Francs et musulmans s'étaient abstenus de tous autres contacts qu'officiels[2], ils recherchèrent pour la première fois l'intimité des Turcs musulmans et cultivèrent leur amitié. Des Français parlant turc et des Turcs parlant français formèrent dans la capitale une nouvelle société, où les idées du temps étaient discutées librement et l'optimisme enthousiaste de la France révolutionnaire suscita une réaction immédiate au sein d'une nouvelle génération de Turcs qui regardaient vers l'Occident pour y chercher conseils et inspiration.

1. *Asim Tarihi*, I, p. 312 et suiv. DJEVDET, VIII (1re éd., Istamboul, 1288 [1871], pp. 184-186) ; cf. E. DRIAULT, *La Politique orientale de Napoléon : Sébastiani et Gardane*, Paris, Alcan, 1904, p. 76, note 1. Selon Asim, le pamphlet fut écrit par Kieffer et traduit par « un maudit copte qui s'était enfui en France après l'affaire égyptienne ».

2. Deux citations peuvent suffire pour illustrer l'état d'esprit des deux côtés : « C'est sûrement une bonne maxime pour un Ambassadeur en ce pays de ne pas trop s'attacher à se procurer une amitié familière avec les *Turcs*, se comporter honnêtement envers eux, en y mettant de la modération, ne coûte pas cher et il est de tout repos ; car un *Turc* n'est pas capable d'amitié véritable avec un chrétien », Paul RYCAUT, *The History of the Present State of the Ottoman Empire*, Londres, 4e édition, 1675, p. 164. « Une fréquentation habituelle des païens et des infidèles est interdite au peuple de l'islam, et des rapports amicaux et intimes entre deux individus qui sont l'un pour l'autre comme les ténèbres et la lumière sont loin d'être désirables », *Asim Tarihi*, I, p. 376.

II. LA RÉACTION TURQUE

Grâce au travail précieux des historiens turcs qui ont publié et analysé les documents des archives ottomanes, il est maintenant possible d'étudier la réaction des Turcs ottomans à la Révolution française, telle que la révèlent les documents contemporains [1]. La Révolution semble avoir fait peu d'impression immédiate sur les Turcs qui, comme d'autres observateurs contemporains, la regardèrent d'abord comme une affaire purement interne, sans grande importance. Même quand la Révolution s'étendit par la guerre aux pays voisins et bouleversa l'Europe occidentale, les Turcs continuèrent d'y voir une affaire interne de la chrétienté, sans rapport avec l'Empire

1. Les historiens turcs contemporains sont examinés dans BABIN-GER, *Geschichtsschreiber*, et dans O. M. VON SCHLECHTA-WSSEHRD, « Die Osmanischen Geschichtsschreiber der neueren Zeit », *Denkschriften der phil. hist. Classe der Ksl. Akademie der Wissenschaften*, Vienne, VIII, 1856, p. 1 et suiv. La plus importante chronique publiée est celle de Ahmed ASIM EFENDI (? 1755-1819), qui écrivit les annales officielles de l'Empire pour les années 1791-1808. (*Asim Tarihi*, 2 vol., Istamboul, s.d. Sur Asim, voir BABINGER, pp. 339-340, SCHLECHTA-WSSEHRD, pp. 10-11, et l'article sur Asim dans l'*Encyclopédie turque de l'Islam*, rédigé par M. Fuad Köprülü.) Plus poussée est l'étude d'Ahmed DJEVDET PASHA (1822-1895), dont l'histoire en douze volumes de l'Empire ottoman, de 1774 à 1826, doit compter comme l'une des plus grandes réussites de l'historiographie ottomane. L'histoire de Djevdet est fondée pour une très grande part sur des documents d'archives, souvent cités *in extenso*. Depuis la fondation de la Société historique ottomane (par la suite turque) en 1910, les historiens turcs ont publié un nombre croissant d'études et d'éditions de documents des archives de l'État, qui ont, entre-temps, été relogées et réorganisées. Pour un bref exposé, voir mon article, « The Ottoman Archives as a Source for the History of the Arab Lands », *Journal of the Royal Asiatic Society*, octobre 1951, p. 139 et suiv.

ottoman : car l'Empire, État musulman, était à l'abri de
cette contagion. Du point de vue diplomatique, le souci
que les guerres révolutionnaires causaient aux puissances
chrétiennes était lui-même avantageux à la Porte. Ahmed
Efendi, le secrétaire privé de Selim III, note dans son
journal, en janvier 1792, que le désordre et le soulèvement en France avaient éveillé la cupidité de l'Angleterre,
de la Prusse et de l'Autriche qui, sous prétexte de
restaurer l'ordre et de réinstaller le roi, cherchaient à
s'emparer de ce pays sans chef. La Russie, voyant là une
occasion de s'assurer les mains libres en Pologne, encou-
rageait les puissances occidentales dans cette campagne et
essayait de les tenir occupées avec les affaires françaises.
Afin de se garder complètement libre pour agir en
Pologne, elle fit un compromis rapide et facile avec la
Porte. Après avoir noté que grâce à ces événements la
Porte s'en était tirée aisément, Ahmed Efendi conclut :
« Puisse Dieu faire que le soulèvement en France se
répande comme la syphilis chez les ennemis de l'Empire,
les précipite dans un conflit prolongé les uns avec les
autres, et parachève ainsi des résultats bénéfiques pour
l'Empire, *amen*[1]. » Le même raisonnement conduisit la
Porte à rejeter les ouvertures russes après le traité de
Jassy[2] et à répondre de façon évasive à une demande
jointe des Autrichiens, des Prussiens et des Russes pour
que soit interdit le port de cocardes tricolores et autres
emblèmes révolutionnaires par les Français en Turquie[3].

1. Tahsin Öz, ed., « Selim III ün Sirkatibi tarafından tutulan Ruz-
name », *Tarih Vesikalarï*, III, mai 1949, p. 184 ; cf. DJEVDET, VI, p. 130.
  2. Halil INALCÏK., « Yaş muahedesinden sonra osmanlï-rus münase-
betleri (Rasih efendi ve general Kutuzof elçilikleri) », *Ankara Universi-
tesi dil ve tarihcoğrafya fakültesi Dergisi*, IV, 1946, p. 195 et suiv.
  3. J. W. ZINKEISEN, *Geschichte des Osmanischen Reiches*, VI, p. 859
et suiv.

Jevdet Pasha rapporte une conversation caractéristique :

> Un jour, le principal drogman autrichien vint trouver le reis ül-Küttab Rashid Efendi et dit : « Que Dieu punisse ces Français comme ils le méritent ; ils nous ont causé bien des chagrins. Pour l'amour du ciel — si seulement vous faisiez arracher ces cocardes de leurs têtes. » À cette requête, Rashid Efendi répondit : « Mon ami, nous vous avons dit plusieurs fois que l'Empire ottoman est un État musulman. Nul parmi nous ne porte la moindre attention à ces insignes qu'ils portent. Nous reconnaissons les marchands des États amis comme nos hôtes. Ils portent ce qu'ils veulent sur la tête, et se fixent les insignes qui leur plaisent. Et s'ils se mettaient des paniers de raisin sur la tête, ce n'est pas l'affaire de la Sublime Porte de leur demander pourquoi. Vous vous faites du souci inutilement[1]. »

Protestations et avertissements de l'Autriche et de la Russie contre la Révolution française ne purent qu'éveiller la sympathie des Turcs pour ce mouvement, du moins aussi longtemps qu'il semblait n'entraîner aucune espèce de danger pour l'Empire lui-même. Bien que la Porte, avec une prudence caractéristique, retardât la reconnais-

---

1. DJEVDET, VI, pp. 118-119. En juin 1815, quand la Porte, reconnaissant Louis XVIII, réclama de Ruffin qu'il supprimât la cocarde tricolore, il répondit : « Cette prétention est également un néologisme et une inconvenance et dans les usages et dans la langue des Ottomans. Jamais, ainsi que répondit en semblable occasion un célèbre ministre de la Porte, elle ne s'est immiscée dans la coiffure ou chaussure de ses hôtes, et d'après l'expérience que j'ai dû acquérir pendant cinquante-six ans dans le Levant, je ne puis méconnaître à votre langue que c'est une innovation que l'on cherche à y introduire » (en français dans le texte). H. DEHÉRAIN, *Pierre Ruffin*, II, p. 118. L'allusion, que Dehérain n'a pas comprise, a trait évidemment à la conversation citée plus haut.

sance diplomatique de la République jusqu'à ce que la Prusse eût fourni un précédent, les relations entre les deux États demeurèrent amicales, et des indications portent à croire que le sultan réformateur ne fut pas sans sympathie pour les créateurs du nouvel ordre en France [1]. Des fournitures de différentes sortes furent expédiées de ports ottomans vers la France ; on continua de solliciter la venue en Turquie d'experts militaires et navals de France, sans faire cas de la nature du régime qui les nommait. Verninac, officiellement installé comme ambassadeur de France, commença à œuvrer pour une alliance franco-turque, et ses propositions furent prises en considération par le Divan [2]. Quand Aubert du Bayet arriva en 1796, les Turcs le reçurent avec une chaleur qui fut très largement commentée et qui suscita une mise en garde de la part de Yusuf Agah, l'ambassadeur à Londres, quant aux conséquences possibles [3].

Une nouvelle phase commença avec le démembrement des territoires de la République de Venise par le traité de Campo Formio du 17 octobre 1797 [4]. Par l'article 5 de ce traité, les îles Ioniennes, ainsi que les anciennes possessions vénitiennes sur les côtes voisines d'Albanie et de Grèce, étaient annexées à la République française. D'alliée traditionnelle de l'Empire ottoman, la France était

---

1. Enver Ziya KARAL, « Yunan Adalarĭnĭn Fransĭzlar tarafĭndan işgali ve osmanli-rus münasebati 1797-1798 », *Tarih semineri dergisi*, I, 1937, p. 103 et suiv. L'ambassadeur russe Kotchoubev se plaignait que les ministres turcs étaient « trop jacobins » et faisaient montre d' « une partialité pour les démagogues français », SOREL, *L'Europe et la Révolution française*, IV, p. 248.
2. DJEVDET, VI, p. 192 et suiv.
3. DJEVDET, VI, pp. 215-216, KARAL, *op. cit.*, pp. 107-109.
4. J. W. ZINKEISEN, *Geschichte des Osmanischen Reiches*, VII, p. 32 et suiv.

devenue sa voisine — et l'amitié ancienne ne put résister à ce choc. Bientôt des rapports alarmants commencèrent à arriver de Morée — parlant de liberté et d'égalité aux frontières de l'Empire, de discours et de cérémonies qui rappelaient les gloires anciennes et les libertés de l'Hellade et promettaient leur restauration, évoquant les rapports entretenus avec les rebelles et les dissidents de la Grèce ottomane, et des plans pour annexer la Morée et la Crète [1]. Les Français se firent rassurants, sans pour autant tranquilliser le Divan, et quand le général Tamara, le nouvel ambassadeur russe, répéta les mises en garde de son prédécesseur contre les dangers de la France révolutionnaire, il fut écouté avec plus d'attention [2]. On ne tarda guère à recevoir des rapports encore plus alarmants [3] concernant des préparatifs navals français à Toulon, et un projet d'attaque française contre les territoires ottomans. Au printemps de 1798, le reis ül-Küttab, Ahmed Atif Efendi, fut chargé de préparer un mémorandum pour le Divan sur la situation politique et sur l'invitation envoyée par les Alliés à la Porte de se joindre à une coalition antifrançaise. Son rapport, qui fut

1. Sur les rapports de Hasan Pasha, le vali de Morée, voir KABAL, *op. cit.*, p. 113 et suiv. ; cf. DJEVDET, VI, pp. 248-249 et 282-284.

2. E. Z. KARAL, *op. cit.*, p. 116 et suiv., donne le texte officiel ottoman des conversations avec Tamara.

3. Mais non de l'ambassadeur turc à Paris, Ali Efendi, qui continuait à transmettre à son gouvernement les réponses rassurantes de Talleyrand. Même quand la nouvelle de la prise de Malte par les Français lui parvint, il écrivit une dépêche suggérant que c'était là une preuve des intentions amicales du Directoire envers la Porte, puisqu'en occupant Malte les Français avaient ôté une épine du pied de la Turquie et libéré de nombreux captifs musulmans. Dans un commentaire en marge, le Grand vizir observe que les Français avaient réussi d'une façon ou d'une autre à tromper Ali jusqu'au dernier moment. La note du sultan est plus brève : « Cet homme-là est un âne » (E. Z. KARAL, *Fransa-Mısır*, pp. 176-177).

imprimé parmi les appendices à l'histoire de Jevdet Pasha, mérite d'être cité assez longuement. Il commence par un tableau général de la Révolution française, évidemment destiné à ôter toute illusion à ses lecteurs quant à la signification réelle des événements en France.

C'est l'une des choses que savent toutes les personnes bien informées, que le déferlement de sédition et d'atrocités qui a débuté il y a quelques années en France, répandant des étincelles et lançant des flammes de malveillance et de tumulte dans toutes les directions, avait été conçu bien des années auparavant dans les esprits de certains hérétiques maudits... De cette façon : les athées connus et célèbres, Voltaire et Rousseau, et d'autres matérialistes de leur acabit, eux, avaient imprimé et publié divers ouvrages consistant — que Dieu nous préserve — en insultes et en calomnies contre les prophètes purs et les grands rois, en suppression et abolition de toute religion, et en allusions à la douceur de l'égalité et du républicanisme, le tout exprimé en mots et phrases faciles à comprendre [1], sous forme de railleries dans le langage des gens du commun. Trouvant le plaisir de la nouveauté dans ces écrits, la plupart des gens, y compris les adolescents et les femmes, penchèrent vers eux et leur prêtèrent une attention soutenue, de telle sorte que l'hérésie et l'horreur se répandirent comme la syphilis dans les artères de leur cerveau et corrompirent leurs croyances. Quand la Révolution devint plus intense, nul ne s'offensa de la fermeture des églises, du meurtre et de l'expulsion des moines, ni de l'abolition de la religion et de la doctrine ; on voulut à tout prix l'égalité et la liberté par lesquelles on espérait atteindre la félicité parfaite en ce monde, en accord avec les enseignements mensongers répandus de plus en plus parmi les gens du commun par cette bande pernicieuse qui

---

1. Le lecteur des mots mêmes et des phrases d'Atif comprendra son mépris pour une telle façon d'écrire.

attisait la sédition et le mal par égoïsme ou par intérêt personnel. C'est un fait connu que la base ultime de l'ordre et de la cohésion de chaque État est une compréhension ferme et totale de tout ce qui fait la sainte Loi, la religion et la doctrine ; que la tranquillité du pays et le contrôle des sujets ne relèvent pas des seuls moyens politiques ; que la nécessaire crainte de Dieu et le souci de la rétribution dans le cœur des esclaves de Dieu est un des décrets divins établis de façon inébranlable ; que dans les temps anciens comme dans les temps modernes chaque État et chaque peuple a sa propre religion, qu'elle soit vraie ou fausse. Néanmoins les meneurs de la sédition et du mal qui sont apparus en France agissent d'une façon sans précédent, afin de faciliter l'accomplissement de leurs buts malfaisants, avec un mépris total des terribles conséquences. Ils ont éloigné la crainte de Dieu et le souci de la rétribution chez les gens du commun, rendu légales toutes sortes d'actions abominables, entièrement effacé toute honte et toute décence, et ont ainsi préparé la voie pour la réduction du peuple de France à l'état de bétail. Ceci même ne suffit pas à les satisfaire, mais, trouvant des partisans en chaque lieu, afin de tenir les autres États occupés à protéger leurs propres régimes, et empêcher d'avance qu'on les attaquât eux-mêmes, ils firent traduire dans toutes les langues et publier partout leur déclaration rebelle, qu'ils appellent « des Droits de l'Homme », et s'efforcèrent d'inciter les gens du commun des nations et des religions à se révolter contre les rois dont ils étaient les sujets [1].

Atif Efendi décrit alors assez longuement — et avec une grande perspicacité — les événements politiques et militaires des années précédentes, les nouveaux régimes d'Italie, des Pays-Bas, etc., jusqu'au moment où il écrit, ainsi que le projet d'une grande alliance des États contre-révolutionnaires. Il en vient alors au point central — la

---

1. DJEVDET, VI, p. 311 et suiv.

position de l'Empire ottoman en rapport avec ces événements :

    Étant donné les observations précédentes, la question à considérer est celle-ci : l'Empire est-il exposé au même danger que les autres États, ou non ? Bien que, depuis le début de ce conflit, l'Empire ait choisi le chemin de la neutralité, il ne s'est pas privé de montrer de l'amitié et de la bonne volonté et de se conduire de telle sorte qu'il donnait virtuellement assistance à la République française, au point de provoquer les protestations répétées des autres puissances. À l'époque où la France était dans de grandes difficultés et souffrait de pénurie et de famine, l'Empire a permis l'exportation de vivres en abondance à partir des royaumes divinement protégés [les pays ottomans] et leur transport vers les ports de France, les sauvant ainsi des affres de la faim. En récompense, la République française et ses généraux ne se sont pas privés d'essayer, par des mots et par des faits, de corrompre les sujets de l'Empire. En particulier, à l'époque du démembrement de Venise, ils s'emparèrent des îles et de quatre villes sur la terre ferme près d'Arta appelées Butrinto, Parga, Preveza et Vonitza ; leur action, en rappelant la forme de gouvernement des Grecs anciens et en installant un régime de liberté en ces lieux, révèle, sans qu'il soit besoin d'aucun commentaire ni explication, des intentions mauvaises dans leurs esprits. Au moment présent, outre les préparatifs contre l'Angleterre, on sait qu'ils font des préparatifs de grande envergure dans les chantiers navals de Toulon, dans la Méditerranée. Il n'est pas invraisemblable qu'un grand dommage soit caché derrière ces préparatifs. En conséquence, à ce moment, il est obligatoire pour l'Empire, afin d'être préparé contre le mal qui menace, de faire de puissants préparatifs, sans négliger aucun des moyens de défense, et sans omettre de faire une enquête soigneuse dans tous les détails et toutes les activités. Puisque la prolongation d'une guerre virtuelle dans un semblant de paix implique des dépenses vastes et répétées, il est nécessaire, en ce moment et vu les circonstances, de voir d'abord comment il est possible de se procurer de l'argent ; en second lieu — puisqu'il est clair et évident que, quelles que soient les précautions, l'étendue des territoires de l'Empire empêche de protéger toutes ses parties d'une attaque soudaine — de considérer si, en cas de formation d'une alliance générale, comme décrite plus haut, l'adhésion de l'Empire à une telle alliance est ou non conforme à ses intérêts ; et, une fois compris les bons et les mauvais côtés de ces affaires, décider en conséquence la politique à tenir. Car chaque État doit avoir deux sortes de politique. L'une est la politique permanente, qui est prise comme la base de toutes ses actions et de toutes ses activités ; l'autre est une politique temporaire, suivie pour un temps, en accord avec les exigences du moment et les circonstances. La politique permanente de l'Empire est d'empêcher tout accroissement des forces de la Russie et de l'Autriche qui, du fait de leur situation, sont ses ennemies naturelles ; et d'être allié avec ces États qui pourraient être capables de briser leur pouvoir et sont ainsi les amis naturels de l'Empire. Mais en ce moment et vu les circonstances, la politique contribuant le mieux aux intérêts de l'Empire est, d'abord, d'exercer sa force pour éteindre ce feu de la sédition et du mal et, ensuite, ce but accompli, d'agir une fois de plus comme le demande sa politique permanente.

Il est clair qu'Atif Efendi voyait dans la Révolution française comme un danger qui menaçait l'Empire ottoman non moins que les États chrétiens. Pour lui, le besoin d'en venir à bout l'emportait à la fois sur l'hostilité traditionnelle entre la Porte et ses voisins immédiats, l'Autriche et la Russie, et sur l'amitié traditionnelle entre la Porte et la France.

Le débarquement français à Alexandrie, le 1er juillet 1798, et les activités qui suivirent des Français en Égypte et en Palestine, confirmèrent le raisonnement d'Atif. Les effets à long terme de l'impact de la France révolutionnaire sur les peuples arabes sont bien connus. Mais les effets immédiats eux-mêmes furent assez inquiétants pour amener le gouvernement ottoman à s'embarquer dans ce qui, de nos jours, s'appelle la guerre psychologique. Dans une proclamation distribuée en arabe en Syrie, en Égypte et en Arabie, la condamnation suivante des doctrines révolutionnaires était proposée :

> … Ô vous, communauté des musulmans qui croyez en l'unité de Dieu, sachez que la nation française (puisse Dieu dévaster ses demeures et humilier ses étendards) est une nation d'infidèles rebelles et de scélérats dissidents. Ces gens ne croient ni en l'unité du Seigneur du Ciel et de la Terre, ni en la mission de l'intercesseur au Jour du Jugement, mais ont abandonné toute religion, et ont nié le monde de l'au-delà et ses châtiments. Ils ne croient pas au jour de la résurrection et prétendent que seul le passage du temps nous détruit, et qu'il n'y a rien d'autre que le ventre dont nous sommes sortis et la terre qui nous engloutit, et qu'au-delà de cela il n'y a pas de résurrection ni de comptes à rendre, pas de passage ni de rétribution, pas de question ni de réponse. Aussi ont-ils pillé leurs églises et les ornements de leurs crucifix, attaqué leurs prêtres et leurs moines. Ils soutiennent que les livres que les prophètes ont apportés sont une erreur totale et que le Coran, la Torah et les Évangiles ne sont que mensonge et bavardage ; et que ceux qui prétendaient être des prophètes, comme Moïse, Jésus, Mohammed et d'autres ne l'étaient pas vraiment, et qu'aucun prophète ni apôtre n'est jamais venu au monde, mais qu'ils avaient menti à des ignorants, que tous les hommes sont égaux en humanité, et semblables par le fait qu'ils sont des hommes, aucun n'ayant de supériorité ou de mérite par rapport à un autre, et chacun dispose lui-même de son âme et organise ses moyens d'existence en cette vie. Et, dans cette croyance vaine et cette opinion absurde, ils ont érigé de nouveaux principes et fixé des lois, et établi ce que Satan leur soufflait, et détruit les bases des religions, et rendu légales pour eux des choses interdites, et se sont permis tout ce que leurs passions désiraient, et ont attiré dans leur

iniquité les gens du commun qui sont comme des fous délirants, et semé la sédition parmi les religions, et jeté le trouble entre les rois et les États. Avec des livres mensongers et des faussetés pleines d'artifices, ils s'adressent à tous les partis et disent : « Nous vous appartenons, à votre religion et à votre communauté », et ils leur font des promesses vaines, et émettent des avertissements effrayants. Ils sont totalement livrés à l'infamie et à la débauche, et montent le coursier de la perfidie et de la présomption, et plongent dans la mer de l'erreur et de l'impiété et sont unis sous la bannière de Satan...

Ils ont contraint ceux qui ne leur auraient pas obéi ou ne les auraient pas suivis en sorte que les autres nations des Francs furent jetées dans la confusion et le désordre par leurs iniquités ; les Français, aboyant comme des chiens et mordant comme des loups, se réunirent contre ces nations et ces communautés, cherchant à détruire les fondements de leurs religions et à piller leurs femmes et leurs biens. Le sang coulait comme de l'eau, et les Français atteignirent leur objectif, et régnèrent sur eux avec injustice et scélératesse. Puis leur méchanceté et leurs complots scélérats furent dirigés contre la communauté de Mohammed. Par le canal de quelques-uns de nos espions, les lettres qui leur étaient écrites par le directeur de leur république et le chef de leurs armées, Bonaparte, sont arrivées entre nos mains. Écoutez maintenant ses divagations et sa méchanceté manifeste.

La proclamation poursuit en donnant ce qui prétend être le « texte complet et littéral » d'une lettre interceptée. Napoléon, qui s'exprime en une prose vigoureusement rythmée, prévient ses compatriotes que la Maison de l'islam et « solide et forte et ferme en sa foi ». Si les Français venaient dans des pays islamiques, ils devraient varier leur comportement selon la force de ceux qu'ils rencontrent. Contre les faibles ils peuvent avoir recours à « la guerre, à la bataille et au pillage », mais contre les forts ils devraient se servir de ruse. Évitant toute attaque directe contre leur religion, leur honneur, ou leurs biens, ils devraient semer la discorde et la méfiance parmi les musulmans, faire exercer à des individus vils leur autorité sur les nobles, attisant la dissension entre les différents groupes, et incitant le peuple à désobéir à son sultan et à ses maîtres. Ayant ainsi miné l'ordre et la cohésion de l'Islam, ils seraient en mesure de faire ce qui leur plaît. Les forts doivent être rejetés avec l'aide des faibles, après quoi les faibles pourraient être aisément détruits. Mais, puisque les principes islamiques et français sont fondamentalement incompatibles, il ne peut y avoir de confidence véritable ni de confiance entre eux, et après la victoire il serait nécessaire de détruire toutes leurs mosquées et tous leurs sanctuaires, depuis la Kaaba jusqu'aux plus humbles, et de massacrer toute la population à l'exception des femmes et des jeunes. Il serait alors possible de s'emparer de leurs terres et de leurs biens, et de les partager.

Après avoir ainsi tenté de terrifier la populace, et pour trouver une explication convaincante de l'indulgence de l'autorité française en Égypte, la proclamation continue avec un appel puissant à la loyauté et à la solidarité islamiques, et se termine sur une promesse d'aide militaire rapide et efficace [1].

Il est intéressant de voir quelles étaient les caractéristiques de la Révolution française qui paraissaient les plus choquantes à Atif Efendi et à l'auteur de la proclamation.

---

1. Le texte turc, tiré d'un document des archives d'Istamboul, est donné par KARAL, *Fransa-Mısır*, p. 108 et suiv. Le texte arabe, tel qu'il fut apporté à Acre par Sir Sidney Smith, est cité dans une biographie arabe de Djazzar Pasha (British Museum Ms. oriental 3033, fol. 48 *a* et suiv.). Il y a quelques variantes entre les deux. J'ai suivi le second, comme ayant probablement gardé la version qui fut effectivement distribuée.

Ni l'un ni l'autre ne font aucune référence à l'exécution de Louis XVI, qui avait eu un tel retentissement en Europe chrétienne. Von Knobelsdorf, le chargé d'affaires prussien à Constantinople, signale, dans une dépêche du 11 mars 1793, que « le Grand Seigneur, instruit jusqu'aux moindres détails de ce crime affreux, en fut si affecté qu'il en a été malade ; tout le Divan, tout le peuple, en est saisi d'horreur »[1]. Que le sultan ait été malade d'horreur à l'exécution de son royal frère est assez vraisemblable, mais la mort violente d'un souverain était un trait de la vie politique trop habituel à Constantinople pour éveiller beaucoup de commentaires. L'abolition de la monarchie, elle-même, n'attirait pas particulièrement l'attention. Les Ottomans étaient habitués depuis des siècles aux institutions républicaines de Venise et de Raguse, et l'établissement d'une république n'avait rien en soi qui pouvait les alarmer. Ce qui troublait vraiment les milieux dirigeants de Constantinople, c'était l'aspect laïque de la Révolution — la séparation de l'Église et de l'État, l'abandon de toute doctrine religieuse, le culte de la raison. La tentative des Français pour s'attirer les bonnes grâces des musulmans en soulignant leur rejet du christianisme et en affectant de la sympathie pour l'islam provoqua une certaine réaction, mais bientôt — avec l'aide de l'Autriche et de la Russie — les dirigeants de l'Empire comprirent les dangers que présentaient les offres d'amitié pour l'ordre et pour les principes traditionnels de l'islam. On peut se faire une idée du degré de réussite de la propagande par les nombreuses références hostiles que nous retrouvons dans les sources ottomanes. En même temps, les dirigeants commencèrent à évaluer le contenu subversif de l'égalité

1. J. W. ZINKEISEN, *Geschichte des Osmanischen Reiches*, VI, pp. 858-859, note 2.

et de la liberté, bien qu'il semble que celle-ci ait été d'abord perçue comme un danger pour les sujets chrétiens de la Porte plutôt que pour les Turcs eux-mêmes.

Aussi longtemps que la France et la Turquie furent en guerre, la communication des idées françaises aux Turcs se trouva désavantagée. Néanmoins, le succès rapide et facile d'une armée de moins de trente mille Français conquérant l'Égypte et la gouvernant pendant plus de trois ans ne manqua pas d'impressionner, de même que la tolérance et la sympathie dont les dirigeants français de l'Égypte firent preuve. Aux termes du traité de paix, la France se retira des îles Ioniennes ainsi que de l'Égypte, et mit fin par là au statut de voisine de la Porte qui avait été brièvement le sien. La voix de la France, ne clamant plus en grec ni en arabe, devint plus perceptible à Constantinople. Alors que Brune, Ruffin et Sébastiani travaillaient à restaurer son influence auprès de la Porte, un nouvel ambassadeur turc, Mehmed Sa'id Halet Efendi, fut en poste à Paris de 1803 à 1806. Halet était un réactionnaire convaincu et haïssait tout ce qui était occidental.

Des dirigeants de la France, il écrit : « N'ayant plus de roi, les Français ne pouvaient avoir de gouvernement ; de plus, à la suite de l'interrègne qui s'est produit, la plupart des postes élevés sont tenus par l'écume du peuple, et bien que quelques nobles soient restés, le pouvoir réel est toujours entre les mains de la vile populace. Ils n'ont donc pas été capables d'organiser une république. Comme ils ne sont rien d'autre qu'une association de révolutionnaires ou, en bon turc, qu'une meute de chiens, une nation ne saurait en attendre loyauté ou amitié. » Il décrit Napoléon comme « un chien sauvage, s'efforçant de réduire tous les États au même désordre que sa propre nation maudite », Talleyrand comme « une parodie de prêtre » et le reste comme de simples brigands[1]. Mais les critiques mêmes de Halet sur le Frangistan, comme il l'appelle, révèlent combien forte était l'influence française.

Malgré le soutien que Halet apportait au parti réactionnaire d'Istamboul, l'influence française continuait à croître. Les victoires françaises de 1805 et l'humiliation de l'Autriche et de la Russie enchantèrent le sultan, et le décidèrent à reconnaître Napoléon comme empereur. En août 1806, Sébastiani revint à Constantinople, et fut bientôt en mesure de faire entrer la Porte en guerre à la fois contre la Russie et l'Angleterre. L'échec d'une escadre navale anglaise devant Constantinople, dû en grande partie à l'intervention énergique de Sébastiani et d'un certain nombre d'officiers et de volontaires français, donna à l'ambassadeur une influence sans précédent auprès de la Porte. Mais cette victoire même de l'influence française et la prééminence des Français dans la défense de Constantinople firent violence aux sentiments des musulmans. Elles concoururent à provoquer la réaction armée qui aboutit à la déposition de Selim III, le 29 mai 1807, et au massacre des partisans de la réforme[2].

Ce fut un an environ après ces événements que Ahmed Asim Efendi, historiographe impérial, écrivit ses chroniques des années 1791-1808. Nous pouvons tirer de sa narration une impression claire de l'effet général des influences françaises en Turquie durant ces années. Asim approuve les réformes dont il espérait qu'elles rétabliraient la force militaire de l'Empire, et dans un passage intéressant il décrit comment la Russie émergea de la

1. E. Z. KARAL, *Halet*, pp. 32-35 et 62.
2. J. W. ZINKEISEN, *Geschichte des Osmanischen Reiches*, VII, p. 455 et suiv.

faiblesse et de la barbarie pour atteindre au statut d'une grande puissance en empruntant les sciences et les techniques de l'Occident[1]. Mais il est violemment antichrétien, considérant toutes les puissances chrétiennes comme des ennemies invétérées de l'Islam, et ne prévoyant d'autres conséquences que funestes à des accords passés avec elles. Il déteste plus particulièrement les Français et insulte le parti pro-français en Turquie, traitant ses membres d'idiots, victimes d'illusions[2]. Il parle peu des affaires intérieures de la France, et de façon toujours hostile.

La République était « comme les borborygmes et les crépitations d'un estomac nauséeux »[3], ses principes consistaient en « l'abandon de la religion et l'égalité des riches et des pauvres »[4]. Des activités françaises en Turquie, il a plus à dire. Dans une longue discussion sur les succès et les échecs des réformes de Selim III et sur les causes et les circonstances de sa chute, Asim Efendi accorde beaucoup d'attention à l'influence française. Les Français se sont présentés en tant qu'amis et même en tant que candidats à une conversion à l'Islam. Ils ont assuré les Turcs de leur hostilité à l'égard de la chrétienté et de leur intention de suivre les enseignements de Mohammed. Par une propagande intensive, ils ont troublé les esprits « non seulement des grands de l'État mais aussi des gens du commun ». Pour répandre leurs idées pernicieuses, ils ont recherché la compagnie des Turcs, les leurrant avec des promesses d'amitié et de bonne volonté, et ainsi, par des rapports sociaux intimes et familiers, ont fait beaucoup de victimes. « Certains sensualistes, dépouillés du vêtement de la loyauté, ont parfois appris d'eux la politique ; certains,

---

1. *Asim*, I, p. 265.
2. *Ibid.*, pp. 76, 175, etc.
3. *Ibid.*, p. 78.
4. *Ibid.*, p. 62.

désireux d'apprendre leur langue, ont pris des maîtres français, acquis leur idiome et se sont glorifiés... de leurs propos grossiers. Ils furent ainsi en mesure d'insinuer les coutumes franques dans les cœurs et de faire aimer leurs façons de penser par des personnes d'esprit faible et de foi superficielle. Les gens d'esprit sérieux et clairvoyant, ainsi que les ambassadeurs des autres États, ont prévu le danger de cette situation ; pleins d'alarme et de réprobation, ils ont invectivé contre ces choses et les ont condamnées à la fois implicitement et explicitement, et prévenu des conséquences néfastes qui découleraient de leurs activités. Cette équipe criminelle et cette bande abominable étaient pleines de fourberie : semant d'abord la graine de leur politique dans le sol des cœurs des grands de l'État, puis par des incitations, par la séduction de leur manière de penser, ils parvinrent à miner — que Dieu nous préserve — les principes de la Loi sainte[1]. »

Durant l'été 1807, l'empereur Napoléon s'alliait à son impérial frère de Russie ; le sultan Selim III était détrôné et le parti de la réaction prenait le pouvoir à Constantinople. La Révolution française semblait morte dans le pays de sa naissance, et son influence paraissait étouffée en Turquie.

Mais la bouture de l'arbre de la liberté avait pris racine dans le sol de l'Islam. Elle devait porter ses fruits, aussi bien doux qu'amers.

---

1. *Ibid.*, pp. 374-376 ; cf. JEVDET, VIII, p. 196 et suiv., qui décrit l'influence des instructeurs et experts européens, du respect exagéré des jeunes Turcs pour les idées et les usages européens, de l'imitation maladroite des manières et coutumes européennes, de l'apparition de l'« hérésie et du matérialisme » à Istamboul.

L'idée de liberté dans la pensée politique islamique moderne

Dans l'usage islamique traditionnel, la liberté était un concept juridique, non politique. Les termes arabes *ḥurr,* libre, et *ḥurriyya,* liberté, avec leurs dérivés et leurs équivalents dans les autres langues de l'Islam, indiquent le statut légal de l'homme libre, par opposition à celui de l'esclave. A quelques époques et en quelques lieux, des mots voulant dire « libre » furent appliqués à certains groupes sociaux privilégiés qui étaient exemptés d'impôts et d'autres charges auxquelles les gens du commun étaient assujettis. Toutefois cet usage social est exceptionnel et non typique, et le terme *ḥurr* était employé normalement dans un sens seulement juridique, avec peu de contenu social et aucun contenu politique. Quand des écrivains musulmans discutaient, comme ils le faisaient souvent, les problèmes de bon et mauvais gouvernement et dénonçaient celui-ci comme tyrannique, ils distinguaient entre le juste et l'injuste, le légal et l'arbitraire. Bien gouverner était un devoir du dirigeant, non un droit du sujet dont le seul recours contre un mauvais gouvernement était la patience, le conseil et la prière. Le contraire de la tyrannie

« The Idea of Freedom in Modern Islamic Political Thought », *Encyclopédie de l'Islam,* 2ᵉ éd., 1967. Repris dans B. Lewis, *Islam in History,* 1973.

était la justice, non la liberté ; le contraire de la liberté n'était pas la tyrannie, mais l'esclavage personnel et légal[1].

Les premiers exemples en terre d'islam de l'emploi du terme liberté dans un sens politique clairement défini viennent de l'Empire ottoman au XVIIIe siècle et se trouvent dans les rapports des visiteurs ottomans en Europe. Un ambassadeur en France, par exemple, parle de Toulouse et de Bordeaux comme de « villes libres ». Ceci veut dire, explique-t-il, que la garnison était fournie par les troupes levées sur place dans cette ville, laquelle était administrée par un *parlement* ayant à sa tête un président. D'autres écrivains ottomans du XVIIIe siècle emploient le même terme, « libre », pour qualifier le port de Dantzig et diverses entités privilégiées à l'intérieur du Saint Empire romain. Des voyageurs ottomans en Hongrie rapportent même que les Hongrois se lamentent sur la perte de leurs « libertés anciennes ». Tout cela montre clairement l'effet de l'influence et de l'exemple européens. La chose apparaît avec encore plus d'évidence dans des traductions directes de textes européens. Chose significative, le terme choisi par les traducteurs turcs pour rendre cette notion peu familière ne fut pas le terme juridique désignant le statut non servile, mais un mot tout à fait différent, surtout employé jusqu'alors en matière fiscale et administrative. *Serbestiyet* (plus tard aussi *serbestī*) est une forme tirée de *serbest*, qui dans l'usage officiel ottoman indiquait l'absence de certaines limites ou restrictions. Ainsi, dans le système féodal militaire ottoman, une sorte spéciale de *timar* (une forme de donation ou de fief) était appelée *serbest*. Ceci voulait

---

1. Voir F. ROSENTHAL, *The Muslim Concept of Freedom*, Leyde, 1960.

dire que tous les revenus du *timar* allaient au détenteur, alors que dans un *timar* ordinaire certains revenus étaient réservés au Trésor impérial.

Dans sa première apparition connue dans un document politique officiel, le mot *serbestiyet* indique une liberté collective plutôt que personnelle — c'est-à-dire l'indépendance plutôt que la liberté au sens libéral classique. Ceci se trouve dans le troisième article du traité russo-turc de Küčük Kaynardja (1774), qui mit fin à la suzeraineté ottomane sur les Khan des Tatars de Crimée et reconnaissait leur indépendance à la fois de la Turquie et de la Russie (comme préliminaire à leur absorption dans l'Empire russe en 1783). Les deux États étaient d'accord pour reconnaître les Tatars comme « libres et entièrement indépendants de tout pouvoir étranger » ; le sultan est tenu pour leur chef religieux « mais sans par là compromettre leur liberté civile et politique telle qu'elle est établie ». Les formes des mots dans l'original italien du traité pour ces deux phrases sont *liberi, immediati, ed independenti assolutamente da qualunque straniera Potenza* et *senza pero mettere in compromesso la stabilita libertà loro politica e civile*. La langue et le contenu de ces clauses, qui rappellent tellement les cités libres du Saint Empire romain, doivent avoir présenté quelque difficulté aux drogmans de la Sublime Porte, qui à cette époque étaient des Grecs phanariotes. Le texte turc, qui contient des idées et des expressions nouvelles pour l'usage ottoman, révèle leur ingéniosité[1].

La Révolution française donna au mot *serbestiyet* un

---

1. Texte turc dans Jevdet DJEVDET, *Tarih*, 2ᵉ éd., I, Istamboul, 1309 H., pp. 358-359 ; *Mecmu'a-i mu'ahedat*, III, p. 254 ; texte italien dans G. F. DE MARTENS, *Recueil des traités...*, IV, Göttingen, 1795, pp. 610-612.

sens nouveau. Morali el-Sayyid Ali Efendi, l'ambassadeur ottoman à Paris sous le Directoire, l'emploie plusieurs fois dans son rapport sur son ambassade pour traduire *liberté*, surtout en matière de symboles et de cérémonies[1]. Le Premier secrétaire, Atif Efendi, dans son memorandum de 1798 sur la situation politique résultant des activités de la France révolutionnaire, montre une compréhension plus claire du nouveau contenu politique du terme et du danger qu'il représentait pour l'ordre établi, dans l'Empire ottoman comme ailleurs. Dans son exposé introductif sur la Révolution, il dit comment les révolutionnaires avaient entraîné le peuple à les suivre avec des promesses d'égalité et de liberté comme moyen d'obtenir le bonheur complet dans ce monde. De façon plus précise, il s'alarme des agissements des Français dans les anciennes possessions vénitiennes qu'ils avaient acquises, les îles Ioniennes et quatre villes de la Grèce continentale. En évoquant les formes du gouvernement des anciens Grecs et en installant « une forme de liberté », dit-il, les Français avaient rendu claires leurs intentions hostiles[2].

Avant la fin de l'année, les Français avaient débarqué

---

1. Par exemple, *Tarih-i Osmani endjümeni Medjmuasï* (Journal de la Société ottomane historique), XXIII, 1309 H., pp. 1458, 1460. Sur l'étalage des « symboles » de la liberté par les Français en Turquie, voir DJEVDET, *Tarih*, VI, pp. 182-183.

2. DJEVDET, *Tarih*, VI, pp. 395, 400 ; cf. Bernard LEWIS, « The Impact of the French Revolution on Turkey », in *Journal of World History*, I, 1953, p. 120 et suiv. (éd. revue in G. S. Métraux et F. Croizet ed., *The New Asia*, New York-Londres, 1965, p. 47 et suiv., et *Slavonic Review*, XXXIV, 1955, pp. 234-235). Sur le développement de la pensée politique moderne en Turquie, voir Niyazi BERKES, *The Development of Secularism in Turkey*, Montréal, 1964, et B. LEWIS, *The Emergence of Modern Turkey*, 2e éd., Londres, 1968.

en Égypte, où le général Bonaparte, en arrivant, s'adressa aux Égyptiens au nom de la République française, « fondée sur la base de la liberté et de l'égalité »[1]. Le mot employé pour liberté est *ḥurriyya*, qui, toutefois, était encore loin de devenir un équivalent couramment accepté du terme européen dans son sens politique. La liste de mots français-arabe de Ruphy, imprimée en 1802[2], traduit *liberté* par *ḥurriyya*, mais avec la restriction « *opposée à l'esclavage* » ; dans le sens de « *pouvoir d'agir* », il préfère *sarāḥ*, d'une racine arabe signifiant errer ou paître librement. Dans l'usage classique il indiquait aussi le renvoi d'une épouse par le divorce.

Les premières références à la liberté dans des œuvres d'auteurs musulmans sont hostiles, et l'assimilent au libertinage, à la licence et à l'anarchie. On peut observer toutefois un changement important dans un passage où le

1. *'Ala asās al-ḥurriyya wa'l-taswiya* ; versions dans AL-DJABARTĪ, *Muizhir al- taqdīs*, Le Caire, s.d., I, p. 37 ; Niqūlā al-Turk, *Mudhakki-rāt*, ed. G. Wiet, Le Caire, 1960, p. 8 ; le texte apparaît aussi dans AL-DJABARTĪ, *'Ajā'ib*, III, Le Caire, 1879, p.4 ; dans le *Lubnān* de Haydar AL-SHIHĀBI, etc. L'œuvre première sur la pensée politique arabe est l'anthologie très employée et dont le mérite n'est pas suffisamment reconnu de Ra'if AL-KHŪRĪ, *Al-Fikr al-'Arabī al-hadīth (La Pensée arabe moderne)*, Beyrouth, 1943, qui est un recueil d'extraits, avec une introduction, illustrant l'influence de la Révolution française sur la pensée arabe. Ceci fut suivi par de nombreux autres livres et études, dont le plus notable est l'ouvrage de A. H. HOURANI, *Arabic Thought in the Liberal Age, 1798-1939*, Londres, 1962.

2. J. F. RUPHY, *Dictionnaire abrégé français-arabe*, Paris, an X [1802], p. 20. En 1841 encore le Phanariote Handjeri traduit « liberté civile » et « liberté politique » par respectivement *rukhṣat-i sheriye* et *rukhṣat-i mülkiye (Dictionnaire français arabe-persan et turc*, II, Moscou, 1840-1841, p. 397, avec des explications et des exemples). Le sens exact de *rukhṣat* dans l'usage ottoman était permission, licence de, ou, au sens religieux, dispense.

chroniqueur ottoman Shanizade († 1826), à l'année 1230/
1815, discute de la nature des assemblées conciliaires, qui
devenaient fréquentes à cette époque. Ni la tradition
islamique ni la politique ottomane ne favorisaient l'assertion de nouvelles idées politiques, et Shanizade a soin de
fonder la pratique de ces consultations sur des précédents
islamiques et sur d' « anciennes coutumes ottomanes », et
de mettre en garde contre leur mauvais emploi ; en même
temps, il indique que de telles consultations se tiennent
normalement, avec des effets bénéfiques, dans « certains
États bien organisés » — euphémisme frappant pour les
États européens — et attribue aux membres qui assistent
aux conseils une qualité représentative entièrement neuve
pour la pensée politique islamique. Les membres du
conseil consistent en deux groupes, « serviteurs de
l'État » et « représentants des sujets » ; ils discutent et
argumentent librement *(ber vejh-i serbestiyet)* et arrivent
ainsi à une décision [1]. De cette façon indirecte et discrète
Shanizade put représenter à ses lecteurs des idées aussi
éloignées et radicales que la présentation populaire, un
débat libre, et une décision en corps constitué.

Dans les décennies qui suivirent, la notion de liberté
politique devint plus familière au travers de discussions
des affaires européennes et de traductions d'ouvrages
européens, comme par exemple la version turque de la
Storia d'Italia de Carlo Botta [2], qui abonde en références
aux institutions et aux principes libéraux. Elle fut également discutée et développée par plusieurs écrivains
musulmans, qui étaient influencés plus spécialement par
le constitutionnalisme plutôt conservateur de l'époque

1. SHANIZADE, *Tarih*, IV, Istamboul, 1291, pp. 2-3 ; cf. B. LEWIS,
Émergence, pp. 72-73.
2. Le Caire, 1249/1834, réimpr. Istamboul 1293/1876.

post-napoléonienne — l'idée du *Rechtsstaat*, ou de l'État fondé sur l'autorité du droit, par contraste avec l'absolutisme sans frein de Napoléon et avec la licence de la Révolution.

L'un des plus importants de ces écrivains fut le cheikh égyptien Rifāʿa Rāfī al-Ṭahṭāwī (1801-1873), diplômé d'al-Azhar, qui vécut à Paris de 1826 à 1831 comme précepteur religieux de la mission estudiantine égyptienne. Son exposé de ce qu'il avait vu et appris fut publié pour la première fois en Égypte en arabe, en 1834, et dans une version turque, en 1839 ; il comprend une traduction avec commentaire de la constitution française et une description des institutions parlementaires, dont le but est d'assurer le gouvernement en vertu de la loi et de « protéger les sujets de la tyrannie ». Ce que les Français appellent liberté (*ḥurriyya*), dit le cheikh Rifāʿa, est la même chose que ce que les musulmans appellent justice et équité (*al-ʿadl wa'l-inṣāf*) — c'est-à-dire le maintien de l'égalité devant la loi, un gouvernement selon la loi, et un dirigeant qui s'abstient d'actes illégaux et arbitraires à l'encontre des sujets [1].

L'équation établie par le cheikh Rifāʿa entre *ḥurriyya* et le concept islamique classique de justice aida à relier les nouveaux concepts aux anciens, et à situer ses propres écrits politiques dans la longue suite d'exhortations musulmanes au souverain à gouverner sagement et justement, avec le respect qui convient envers la loi et le souci qui convient pour les intérêts et le bien-être des sujets. Ce qui est nouveau et étranger aux idées politiques traditionnelles est la suggestion que le sujet a un *droit* à être traité

---

1. *Takhlīṣ al-ibrīz fī talkhīṣ Bāriz*, ed. Mahdī ʿAllām, Aḥmad Badawī et Anouar Louca, Le Caire, s.d. [1958 ?].

justement et que quelque dispositif soit établi pour assurer ce droit.

Avec une perspicacité remarquable, le cheikh Rifāʿa voit et explique les rôles différents du Parlement, des cours et de la presse dans la protection des sujets contre la tyrannie — ou plutôt, comme il l'indique, dans la possibilité ainsi donnée aux sujets de se protéger eux-mêmes. Ce qui est loin d'être clair est la mesure dans laquelle il sentait ces idées et ces institutions comme appropriées aux besoins de son propre pays. Dans ses écrits ultérieurs, il y a peu d'allusions à une telle pertinence ; même quand il loue le khédive Ismaël d'avoir instauré une assemblée consultative en 1866, il montre un souci traditionnel des devoirs du gouvernant — justice et consultation — plutôt qu'un souci libéral des droits des gouvernés. Dans son livre *al-Murshid al-amīn* (*Le Guide fidèle*)[1], il définit la liberté par cinq sous-titres dont les deux derniers sont le civil et le politique (*siyāsī*). Tous deux sont définis par rapport aux droits légaux, économiques et sociaux, sans aucune référence spécifique aux droits *politiques* au sens libéral. Les trois premiers sous-titres sont le naturel, le social (entendant par là la liberté de « conduite »), et le religieux. La liberté politique est l'assurance de l'État à l'individu de la jouissance de ses biens et de l'exercice de sa liberté « naturelle » — c'est-à-dire le pouvoir de base inné de toutes les créatures vivantes de manger, boire, se déplacer, etc., limité par le besoin d'éviter tout dommage envers lui ou les autres[2].

---

1. Le Caire, 1862, p. 27 et suiv. Une traduction arabe inédite du *Prince* de Machiavel, préparée pour Mehemet Ali Pasha vers 1825, traduit la phrase dans le chapitre I : « dominions... qui ont été des États libres » par « *amīriyyat ī tādat antakūn muḥarrara* ».

2. Voir L. ZOLONDEK, « Al-Ṭahṭāwī and Political Freedom », in *Muslim World*, LIV, 1964, pp. 90-97.

Le contemporain turc du cheikh Rifā‘a, Sadik Rifat Pasha (1807-1856), bien que plus vague dans ses notions théoriques du sens de la liberté, est plus précis quant à son application immédiate au pays. Dans un essai, d'abord esquissé alors qu'il était ambassadeur ottoman à Vienne en 1837 — et en rapports étroits avec Metternich —, il examine les différences essentielles entre la Turquie et l'Europe et les domaines dans lesquels la Turquie pourrait chercher de façon profitable à imiter l'Europe. Sadik Rifat est profondément impressionné par la richesse, l'industrie et la science européennes, où il voit les meilleurs moyens pour régénérer la Turquie. Le progrès de l'Europe et sa prospérité, explique-t-il, sont les résultats de certaines conditions politiques, de stabilité et de tranquillité, qui à leur tour dépendent de l' « obtention d'une complète sécurité pour la vie, les biens, l'honneur et la réputation de chaque nation et de chaque peuple, c'est-à-dire de l'application convenable des droits nécessaires de la liberté ». Pour Sadik Rifat, comme pour le cheikh Rifā‘a, la liberté est une extension de l'idée islamique classique de justice — une obligation pour le gouvernant d'agir de façon juste et en accord avec la loi ; mais c'est aussi l'un des « *droits* de la nation » et l'établissement de ces droits en Turquie est une affaire de « la plus urgente nécessité »[1]. Des idées semblables sont exprimées par un autre écrivain turc, Mustafa Sami, auparavant secrétaire d'ambassade à Paris, qui, dans un

---

1. Texte dans Sadik RIFAT PASHA, *Müntehabat-i asar*, Istamboul, *Avrupanin ahvaline dair... risale*, p. 4 ; cf. *ibid.*, *Idare-i bukumetin bazi Kavaid-i esasiyesin mutazammin... risale*, *passim* ; autre version dans Abdurrahman ŞEREF, *Tarih musahabeleri*, Istamboul, 1340, p. 125 et suiv.

essai publié en 1840, parle avec admiration des libertés politiques et religieuses des Français.

De telles idées trouvent une expression officielle dans le premier des grands édits réformateurs ottomans — le Rescrit du Berceau de la Rose (*Gülhane*) de 1839, qui reconnaît et cherche à établir les droits du sujet à la sécurité, à la vie, à l'honneur et à la propriété, et à un gouvernement qui obéisse à la loi. Il y a deux références spécifiques à la liberté — dans la clause garantissant que « chacun disposera de son bien en toute liberté (*serbestiyet*) », et dans la clause concernant les conseils, où chaque personne présente « exprimera ses idées et ses observations librement (*serbestçe*) et sans hésitation »[1].

Ces idées de liberté sont encore très prudentes et conservatrices ; on n'en attendrait pas d'autre du cheikh Rifā'a, le serviteur loyal des chefs de l'Égypte, ni de Sadik Rifat, le disciple de Metternich et le coadjuteur du ministre réformateur Mustafa Reshid Pasha. Les sujets devaient être traités justement par le gouvernement, en fait, ils avaient un droit à être traités justement, et des lois devraient être promulguées pour garantir un tel traitement. Mais il n'y a toujours pas l'idée que les sujets ont un droit quelconque de participer à la formation ou à la conduite du gouvernement — droit à la liberté politique ou à la citoyenneté, au sens qui est à la base du développement de la pensée politique libérale en Occident.

Tandis que des réformateurs conservateurs parlaient de liberté dans le cadre de la loi, et que quelques monarques musulmans faisaient même l'expérience des conseils et

---

1. Texte dans *Düstūr*, première série, I, pp. 4-7 ; en écriture moderne, dans A. Seref Gözübüyük et S. Kili, *Türk anayasa metinleri*, Ankara, 1957, pp. 3-5 ; trad. anglaise dans J. C. Hurewitz, *Diplomacy in the New and Middle East*, I, Princeton, N.J., 1956, pp. 113-116.

des assemblées, le gouvernement, dans les faits, devenait plus, et non pas moins, arbitraire et oppressif. La modernisation du gouvernement et l'abrogation des pouvoirs intermédiaires renforcèrent l'autocratie de l'État et en même temps supprimèrent ou affaiblirent les limitations traditionnellement imposées à son fonctionnement. Un gouvernement plus autoritaire provoqua une critique plus radicale ; la presse nouvellement créée, et qui se développait rapidement, lui fournit un moyen d'expression ; l'Europe du XIXᵉ siècle offrait un large éventail d'inspirations et d'exemples.

On a émis l'idée que quelques-uns des mouvements libanais des périodes 1820-1821 et 1840 pouvaient avoir été inspirés ou influencés par les idéologies de libération nationale et de démocratie politique venues de la France révolutionnaire. Les documents sur lesquels reposent ces suggestions[1] sont peu nombreux et incertains et peuvent refléter les activités d'agitateurs français plus qu'aucun mouvement local véritable. Une expression plus définie des idées libertaires se trouve dans un exposé de la révolte des maronites de Kisrawān en 1858-1859, conduite par Ṭanyūs Shāhīn ; on dit que celui-ci visait à un « gouvernement républicain » (ḥukūma jumhūriyya), ce qui signifiait sans doute une certaine forme de gouvernement représentatif[2].

---

1. Philippe et Farīd KHĀZIN, *Madjmūʿat al-muḥarrarāt al-siyāsiyya waʾl mufāwadat al-duwaliyyaʿan Sūriyya wa-Lubnān*, I, Jūniya, 1910, p. 1 et suiv. Cf. HOURANI, *Arabic Thought*, pp. 61-62.

2. Anṭūn AL-ʿAQĪQĪ, ed. Yūsuf Ibrāhīm Yazbak, *Thawra wa-fitna fi Lubnān*, Damas, 1938, p. 87 ; traduction anglaise par M.H. Kerr, *Lebanon in the Last Years of Feudalism...*, Beyrouth, 1959, p. 53. Voir également P.K. HITTI, « The Impact of the West on Syria and Lebanon in the Nineteenth Century », *Journal of World History*, 2, 1955, pp. 629-630.

L'intensification de l'influence occidentale pendant et après la guerre de Crimée d'une part, et les pressions politiques et économiques internes croissantes de l'autre, aidèrent toutes deux à un renouveau de la pensée et des activités libertaires dans les années 1860. La presse fournissait une plate-forme de nature jusqu'alors inconnue. La publication du premier journal possédé en privé et fabriqué par un Turc, le *Terjüman-i Ahval*, commença en 1860, et fut suivie en 1862 par celle du *Tasvir-i Efkâr*, mieux connu. Le poète et journaliste Ibrahim Shinasi, dans ses éditoriaux introductifs aux premiers numéros des deux journaux, insistait beaucoup sur l'importance de la liberté d'expression.

Le sujet n'était nullement académique. Déjà en 1824, un Français avait créé un mensuel en français, à Izmir, qui, malgré quelques difficultés avec les autorités, devint un hebdomadaire et joua un rôle de quelque importance dans les affaires de l'Empire. Ses commentaires vigoureux mirent parfois l'éditeur en difficulté — avec les pouvoirs étrangers plutôt qu'avec les autorités turques. Un historien turc contemporain cite une intervention de l'ambassadeur russe :

> Il est vrai, dit-il, qu'en France et en Angleterre les journalistes peuvent s'exprimer librement, même contre leurs rois, de sorte qu'en plusieurs occasions, jadis, des guerres éclatèrent entre la France et l'Angleterre à cause de ces journalistes. Dieu soit loué, les royaumes gardés par Dieu [c'est-à-dire l'Empire ottoman] ont été protégés de ces choses, jusqu'au moment tout récent où cet homme-là est apparu à Izmir et s'est mis à publier son journal. Il serait bon de l'empêcher [1]...

1. Ahmed LÛTFI, *Tarih*, III, Istamboul, 1292 H., p. 100 ; cf. Ahmed EMIN, *The Development of Modern Turkey Measured by its Press*, New York, 1914, p. 28.

Une réglementation officielle des livres et brochures fut introduite en 1857 ; la première loi sur la presse fut promulguée en 1864. À bon escient, car les idées de liberté étaient dans l'air. En Syrie, en 1866, l'auteur chrétien François Faṭḥ Allāh al-Marrāsh écrivait un dialogue arabe allégorique[1] qui comprenait une discussion philosophique et politique de la liberté et des conditions qui sont requises pour son maintien. Plus directement politique dans son contenu était l'œuvre du fameux Khayr ʿal-Dīn Pasha, écrivain de langue arabe, l'un des auteurs de la constitution tunisienne de 1861[2]. Dans ce programme de réformes plutôt conservateur, Khayr ʿal-Dīn examine les sources de la richesse et du pouvoir européens, et les trouve dans les institutions politiques de l'Europe, qui assurent la justice et la liberté. Identifiant les deux, il fait quelques recommandations prudentes et assez obscures sur la façon de les assurer dans l'État islamique sans violer les traditions et les institutions islamiques ni s'en éloigner, en s'appuyant sur la « consultation », puisque la consultation des ministres, des ouléma et des notables est l'équivalent islamique authentique du système européen de gouvernement représentatif et constitutionnel. On peut noter qu'ayant été Premier ministre en Tunisie dans les années 1873-1877 et Grand vizir en Turquie en 1878-1879, il ne fit rien

---

1. *Ghābat al-ḥaqq*, Beyrouth, 1866, réimpr. Le Caire, 1298 H. /1880-1881.
2. *Aqwām al-masālik fī maʿrifat aḥwāl al-mamālik*, Tunis, 1284-1285/1867-1868 ; trad. française : *Réformes nécessaires aux États musulmans*, Paris, 1869 ; version turque, Istamboul, 1296 H. /1879 ; trad. anglaise par L. Carl BROWN, *The Surest Path : the Political Treatise of a 19th Century Statesman*, Cambridge, Mass., 1969.

pour restaurer les constitutions qui avaient été suspendues dans les deux pays.

Déjà, en 1856, dans une ode adressée à Reshid Pasha à l'occasion de l'édit de réforme de la même année, Shinasi dit au pasha réformateur : « Votre loi est un acte de manumission pour les hommes, votre loi informe le sultan de ses limites[1]. »

Les implications radicales de ces mots — le remplacement de la justice par la liberté comme antithèse de la tyrannie, et la proposition d'une restriction constitutionnelle des pouvoirs du souverain — furent développées et clarifiées à la fin des années 1860 et 1870 par le groupe de patriotes libéraux connus sous le nom de Jeunes (exactement « Nouveaux ») Ottomans. Les idées politiques des Jeunes Ottomans, bien que formulées en termes islamique et rapportées, parfois avec un effort visible, aux traditions islamiques, sont d'origine européenne, et expriment une adaptation ottomo-islamique du patriotisme libéral qui avait cours en Europe à cette époque. Leur idéal était le Parlement britannique à Westminster, leur idéologie était tirée des enseignements libéraux des Lumières et de la Révolution françaises, leur organisation et leurs tactiques étaient modelées sur celles des sociétés secrètes patriotiques de l'Italie et de la Pologne.

Dans les écrits politiques des Jeunes Ottomans, les deux mots clés sont *Vatan* — patrie — et *Hürriyyet* — liberté. Le dernier était le nom du journal hebdomadaire qu'ils publièrent en exil (Londres, juin 1868-avril 1870 ; Genève, avril-juin 1870). Dans ce journal, et dans d'autres écrits, les idéologues Jeunes Ottomans, surtout Namik Kemal (1840-1888), exposaient leur interprétation de la liberté — la souveraineté du peuple, assurée par un

---

1. Cité dans B. LEWIS, *The Emergence of Modern Turkey*, P. 137.

gouvernement constitutionnel et représentatif[1]. Pour Kemal, comme pour les écrivains musulmans antérieurs, le premier devoir de l'État demeure d'agir avec justice. Or la justice signifie non seulement le souci du bien-être du sujet, mais le respect de ses droits politiques. Ces droits doivent être sauvegardés par des institutions appropriées :

> Pour garder le gouvernement dans les limites de la justice, il y a deux formules de base. La première est que les règles fondamentales par lesquelles elle agit ne soient plus implicites ni tacites, mais soient publiées à la face du monde (...). Le second principe est la consultation, au moyen de laquelle le pouvoir législatif est retiré au gouvernement[2].

Comme ses prédécesseurs, Namik Kemal s'efforce de présenter ces idées importées comme les développements naturels de notions islamiques traditionnelles ; c'est ainsi que la justice devient la liberté et la consultation la représentation.

Jusque-là, Namik Kemal et ses associés avaient été devancés par des écrivains antérieurs du XIXᵉ siècle, et même dans une certaine mesure par des dirigeants, qui avaient convoqué des conseils et publié des édits. Mais les Jeunes Ottomans, à la fois dans la pensée et dans l'action,

1. Voir, par exemple, l'article de *Hürriyyet*, publié par M. COLOMBE en trad. française, dans *Orient*, 13, 1960, pp. 123-133. Sur les Jeunes Ottomans, voir Şerif MARDIN, *The Genesis of the Young Ottomans*, Princeton, N.J., 1962.

2. Namik KEMAL, « Hukuk-i umumiye », in *Ibret*, nᵒ 18, 1872 ; réimprimé en Ebüzziya TEVFIK, *Nümune-i edebiyat-i Osmaniye*, 3ᵉ éd., Istamboul, 1306, pp. 357-358, et dans la nouvelle écriture turque, dans Mustafa N. ÖZÖN, *Namik Kemal ve Ibret gazetesi*, Istamboul, 1939, pp. 96-97.

allaient bien plus loin que leurs prudents précurseurs.
Pour Namik Kemal, une assemblée consultative, même
élue, ne suffit pas. L'essence du problème est que cette
assemblée soit seule en possession du pouvoir législatif,
dont le gouvernement serait ainsi dépossédé. Cette
doctrine de la séparation des pouvoirs, qui serait exprimée dans et maintenue par une constitution civile, repose
sur l'idée encore plus radicale de la souveraineté du
peuple, que Namik Kemal identifie avec le *ba'ya* classique, le terme juridique désignant le processus par lequel
l'avènement d'un calife, selon la loi islamique, était
proclamé et reconnu[1].

> La souveraineté du peuple, ce qui veut dire que les
> pouvoirs du gouvernement dérivent du peuple, et ce qui dans
> la langage de la Loi sainte est appelé *bay'a* (...) est un droit qui
> résulte nécessairement de l'indépendance personnelle que
> chaque individu possède par nature[2].

Il n'était pas dupe des aspects apparemment libéraux et
constitutionnels des réformes turques. L'édit réformateur
de 1839 n'était pas, comme certains l'ont prétendu, une
charte constitutionnelle fondamentale, mais une mesure
d'occidentalisation administrative.

Si le Rescrit n'avait pas limité les préceptes généraux de
droit mis en avant dans son préambule à la seule liberté
personnelle, qu'il interprétait comme la garantie de la vie, des
biens et de l'honneur, mais avait aussi proclamé d'autres
principes de base, tels que la liberté de penser, la souveraineté
du peuple, et le système de gouvernement par consultation
[c'est-à-dire un gouvernement représentatif et responsable],

---

1. Voir *Encyclopédie de l'Islam*, 2ᵉ éd., *s.v.* « Bay'a ».
2. Namik KEMAL, « Hukuk-i umumiye », *op. cit.*

alors seulement aurait-il pu prendre le caractère d'une charte fondamentale [1]...

En 1876, avec la promulgation de la première constitution ottomane, le programme libéral et parlementaire des Jeunes Ottomans semblait sur le point de se réaliser. L'article 10 de la constitution pose que la liberté personnelle est inviolable et les articles suivants traitent de la liberté des cultes, de la presse, du droit d'association, de l'éducation, etc., aussi bien que de la liberté à l'égard de violations arbitraires des droits de la personne, de la résidence et des biens. Dans ses clauses politiques, toutefois, la constitution est moins attentive aux libertés. Elle n'émane pas de la souveraineté du peuple mais de la volonté du souverain, qui garde d'importantes prérogatives et tous les pouvoirs résiduels ; elle ne reconnaît que pour la forme le principe de séparation des pouvoirs. Sa vie, dans les faits, fut en tout cas brève. En février 1878, le Parlement fut dissous, il ne se réunit plus avant trente ans.

Sous le sultan Abdülhammid II, le mot liberté fut proscrit, et les idéaux qu'il suggérait devinrent d'autant plus précieux. Pour les modernistes turcs de cette génération, la source première était l'Occident, qui fournissait à la fois des exemples matériels des bienfaits de la liberté et un guide intellectuel pour les moyens de l'atteindre. « Quand vous regardez cet étalage fascinant du progrès humain », écrivait un jeune diplomate turc à propos de l'Exposition de Paris en 1878, « n'oubliez pas que toutes ces réussites sont l'œuvre de la liberté. C'est sous la

1. *Ibret*, n° 46, 1872, cité par Ihsan SUNGU, *Tanzimat ve Yeni Osmanlilar*, in *Tanzimat*, I, Istamboul, 1940, p. 845 ; trad. anglaise *in* B. LEWIS, *Emergence*, p. 167.

protection de la liberté que les peuples et les nations
atteignent le bonheur. Sans liberté, il ne peut y avoir de
sécurité ; sans sécurité, pas d'efforts ; sans effort, pas de
prospérité ; sans prospérité, pas de bonheur [1]... » Comme
une génération précédente s'était tournée vers Voltaire,
Rousseau et Montesquieu, la nouvelle génération lisait les
écrits de Haeckel, de Büchner, de Gustave Le Bon
(particulièrement en faveur à cause de sa sympathie pour
l'islam), de Spencer, de Mill et de beaucoup d'autres.

> S'il y a aujourd'hui [écrivait Hüseyn Rahmi en 1908] des
> hommes qui peuvent penser, peuvent écrire et peuvent
> défendre la liberté, ce sont ceux dont les esprits furent
> éclairés par ces étincelles [de la culture européenne]. Dans ces
> jours sombres et mélancoliques, nos amis, nos guides furent
> ces trésors intellectuels de l'Occident. De ces trésors nous
> apprîmes l'amour de la pensée, l'amour de la liberté [2].

En termes politiques plus pratiques, la liberté voulait
dire un gouvernement constitutionnel et représentatif —
la fin de l'autocratie, la restauration de la constitution, et
la sauvegarde des droits du citoyen par des élections
libres et des Parlements.

Mais la liberté n'était plus un problème seulement
politique. Pour certains, interprètes des idées matérialistes et laïcistes, elle impliquait une libération intellectuelle de ce qu'ils considéraient comme les entraves de
l'obscurantisme religieux. Peut-être le premier à concevoir la libération en termes économiques et sociaux fut le

---

1. SADULLAH PASHA, 1878, *Paris Ekpozisonyu*, in Ebüzziya TEV-
FIK, *Nümune...*, p. 288 ; trad. anglaise dans B. LEWIS, *The Middle East
and the West*, Londres, Bloomington, 1964, p. 47.
2. Préface à *Shipsevdi*, Istamboul, 1912, trad. anglaise dans Niyazi
BERKES, *Secularism*, p. 292.

prince Sabaheddin (env. 1877-1948), qui chercha à conduire la Turquie d'un ordre collectiviste à un ordre social individualiste, par une politique de fédéralisme et de décentralisation, et en encourageant l'entreprise privée. En 1902, il fonda une société consacrée à l'accomplissement de ces buts. Des idées semblables inspiraient l'Entente libérale, qui apparut en 1911 comme rivale du parti Union et Progrès. Un exemple intéressant de l'emploi du mot dans un sens social et individualiste se trouve dans le célèbre livre *Taḥrīr al-marʿa* (*La Libération* — c'est-à-dire l'émancipation — *de la femme*), de l'auteur égyptien Qāsim Amīn [1].

Après la révolution des Jeunes Turcs, en 1908, l'établissement, pour un temps, d'une liberté réelle de pensée et d'expression ouvrit une période de débats vigoureux, où le problème de la liberté, avec d'autres, fut examiné, analysé et discuté sous de nombreux points de vue ; libertés politique, sociale, économique et religieuse, toutes trouvèrent leurs interprètes et leurs défenseurs. Mais à mesure que les liens de l'autocratie et de la censure étaient serrés plus étroitement par les Jeunes Turcs, le débat tomba peu à peu dans l'insignifiance. Dans la nouvelle Turquie, qui émergeait sous la première et la seconde République, la discussion de la liberté ne diffère pas de façon significative de celle de l'Europe, et n'appartient pas à l'histoire de la pensée islamique.

Les sujets ottomans des terres arabes jouèrent un certain rôle dans le mouvement de libération, presque dès l'origine. Le 24 mars 1867, le prince égyptien Muṣṭafā Fāḍil Pasha publiait dans le journal français *Liberté* une

---

1. Le Caire, 1316 H./1898 et 1905 ; versions turques : Le Caire, 1326 H./1908, Istamboul, 1329 H./1911, et, en Turquie septentrionale, Kazan, 1909.

L'idée de liberté 145

lettre ouverte au sultan, lui conseillant d'accorder une constitution à l'Empire[1]. Outre son soutien à leur premier manifeste, le pacha aida aussi financièrement les Jeunes Ottomans en exil, et plus tard son frère, le khédive Ismaël, lui succéda dans ce rôle, voyant en eux un instrument utile à ses projets politiques.

À l'époque de Abdülhammid, l'un des premiers journaux libéraux publiés en exil fut mis en route par Salīm Fāris, fils du journaliste arabe du sultan Aḥmad Fāris al-Shidyāq. Publié à Londres en janvier 1894, il s'appelait *Hürriyet* — évocation significative de l'hebdomadaire antérieur des Jeunes Ottomans. Salīm Fāris fut ensuite amené par les agents du sultan à cesser la publication. Parmi les autres exilés, on trouvait l'émir libanais Amīn Arslān, qui publia un journal arabe à Paris en 1895, et un ancien député syrien au Parlement ottoman de 1876, Khalīl Ghānim, qui devint actif dans les cercles Jeunes Turcs. Les idées et les arguments des Jeunes Ottomans et des Jeunes Turcs trouvèrent aussi leur écho dans les publications arabes, qui, à cette époque, avaient tendance à offrir une adaptation provinciale des idées circulant parmi les groupes turcs gouvernants.

En Égypte, sous le gouvernement du khédive puis des Britanniques, la pensée politique évolua selon des lignes différentes, plus directement influencées par l'Europe, et moins directement touchées par les événements et les mouvements de l'Empire ottoman — lesquels pourtant, même ici, produisirent leur effet. Parmi les maîtres à penser, il y avait beaucoup d'émigrés arabophones des terres ottomanes ; la présence occasionnelle et l'activité en Égypte de personnalités turques telles que le prince Sabaheddin et Abdüllah Jevdet (1869-1932) ne peuvent

---

1. Réimprimé in *Orient*, V, 1958, pp. 29-38.

être passées inaperçues. Walī al-Dīn Yakan (1873-1931),
d'origine turque et qui participa au mouvement politique
des Jeunes Turcs, écrivit beaucoup en arabe sur les
problèmes politiques et sociaux. Une œuvre de quelque
influence fut la traduction turque par Abdüllah Jevdet du
Della Tirannide de Vittorio Alfieri. Intitulée simplement
Istibdād (*Despotisme*), elle fut imprimée d'abord à
Genève, en 1898, et réimprimée au Caire, en 1909. Cette
traduction semble sous-jacente à l'adaptation arabe
fameuse du livre d'Alfieri par l'exilé d'Alep en Égypte,
ʿAbd al-Raḥmān al-Kawābikī (1849-1902), intitulée
Ṭabāʾiʿ al-istibdād (*Les Caractéristiques du despotisme*)[1].

L'une des premières discussions — peu remarquée à
l'époque — de la liberté en Égypte, après le cheikh Rifāʿa,
est celle du cheikh d'al-Azhar Ḥusayn al-Marṣafī. Dans
sa *Risālat al-kalim al-thamān* (*Essai sur huit mots*)[2], il
examine et interprète, au bénéfice des « jeunes gens
intelligents de ces temps », huit termes politiques « courants dans la bouche des hommes »[3]. L'un d'eux est
ḥurriyya[4], que le cheikh explique en termes naturels et
sociaux — la différence entre les hommes et les bêtes, la
coutume humaine d'association et de spécialisation
sociale, d'où le besoin de coopération sociale et la
reconnaissance mutuelle des droits. Le cheikh reconnaît
la nécessité de la liberté au sens naturel et social, mais met
en garde ses jeunes lecteurs, de façon assez obscure,

---

1. Le Caire, s.d. Voir Sylvia G. HAIIM, « Alfieri and al-Kawābikī »,
Oriente Moderno, 34, 1954, pp. 321-334 ; E. ROSSI, « Una traduzione
turca dell'opera *Della Tirannide* di V. Alfieri », *ibid.*, pp. 335-337.

2. *Risālat al-kalim al-thamān*, Le Caire, 1298 H./1881.

3. *Ibid.*, p. 2.

4. *Ibid.*, pp. 36-37.

contre une extension malencontreuse du concept dans le domaine de la politique.

Malgré ces avertissements, l'influence de la pensée européenne libérale continuait de croître, et trouvait une expression fréquente dans des écrits arabes aussi bien que turcs. Les mérites de la liberté sont présentés et défendus de diverses façons. Pour certains, une liberté vaguement comprise est encore le talisman secret de la prospérité et du pouvoir en Occident ; son adoption est donc désirable afin d'accomplir les mêmes résultats. Pour d'autres, liberté veut dire le rejet de la tyrannie, habituellement identifiée avec le sultan Abdülhammid, et l'établissement d'un régime constitutionnel à sa place.

Peut-être le dernier exposé et le plus pertinent de la position libérale classique en arabe est-il celui de l'Égyptien Aḥmad Luṭfi al-Sayyid (1872-1963). Disciple déclaré de John Stuart Mill et des autres libéraux du XIXe siècle, Luṭfi al-Sayyid donne une position centrale au problème de la liberté dans sa pensée politique. Liberté, à la base, veut dire les droits de l'individu — sa liberté naturelle inaliénable, définie et garantie par les droits civils, qui à leur tour sont assurés par des dispositions et des institutions politiques et juridiques. L'action et l'intervention de l'État doivent être maintenues au minimum ; la liberté de l'individu et de la nation doivent être protégées par une presse libre, une magistrature indépendante et un régime constitutionnel garantissant la séparation des pouvoirs.

Luṭfi al-Sayyid se soucie non seulement de la liberté de l'individu, mais aussi de celle de la nation, qui possède des droits naturels propres en tant que corps constitué. Ces droits sont distincts de l'ensemble des droits des individus qui la composent et ils leur sont supplémentaires. Rejetant le panislamisme et désapprouvant le nationalisme arabe, il voit la nation en tant qu'Égypte, et plaide pour sa libération à la fois d'une autorité étrangère et de l'autoritarisme indigène[1].

L'interprétation libérale de la liberté continua de trouver des avocats, surtout après la révolution des Jeunes Turcs de 1908, et de nouveau après la victoire militaire des démocraties, dix ans plus tard. Mais, entre-temps, une nouvelle interprétation de la liberté gagnait du terrain, qui résultait du développement de l'impérialisme et de la montée du nationalisme. Dans l'usage nationa-liste, liberté est synonyme d'indépendance — la souverai-neté de l'État-nation non entravée par aucune autorité étrangère supérieure. En l'absence d'une telle subordina-tion à des étrangers, une nation est dite libre, sans tenir compte des conditions intérieures politiques, économi-ques et sociales. Cette interprétation de la liberté eut moins d'effet chez les Turcs, dont l'indépendance bien que menacée ne fut jamais perdue, que parmi les peuples arabes pour qui le thème principal de la vie politique était la fin de la tutelle étrangère.

Pendant la période de domination britannique et française, la liberté individuelle ne fut jamais une ques-tion primordiale. Bien que souvent limitée et parfois suspendue, elle fut dans l'ensemble plus étendue et mieux protégée qu'aux époques qui précédèrent et suivirent. Les régimes impériaux accordaient la liberté mais refusaient l'indépendance, il était naturel que le combat anti-impérialiste se concentrât sur celle-ci et négligeât celle-là.

Dans la réaction finale contre l'Occident, la démocratie

---

1. Les écrits et les idées de Luṭfi al-Sayyid ont été examinés par (entre autres) J. M. AHMED, *The Intellectual Origins of Egyptian Nationalism*, Londres, 1960, et N. SAFRAN, *Egypt in Search of Political Community*, Cambridge, Mass., 1961.

occidentale aussi fut rejetée comme une tromperie et une illusion, sans valeur pour les musulmans. Les mots liberté (*ḥurriyya*) et libération (*taḥrīr*) gardaient leur magie, mais étaient vidés de ce contenu individualiste libéral qui avait d'abord attiré l'attention musulmane au XIXᵉ siècle. Quelques voix parlaient encore des droits individuels de la personne et quelques écrivains employaient un mot de même racine, *taḥarrur*, pour indiquer l'autolibération psychologique, ou l'émancipation (des chaînes de la tradition, etc.). Mais pour la plupart de ceux qui employaient ce mot, la liberté était un attribut collectif, non pas individuel ; elle fut interprétée d'abord politiquement, comme l'indépendance, puis, quand cette interprétation en soi se révéla insuffisante, réinterprétée en termes quasi économiques, comme l'absence d'exploitation privée ou étrangère. Dans les années 1850 et 1860, l'idée de liberté politique au sens libéral classique semblait être morte dans la plupart des pays arabes, et mourante ailleurs dans le monde de l'islam. Le début des années 1870 vit des signes d'un renouveau d'intérêt, lié à une certaine désillusion quant aux autres interprétations de la liberté qui leur avaient été imposées[1].

---

1. Il y a maintenant une littérature étendue, bien qu'inégale, consacrée aux courants idéologiques plus récents et leurs expressions en pays islamique. On trouvera un choix utile d'écrits arabes, turcs et persans, en traduction dans Kemal H. KARPAT éd., *Political and Social Thought in the Contemporary Middle East*, New York, 1968. Les auteurs cités se soucient principalement du nationalisme, du socialisme et de combinaisons variées des deux ; sauf peu d'exceptions, la plupart turques, ils montrent peu d'intérêt pour les valeurs libérales classiques.

La réforme ottomane
et l'égalité sociale

On a souvent dit que l'islam est une religion égalitaire. Il y a beaucoup de vrai dans cette assertion. Si nous comparons l'islam au temps de sa venue avec les sociétés qui l'entouraient — le féodalisme stratifié de l'Iran et le système de castes de l'Inde à l'Est, les aristocraties privilégiées de l'Europe aussi bien byzantine que latine à l'Ouest — la pratique de l'islam apporte vraiment un message d'égalité. Non seulement, l'islam ne souscrit pas à de tels systèmes de différenciation sociale, mais il les rejette expressément et résolument. Les actions et les paroles du Prophète, les dires et gestes des premiers dirigeants de l'islam tels que la tradition les a préservés et honorés sont de façon écrasante contre le privilège de la descendance, de la naissance, du statut, de la richesse, ou même de la race, et insistent sur le fait que le rang et l'honneur dans l'islam sont déterminés seulement par la piété et le mérite. Les réalités de la conquête et de l'Empire, toutefois, créèrent inévitablement de nouvelles élites, et dans le cours naturel des événements celles-ci cherchèrent à perpétuer pour leurs descendants les avan-

« The Tanzimat and Social Equality », *Économie et Sociétés dans l'Empire ottoman*, éd. Jean-Louis Bacque Grammont et Paul Dumont, Paris, Colloques internationaux du C.N.R.S., 1983, pp. 47-54.

tages qu'elles avaient gagnés. Des débuts jusqu'aux temps modernes, une tendance périodique dans les États islamiques a fait qu'émergent des aristocraties. Celles-ci sont définies différemment et apparaissent dans des circonstances variées à des époques différentes et en des lieux différents. Ce qui est significatif est que l'émergence d'élites ou de castes ou d'aristocraties intervient malgré l'islam et non comme en faisant partie. Maintes et maintes fois, dans l'histoire de l'islam, l'établissement de privilèges fut considéré et dénoncé, à la fois par des conservateurs sévèrement traditionnels et par des radicaux d'une orthodoxie douteuse, comme une innovation non islamique ou même anti-islamique.

Toutefois, l'égalitarisme de l'islam traditionnel n'est pas complet. Dès le début, l'islam reconnut certaines inégalités sociales qui sont sanctionnées et même sanctifiées par l'écriture sainte. Les plus importantes de celles-ci sont les trois inégalités de base du maître et de l'esclave, de l'homme et de la femme, du croyant et de l'incroyant.

Toute une série de mouvements radicaux de protestation religieuse et sociale se levèrent dans le monde islamique, cherchant à renverser les barrières qui de temps à autre s'élevaient entre les bien-nés et ceux de basse origine, les riches et les pauvres, les Arabes et les non-Arabes, les Blancs et les Noirs, toutes regardées comme contraires à l'esprit véritable de la fraternité islamique ; aucun de ces mouvements ne mit jamais en question les trois distinctions sacro-saintes établissant le statut subordonné de l'esclave, de la femme et de l'incroyant.

Dans les États islamiques, depuis les débuts jusqu'à des temps plus récents, le musulman libre et masculin a joui, dans une mesure considérable, de la liberté d'agir selon ses chances. La révélation islamique, quand les conquérants l'apportèrent pour la première fois à des pays jusqu'alors incorporés aux anciens empires du Proche-Orient, avait amené des changements sociaux immenses et révolutionnaires. La doctrine islamique était fortement opposée aux privilèges héréditaires de toutes sortes, y compris même, en principe, à l'institution de la monarchie. Et, bien que cet égalitarisme parfait ait été en beaucoup de façons modifié et dilué, il demeura assez fort pour prévenir l'émergence aussi bien des Brahmanes que des nobles et pour préserver une société où le mérite et l'ambition pouvaient encore espérer trouver leur récompense. À l'époque ottomane plus tardive, cet égalitarisme fut quelque peu limité. L'abolition du *devshirme* (la célèbre levée d'enfants) avait fermé la voie principale à une mobilité sociale ascendante, tandis que la formation et la persistance de groupes privilégiés aussi bien installés que les notables et les ouléma limitaient le nombre d'ouvertures accessibles aux nouveaux venus. Malgré cela, il reste probablement vrai que, même au début du XIXe siècle, un homme pauvre d'origine modeste avait une meilleure chance d'atteindre la richesse, le pouvoir et la dignité dans l'Empire ottoman que dans aucun des États européens, y compris la France post-révolutionnaire.

Il y avait encore des possibilités pour ceux qui étaient libres, mâles et musulmans — mais il y avait de sévères restrictions pour ceux auxquels manquait l'une de ces trois qualifications essentielles. L'esclave, la femme et l'incroyant étaient soumis à des incapacités tant juridiques que sociales. L'application en était stricte et les atteignait dans presque tous les aspects de leur vie quotidienne. Ces incapacités devinrent partie intégrante de la structure de l'islam, étayées par la révélation, par le précepte et la pratique du Prophète, et par l'histoire classique et scripturale de la communauté islamique.

Tous trois — l'esclave, la femme et l'incroyant — étaient considérés comme remplissant des fonctions nécessaires, bien qu'il y eût doute occasionnel à propos du troisième. Il y avait, toutefois, des différences importantes entre eux. L'incroyant était, en un sens, inférieur de par son propre choix. Son statut d'infériorité était volontaire — un musulman pouvait dire qu'il s'y entêtait —, et il avait la faculté d'y mettre fin à tout moment par un simple acte de volonté, c'est-à-dire en acceptant l'islam, après quoi toutes les portes lui seraient ouvertes. L'esclave, lui aussi, pouvait changer de statut et devenir un homme libre ; mais cela ne pouvait se faire que par un processus légal et, de plus, dépendait de la volonté du maître et non de celle de l'esclave lui-même. Les femmes avaient le pire lot de tous : elles ne pouvaient pas changer de sexe, et aucune autorité ne pouvait opérer ce changement pour elles.

Il y avait une autre différence importante entre les trois. L'esclavage islamique — sûrement au XIXe siècle — était habituellement domestique plus qu'économique, et les esclaves tout comme les femmes avaient ainsi leur place dans la vie de la maison et de la famille. On regardait les décisions réglant leur statut comme partie de la loi du statut personnel, la citadelle intérieure de la Loi sainte. La position du non-musulman, d'autre part, était une affaire publique plutôt que personnelle et était perçue différemment. Le but de la restriction n'était pas, comme pour l'esclave et pour la femme, de préserver la sainteté du foyer musulman, mais de maintenir la suprématie de l'islam dans la politique et dans la société que les musulmans avaient créées. Toute tentative pour contester ou modifier la subordination juridique de ces trois groupes aurait ainsi défié le mâle musulman libre en deux zones sensibles — son autorité personnelle dans le foyer musulman, sa primauté communautaire dans l'État islamique.

Au cours du XIX⁰ siècle, pour la première fois dans l'histoire de l'islam, des voix s'élevèrent en faveur des trois groupes d'inférieurs, et l'on fit des propositions pour l'abrogation ou au moins l'allégement de leur statut d'infériorité. Ces nouvelles tendances étaient dues en partie à des influences et des pressions — les deux sont loin d'être identiques — de l'extérieur, elles étaient aussi touchées, et en un sens important rendues possibles, par des changements d'attitude chez les musulmans eux-mêmes.

L'intérêt que l'étranger portait à la réforme était très différent pour les trois catégories. Les pouvoirs européens étaient unanimes à réclamer l'abolition de la position d'infériorité juridique assignée aux chrétiens (et, soit dit en passant, aux juifs) dans l'Empire ottoman, et à user de tous les moyens à leur disposition pour persuader le gouvernement ottoman d'accorder l'égalité à tous ses sujets — entendons par là, naturellement, les sujets mâles libres — sans discrimination de religion. Même les tsars de Russie qui, au XIX⁰ siècle, avaient introduit pour leurs sujets juifs un enrôlement des enfants mâles semblable, dans son recrutement mais non dans ses occasions, au *devshirme* que les Ottomans avaient abandonné au XVII⁰ siècle, se joignirent au chœur. L'intérêt porté aux esclaves était beaucoup moins répandu et était, en fait, confiné aux Britanniques, dont les interventions concernaient surtout les esclaves noirs d'Afrique. Rien n'atteste qu'aucun des pouvoirs se soit beaucoup intéressé à améliorer le statut des femmes ottomanes.

Le but aussi bien de la réforme intérieure que de l'intervention étrangère n'était pas l'abolition de l'esclavage, ce qui aurait été peu réaliste, mais son allégement et plus spécifiquement la restriction et finalement l'élimination du commerce des esclaves. L'islam, au contraire de la Rome ancienne et des systèmes coloniaux modernes, accorde à l'esclave un certain statut juridique et assigne au maître des obligations aussi bien que des droits. On lui enjoint de traiter son esclave humainement, et il peut être obligé par un cadi de vendre ou même de libérer son esclave s'il manque à ce devoir. La libération des esclaves est recommandée comme un acte méritoire. Toutefois, elle n'est pas exigée ; quant à l'institution de l'esclavage, elle n'est pas seulement reconnue, mais elle est minutieusement réglementée par la loi islamique. Peut-être, pour cette raison même, la position de l'esclave était-elle incomparablement meilleure que dans l'Antiquité classique, et que dans l'Amérique du Nord ou du Sud au XIXᵉ siècle.

Alors que la vie d'un esclave dans la société ottomane n'était pas pire, et sous beaucoup d'aspects plutôt meilleure, que celle de l'homme libre pauvre, reste que les processus par lesquels les esclaves étaient acquis et transportés imposaient souvent des souffrances épouvantables. C'est celles-ci qui attirèrent surtout l'attention des opposants européens au commerce des esclaves, et c'est sur l'élimination de ce trafic, en particulier en Afrique, qu'ils portèrent l'essentiel de leurs efforts.

D'un point de vue musulman traditionnel, abolir l'esclavage aurait été difficilement possible. Interdire ce que Dieu permet est une offense presque aussi grande que permettre ce que Dieu interdit. L'esclavage était autorisé et sa réglementation faisait partie de la *charī'a* ; plus important, elle faisait partie du noyau central des lois sociales, qui demeuraient intactes et effectives même quand d'autres sections de la Loi sainte, traitant d'affaires

civiles, criminelles et autres, étaient tacitement ou même
ouvertement modifiées. Aussi n'est-il pas surprenant que
la résistance la plus forte aux changements proposés soit
venue du côté des religieux conservateurs et particulièrement des cités saintes de La Mecque et de Médine. À
leurs yeux, ils soutenaient une institution sanctifiée par
l'Écriture et par la loi, institution d'ailleurs nécessaire au
maintien de la structure traditionnelle de la vie familiale.

La réduction et l'abolition effective du commerce des
esclaves dans l'Empire ottoman furent, pour l'essentiel,
accomplis au cours du XIXᵉ siècle. Le processus d'émancipation semble avoir commencé en 1830, quand un
firman fut publié, ordonnant l'émancipation des esclaves
d'origine chrétienne qui avaient gardé leur religion. Ceci
était, en fait, une amnistie pour les chrétiens grecs et
autres sujets de l'Empire ottoman qui avaient été réduits
en esclavage en punition de leur participation aux soulèvements récents. Ceux qui étaient devenus musulmans
furent exclus de cette émancipation, et restèrent propriété
de leurs maîtres. Ceux qui étaient demeurés chrétiens
furent libérés [1].

Or la grande majorité des esclaves blancs, chrétiens
comme musulmans, ne venait pas de la répression de la
rébellion, mais d'achats dans les contrées du Caucase. Ils
arrivaient par terre ou par mer des ports de la mer Noire.
Quant à leurs déplacements et à leur destin, ils n'entraient
pas dans la sphère d'intérêt des pouvoirs occidentaux ;
c'était là une affaire exclusivement ottomane. On peut en
dire autant des efforts que les Ottomans firent pour
régler ce problème, sans pression extérieure, sous
l'empire des circonstances intérieures et par le processus

1. G. YOUNG, *Corps de droit ottoman*, II, Oxford, 1903, pp. 171-
172.

légal convenable. Les autorités ottomanes réussirent à améliorer sensiblement la condition de ces esclaves, ce qui revint en fin de compte à abolir effectivement, sinon encore légalement, leur statut servile[1].

Par contraste, il semble que la restriction du trafic des Noirs ait résulté, dans une très large mesure, de la pression britannique. Après plusieurs décisions locales et limitées, en 1857, les Britanniques parvinrent à obtenir un firman ottoman très important : l'interdiction du trafic d'esclaves noirs à travers l'Empire, à l'exception du Hedjaz[2]. Les circonstances qui conduisirent à cette exception jettent quelque lumière sur les attitudes traditionnelles envers l'égalisation sociale.

Le mouvement contre l'esclavage en terre islamique ne tint qu'en partie à l'influence occidentale. Le premier dirigeant musulman à émanciper les esclaves noirs fut le bey de Tunis, qui, en janvier 1846, décréta qu'un acte d'affranchissement serait donné à tout esclave noir qui le désirait. Entre autres raisons de cette action, il note que les juristes musulmans étaient dans l'incertitude quant à la base légale de « l'état d'esclavage dans lequel les races nègres sont tombées » et quant à la nécessité « d'empêcher les premiers de demander protection à des autorités étrangères »[3]. Que la première de ces raisons fût un souci véritable des musulmans scrupuleux, c'est ce qui apparaît dans un passage frappant de l'historien marocain du XIXe siècle, Aḥmad Khālid al-Nāṣirī (1834-1897), discutant l'asservissement illégal de Noirs musulmans. Al-Nāṣirī écrivait entièrement dans le contexte de la société traditionnelle, mais il était évidemment sous l'influence

1. *Ibid.*, II, pp. 172-174 et 180-181.
2. *Ibid.*, II, p. 175 et suiv.
3. M. BOMPARD, *Législation de Tunisie*, Paris, 1888, p. 198.

des nouvelles idées antiesclavagistes qui se répandaient alors. Il reconnaît la légalité de l'institution de l'esclavage dans la loi musulmane, mais les applications l'horrifient. Il élève une plainte, en particulier, contre « une calamité manifeste et choquante, très répandue et établie de longue date dans les terres du Maghreb — l'esclavage illimité des Noirs, dont on importe de nombreux troupeaux chaque année, pour les vendre dans les marchés des villes et des campagnes du Maghreb, où les hommes en font le trafic comme de bêtes ou pire ». Tout en concédant que la loi permet de réduire les païens en esclavage, al-Nāṣirī rappelle à ses lecteurs que l'on ne peut y réduire les musulmans ; aujourd'hui, raisonne-t-il, une majorité ou au moins une minorité considérable des Noirs est musulmane ; et puisque la condition naturelle de l'homme est la liberté, on devrait leur donner le bénéfice du doute. Le témoignage des marchands d'esclaves est rejeté comme intéressé et sujet à caution, et les marchands eux-mêmes sont condamnés comme « des hommes sans morale, vertu ni religion »[1].

Le mouvement pour l'émancipation des non-musulmans commença beaucoup plus tôt, mais, à la différence du mouvement pour l'émancipation des esclaves, il semble n'avoir trouvé aucun appui dans les cercles islamiques. Le processus commença à la fin du XVIIIᵉ, quand l'expédition de Bonaparte et son administration en Égypte s'appuyèrent largement sur les services des Coptes et autres chrétiens. Les Français semblent s'être

---

1. Aḥmad ibn Khālid al-Nāṣirī, *Kitāb al-Istiqṣā*, V, Casablanca, 1955, p. 131 et suiv. Pour un exposé antérieur de l'asservissement illégal des musulmans noirs par un juriste africain, voir Mahmoud A. ZOUBER, *Ahmed Baba de Tomboktou (1556-1627) : sa vie et son œuvre*, Paris, 1977, pp. 129-146.

peu souciés de modifier l'institution de l'esclavage, et, en fait, ils furent nombreux à acheter des concubines pour leur propre usage, avec parfois des résultats déplorables [1]. Ils ne pouvaient, toutefois, tolérer le maintien des nombreuses restrictions et incapacités imposées aux chrétiens par la loi musulmane et par la tradition. Celles-ci furent abolies et les chrétiens d'Égypte, grâce à leurs rapports avec les Français, obtinrent une position considérablement meilleure que l'égalité.

Ceci peut aider à expliquer que la réaction islamique ait été très vive à leur encontre. Même l'historien égyptien contemporain al-Djabartī, observateur en général d'esprit ouvert, désireux de reconnaître quelques-uns des aspects positifs de la domination française, commente de façon très négative l'émancipation et l'emploi de Coptes. Créer cette situation, c'était en quelque sorte mettre fin à la *dhimma*. Il était particulièrement choqué de constater qu'ils portaient de beaux vêtements et des armes, contrairement à un usage établi de longue date ; qu'ils exerçaient une autorité sur les affaires et même sur les personnes des musulmans ; et que, d'une manière générale, leur conduite revenait à renverser l'ordre convenable des choses, tel que l'avait établi la loi de Dieu. Alors qu'al-Djabartī ne met que peu d'enthousiasme à saluer le retour de l'autorité ottomane, il se réjouit particulièrement de la restauration de la *dhimma* et des restrictions qu'elle imposait à ses compatriotes coptes [2].

---

1. Louis FRANK, *Mémoire sur le commerce des nègres au Kaire*, Paris, 1802, pp. 32-35.
2. Harald MOTZKI, *Dimma und Egalité. Die nichtmuslimischen Minderheiten Ägyptens in der zweiten Hälfte des 18. Jahrhunderts und die Expedition Bonapartes (1798-1801). Studien zum Minderheitenproblem im Islam 5*, Bonn, 1979, p. 263 et suiv. et 324 et suiv.

La brève occupation française de l'Égypte et de quelques-unes des îles grecques, et plus encore l'annexion russe permanente de la Transcaucasie, posèrent des problèmes entièrement nouveaux à la fois aux musulmans et à leurs sujets *dhimmi*. L'apparition d'Arméniens au service de la puissance russe qui avançait sur la frontière orientale de la Turquie, comme l'emploi de sujets chrétiens et à l'occasion juifs de l'Empire ottoman par les pouvoirs occidentaux, créa de nouvelles tensions et donna aux musulmans de nouvelles raisons de résister.

Les sujets chrétiens de la Porte se trouvaient désormais impliqués dans la poursuite d'objectifs qui étaient, en dernière analyse, mutuellement exclusifs, et qui dérivaient de philosophies incompatibles. Le statut de *dhimmi*, ou sujet protégé non musulman de l'État musulman, était incompatible avec l'acceptation de la protection ou du patronage, parfois même de la citoyenneté, d'un pouvoir étranger. Tous deux étaient incompatibles avec la recherche de l'égalité des droits devant la loi comme citoyens ottomans égaux aux autres. Et ceci à son tour était miné par le courant parallèle vers la séparation, l'autonomie ou l'indépendance dans la plupart des provinces chrétiennes de l'Empire.

Cependant, malgré ces difficultés et d'autres encore, l'idée nouvelle prit racine, et, au cours du XIXᵉ siècle, le concept d'une citoyenneté égale pour les sujets ottomans de religions différentes gagna peu à peu de la force. Il tira son principal soutien de la pression continue et croissante exercée par les pouvoirs européens pour obtenir une réforme dans l'Empire. Mais il commença aussi vers le milieu du siècle à s'appuyer sur un groupe important de réformateurs parmi les Turcs musulmans eux-mêmes, s'efforçant d'aligner leur pays sur ce qu'ils percevaient comme les lumières modernes [1].

Le Noble Rescrit du Berceau de la Rose, promulgué le 3 novembre 1839, fit un modeste premier pas dans cette direction. Traitant de questions telles que la sécurité de la vie, de l'honneur et des biens du sujet, d'une réforme fiscale, d'un recrutement régulier et méthodique dans les services armés, d'une réforme judiciaire et autres semblables matières, l'édit poursuit en disant que « ces concessions impériales sont étendues à tous nos sujets, quelle que soit leur religion ou leur secte... ».

En principe, l'édit de 1839 visait l'application des lois administratives existantes et la mise en effet des droits existants, sans chercher à innover. Toutefois, la notion de l'égalité des personnes de toutes religions devant la loi et dans l'application de la loi représentait une rupture radicale avec le passé et posait quelques problèmes d'acceptation aux musulmans.

La question devint plus urgente dans une nouvelle phase de la réforme qui commença en 1854 et impliqua des changements importants concernant le statut à la fois des esclaves et des incroyants. À la consternation de beaucoup, le gouvernement ottoman indiqua son intention d'abolir les deux formes majeures de discrimination à l'encontre des non-musulmans — la *djizya* qui avait été imposée universellement par les gouvernements musulmans aux sujets non musulmans tolérés, et l'interdiction du port d'armes, restriction d'une universalité et d'une durée presque égales. Ces réformes furent incorporées dans la nouvelle charte de réforme, le Rescrit impérial émis le 18 février 1856, où le sultan imposait, en termes

1. R. H. DAVIDSON, « Turkish Attitudes Concerning Christian-Muslim Equality in the Nineteenth Century », *American Historical Review*, 59, 1953-1954, pp. 844-864.

beaucoup plus explicites que précédemment, la pleine égalité de tous les Ottomans, quelle que fût leur religion, tout en réaffirmant en même temps tous les « privilèges et immunités accordés antérieurement par mes ancêtres à toutes les communautés chrétiennes ou appartenant à d'autres religions non musulmanes établies dans mon empire ». Il fallut quelque temps pour percevoir qu'il y avait là contradiction implicite ; et cette contradiction ne fut résolue qu'avec la dissolution de l'Empire.

Les deux grandes réformes, la mise à égalité des non-musulmans et l'interdit du trafic d'esclaves noirs, survinrent à peu près à la même époque. Au début de 1855, l'impact de ces changements affectait déjà le Hedjaz, où l'on s'inquiétait beaucoup des mesures contre l'esclavage. La limitation dans la fourniture d'esclaves blancs du Caucase avait déjà donné l'alarme, qui fut accrue par l'imposition de restrictions sur l'importation d'esclaves noirs d'Afrique. Le 1er avril 1855, un groupe de marchands importants de Djeddah exprima ses soucis dans une lettre adressée aux membres dirigeants des ouléma ainsi qu'au chérif de La Mecque[1]. Ces marchands se référaient, en les désapprouvant, aux démarches déjà entreprises, et citaient une rumeur selon laquelle les réformes en cours comprendraient un interdit général sur le commerce des esclaves, ainsi que d'autres changements pernicieux et d'inspiration chrétienne, tels que l'émancipation des femmes, la permission aux incroyants de vivre en Arabie, et la tolérance de mariages mixtes. L'interdit,

---

1. Un compte rendu détaillé de ces événements, avec quelques documents, est donné dans CEVDET (= DJEVDET), *Tezakir 1-12*, Cavid Baysun éd., Ankara, 1953, pp. 101-152. D'autres informations peuvent être trouvées dans les rapports contemporains du vice-consul britannique par intérim à Djeddah, Stephen Page (F.O. 195/375).

ainsi que tout le programme de réformes dont il faisait partie, était condamné par les auteurs de la lettre comme une offense contre la Loi sainte, d'autant plus que tous les esclaves noirs importés d'Afrique embrassaient la religion musulmane.

La lettre provoqua une certaine agitation. Le chérif consulta le chef des ouléma de La Mecque, le shaykh Djamal, et quelques mois plus tard, quand le gouverneur du Hedjaz envoya un ordre au gouverneur du district de La Mecque interdisant le trafic d'esclaves, le shaykh Djamal émit une *fatwa* dénonçant l'interdit et quelques autres réformes projetées, ou dont le bruit courait.

> L'interdit sur les esclaves est contraire à la sainte charî'a. De plus, l'abandon du noble appel à la prière en faveur d'un coup de canon, la permission pour les femmes de se promener dévoilées, le divorce mis entre les mains des femmes et autres dispositions semblables sont contraires à la loi sainte et pure... Avec de telles propositions, les Turcs sont devenus des infidèles. Leur sang est perdu et il est conforme à la loi de faire des esclaves de leurs enfants [1].

La *fatwa* produisit l'effet désiré. Une guerre sainte fut proclamée à l'encontre des Ottomans, et la révolte commença. En juin de l'année suivante, elle avait été complètement écrasée. Mais le gouvernement du sultan avait pris note de l'avertissement, et il fit en sorte d'éviter une sécession du Sud ottoman.

Une lettre du Grand mufti d'Istamboul, Arif Efendi, aux « cadi, mufti, ouléma, chérif, imam et prêcheurs de La Mecque » répondit aux rumeurs calomnieuses :

> Il est venu à nos oreilles et nous a été confirmé que certaines personnes effrontées, avides des biens de ce monde,

1. DJEVDET, *Tezakir*, p. 111.

ont fabriqué d'étranges mensonges et inventé des vanités repoussantes, déclarant que le haut Empire ottoman perpétrait — que Dieu tout-puissant nous préserve — des choses telles que la prohibition de la vente d'esclaves mâles et femelles, la prohibition de l'appel à la prière à partir des minarets, la prohibition du voile pour les femmes et de la dissimulation de leurs parties privées, la mise du droit au divorce entre les mains des femmes, la recherche de l'aide de gens qui ne sont pas de notre religion et le choix d'ennemis comme amis et comme intimes, tout cela n'étant que mensonges et calomnies[1]...

Dans l'interdiction du commerce des esclaves noirs, promulguée en 1857, la province du Hedjaz était exemptée.

La mise sur un pied d'égalité des non-musulmans, comme la restriction du commerce des esclaves, frappa des intérêts puissants qui y avaient été investis, dont tous n'étaient pas du côté musulman. Pour les musulmans, cela signifiait la perte de la suprématie qu'ils avaient longtemps regardée comme leur droit. Mais pour les chrétiens aussi, ou du moins pour les chefs des chrétiens, cela impliquait la perte de privilèges implantés et reconnus. Cela impliquait aussi l'égalisation vers le bas comme vers le haut, changement qui n'était pas entièrement du goût de ceux qui se considéraient comme placés aux plus hauts degrés de l'échelle. Une source ottomane contemporaine remarque :

D'après ce firman, les sujets musulmans et non musulmans devaient être rendus égaux dans tous les droits. Les musulmans prirent fort mal la chose. Auparavant, l'un des quatre points adoptés comme base pour les accords de paix (*muṣā-*

1. *Ibid.*, p. 133.

laha) avait été que certains privilèges étaient accordés aux chrétiens à condition que ceux-ci n'enfreignent pas la souveraineté du gouvernement. Maintenant la question des privilèges [spécifiques] perdait son sens : dans toute l'étendue du gouvernement les non-musulmans devaient désormais être tenus pour les égaux des musulmans. Beaucoup de musulmans commencèrent à murmurer : « Aujourd'hui nous avons perdu nos droits nationaux sacrés [*millī*], gagnés par le sang de nos pères et de nos ancêtres. Alors que le *millet* islamique est le *millet* régnant, il a été privé de ce droit sacré. C'est un jour de pleurs et de lamentations pour le peuple de l'islam. »

Pour les non-musulmans, ce jour, où ils quittèrent le statut de *raya* et obtinrent l'égalité avec les *millet* régnants, fut un jour de réjouissance. Mais les patriarches et autres chefs spirituels étaient mécontents, car leurs nominations étaient incorporées dans le firman. Autre aspect de la question : alors qu'auparavant, dans l'État ottoman, les communautés occupaient un rang — les musulmans, d'abord, puis les Grecs, puis les Arméniens, puis les juifs —, voilà qu'on les mettait toutes sur le même plan. Quelques Grecs protestèrent, disant : « Le gouvernement nous a mis ensemble avec les juifs. Nous étions satisfaits de la suprématie de l'islam[1]. »

Il est significatif, et nullement surprenant, que les conservateurs dans le Hedjaz, dans leur vive réaction contre les réformes du milieu du siècle, aient mis dans la même catégorie les actions en faveur des trois groupes, esclaves, femmes et incroyants. Il convient aussi de noter qu'ils sont remarquablement clairs dans leur énumération des aspects de l'émancipation féminine auxquels ils font objection : le droit de circuler librement, le droit d'aller dévoilées, le droit d'entamer la procédure du divorce. Tels étaient assurément les changements mentionnés dans les rumeurs qui parvinrent à leurs oreilles.

1. *Ibid.*, pp. 67-68.

Sur l'esclave et l'incroyant, leur information, dans l'ensemble, était exacte, et les changements furent ceux qu'ils craignaient — même s'ils n'allaient pas jusqu'à permettre le mariage mixte entre femmes musulmanes et hommes non musulmans, ou à admettre des non-musulmans en Arabie. Sur les femmes, toutefois, ils semblent s'être entièrement trompés. Les puissances d'Europe, si pleines de sollicitude pour les chrétiens et les esclaves, demeurèrent indifférentes à la condition de la population féminine de l'Empire, bien qu'elle leur fût sûrement connue, du moins sous ses aspects les plus pittoresques, par une littérature étendue et parfois lascive. La position des femmes ne semble pas figurer parmi les soucis des critiques occidentaux des institutions ottomanes. Les libéraux et les réformateurs ottomans se montrèrent un peu plus affectés, mais dans l'ensemble leur inquiétude trouva une expression littéraire plutôt que politique ou législative. Et il fallut qu'un long temps s'écoule avant que les femmes de l'Empire n'élèvent leurs propres voix [1].

1. La position des non-musulmans sous l'autorité islamique en général et dans l'Empire ottoman en particulier a formé le sujet d'une littérature étendue. Pour une vue d'ensemble récente, voir B. Braude et B. Lewis (éd.), *Christians and Jews in the Ottoman Empire*, New York, 1982. Les spécialistes n'ont accordé à la situation des esclaves qu'une attention limitée ; celle des femmes les a intéressés encore moins. Sur les esclaves, on peut se référer à l'article « ʿabd » par R. BRUNSCHWIG, dans l'*Encyclopédie de l'Islam*, 2ᵉ édition (EI²) et à Hans MÜLLER, « Sklaven », in *Handbuch der Orientalistik*, B. Spuler éd., I, *Der Nahe und der Mittlere Osten*, B. Spuler éd. ; vol. VI, *Geschichte der Islamischen Länder*, section VI, *Wirtschaftsgeschichte des Vorderen Orients in Islamischer Zeit*, I, Leyde et Cologne, 1977, pp. 54-83, avec une bibliographie étendue. La position des esclaves noirs est examinée dans B. LEWIS, *Race and Color in Islam*, New York, 1971, version française revue et augmentée dans *Race et couleur en pays d'Islam*, Paris, 1982 ; l'abolition est examinée dans une monographie à paraître par E. TOLEDANO, *The Ottoman Slave Trade and its Suppression*, Princeton, N. J.,

sous presse. Sur les femmes, il y a un bref article dans l'*Encyclopédie de l'Islam*, 2ᵉ édition, *s.v.* « Harēm », où sont données d'autres références. Le développement rapide récent d'une littérature sur les femmes dans le monde islamique a jusqu'ici été limité aux situations classique et contemporaine, avec peu d'attention portée au XIXᵉ siècle.

Islam et développement :
la réévaluation des valeurs

Le terme « pays en voie de développement » est aujourd'hui appliqué, par une convention de politesse, à un vaste groupe de pays en Asie, en Afrique et ailleurs, qui diffèrent très largement entre eux par la culture, le milieu, les structures politiques et sociales, et le degré de développement, mais qui ont ceci de commun qu'ils sont classés comme non développés ou sous-développés par rapport aux sociétés d'Europe et aux pays de civilisation européenne d'outre-mer. De plus, ils ont partagé l'expérience traumatisante du choc, de l'influence et, parfois, de la domination de la civilisation étrangère de l'Occident, qui apporta des changements immenses et irréversibles à tous les niveaux de l'existence sociale. Certains de ces changements furent l'œuvre de dirigeants et d'administrateurs occidentaux. Toutefois, ces étrangers tendaient dans l'ensemble à être prudemment conservateurs dans leurs règles d'action ; alors qu'ils apportaient beaucoup de grands changements dans les affaires matérielles et pratiques, leur influence sur les idées et les institutions fut

« Islam and Development : Revaluation of values », *Social Aspects of Economic Development*, Economic and Social Studies Conference Board, Istamboul, 1964, pp. 109-124. Repris dans B. Lewis, *Islam in History*, 1973.

beaucoup moins radicale que celle des indigènes occidentalisés. Ceux-ci étaient de nombreuses sortes : des dirigeants qui cherchaient à acquérir et maîtriser le dispositif occidental du pouvoir ; des hommes d'affaires, désireux d'adopter les méthodes et les techniques occidentales pour la réaction et l'acquisition de richesses ; des hommes de lettres et d'action, fascinés par la puissance et l'efficacité du savoir et des idées occidentales.

L'acceptation de la civilisation moderne par un pays en voie de développement peut impliquer l'installation d'une structure politique et administrative de style moderne, l'adoption de modèles culturels sociaux et d'institutions modernes, l'acquisition de méthodes et de techniques économiques modernes. Mais, en plus de ces emprunts et d'autres encore, et comme accompagnement de leur assimilation réussie, elle doit entraîner l'acceptation, implicite ou explicite, des valeurs et des normes modernes qui sous-tendent et accompagnent la croissance et le fonctionnement de ces structures, institutions et méthodes.

En Occident même, la réévaluation des valeurs fut, et est demeurée, un problème à chaque étape du développement. Emprunter les valeurs d'une autre société ne va pas sans des difficultés accrues, surtout quand la société qui emprunte est elle-même de civilisation ancienne et possède ses propres valeurs et ses propres normes, qu'elle chérit, qui sont profondément enracinées en elle, et que de grandes réussites ont soutenues. Il y a certaines valeurs qui sont assurément communes à toute l'humanité — telles que la vérité, la sagesse, la bravoure et la loyauté ; mais l'application sociale et l'interprétation de ces valeurs peuvent varier grandement d'une société à l'autre, et même présenter l'apparence d'une contradiction. Un tel conflit — entre les valeurs traditionnelles assumées dans

la famille, la communauté, la maison et l'environnement
social, et les nouvelles valeurs proclamées dans la vie
publique de l'école, du collège, de l'université et du
gouvernement — peut instaurer des tensions dangereuses
dans l'individu et dans la société. Officiellement, les
vieilles valeurs sont abandonnées, même discréditées et
tournées en ridicule, et sont remplacées par les valeurs et
les normes de l'Occident moderne ; en fait, elles survivent, avec une force et une vitalité qui suffisent pour
requérir la soumission, même des citoyens les plus
modernisés. Quand une société adopte une nouvelle
religion, les dieux de la vieille foi survivent parfois
comme des démons dans la nouvelle théologie. De la
même façon, quand une société adopte de nouvelles
valeurs, les vieilles valeurs peuvent survivre, sous une
forme atrophiée et clandestine, comme des vices dans
l'ordre nouveau. Le citoyen, tout en obéissant à ses
instincts et à ses traditions, se sentira néanmoins coupable
s'il méprise les valeurs nouvelles sur lesquelles repose
l'ordre nouveau, mettant ainsi en danger sa réussite ; il
éprouvera aussi de la honte à l'égard du monde extérieur,
car il sent qu'on va le mépriser s'il n'est pas capable de se
montrer à la hauteur des normes de ce monde —
lesquelles sont aussi les siennes désormais.

Un bon exemple en est la valeur de fidélité (*loyalty*) —
vertu sociale que toute l'humanité apprécie et qui est
indispensable à la survie de n'importe quelle société. Mais
la base de l'identité et de la cohésion peut différer
grandement d'une société à une autre. Dans le Moyen-
Orient musulman, c'est aux deux titres de la parenté et de
la religion qu'on pouvait réclamer la fidélité avec le plus
de force. Ils ont été remplacés, dans l'échelle officielle des
valeurs, par de nouvelles fidélités publiques, civiques et
légales — envers des principes politiques et des idéaux,

envers la nation et le pays, et, à un niveau différent, envers des obligations spécifiques, des codes et des institutions. Les vieilles fidélités envers les parents et la religion subsistent, mais au lieu de faire figure de vertus, elles sont maintenant condamnées, dans la moralité politique nouvelle, comme des vices. La vieille vertu de la fidélité familiale est devenue le vice du népotisme, la vieille vertu de la fidélité religieuse est devenue le vice du fanatisme — et toutes deux sont méprisées, parfois même par ceux qui leur obéissent, comme rétrogrades et non civilisées. Il n'y a pas de différence morale vérifiable ici : la protection des associés politique n'est pas notablement supérieure au patronage des cousins ; le nationalisme aveugle et irraisonné n'est pas sensiblement plus attrayant que le zèle religieux fanatique ; mais on tient les premiers pour modernes et progressistes, les seconds pour arriérés et barbares, en désaccord avec les besoins et les buts de l'État moderne ; et, en fait, il n'y a pas de doute que le fanatisme religieux divise souvent la nation, qui est l'unité politique moderne, et retarde le développement, ni que les fidélités vagues mais puissantes de la parenté conduisent à la fragmentation du capital et à la limitation et la dispersion des efforts, empêchant ainsi la croissance économique. Leur persistance, dans l'État moderne, crée de graves problèmes d'adaptation et même de survie.

Même quelques-uns des vieux et nobles idéaux religieux ont été condamnés comme hostiles au développement. Tel, par exemple, l'ascétisme, qui tend à réduire et limiter les besoins humains au lieu de les satisfaire, et ainsi décourage l'effort ; la vertu de renoncement conduit trop aisément au vice de l'indolence. De même, l'islam attache traditionnellement une grande importance à la vertu de charité — au sens du don d'aumônes — dans son échelle des valeurs : on l'en a critiqué du fait qu'il donne au mendiant une place reconnue — et même honorable — dans la société, et ainsi discrédite et décourage le labeur honnête. L'accusation selon laquelle la religion islamique est hostile de façon innée au développement économique est difficilement soutenable ; les causes culturelles et sociales du retard économique dans les pays musulmans doivent être cherchées dans un ensemble de facteurs dont l'Islam historique fait partie et, dans une certaine mesure, est l'expression. Au Moyen Âge, les empires musulmans parvinrent à un épanouissement réel de la vie économique ; dans des temps plus récents, comme l'a remarqué Becker, l'Éthiopie chrétienne a été au moins aussi handicapée que les terres musulmanes[1]. Il n'y a rien dans la doctrine islamique qui s'oppose au progrès économique, bien qu'il y ait beaucoup de choses dans les pratiques légales et sociales des musulmans qui appellent une reconsidération attentive de ce point de vue.

Tandis que les anciennes vertus sont devenues des vices, quelques-uns des vices anciens deviennent des vertus — et de plus des vertus qui sont nécessaires à la croissance d'une société moderne. On peut en trouver un exemple dans les vues traditionnelles et modernes — ou bourgeoises — de la générosité et de la mesquinerie. Dans la vieille échelle des valeurs, la générosité est une grande vertu personnelle et sociale ; la mesquinerie un vice inférieur et méprisable. L'anecdote, l'historiographie et le commentaire social font chorus pour louer l'individu ou le gouvernant à la main et au cœur ouverts, qui dispense ses largesses librement et sans réserve, sans s'enquérir de façon trop précise des droits et des mérites du bénéficiaire

---

1. C. H. BECKER, « Islam und Wirtschaft », dans ses *Islamstudien*, I, Leipzig, 1924, pp. 54-65.

ni du but du bienfait. Retenir de telles largesses, ou poser de telles questions, amène des accusations de mesquinerie — même d'avarice. Le monde moderne, élevé sur les vertus bourgeoises de l'économie et de l'application, prend une vue différente. Le calife abbasside al-Manṣūr, que la tradition musulmane condamne pour son avarice et surnomma Abu'l-Dawāniq — le père des sous —, est loué par les historiens modernes pour sa politique économique prévoyante et circonspecte. D'autres dirigeants célèbres pour leur générosité sont maintenant condamnés comme des dépensiers imprudents et qui ont conduit à la ruine. Il serait facile de multiplier les exemples du même processus, tirés à la fois de la vie publique et de la vie privée, de nos jours.

Associé au mépris traditionnel pour l'épargne, il est une attitude envers l'acquisition des richesses en général, et certaines occupations en particulier. Dans le Proche-Orient musulman, un certain nombre de métiers et de professions étaient exercés à l'origine, dans l'ensemble, par les membres de groupes ethniques ou religieux tenus pour des inférieurs sociaux. Le stigmate de l'infériorité est demeuré, même après que cette spécialisation a cessé d'opérer. On en vint à mépriser le commerce et la finance et à tenir pour suspects ceux qui s'en occupaient ; l'épargne fut confondue avec l'avarice, et l'entreprise avec la cupidité. Les professions les plus dignes d'éloge étaient le service de Dieu et de l'État ; les personnes les plus estimées étaient les ouléma, les militaires et les fonctionnaires. Ceux-là seuls, d'après l'échelle traditionnelle des valeurs, embrassaient de nobles carrières, qui étaient honorables et pleines de dignité, même si elles n'étaient pas toujours très rémunératrices. Tous les autres étaient de vils ouvriers ou des mercantis avides. Travailler de ses mains, en particulier, était méprisable, et la possession de compétences manuelles, en dehors des classes d'artisans, n'entraînait ni prestige ni estime. Ceci eut un effet dommageable sur le développement de la science et de la technologie, où le progrès dépend souvent d'une combinaison de formation intellectuelle et de dextérité manuelle — même, en un sens, artisanale. Les propriétaires fonciers musulmans de jadis pouvaient être des gentilshommes cultivés ou des fermiers. Ils étaient rarement les deux à la fois et étaient donc incapables de produire quoi que ce soit de comparable aux améliorations agraires et techniques introduites par les gentlemen-farmers de l'Angleterre aux XVIIe et XVIIIe siècles. La même attitude s'observe à l'époque des réformes turques et égyptiennes du XIXe siècle, où des diplômés des nouvelles écoles d'agronomie et de médecine préférèrent travailler dans des bureaux plutôt que se salir les mains avec la terre ou les malades. Parmi les premières promotions des écoles médicales instituées au XIXe siècle, ce fut dans l'ensemble seulement les ratés qui, en fait, devinrent des médecins. Ceux qui avaient réussi devinrent administrateurs, officiers, fonctionnaires et hommes d'État. Même aujourd'hui, le progrès économique et technique peut être retardé par la survivance de jugements traditionnels portés sur l'art de parvenir et sur la réussite, et par des définitions traditionnelles du prestige, de l'honneur et de la dignité. Telle, par exemple, la vieille attitude profondément enracinée envers le travail, le pouvoir et le rang social, qui fait de l'automobiliste du Moyen-Orient un conducteur audacieux et dégourdi, mais dédaigneux de la mécanique et aux réactions imprévisibles.

Le développement et le progrès sont les besoins fondamentaux des pays en voie de développement, c'est-à-dire les besoins par rapport auxquels ils sont ainsi définis et classés ; cependant le développement exige

certaines qualités — d'entreprise, d'expérience et d'originalité — qui sont condamnées comme vices et défauts
dans la vieille échelle des valeurs. Dans les sociétés
traditionnelles, les notions mêmes de développement et
de progrès sont absentes. Le progrès, selon les idées
traditionnelles, s'accomplit en essayant de se conformer à
un modèle ou à un exemple — l'homme parfait, la cité
parfaite, l'État parfait. Ce modèle est, pour ainsi dire,
extérieur et donné, et l'effort vers le progrès est donc
fondé sur un essai d'imitation. Plus l'imitation est réussie
et soutenue, mieux cela vaut. Ce qui fait défaut, c'est
l'idée moderne de développement — d'un processus de
croissance et de maturation, par où les qualités et les
aptitudes innées d'un individu ou d'une société sont
encouragées et cultivées et amenées à un niveau élevé.

Dans la vision que la société traditionnelle a d'elle-
même, il n'y a pas de progrès et pas de développement ; il
peut, toutefois, y avoir du changement, et le changement
est généralement pour le pire. Le modèle idéal est situé
habituellement dans le passé, sous forme d'une mytholo-
gie, d'une révélation ou d'une philosophie maîtresse —
ou d'un âge d'or semi-historique. Une fois donnée cette
perfection originelle, tout changement est détérioration
— une chute à partir du passé sanctifié. La vertu, dans la
société, signifie l'acceptation et l'observance de la tradition ; s'en éloigner est le grand crime social. La voie
véritable est la doctrine et la coutume des anciens, telle
que la tradition l'a préservée et enregistrée — en un mot,
la *sunna*. Tout écart est *bid'a* — innovation, le terme
islamique théologique qui équivaut le mieux au concept
chrétien d'hérésie. Une *bid'a* peut être bonne et peut être
admise comme telle par les autorités religieuses — mais
c'est l'exception plutôt que la règle. Normalement, une
innovation est présumée être mauvaise à moins d'être

acceptée spécifiquement comme bonne ou acceptable. Il ne saurait y avoir de contraste plus frappant avec l'attitude de la société moderne — la poursuite insistante et souvent stupide de la nouveauté comme quelque chose de nécessairement et intrinsèquement bon. Dans le monde moderne, les vendeurs de politique et d'idéologie aussi bien que les représentants de commerce essaient d'écouler des vieilleries en les faisant passer pour des nouveautés. Dans la société traditionnelle, au contraire, idées et doctrines neuves ne peuvent être rendues acceptables, si elles le sont, qu'en se présentant comme un retour à la tradition ancienne et pure.

Cette tendance vient en partie, naturellement, d'une sorte de nationalisme communautaire ou culturel — d'un désir d'atténuer l'humiliation, d'accepter une pratique ou une doctrine étrangère en déguisant sa provenance étrangère et en lui attribuant des origines étrangères récemment découvertes, perdues depuis longtemps. Mais un tel nationalisme, bien que très répandu, n'est en aucune façon la seule ni même la principale source de ce romantisme historique. Il en est une autre, qui dérive des efforts conscients d'aspirants innovateurs pour rendre leurs nouveautés plus acceptables en les rattachant à des choses acceptées et familières. Ainsi, quand un gouvernement représentatif et constitutionnel était à la mode au Moyen-Orient, une série d'efforts furent faits pour le rattacher à des origines islamiques ; ces efforts culminèrent dans le discours du trône à l'ouverture du Parlement ottoman le 14 novembre 1909, qui se référait à « la forme parlementaire de gouvernement prescrite par la Loi sainte ». Dans le même esprit, maintenant que le socialisme est devenu populaire dans les pays arabes, et officiel en Égypte, il s'est trouvé un shaykh d'al-Azhar pour proclamer que l'islam est le vrai socialisme, et que

Mohammed a été le premier socialiste. Le but, naturellement, n'est pas de convertir les socialistes à l'islam, mais de rendre le socialisme acceptable aux musulmans. Dans les États socialistes d'aujourd'hui comme dans les démocraties parlementaires d'hier, il ne manque pas d'idéologues officiels pour prouver que ce que fait le gouvernement est bien — c'est-à-dire conforme à la tradition héritée. Cela aussi, après tout, fait partie de la tradition.

Voilà qui soulève la question de l'autorité et de la liberté, avec laquelle celle de la tradition est étroitement liée. On dit souvent que l'islam est une religion autoritaire, qui inculque une attitude de fatalisme dans les rapports de l'homme avec Dieu et avec le monde, et de quiétisme dans ses rapports avec l'État et avec la société. Il peut s'avérer difficile de soutenir en termes théologiques abstraits ce jugement porté sur l'islam ; il trouverait, toutefois, un grand appui dans la pratique historique des États et des communautés islamiques, telle qu'elle est relatée dans une large part de l'histoire musulmane.

Même ici, quelques traces demeurent d'une autre attitude. Il n'y a pas longtemps, il était de bon ton pour les Turcs comme pour les Arabes de se plaindre de la perte de leur parfaite liberté d'antan, et de s'accuser mutuellement de la responsabilité de cette perte. Les deux plaintes sont justes ; les deux accusations sont fausses. Les Arabes, chez qui l'islam est né, étaient un peuple qui émergeait à peine du nomadisme et qui gardait beaucoup de la liberté anarchique du nomade. Cette liberté, on peut le noter en passant, n'a rien à faire avec la démocratie — terme qui se rapporte à la façon dont l'autorité est acquise, organisée et exercée dans l'État, et donc sans rapport avec une société où il n'y a ni autorité ni État. Comme d'autres peuples au même stade de développement, ils avaient un système politique simple, rudimen-

taire, avec un chef régnant — ou plutôt dirigeant — du
fait d'un consentement en accord avec la coutume.
L'arrivée de la théocratie islamique transféra la source
ultime de l'autorité du peuple à Dieu, ôtant ainsi à la
souveraineté l'élément de consentement révocable, et
fortifiant immensément le prestige et l'autorité du souverain. Dans les quelques générations qui suivirent la mort
du Prophète, l'État islamique fut transformé sous
l'influence des traditions absolutistes des vieux empires
orientaux. Les Arabes d'Arabie — comme plus tard les
Turcs d'Asie centrale — oublièrent la liberté nomadique
du désert et de la steppe, et firent désormais partie de la
civilisation immémoriale de la ville et des campagnes du
Moyen-Orient. Les souvenirs de liberté ancienne furent
enchâssés dans les formulations classiques des principes
constitutionnels par les premiers juristes musulmans,
avec leur insistance sur la subordination du souverain à la
loi, et le devoir — le devoir, non le droit — du sujet de
désobéir à un ordre illégal.

Ces principes, toutefois, étaient théoriques plus que
pratiques, et perdirent bientôt tout sens réel. Comme
restrictions à l'absolutisme du souverain, ils n'étaient pas
très sérieux. D'une part, la loi elle-même lui concédait
virtuellement le pouvoir absolu, en tout sauf en matière
religieuse. D'autre part, la loi et les légistes ne répon-
daient jamais à la question — ils ne la posaient même pas
— de savoir comment tester la légitimité d'un ordre, ou
traiter un souverain qui donnait des ordres illégaux. Les
juristes, eux-mêmes, ne tardèrent pas à admettre cette
idée que le sujet était tenu envers le souverain à un devoir
d'obéissance absolue et inconditionnelle — un devoir
religieux, auquel faillir était un péché aussi bien qu'un
crime.

Au début, ce devoir d'obéissance ne s'imposa qu'envers le souverain légitime ou fondé en droit, gouvernant selon la Loi sainte. Plus tard, la logique des événements et les déductions qu'en tirèrent les juristes l'étendirent à tout gouvernant, quelle que fût la façon dont il obtenait le pouvoir et dont il l'exerçait. *Man ishtaddat wat'atuhu wadjabat ṭā ʿ atuhu*, « celui dont le pouvoir l'emporte doit être obéi », disent les juristes — voulant dire que le devoir religieux d'obéissance s'applique envers tout détenteur d'un pouvoir effectif. Le point de vue est le même dans des dictons cités aussi souvent que « la tyrannie vaut mieux que l'anarchie » ou « plutôt soixante ans de tyrannie qu'une heure de guerre civile ». La littérature politique islamique est pleine d'exhortations adressées au souverain pour qu'il soit généreux et juste, à la fois dans son propre intérêt et par obligation religieuse. Mais — et c'est là le point fondamental — c'est un devoir du souverain, non un droit du sujet. Le sujet peut avoir des besoins et des espérances ; il n'a pas de droits. L'idée même de tels droits est étrangère ; elle apparaît pour la première fois au XIXᵉ siècle, quand des écrivains en Turquie et en Égypte commencent à employer des expressions telles que les « droits de la liberté » et les « droits du citoyen ». La source de ces idées nouvelles est évidente. L'attitude traditionnelle est bien exprimée dans le vieux dicton arabe : « Si le calife est juste, il sera récompensé et tu dois être reconnaissant ; s'il est injuste, il sera puni et tu dois être patient. »

Un tel système donne de grands privilèges aux tenants du pouvoir ; il leur impose aussi de grands devoirs, que dans l'ensemble ils ont remplis consciencieusement et avec soin, sinon toujours avec efficacité. Quelque grands qu'aient été ces fardeaux, les classes gouvernantes ont rarement accepté de les partager avec d'autres. Le XIXᵉ siècle, dans l'ensemble, a renforcé plutôt que diminué le pouvoir de l'État, tandis que les changements sociaux affaiblissaient ou supprimaient les classes et les intérêts qui l'avaient limité jadis, et que les changements techniques renforçaient ses moyens de surveillance et de contraintes. Il y eut même quelques renforcements idéologiques, au fur et à mesure que les idées des Lumières de l'Europe centrale arrivaient à la connaissance des hommes d'État turcs et autres. Pour des réformateurs partisans de l'autorité, ces idées étaient familières et bienvenues ; eux aussi, ils savaient ce qui valait mieux pour le peuple, et ne souhaitaient pas être détournés par un gouvernement soi-disant populaire du soin de l'appliquer. Cette conception dispose encore de quelque soutien en différents pays, et elle s'exprime fréquemment dans le langage du socialisme. De même que la révolution libérale bourgeoise fut introduite au XIXe siècle sans bourgeoisie et sans libéralisme, par décision et action de l'élite gouvernante, de même la révolution socialiste doit être introduite au XXe siècle, sans prolétariat ni mouvement de la classe ouvrière, par l'élite politique et militaire de la nation. On se demande si elle réussira mieux.

Il y eut, toutefois, une autre conception, qui tirait son inspiration du libéralisme politique et à un degré moindre économique de l'Europe occidentale. Pour Namik Kemal (1840-1888) et les patriotes libéraux Jeunes Ottomans, le peuple avait des droits, et ceux-ci devaient être garantis, ainsi que le progrès du pays, par un gouvernement représentatif et constitutionnel. Et ce n'est pas tout :

Si nous avons besoin de quelque chose [se plaignait Namik Kemal en 1872], nous attendons d'abord que le gouvernement y pourvoie, puis Dieu. Il ne doit y avoir aucun doute que le gouvernement n'est ni le père ni l'enseignant, ni le

tuteur ni la bonne d'enfants du peuple… Quel droit avons-
nous d'obliger le gouvernement à jouer les bonnes d'enfants ?
Quant à Dieu, ce n'est pas son devoir d'améliorer le monde ;
la prospérité d'un pays et l'éducation d'une nation ne Lui
sont pas nécessaires[1].

La bataille s'engagea — entre ceux d'une part, qui
croyaient à l'effort personnel, à l'autonomie et à la
souveraineté effective du peuple, et d'autre part, ceux qui
croyaient que les masses inertes, accoutumées par une
tradition séculaire à suivre et à obéir, ne peuvent encore
se voir confier leur propre destin mais doivent être
instruites et commandées par ceux dont c'est la fonction
historique de les instruire et de les commander — les
intellectuels et les soldats. Jusqu'à maintenant, la seconde
école de pensée l'a emporté dans la plupart des pays en
voie de développement. Elle continuera sans doute à
l'emporter jusqu'à ce que des qualités telles que l'initiative, l'esprit d'entreprise, et l'habitude de compter sur soi
reçoivent les mêmes honneurs qui sont à présent donnés,
dans l'échelle populaire, à la discipline, à l'endurance et à
l'obéissance.

Ces vertus militaires sont nécessaires dans les forces
armées et les services publics, et plus encore dans les
temps de guerre ou d'urgence nationale. Mais pour la
croissance économique, le progrès intellectuel et la libéra-
lisation politique, il faut y ajouter d'autres valeurs et
qualités qui sont quelque peu différentes.

Une des méthodes les plus importantes pour y parvenir
est l'éducation, et les pays en voie de développement
consacrent beaucoup d'efforts à la réforme et à l'expan-

---

1. Mustafa Nihat ÖZÖN, *Namik Kemal ve Ibret Gazetesi*, Istamboul,
1938, pp. 42-43.

sion de l'éducation. Mais il y a des difficultés. Le changement social et la réforme politique apportèrent de grands changements dans l'éducation ; les fonctionnaires et officiers nouveau style de la période qui suivit la réforme, et plus encore ceux qui choisirent des professions nouvelles telles que le journalisme et le droit séculier, avaient besoin d'un nouveau type d'éducation, différent de l'enseignement traditionnel religieux et littéraire des vieilles écoles et collèges. On avait besoin, aussi, de nouvelles conceptions du savoir et de l'enseignement. Pour les enseignants et les érudits de la vieille école, la science consistait en un nombre limité de choses à savoir ; l'étude consistait à les acquérir. Ni les savants ni les philosophes de l'islam, d'une part, ni les mystiques, de l'autre, n'auraient accepté cette façon d'envisager le savoir et l'éducation. Or les maîtres d'école, les professeurs et leurs élèves l'acceptaient et l'appliquaient dans leurs écoles. La nouvelle intelligentsia avait besoin d'un aliment nouveau : langues et littératures occidentales, histoire, géographie et droit ; s'y ajoutèrent plus tard les sciences économiques, sociales et politiques. La plupart de ces sujets étaient au début nouveaux et étranges, mais ils étaient familiers en ce qu'ils étaient tous de forme littéraire. On pouvait les apprendre par des mots, tirés de livres ou de lectures, puis mémorisés. En d'autres termes, ils pouvaient être assimilés aux méthodes traditionnelles d'éducation, s'appuyant principalement sur l'autorité de l'enseignant et la mémoire de l'élève. Nombre d'enseignants constatèrent que ce n'était pas suffisant et dirent à leurs élèves qu'ils devaient user de leur propre jugement, exercer leurs facultés critiques et décider par eux-mêmes. Les élèves l'acceptèrent, puisque leurs enseignants le disaient, et cette leçon aussi, ils l'apprirent par cœur. Il n'est pas facile d'imposer la liberté par l'autorité.

Le caractère littéraire et autoritaire de la pédagogie traditionnelle, aussi bien que les attitudes de la société traditionnnelle, rendirent très difficile d'assimiler les sciences physiques et les sciences naturelles ou les compétences pratiques et techniques qui leur sont associées. La société méprisait les techniques et rejetait comme inférieurs ceux qui les enseignaient, les acquéraient ou les pratiquaient. On en a un bon exemple dans le peu d'estime et d'attention accordé aux artistes dans la société islamique traditionnelle, par contraste avec le grand respect qu'on accorde aux poètes et aux érudits, ces artistes du verbe et non de la main. Seule exception à cette règle, on voyait un homme de qualité dans l'architecte, fonctionnaire chargé des ponts et des fortifications, directeur des opérations de construction plutôt que simple entrepreneur.

La position du scientifique était un peu plus élevée que celle de l'artiste : mais, à l'époque post-classique, cette faveur ne se justifiait guère. La tradition musulmane de recherche et d'expérimentation scientifiques, qui avait été grande, était depuis longtemps desséchée et morte, laissant une société fortement résistante à l'esprit scientifique. Comme l'écrivait le regretté Dr Adnan Adivar : « Le courant scientifique qui naquit à l'époque de Mehmet le Conquérant se brisa contre les digues de la littérature et de la jurisprudence[1]. » Les nouvelles sciences littéraires, juridiques et même sociales pouvaient être assimilées sans grande difficulté par des sociétés dont l'expérience était riche et variée en ces trois domaines ; les sciences physiques et naturelles ne le pouvaient pas. Dans beaucoup de pays, les écoles scientifiques demeurèrent des

1. Abdülhak ADNAN, *La Science chez les Turcs ottomans*, Paris, 1939, p. 57.

excroissances étrangères et exotiques, où il fallait constamment renouveler les greffes de l'Occident. Dans
quelques pays non occidentaux, il y a eu un développement réel du travail scientifique original, et d'importantes
contributions au fonds commun du savoir moderne ;
dans la plupart, il y en a eu très peu, ou pas du tout, et
chaque génération d'étudiants doit puiser à nouveau dans
les sources de l'Occident, qui lui-même a fait, entre-
temps, d'immenses progrès.

Il y a un siècle et demi, quand le mouvement d'occidentalisation commença en Turquie et en Égypte, son but
principal était d'arriver à l'égalité militaire avec l'Occident en progrès. Ironie amère, entre le Proche-Orient et
les pays avancés de l'Occident, il y a plus d'inégalité
aujourd'hui qu'alors — qu'avant le début du processus
d'occidentalisation — en fait de connaissances scientifiques, de capacité technique, et donc de puissance militaire. Résultat décevant, certes ; et cette déception ne
s'atténue qu'à peine quand on se dit que l'inégalité
eût été infiniment plus grande — et les conséquences
beaucoup plus mortelles — si l'effort n'avait jamais été
fait.

L'autorité du verbe, et de ceux qui le manient professionnellement, a plus d'une fois été un obstacle au
progrès — non un véhicule de l'éducation mais une
barrière élevée contre l'éducation, non un guide vers la
réalité, mais un bouclier qui protège de la réalité. Ce
danger est particulièrement grave là où la langue écrite
des lettrés est un idiome complexe et artificiel, divorcé du
parler vivant de la vie courante. En Turquie et en Perse,
cet écart a été en grande partie comblé, et la divergence
entre les formes écrites et parlées de la langue nationale
est à peine plus grande que dans les pays d'Europe. Dans
le monde arabe, l'écart demeure très large, et les formes

écrites et parlées de l'arabe sont en fait des langues différentes.

Dans l'éducation et plus tard dans la vie, le mot, écrit ou même parlé, a une magie et un pouvoir qui lui sont propres, indépendants à la fois du sens et de la réalité ou même les transcendant. Il y a un sens dans lequel l'assentiment est plus important que la conformité, la promesse que l'accomplissement, la loi que son observance, le projet que l'exécution. Les Turcs, accoutumés de longue date à l'exercice du pouvoir et à la responsabilité, sont relativement — mais non pas entièrement — exempts de cette tendance. Parmi les autres peuples, longtemps privés de tout pouvoir de déterminer ou même d'influencer le cours des événements, il y a un vaste hiatus entre l'expression et la réalité, qui doit être comblé avant qu'une discussion sérieuse et une action effective deviennent possibles. Entre la vision de l'Occident, pratique et proche des faits, et le souci oriental des mots et du statut, la différence est illustrée par le contraste entre deux proverbes, l'un anglais et l'autre turc. « Bâtons et pierres peuvent briser mes os, mais les mots ne me nuiront jamais », dit l'un. « Le mal fait par un coup passe, mais le mal fait par un mot demeure », dit l'autre.

Mais peut-être l'obstacle le plus important au progrès, dans le monde des valeurs et des attitudes, demeure-t-il le sentiment profondément enraciné que ce qui est vieux est bon, que le changement est mauvais et que le progrès ou, pour être plus précis, l'amélioration, consiste à restaurer ce qui existait avant le changement. Ce sentiment se manifeste de diverses façons. On en trouvera un bon exemple venu de Turquie dans les analyses et les recommandations de la longue série d'écrivains et d'observateurs qui examinèrent les causes du déclin du pouvoir

ottoman et proposèrent des remèdes[1]. C'étaient des
hommes à la fois courageux et lucides qui, dans les limites
de leur temps et de leur lieu, virent dans les détails ce qui
était mauvais, écrivirent dans les détails sur ce qu'ils
voyaient. C'est d'autant plus frappant que, pendant des
siècles, ils considérèrent, tous sans exception, que le vice
fondamental était de tourner le dos aux normes élevées et
aux bonnes pratiques du passé ottoman et islamique, et le
remède fondamental, de restaurer ces normes et ces
pratiques. Au XVIIIᵉ siècle, il devint évident, au moins
pour quelques-uns d'entre eux, que le retour au passé
était un mirage et que la voie du progrès se trouvait dans
une autre direction. Or, même ces gens-là furent plus ou
moins sincères et mirent un masque à leurs recommandations, celui du retour à un passé qu'ils réinterprétaient
pour l'adapter à leurs propres idées.

On a déjà noté une tendance comparable dans les écrits
des libéraux et des réformateurs des XIXᵉ et XXᵉ siècles
qui, tout assujettis qu'ils étaient aux influences d'un
Occident dont ils adoptaient les conceptions, cherchaient
encore à relier ces idées nouvelles à la tradition, et même à
les identifier avec elle — non pas sous sa forme existante,
mais sous une forme qu'ils disaient plus ancienne. Ils se
révoltaient contre aujourd'hui et hier — non pas au nom
de demain, mais d'avant-hier. Ainsi Namik Kemal identifie le gouvernement constitutionnel aux vieux principes
islamiques de jurisprudence, voit une Chambre des
députés dans l'assemblée de janissaires mutinés et égale la
« loi naturelle » de Montesquieu à la Loi sainte de l'islam
— puisque la « loi naturelle » vient de la « nature des
choses », que la Loi sainte vient de Dieu, et que Dieu,

---

1. Cf. B. Lewis, « Ottoman Observers of Ottoman Decline », *Islam
in History*, pp. 199-213.

après tout, *est* la nature des choses. Il n'est pas surprenant que ni les radicaux ni les conservateurs n'aient été entièrement convaincus. Or, on continua d'avancer la même sorte d'arguments, en les appuyant sur les fidélités nationales et ethniques au lieu des fidélités religieuses ou concurremment avec elles.

On a soutenu qu'une telle réinterprétation du passé ne fait pas de mal et qu'elle fait même du bien, puisqu'elle prépare des peuples profondément conservateurs à accepter des idées nouvelles et étrangères qu'autrement ils rejetteraient, en en dissimulant la nouveauté et le caractère étranger ; elle dore la pilule, pour ainsi dire.

Il y a là une certaine part de vérité. La tradition ne doit pas être rejetée ni abandonnée à la légère, et le progrès sera plus sûr et plus salutaire s'il peut être rattaché aux sentiments plus profonds, aux fidélités et aux aspirations qu'un peuple a héritées de son passé. Et surtout, dans une tradition aussi riche et diversifiée que celle de l'islam, quand on varie les choix, les accents, et les interprétations, on trouve tout ce qu'il faut pour appuyer la plupart des changements que l'on désire introduire dans les attitudes et dans les valeurs. Mais les changements doivent être d'interprétation et de présentation, non de contenu — une réestimation, non une perversion du passé. Nous vivons dans une époque où l'on consacre d'immenses efforts à la falsification de l'histoire — pour flatter, pour tromper, pour servir telle ou telle fin particulière. Rien de bon ne peut sortir de pareilles distorsions, fussent-elles inspirées par le meilleur des motifs. Des hommes qui ne veulent pas affronter le passé seront incapables de comprendre le présent, et inaptes à envisager le futur.

Troisième partie

ARABES ET JUIFS

Palestine :
histoire et géographie d'un nom

Le mot Palestine vient de Philistin. Il désignait à l'origine la région côtière au nord et au sud de Gaza où les envahisseurs philistins, venus d'au-delà des mers, s'étaient installés. Le nom était bien connu de leurs voisins antiques : on le trouvait en égyptien sous la forme Purusati, en assyrien comme Palastu et dans la Bible des Hébreux comme Pěleshet (Exode, XIV, 14 ; Isaïe, XIV, 29, 31 ; Joël, III, 4). Dans l'*Authorized Version*, Pěleshet est traduit par *Palestina* ou, seulement dans Joël, par *Palestine*. Dans la *Revised Version*, suivie par la nouvelle Bible anglaise, *Palestina* et *Palestine* ont disparu de l'Ancien Testament et ont été remplacés par *Philistia*, ce qui est assurément plus exact [1]. Dans le Nouveau Testament, le nom Palestine n'apparaît nulle part.

La côte et son intérieur étaient connus sous différents noms dans l'Antiquité et plusieurs de ces noms sont

---

1. Les premières versions grecques et latines montrent des variations intéressantes. La Vulgate a respectivement *Philistiim*, *Philisthaea*, et *Palaesthinorum* dans les trois passages concernés. Les Septante écrivent *Phylistieim* dans la première, mais, dans la deuxième et la troisième, emploient simplement le mot *allophylos*, étranger.

« Palestine : On the History and Geography of a Name », *The International History Review*, vol. II, n° 1, janvier 1980, pp. 1-12.

attestés dans des écrits égyptiens, assyriens et autres. Le plus ancien, dans l'usage courant, était Canaan, terme ethnique. Les Juifs appelaient le pays *Eretz Yisrael*, la terre d'Israël, et employaient les noms Israël et Juda pour désigner les deux royaumes entre lesquels le pays s'était séparé après la mort du roi Salomon. Le dernier nom, sous les formes *Ioudaia* et *Judaea*, passa dans l'usage grec et latin.

La forme Palestine, employée par les auteurs grecs et latins, est attestée pour la première fois dans l'histoire d'Hérodote, et se trouve dans nombre de textes classiques plus tardifs[1]. Le mot apparaît quelquefois comme un nom, mais plus couramment comme un adjectif par opposition à la Syrie. Dans l'usage normal, *Palaistinê Syria* ou *Syria Palestina* semble avoir signifié la plaine côtière jadis habitée par les Philistins. La signification du terme s'étendait parfois jusqu'à englober des territoires situés plus à l'est, mais ne s'appliquait pas dans l'usage courant à la Judée, qui, à l'époque romaine, était encore connue officiellement et couramment sous ce nom[2].

L'usage romain officiel du nom Palestine pour désigner l'aire de l'ancien royaume juif semble postérieur aux soulèvements juifs et à leur répression. L'empereur Hadrien tenta résolument d'écraser les braises non seulement de la révolte, mais du sentiment d'une nation et d'un État juif. La cité ruinée de Jérusalem fut rebâtie en

1. Παλαιστίνη Συρία, I, 105 ; Συρία ἡ Παλαιστίνη, III, 91 ; Σύριοι ἐν τῇ Παλαιστίνῃ, II, 104 ; VII, 89.
2. Ainsi Aristote, dans une seule référence (*Meteorologica*, II, 3), mentionne la mer Morte comme se trouvant en Palestine ; Philon le Juif assimile la Palestine à Canaan. D'autre part, Pline l'Ancien, qui examine la Judée en détail, parle de la Palestine comme du nom primitif de la région frontière de l'Arabie (*Histoire naturelle*, V, 13-15).

135 ap. J.-C. comme colonie romaine avec un nouveau nom, Aelia Capitolina, en honneur de l'empereur dont le nom complet était Titus Aelius Hadrianus, et des dieux du Capitole romain. Un temple de Jupiter, avec une statue équestre d'Hadrien, ornait l'aire du temple, un temple de Vénus fut construit sur le Calvaire. L'accès de la ville était interdit aux Juifs, y compris aux convertis au christianisme, sous peine de mort. Les chrétiens de la Cité sainte durent trouver un nouvel évêque, gentil de naissance. Il semblerait que le nom Judée ait été aboli en même temps que celui de Jérusalem, et que le pays ait été rebaptisé *Palestina* ou Syrie-Palestine, dans la même intention d'oblitérer son identité juive historique.

Les premiers essais de définition territoriale du pays connu plus tard sous le nom de Palestine se trouvent dans la Bible, et représentent trois phases successives dans l'évolution de la notion de la Terre Promise. La première est l'Alliance de Dieu avec Abraham, énumérant les régions promises au patriarche et à ses descendants, « depuis le fleuve d'Égypte jusqu'au grand fleuve, le fleuve Euphrate »[1]. Cette Alliance, naturellement, comprend les descendants et les terres d'Ismaël aussi bien que d'Israël. La deuxième phase est celle de la terre promise à Moïse et occupée par les Israélites après l'exode d'Égypte[2]. Le troisième ensemble de frontières est celui

1. Genèse, XV, 18-21. Cf. la définition antérieure du pays de Canaan à l'époque d'Abraham (Genèse, X, 19).
2. Les définitions bibliques aussi bien de la promesse que de la conquête varient quelque peu. La promesse se trouve dans l'Exode, XIII, 31, et plus en détail dans les Nombres, XXXIV, 2-12. Voir aussi le Deutéronome, I, 7-8, et XI, 24 ; Josué, I, 4, 12 et 13 ; I Rois, VIII, 65. Le pays est souvent défini proverbialement comme allant de Dan à Beersheba, par exemple dans les Juges, XX, I, et fréquemment dans les livres de Samuel et des Rois.

dont il est parlé à propos des exilés revenant de leur captivité à Babylone[1]. La promesse à Moïse définit la terre d'Israël comme s'étendant d'une ligne allant de Levo Hamath, au nord, à Nahal Misraim, au sud. Levo Hamath (les versions *Authorized* et *Revised* lisent « l'entrée de Hamath ») est probablement la moderne Labwa, sur le fleuve Oronte, dans le nord du Liban. Quelques érudits ont identifié cette frontière avec la frontière nord de la province égyptienne de Canaan, telle qu'elle fut délimitée après la guerre avec les Hittites, alors que d'autres l'ont vue comme une projection dans le passé de l'expansion brève, plus tardive, d'Israël dans les débuts de la monarchie. L'*Authorized Version* traduit Nahal Misraim comme « le fleuve d'Égypte » ; la nouvelle Bible anglaise donne « le torrent d'Égypte ». Le commentateur juif médiéval Saadiya a probablement raison quand il dit que le sens est : le Wadi (oued) de al-ʿArish, pour lequel les appellations de fleuve ou de torrent ne semblent pas très appropriées.

En pratique, les frontières de l'ancien État juif ont été variables selon les époques, selon les gouvernants et les dynasties. Même quand l'indépendance juive finit par être anéantie et qu'il n'existe plus ni entité politique juive ni frontières, les rabbins jugèrent nécessaire de formuler une définition juridique des limites de la terre d'Israël. Ce n'était pas seulement un exercice intellectuel : il le fallait pour des motifs à la fois rituels et fiscaux, puisque la loi rabbinique fait des distinctions dans ces deux domaines entre les Juifs qui vivent en terre d'Israël et ceux qui vivent au-dehors. Cette définition se fondait sur les régions réoccupées par les Juifs après le retour de Babylone. On n'a pas identifié tous les noms de lieux

1. Néhémie, XI, 27-30.

mentionnés dans les textes rabbiniques afférents comme marquant les limites de la terre d'Israël, mais il est manifeste que cette délimitation excluait quelques régions éloignées du nord et du sud de l'actuel État d'Israël, et incluait une partie considérable de la Transjordanie [1].

La province romaine de Palestine était généralement rattachée à la Syrie, dont elle était censée faire partie. Durant la période romaine tardive et la période byzantine, nombre de changements intervinrent, au cours desquels la Palestine romaine s'étendit par adjonction de territoires voisins annexés, puis fut subdivisée. Sous Dioclétien, la province d'Arabie, fondée par l'empereur Trajan en l'année 105, fut rattachée à la Palestine ; mais en 358 ce territoire, qui comprenait le Neguev et le sud de la Transjordanie, fut érigé en province séparée et nommé *Palestina Salutaris*. En 400 ap. J.-C. environ, la Palestine proprement dite fut scindée en deux provinces connues respectivement comme *Palestina Prima* et *Palestina Secunda*, tandis que la *Palestina Salutaris* était rebaptisée *Palestina Tertia*. La *Palestina Prima*, dont la capitale était Césarée, était la partie centrale du pays. Elle comprenait la plaine côtière du sud jusqu'à Rafa et les terres historiques de Judée et de Samarie avec Edom, et s'étendait à l'est, en Transjordanie, dans la région connue à l'époque classique comme *Peraea*. Elle était limitée au nord par la *Palestina Secunda* et au sud par la *Palestina Tertia*. La *Palestina Secunda* avait sa capitale à Scythopo-

---

1. Le texte traitant de cette question a longtemps été connu par quatre variantes, conservées dans la littérature rabbinique des premiers temps. Une inscription récemment découverte en a ajouté une cinquième. Voir Y. SUSSMAN, « The Boundaries of Eretz-Israel », *Tarbiz*, Jérusalem, XLV, 1976, pp. II-III et 213-257 (en hébreu avec un résumé en anglais) ; S. KLEIN, « Das Tannaitische Grenzenverzeichnias Palastinas », *Hebrew Union College Annual*, V, 1928, pp. 197-259.

lis, la Bethshean des Hébreux ou le Baysān des Arabes, et comprenait la vallée d'Esdrelon, la Galilée, le nord de la Transjordanie et la région du Golan. La *Palestina Tertia*, dont la capitale était Petra, comprenait le Neguev, le sud de la Transjordanie et une partie du Sinaï[1].

Après la conquête arabe, au VIIe siècle, il semble que les nouveaux maîtres du pays aient gardé en grande partie les subdivisions administratives existantes ; *Palestina Prima* et *Palestina Secunda* demeurèrent, mais avec de nouveaux noms et de nouvelles capitales. La première devint Filasṭīn, une adaptation arabe évidente du nom romain, et fut administrée d'abord à partir de Lydda et plus tard de Ramla. La *Palestina Secunda* fut appelée Urdunn, c'est-à-dire Jourdain, du nom du fleuve, et eut sa capitale à Tibériade. Jérusalem qui, dans les premiers textes arabes, est désignée par son nom romain d'Aelia n'était pas un siège de gouvernement provincial ni même de district. Les frontières entre les deux provinces semblent avoir varié quelque peu de temps à autre, mais dans l'ensemble suivirent les lignes romaines. Dans la période arabe comme dans la romaine, la division entre Palestine et Jordanie n'était pas, comme dans les temps modernes, verticale entre l'ouest et l'est, mais horizontale entre le nord et le sud, les deux districts s'étendant, l'un au-dessus de l'autre, de la Méditerranée en traversant le fleuve Jourdain jusqu'au désert oriental[2].

1. Sur les frontières de la Palestine dans l'Antiquité il y a deux articles utiles de Michael AVI-YONAH : l'un dans la *Real-Encyclopädie der classischen Altertumswissenschaft*, nouv. éd. ; supplément vol. XIII ; Munich, 1973, *s.v.* « Palaestina », sections 1 et 2, « Namen » et « Grenzen », col. 311-326 ; l'autre dans l'*Encyclopaedia Judaica*, *s.v.* « Israel, Terre de : vue générale ; frontières », IX, col. 112 et suiv.

2. Sur la Palestine arabe, voir l'*Encylopédie de l'Islam*, 2e éd., *s.v.* « Filasṭīn » (par D. Sourdel), qui comporte d'autres références.

L'ancienne *Palestina Tertia* romaine, ou *Salutaris*, semble avoir cessé d'exister comme une entité séparée. La plus grande partie appartenait à la région que les historiens arabes appellent Tīh Banī Isrā'īl, la terre des errances des Enfants d'Israël, habituellement connue simplement comme Tīh. Ceci comprenait le Neguev et la plus grande partie du désert du Sinaï et était quelquefois rattaché au district de Filasṭīn. Ce rattachement signifiait très peu de chose en pratique. Les gouvernements médiévaux ne firent en général pas d'effort pour étendre leur autorité directe sur le désert, qu'ils considéraient à peu près comme les États modernes considèrent la mer, du moins jusqu'à une époque récente. Ainsi les déserts, entre le sud de la Palestine et la vallée du Nil, n'étaient en fait assujettis ni à l'une ni à l'autre. Ce n'est que lorsque les deux parties se trouvèrent sous un même commandement, comme il advint parfois, qu'on essaya tant soit peu de contrôler le désert intermédiaire : la plupart du temps, même ces modestes tentatives demeurèrent intermittentes et inefficaces.

Dans l'usage arabe des débuts du Moyen Âge, Filasṭīn et Urdunn étaient des sous-districts formant partie de l'entité géographique plus grande connue comme la Syrie ou, pour employer le terme arabe, la terre de Shām. C'était là l'une des entités géographiques majeures nommées dans l'usage arabe courant, les autres étant l'Égypte, la Jazira (Mésopotamie), l'Iraq, l'Arabie et le Yémen. Ces dernières, si elles ne constituèrent jamais un pays ou une nation au sens politique moderne, étaient néanmoins généralement reconnues comme des entités sociales, culturelles et même, à quelque degré, économiques et politiques, avec une identité permanente. La terre de Shām comprenait tous les territoires limités par le Taurus au nord et l'Égypte au sud, le désert à l'est et la

Méditerranée à l'ouest. Les deux districts de Filasṭīn et
d'Urdunn constituaient le tiers méridional de la terre de
Shām.

Sous la domination romaine, byzantine et islamique, la
Palestine se trouva politiquement submergée. Elle reparaît seulement sous les Croisades. Le royaume latin de
Jérusalem commença comme une unité très petite, qui
s'accrut progressivement, et qui à son apogée s'étendit
d'un point au nord de Beyrouth jusqu'au désert du Sinaï
et le long des deux rives du Jourdain. Il y a des parallèles
intéressants à faire avec la situation moderne dans le
conflit permanent sur la frontière méridionale, et dans le
rôle de ce qu'on pourrait appeler la bande d'Ascalon,
étendue de territoire dont Ascalon est le centre, gardée
par les souverains de l'Égypte après que les Croisés
eurent conquis le reste de la Palestine. Encombrée de
réfugiés et de troupes, cette région servit de base pour des
raids et des attaques sur les principautés des Croisés,
jusqu'à ce qu'elle fût conquise par les Croisés eux-mêmes
et servît alors de base pour une attaque sur l'Égypte.
Durant la période des Croisades, le nom Palestine ou
Filasṭīn tomba en désuétude. Les musulmans ne l'administraient plus. Les Croisés préféraient appeler le pays
qu'ils avaient conquis la Terre Sainte, et l'État qu'ils
avaient établi, le Royaume de Jérusalem.

Après la reconquête musulmane, les noms Filasṭīn et
Urdunn disparaissent de l'usage administratif. Sous les
successeurs de Saladin et encore plus sous les Mamelouks
qui dominèrent du milieu du XIIIᵉ au début du XVIᵉ siècle,
le pays fut redistribué en nouvelles unités territoriales,
habituellement connues par les noms des petites villes qui
étaient les centres administratifs de ces districts. Pendant
la plus grande partie de la période médiévale tardive, les
deux rives du Jourdain furent divisées en six districts avec

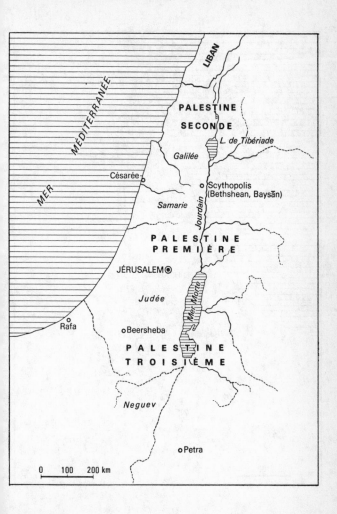

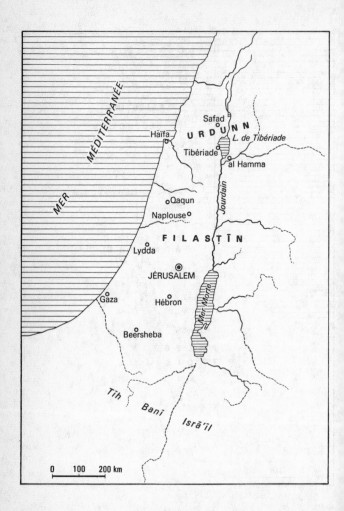

leurs capitales à Gaza, Lydda, Qaqun, Jérusalem, Hébron et Naplouse, les six districts faisant tous partie de la province de Shām, dont la capitale était Damas. À certaines époques, Gaza, Lydda et Qaqun apparaissent comme des provinces séparées. À la fin de la période mamelouk, la plus grande partie de la Palestine semble avoir été divisée entre les Niyaba (lieutenances) de Gaza et de Safad, comprenant les parties méridionale et septentrionale du pays. Le Niyaba de Safad comprenait une grande part de ce qui est maintenant le Liban du Sud, avec les districts de Tyr et de Tibnin. Tous ces territoires furent placés sous la domination du vice-roi de Damas.

Après la conquête ottomane de 1516-1517, il y eut encore une redistribution, et le pays fut divisé entre les districts administratifs ottomans *(sandjak)* de Gaza, Jérusalem, Naplouse et Safad en Cisjordanie, et Ajlun en Transjordanie. On y ajouta par la suite un district de plus, celui de Lajjun sur la rive ouest. Tous ceux-ci encore furent soumis à l'autorité du gouverneur général *(beylerbey)* de Damas. Ces districts furent de temps à autre subdivisés et réarrangés durant les quatre siècles de domination ottomane. Dans la phase finale de cette domination, avec la conquête britannique, le centre et le nord du pays faisaient partie de la *vilayet* de Beyrouth, l'ensemble de la Transjordanie était incorporé à la *vilayet* de Damas (rebaptisée *vilayet* de Syrie sous ʿAbd al-Hamīd), et le reste de la Palestine composait le district indépendant de Jérusalem (indépendant, c'est-à-dire qu'il dépendait directement de la capitale et n'était soumis à aucun des pachas des provinces voisines).

Le nom Urdunn, ou Jourdain, semble être tombé entièrement hors d'usage, sauf pour le fleuve, du Moyen Âge jusqu'à sa réapparition au XXe siècle. Le nom Filasṭīn, ou Palestine, eut une histoire quelque peu différente. Il n'avait jamais été employé par les Juifs, pour qui le nom normal du pays, depuis le temps de l'Exode jusqu'à aujourd'hui, était Eretz Ysrael[1]. Il n'était plus employé par les musulmans, pour qui il n'avait jamais signifié plus qu'un sous-district administratif, et il avait été oublié même dans ce sens limité.

Il fut toutefois largement adopté dans le monde chrétien. Au Moyen Âge, les écrivains chrétiens avaient habituellement parlé de la « Terre Sainte » ou même de Judée. La Renaissance et le renouveau d'intérêt pour l'Antiquité classique remirent en honneur le nom romain Palestine, qui finit par être la désignation courante du pays dans la plupart des langues européennes. L'influence européenne l'apporta aux chrétiens arabophones, les premiers des habitants du pays à être touchés par les pratiques et les usages européens. Le deuxième journal arabe qui parut en Palestine, publié en 1911, s'appelait *Filasṭīn* et fut édité par un chrétien arabe de l'Église orthodoxe.

Une expression aussi vague que la Palestine de l'usage chrétien ne pouvait naturellement avoir aucune définition géographique très précise. L'édition de 1910 de l'*Encyclopaedia Britannica*, publiée alors que toutes ces terres faisaient encore partie de l'Empire ottoman, la définit comme suit :

Palestine, nom géographique d'application assez vague. La rigueur étymologique voudrait que soit ainsi désignée exclu-

---

1. Le Pĕleshet hébreu de la Bible s'appliquait seulement à la Philistie et devint périmé avec la disparition des Philistins. La forme Palestina apparaît une ou deux fois dans le Talmud, pour désigner la province romaine de ce nom, et fut employée par le gouvernement mandataire britannique dans les textes hébreux officiels afin d'éviter d'offenser les Arabes. Il n'a jamais fait partie de l'usage hébreu.

sivement la bande côtière étroite occupée un temps par les Philistins, dont elle a tiré son nom. Une convention veut toutefois que le terme soit employé pour le territoire qui, dans l'Ancien Testament, est réclamé comme l'héritage des Hébreux d'avant l'exil ; on peut ainsi dire d'une façon générale qu'il désigne la province méridionale de la Syrie. Sauf à l'ouest, où le pays est bordé par la mer Méditerranée, la limite de ce territoire ne peut être indiquée sur la carte comme une ligne bien nette. Les subdivisions modernes, sous la juridiction de l'Empire ottoman, ne coïncident en rien avec celles de l'Antiquité et donc ne fournissent pas de frontière par laquelle la Palestine puisse être séparée exactement du reste de la Syrie au nord, ou des déserts du Sinaï et de l'Arabie au sud et à l'est ; les documents des anciennes frontières ne sont pas non plus suffisamment détaillés ni précis pour rendre possible la démarcation complète du pays. Même la convention mentionnée plus haut est inexacte ; elle comprend le territoire philistin réclamé mais jamais aménagé par les Hébreux, et exclut les parties extérieures de la grande région réclamée dans Nombres, XXIV, comme possession des Hébreux... Prenant comme guide les traits naturels qui correspondent le mieux à ces points périphériques, nous pouvons décrire la Palestine comme la bande de terre s'étendant le long de la côte orientale de la mer Méditerranée du sud de l'embouchure de la rivière Litani ou Kasimiya (33°20′ N) jusqu'à l'embouchure du Wadi Ghuzza ; ce dernier rejoint la mer au 31°28′ N, à peu de distance au sud de Gaza, et court de là vers le sud-est de façon à inclure au nord le site de Beersheba. À l'est, il n'y a pas de frontière aussi nette. Le fleuve Jourdain, il est vrai, marque une ligne de séparation entre la Palestine occidentale et orientale, mais il est pratiquement impossible de dire où finit celle-ci et où commence le désert arabe.

On notera que cette définition territoriale diffère à plusieurs égards de celle établie pour le mandat britannique seulement quelques années plus tard. Pour l'auteur, elle inclut clairement la rive est du Jourdain comme faisant partie de la Palestine — usage courant à l'époque. En plus, elle comprend ce qui est maintenant le Liban du Sud, mais exclut le désert du Neguev et son extension vers le sud.

Avec la conquête britannique de 1917-1918 et l'établissement subséquent d'un territoire sous mandat dans les régions occupées, Palestine devint le nom officiel d'un territoire défini pour la première fois depuis le haut Moyen Âge. En tant qu'État moderne avec des voisins modernes, la Palestine devait désormais avoir des frontières reconnues et bien délimitées, qui furent fixées par les nouveaux maîtres du Moyen-Orient.

La délimitation des frontières de la Palestine sous mandat présente quelque intérêt. Au sud, la frontière avait, des siècles durant, été purement administrative. Sous les Ottomans, et avant eux sous les sultans mamelouks, l'Égypte et la Palestine avaient été sous une souveraineté commune. En général, la limite de fait au sud des districts de Palestine était à Rafa ; la limite de fait au nord de la juridiction égyptienne était au voisinage de Faramā, l'ancienne Pelusium, dans la région orientale du delta du Nil. Entre les deux, il y avait un *no man's land* désert, rattaché tantôt à la Palestine, tantôt à l'Égypte, le plus souvent ni à l'un ni à l'autre, habité seulement par quelques Bédouins nomades ou, le plus souvent, par personne.

Le processus moderne de délimitation commença avec Mehemet Ali, le pacha ottoman d'Égypte et le fondateur de l'État égyptien moderne. Par la convention de Londres de 1840, le sultan acceptait d'attribuer à Mehemet Ali la charge héréditaire de pacha d'Égypte, en y ajoutant à titre personnel la charge d'Acre et le droit d'administrer la Syrie du Sud, dont la frontière méridionale était définie comme suit : « De la côte ouest de la mer Morte... elle s'étendra en droite ligne jusqu'à la mer Rouge qu'elle atteindra au point septentrional du golfe d'Aqaba, et de là elle suivra la côte ouest du golfe d'Aqaba, et la côte est du golfe de Suez jusqu'à Suez. »

Voilà qui est très clair. Mais une clarté aussi peu politique était inévitablement de courte durée. Après de nouveaux combats, les troupes égyptiennes se retirèrent de la région Syrie-Palestine et une nouvelle frontière fut établie par le firman du sultan à Mehemet Ali du 1er juin 1841. Le firman omettait la Syrie-Palestine et assignait au pacha le seul gouvernement de l'Égypte « dans ses anciennes frontières, telles qu'elles apparaissent sur la carte qui vous est envoyée par mon Grand vizir actuellement en charge... ».

Il y avait, semble-t-il, seulement deux exemplaires de la carte jointe et quand une dispute frontalière surgit entre la Turquie et la Grande-Bretagne, en tant que puissance occupante en Égypte, aucune ne se trouva disponible. Les Britanniques déclarèrent que la carte égyptienne avait été perdue dans un incendie au Caire, les Turcs assurèrent en avoir un exemplaire mais ne le sortirent pas.

Le problème fut soulevé en 1892, quelque dix ans après l'occupation de l'Égypte par les Britanniques. Le sultan émit un firman d'investiture pour le nouveau khédive Abbas Hilmi où, chose significative, il mentionnait la seule Égypte (et ainsi, par implication, retirait le Sinaï et les autres régions comme ayant été données personnellement à Mehemet Ali et ne faisant pas partie de l'Égypte) et réclamait Aqaba. L'une des raisons de ce changement était l'intérêt que les Ottomans portaient au Hedjaz, et le projet d'un chemin de fer du Hedjaz, dont on discutait déjà ; il y en avait une autre : la ligne de communication vers le Yémen, où les autorités ottomanes avaient quelque difficulté à maintenir leur autorité.

Le gouverneur britannique de l'Égypte, Evelyn Baring, plus tard Lord Cromer, envoya aussitôt une protestation à Constantinople, et le Grand vizir répondit en acceptant de laisser le Sinaï à l'Égypte à condition que les forts de la mer Rouge soient laissés aux Ottomans. Baring publia une déclaration interprétant le télégramme du Grand vizir comme reconnaissant une frontière allant de l'est immédiat d'al-ʿArish jusqu'au fond du golfe d'Aqaba. Les autorités ottomanes demeurèrent silencieuses, ne disant pour le moment ni oui ni non.

Tandis que les Ottomans s'inquiétaient de leur route à travers l'Arabie, de plus en plus les Britanniques s'alarmaient pour la sécurité du canal de Suez. À partir de 1903, les Britanniques, opérant à partir de l'Égypte, se mirent à faire progresser leurs avant-postes dans le Sinaï, et, en 1906, une petite force de gendarmes égyptiens commandés par un officier britannique se rendit à Aqaba. Il en résulta une crise entre l'Empire ottoman et la Grande-Bretagne. Les Turcs commencèrent par rejeter l'idée même d'une frontière entre la Palestine et l'Égypte, puisque à leurs yeux toutes deux étaient provinces turques et que tout ce qui pouvait exister entre elles était une limite administrative. Ils rejetaient aussi la déclaration antérieure de Baring qui, argumentaient-ils, était purement unilatérale. Les Turcs voulaient réduire la partie égyptienne du Sinaï à deux triangles, limités par des lignes allant de Rafa au nord d'al-ʿArish à Suez et de Suez à Aqaba ; la première de ces lignes, disaient-ils, était la limite administrative fixée en 1841. Ainsi la partie centrale de la péninsule, limitée par les lignes Rafa-Suez-Aqaba, serait restée sous l'autorité turque. Les Britanniques, cependant, faisaient de fortes objections à une quelconque présence turque au Sinaï, et Muhtar Pasha, au nom des Turcs, proposa alors un compromis sur le partage, une ligne droite le long du Sinaï allant d'al-ʿArish à Raʾs Muḥammad, juste au sud de Sharm-al-Sheikh. Une carte turque à main levée, dans les documents du palais Yildiz, maintenant dans les archives des bureaux du Premier ministre à Istamboul, montre deux lignes, l'une indiquée comme la frontière sur la carte donnée à Mehemet Ali en 1841, l'autre comme la frontière du compromis proposé par Muhtar Pasha[1]. La première ligne, qui court du nord d'al-ʿArish à Suez, reparaît sur une carte publiée en 1926 par le ministre égyptien des Affaires étrangères, qui se l'était procurée en Turquie. Apparemment, cette publication fut plus tard retirée de la circulation[2]. Par la suite, les Turcs cédèrent à un ultima-

1. *Başvekalet Arşivi*, Yildiz Katalogu, Kisim 39, nᵒ 2131.
2. Je dois ma connaissance de cette publication rare à M. Alan Makovsky, de l'université de Princeton. Sur ma demande, il a rédigé la note suivante :

« En 1926, le ministère égyptien des Affaires étrangères publia la carte de 1841 — dont l'Égypte avait reçu un exemplaire de la Turquie en 1925 — dans une brochure contenant des documents ayant trait à l'accord italo-égyptien de 1925 concernant la frontière ouest de l'Égypte. Un exemplaire de celle-ci (*La Frontière occidentale de l'Égypte. Accord italo-égyptien du 6 décembre 1925*. Documents réservés, royaume d'Égypte, ministère des Affaires étrangères, nᵒ 1, 1926) se trouve dans la Chambre des Cartes à la Société royale de géographie à Londres.

« Bien que la carte de 1841 fût incluse dans la brochure afin de montrer la limite occidentale de la zone concédée à Mehemet Ali par le firman d'investiture de 1841, sa portion orientale y figure également. La frontière du Sinaï indiquée là est décrite avec précision à la page 12 de la brochure : " Une ligne partant d'un point sur la Méditerranée situé au nord d'El-Ariche et rejoignant le golfe de Suez. " Selon la brochure, l'Égypte demanda un exemplaire de la carte au gouvernement turc le 20 mai 1925, pendant les négociations avec l'Italie. Près de sept mois plus tard, le 13 décembre, la Turquie s'exécuta. Ainsi fut recouvré un document que, pendant des décennies, l'on avait cru perdu.

« Le doute sur l'authenticité de la carte est grandement atténué par le

tum britannique, émis avec le soutien de la France et de la Russie, par lequel la frontière était fixée au point où elle demeura jusqu'en 1948.

À l'extrémité septentrionale, la frontière de l'Égypte fut déplacée de quelque trente-deux kilomètres vers l'est d'al-ʿArish à Rafa ; au sud un officier turc, Rüshdi Bey, réussit à tenir le fond du golfe d'Aqaba, le refusant à la domination égyptienne et le gardant ainsi pour ce que seraient la Palestine, la Jordanie et Israël dans un avenir alors inconcevable[1]. Pendant la discussion, les nationa-

---

fait que sa frontière occidentale est indiquée plusieurs kilomètres à l'est de celle revendiquée et obtenue par l'Égypte dans les négociations de 1925. En conséquence, la carte n'aurait pu rendre aucun service aux Égyptiens pour appuyer leurs prétentions, même si elle était arrivée avant la conclusion de l'accord du 6 décembre, ce que — volontairement ou par le hasard des circonstances — elle ne fit pas.

« Mon attention fut attirée sur l'existence du document et de la carte de 1841 qu'il contient (apparemment inconnue des historiens des rapports ottomano-égyptiens tardifs et de la crise d'Aqaba en 1906) par une note non datée qui se trouve dans les papiers personnels de W. E. Jennings-Bramley, conservés, eux aussi, à la Société royale de géographie. »

1. Il semble qu'il y ait seulement jusqu'ici deux études sur la crise d'Aqaba de 1906. L'une est due à un Israélien, l'autre à un chercheur égyptien. Ce sont : Uriel HEYD, « Hamashber shel mifratz Elat bi-shenat 1906 (La crise dans le golfe d'Elath durant l'année 1906) », dans *Elath, the Eighteenth Archaeological Convention, October 1962*, Jérusalem, 1963, pp. 194-206 (fondée principalement sur des documents britanniques et turcs publiés) ; Yūnān LABĪB RIZQ, « Azmat al-ʿAqaba al-maʿrūfa bi-ḥādithat Ṭāba 1906 (La crise d'Aqaba, dite incident de Taba de 1906) », *Al-Madjalla al-Taʾrīkhiyya al-Miṣriyya, Egyptian Historical Journal*, XIII, pp. 247-305 (fondé surtout sur des documents britanniques inédits). La délimitation de cette frontière et de l'autre est étudiée par H. F. FRISCHWASSER-RAʾANAN, *Frontiers of a Nation : A Survey of Diplomatic and Political History Relating to the Palestine Mandate*, Londres, 1955.

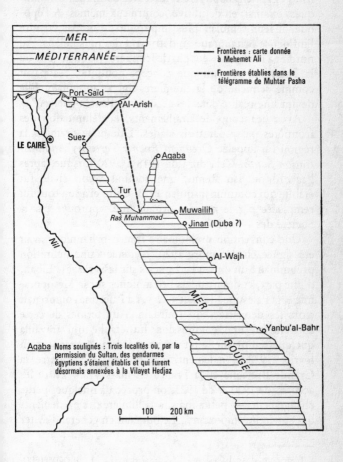

MER MÉDITERRANÉE

Frontières : carte donnée à Mehemet Ali

Frontières établies dans le télégramme de Muhtar Pasha

Port-Saïd

Al-Arish

LE CAIRE

Suez

Tur

Ras Muhammad

Muwailih

Jinan (Duba ?)

Al-Wajh

Aqaba

Nil

MER ROUGE

Yanbu'al-Bahr

Aqaba Noms soulignés : Trois localités où, par la permission du Sultan, des gendarmes égyptiens s'étaient établis et qui furent désormais annexées à la Vilayet Hedjaz

0   100   200 km

listes égyptiens appuyèrent les Turcs contre les Britanniques, et ainsi, en définitive, contre eux-mêmes. À l'époque, il leur semblait plus important de ne pas étendre l'influence britannique au détriment des musulmans. Au nord et à l'est, il n'y eut pas de frontières jusqu'au jour où la Palestine, en tant que concept politique, réapparut comme séquelle de la Première Guerre mondiale. Elle devint une réalité dans les accords de l'après-guerre.

Avec beaucoup de tiraillements, la délimitation des frontières passa par trois stades. Durant le premier, la région fut appelée *Occupied Enemy Territory Administration South*. Cela dura de 1918 à 1920 lorsque, après l'accord de San Remo, une administration civile fut établie qui continua jusqu'en 1923. Celle-ci à son tour fut remplacée par le mandat britannique, approuvé par la Société des Nations.

Une convention préliminaire franco-britannique avait été signée en décembre 1920, contenant une définition préliminaire du « mandat français sur la Syrie et le Liban, d'une part, et des mandats britanniques sur la Mésopotamie et la Palestine, de l'autre… ». La Palestine comprenait alors les deux rives du Jourdain. Aux termes de cette convention, une commission fut établie qui travailla quelque temps sur le terrain et présenta son rapport en février 1922. Finalement, l'accord fut signé entre la Grande-Bretagne et la France en mars 1923. Entre les accords de 1920 et de 1923, on procéda à quelques petits changements — petits mais, à la lumière des événements qui suivirent, importants. Le but était en général d'éviter

---

L'incident d'Aqaba est examiné aussi dans L. M. BLOOMFIELD, *Egypt, Israel and the Gulf of Aqaba in International Law*, Toronto, 1957, pp. 108-143 (étude juridique, fondée entièrement sur des documents britanniques publiés).

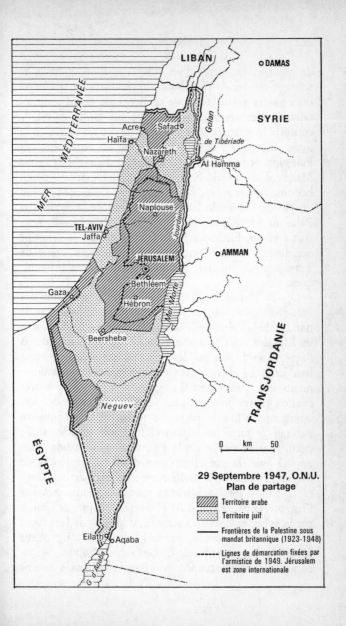

LIBAN

○ DAMAS

MÉDITERRANÉE

SYRIE

Golan

Acre
Safad

Haïfa

L. de Tibériade

Nazareth

Al Hamma

MER

Naplouse

Jourdain

TEL-AVIV
Jaffa

JÉRUSALEM

○ AMMAN

Bethléem

Mer Morte

Hébron

Gaza

Beersheba

TRANSJORDANIE

Neguev

ÉGYPTE

0   km   50

**29 Septembre 1947, O.N.U.
Plan de partage**

▨ Territoire arabe

▦ Territoire juif

— Frontières de la Palestine sous
mandat britannique (1923-1948)

---- Lignes de démarcation fixées par
l'armistice de 1949. Jérusalem
est zone internationale

Eilath
○ Aqaba

G. d'Aqaba

de partager les terres d'un village ou d'un domaine et
souvent on décida l'attribution d'un district à ce côté-ci
ou à l'autre selon le lieu de résidence du grand propriétaire foncier. Ainsi, les hauteurs du Golan ouest, y
compris le triangle de Quneitra, furent transférées à la
Syrie, bien que l'accord de 1920 les eût attribuées à la
Palestine, et cela pour éviter le partage des biens de l'émir
Mahmūd al-Fawr al-Faḍl, propriétaire foncier et cheikh
bédouin ; de la même façon, les terres s'étendant au sud
du lac de Tibériade furent transférées de la Syrie à la
Palestine parce que leur occupant, ʿAbbās Efendi, rési-
dait à Haifa. Entre-temps, la frontière entre la Palestine
occidentale et la principauté nouvellement créée de
Transjordanie fut fixée par des fonctionnaires britanniques.

Le 29 novembre 1947, l'Assemblée générale des
Nations unies adopta une résolution approuvant le
partage de la Palestine sous mandat en trois constituants :
un État juif, un État arabe, et une zone internationale. À
l'expiration du mandat, les Juifs commencèrent à former
leur État, les chefs arabes palestiniens et les gouvernements arabes rejetèrent la résolution de partage et entrèrent en guerre pour prévenir sa mise en application. Les
opérations militaires qui suivirent amenèrent un nouveau
partage *de facto* où le nouvel État juif, appelé Israël,
occupait une partie de la Palestine sous mandat plus
grande que la zone attribuée dans la résolution de
partage, et le reste fut divisé entre trois États arabes. Gaza
et la bande de Gaza furent tenus et administrés par
l'Égypte, la petite ville d'Al-Hamma sur la mer de Galilée
par la Syrie, et la rive occidentale, dont l'est de Jérusalem
et des avancées au sud, par la Jordanie. Les Égyptiens
n'annexèrent pas la bande de Gaza mais l'administrèrent
comme Palestine occupée. Al-Hamma fut traitée comme

faisant partie de la Syrie. Au printemps de 1950, les Jordaniens annexèrent officiellement les zones soumises à leur contrôle et conférèrent la pleine citoyenneté à leurs habitants, qui furent déclarés Jordaniens. En fait, la loi sur la nationalité jordanienne offrait la citoyenneté jordanienne à tous les anciens citoyens de la Palestine sous mandat, sauf aux Juifs.

Les lignes séparant Israël de ses voisins étaient des lignes de cessez-le-feu, régularisées par la suite comme « lignes de démarcation fixées par l'armistice » dans quatre conventions signées par les parties intéressées entre février et juillet 1949. Le libellé des conventions — sur l'insistance arabe, ce qui est une ironie — précise que ces lignes ne sont pas des frontières. Ainsi, la première des quatre, la convention israélo-égyptienne, signée le 24 février 1949, déclare-t-elle : « La ligne de démarcation fixée par l'armistice ne doit en aucune façon être entendue comme une frontière territoriale ni politique et est tracée sans préjuger des droits, des revendications et des positions de l'un ni de l'autre des participants à l'armistice touchant au règlement définitif de la question palestinienne » (article V, sous-section 2). Des réserves similaires apparaissent dans deux des autres conventions. La convention jordanienne, signée le 3 avril 1949, mentionne : « Les décisions de cet article ne seront pas interprétées comme préjugeant, en aucun cas, d'un règlement politique définitif entre les parties intéressées. Les lignes de démarcation fixées par l'armistice définies dans les articles V et VI de cet accord sont convenues par les intéressés sans préjuger des règlements territoriaux futurs ni des frontières ou des revendications d'aucun des intéressés s'y rapportant » (VI, SS. 8, 9). Les termes de la convention syrienne du 20 juillet 1949 sont plus énergiques : « Il est souligné que les dispositions qui suivent concernent la ligne de démarcation de l'armistice entre les forces armées syriennes et israéliennes et la zone démilitarisée et ne doivent pas être interprétées comme ayant un rapport quelconque avec les dispositions territoriales définitives concernant les deux intéressés » (V, SS. 1). Seule la convention libanaise, signée le 23 mai 1949, s'éloigne du modèle : « La ligne de démarcation de l'armistice suivra la frontière internationale entre le Liban et la Palestine » (V, SS. 1).

L'entité palestinienne, établie et définie dans sa forme par la Grande-Bretagne, fut abolie officiellement en 1948 quand le mandat prit fin. Ce qu'il advint de l'idée de Palestine par la suite est une autre histoire.

Les Palestiniens et l'O.L.P.

Approche historique

Le nom « Palestine » apparaît d'abord comme un adjectif grec, employé par Hérodote et des écrivains grecs et romains tardifs, en apposition à la Syrie. Il dérive de Philistin, et fut employé à l'origine, comme adjectif ou plus tard comme nom, pour désigner la ligne côtière habitée jadis par ce peuple. Il fut quelquefois appliqué vaguement à des territoires plus à l'intérieur, mais normalement, dans l'usage classique, il ne comprenait pas la terre de Judée. Son adoption comme nom officiel d'une entité administrative est due aux Romains et semble dater de la période qui suivit la dernière grande révolte juive contre le pouvoir romain dans l'année 135 de notre ère. Après avoir écrasé cette révolte, qui avait créé beaucoup d'ennuis à l'Empire romain, l'empereur Hadrien prit des mesures pour effacer jusqu'aux noms et aux vestiges de l'existence des Juifs en tant que nation et qu'État. Jérusalem, détruite au cours du conflit, fut reconstruite comme Aelia Capitolina ; à peu près à la même époque, la Judée fut rebaptisée Palestine. Le nom antérieur ne disparut pas entièrement, et, au IVe siècle de notre ère, on

« The Palestinians and the P.L.O. », *Commentary*, vol. 59, n° 1, janvier 1975, pp. 32-48.

trouve encore un auteur chrétien, Épiphane, qui parle de
« la Palestine, c'est-à-dire la Judée ». Néanmoins, le nom
Judée avait cessé de faire partie de l'usage officiel romain,
et ses territoires avaient été joints à d'autres zones
voisines pour former la province romaine de Palestine,
plus tard agrandie et subdivisée d'abord en deux puis en
trois provinces impériales, connues comme *Palestina
Prima, Palestina Secunda* et *Palestina Tertia.* Cet aména-
gement fut d'abord maintenu, puis modifié graduellement quand la région entière se trouva incorporée
dans le premier Empire arabe et dans les différents
empires arabes et turcs qui lui succédèrent. On a vu
que les souverains arabes conservèrent un temps
le nom de Palestine, arabisé en Filasṭin, mais qu'ils
l'abandonnèrent dans le haut Moyen Âge, et que,
dans l'usage administratif des empires islamiques,
ce nom fit place à d'autres noms et désignations de
provinces.

C'est sûrement pour cette raison que l'Organisation de
libération de la Palestine, dans l'article 2 de sa « Charte
nationale », adoptée d'abord à Jérusalem en mai 1964, à
l'époque de sa fondation, pose que « la Palestine, avec les
limites qu'elle avait durant le mandat britannique, est une
unité territoriale indivisible ». Ceci peut sembler un
choix d'autorité surprenant pour un mouvement qui est à
la fois nationaliste et révolutionnaire, car à ses yeux le
mandat britannique ne pouvait qu'être une définition
impérialiste [1] — une entité définie par des accords entre
les pouvoirs impériaux dans la partition des terres arabes

---

[1]. « Sous l'aspect d'un mandat, l'impérialisme britannique nous fut
imposé directement et cruellement », Yasser Arafat, discours à l'Assemblée générale des Nations unies, 13 novembre 1974, rapporté dans le
New York Times, 14 novembre 1974.

qui suivit la défaite de l'Empire ottoman à la fin de la Première Guerre mondiale.

Au cours de son histoire, aux annales millénaires, la région parfois désignée sous le nom de Palestine a par trois fois constitué une entité politique séparée. La première fut la succession de principautés et de royaumes juifs connus diversement sous les noms d'Israël et de Juda, dont l'histoire est rapportée dans la Bible et les classiques. La deuxième fut le royaume chrétien établi par les Croisés au Moyen Âge, connu sous le nom de Royaume latin de Jérusalem. La troisième fut le territoire sous mandat britannique établi après la Première Guerre mondiale et comprenant les parties les plus méridionales des provinces ottomanes de Beyrouth et de Damas, réunies au district ottoman séparé de Jérusalem. À la différence des provinces romaines et califales, ces trois constituants avaient leur capitale à Jérusalem ; le troisième seul était nommé officiellement Palestine. Les États juifs et des Croisés tombèrent par conquête, et leurs territoires furent incorporés dans les royaumes voisins. Le mandat se termina par le retrait de la puissance mandataire en 1948, et l'établissement d'États successeurs à sa place. Hors de ces trois périodes, la Palestine ne fut pas une entité politique séparée. Elle n'avait pas de frontières, mais seulement des limites administratives. Elle consistait en un groupe de subdivisions provinciales réunies à des époques diverses, de façon différente, avec des provinces voisines et formant partie de quelque entité plus grande, provinciale et souvent aussi impériale. Mais étant donné qu'on avait besoin d'une définition territoriale de la Palestine, le mandat britannique, avec tous ses inconvénients, était de toute évidence préférable, d'un point de vue arabe, aux royaumes des Juifs ou des chrétiens.

L'O.L.P. pouvait voir un autre avantage dans cette définition, et l'expression « unité territoriale indivisible » montre que ses auteurs en étaient conscients. Le mandat sur la Palestine, tel qu'il avait été fixé à l'origine, comprenait les deux rives du Jourdain, et ce ne fut pas avant 1921-1922 que la rive orientale, par une décision britannique approuvée par la Société des Nations, fut séparée et appelée Transjordanie, plus tard simplement Jordanie, alors que le nom de Palestine fut limité à la seule rive occidentale. L'article 2 de la Charte contient donc une ambiguïté utile et, pour le royaume hachémite, potentiellement inquiétante.

Après l'éclatement de l'Empire ottoman, en 1918, le Croissant fertile arabophone, qui avait connu une sorte d'unité pendant les quatre siècles ou presque de la domination ottomane, subit une série de démembrements. Tout d'abord, les cornes orientale et occidentale du Croissant furent séparées et la partie orientale, comprenant les vallées du Tigre et de l'Euphrate, fut nommée Irak et placée sous mandat britannique. La partie occidentale, nommée sans trop de rigueur Syrie, fut encore subdivisée en régions placées sous mandat français et britannique, le mandat français couvrant les parties nord et est du pays, le britannique le sud. Les deux puissances mandataires procédèrent alors à de nouvelles subdivisions dans les territoires sous leur contrôle. Les Français ne créèrent pas moins de cinq entités, mais qui plus tard se réduisirent à deux, dont l'une fut nommée Liban tandis que l'autre gardait le nom de Syrie. Dans la région sous mandat britannique, la division se fit entre est et ouest du Jourdain. La zone est fut renommée Transjordanie, alors que l'ouest gardait le nom de Palestine, d'abord appliqué aux deux.

Rien d'étonnant à ce que les lignes séparant la Palestine

sous mandat britannique de la Syrie et du Liban sous
mandat français, pour ne pas parler des divisions internes
supplémentaires, aient été considérées par les gens de la
région comme artificielles et inacceptables.

Avec l'établissement d'un mandat britannique, Palestine devint le nom officiel d'un territoire défini pour la
première fois depuis le Moyen Âge. Au départ, cette
désignation n'était acceptable ni pour les Juifs ni pour les
Arabes. Du point de vue juif, elle restaurait un nom
associé dans la mémoire historique juive avec la tentative,
en grande partie réussie, des Romains pour détruire et
effacer l'identité juive de la terre d'Israël. C'était un nom
qui n'avait jamais été employé dans l'histoire ni la
littérature juives et dont les connotations mêmes étaient
haïssables. Dès le début, les Juifs vivant dans le territoire
sous mandat refusèrent d'employer ce nom en hébreu,
mais employèrent à la place ce qui était devenu la
désignation juive courante du pays — *Eretz Yisrael*, la
terre d'Israël. Après une longue bataille, on se mit
d'accord pour que la désignation hébraïque officielle du
pays, sur les timbres-poste, la monnaie, etc., soit « Palestine », transcrit en lettres hébraïques mais suivi de
l'abréviation *aleph yod*. Pour les Juifs, c'était une abréviation courante pour *Eretz Yisrael*.

Pour les Arabes, aussi, le terme Palestine était inaccep-
table, mais pour d'autres raisons. Pour les musulmans,
c'était un nom étranger et non conforme, mais il ne leur
inspirait pas la même répugnance qu'aux Juifs. Leur
principale objection, c'était qu'il semblait affirmer une
entité séparée que les Arabes politiquement conscients,
en Palestine et ailleurs, niaient. Pour eux, il n'y avait pas
de pays appelé Palestine. La région que les Britanniques
appelaient Palestine était simplement une partie séparée
d'un tout plus grand. Pendant longtemps, l'opinion

politique arabe claire et organisée fut quasiment unanime sur ce point.

Au début, on avait conscience que le pays dont la Palestine faisait partie était la Syrie. À l'époque ottomane, c'est-à-dire immédiatement avant la venue des Britanniques, la Palestine avait bien fait partie d'un tout syrien, plus étendu, dont elle ne se distinguait en rien, que ce fût par la langue, la culture, l'éducation, l'administration, la soumission politique, ou par n'importe quel autre critère significatif. La ligne séparant la Palestine sous mandat britannique de la Syrie et du Liban sous mandat français était entièrement nouvelle et, pour les habitants du territoire, complètement artificielle. Il est donc naturel que les dirigeants nationalistes, quand elle apparut, l'aient pensée en termes syriens et décrivent la Palestine comme la Syrie méridionale.

Toutefois, cette phase fut de courte durée. Avec l'apparition et l'extension des idéologies panarabes, ce fut en tant qu'Arabes, non en tant que Syriens méridionaux, que les Palestiniens commencèrent à s'affirmer. Durant le reste de la période du mandat britannique, et pendant encore de nombreuses années, leurs organisations se donnèrent pour arabes et exprimèrent leur identité nationale comme arabe plutôt que comme palestinienne ou même syrienne.

Ainsi l'apparition d'une entité palestinienne distincte est un produit des dernières décennies et peut être considérée comme la création conjointe d'Israël et des États arabes — l'un rejetant les Arabes de Palestine, les autres refusant de les admettre. Selon les idéologies panarabes ou même pansyriennes, les Arabes palestiniens allant au Liban, en Syrie ou en Jordanie auraient dû rester des hommes de leur propre pays allant d'une province à l'autre. L'expérience amère des dernières vingt-sept

années a montré qu'il n'en était rien et que, comme on l'a
vu si souvent, la privation a créé un nouveau sentiment
d'identité fondé sur le partage de l'expérience, du déses-
poir et des aspirations.

Pendant la période qui va de la fin du Moyen Âge à nos
jours, un modèle d'organisation politique se développa
en Europe occidentale qui, au siècle dernier, s'étendit au
monde presque entier. Selon ce modèle, l'humanité est
divisée en nations ou pays, chacun ayant son propre État
ou gouvernement, régissant un territoire bien défini qui
est la terre natale ou la patrie. Au début, ces États sont
essentiellement dynastiques ; plus tard, avec le triomphe
de l'idée de nationalité, on en vient à accepter que la base
de l'État soit la nation, et que les États qui ne se
conforment pas à ce modèle doivent être refaçonnés et, si
nécessaire, démembrés. Dans la restructuration des allégeances apparaît un nouveau modèle politique d'organisation qui correspond plus étroitement aux nations
ethniques, linguistiques et culturelles.

Toutefois, il s'agit là de la pratique locale de l'Europe
occidentale. Elle n'a été introduite que récemment dans
les pays du Proche-Orient ; on peut encore la reconnaître
pour étrangère, et on l'a assimilée de façon imparfaite.
Jusqu'à la Première Guerre mondiale, la plus grande
partie du Proche-Orient était divisée entre deux grandes
monarchies traditionnelles, celle de la Turquie et celle de
l'Iran, la plus grande partie du monde arabe étant
assujettie à la première. Après le démembrement de
l'Empire ottoman, une série de nouveaux États fut
établie, surtout par les décisions et l'action de la Grande-
Bretagne et de la France. On les désigna par des noms
variés, certains fondés sur des traits géographiques,

comme le Liban ; certains repris de l'Antiquité classique, comme la Syrie et la Libye ; certains recevant les noms de provinces médiévales, comme la Jordanie et l'Irak. Presque tous ces États étaient nouveaux et, au début, ne signifièrent pas grand-chose pour leurs habitants.

Dans l'époque de troubles et d'incertitude qui suivit l'impact du monde extérieur, et au cours des transformations internes qui en résultèrent, trois fidélités fondamentales sont apparues et ont survécu. La première d'entre elles va à l'État : non pas à la nation ni au pays — concepts politiques étrangers et importés —, mais à l'État au sens le plus strict, c'est-à-dire au nœud d'intérêts, de carrières et de fidélités mutuelles qui constitue le pouvoir coercitif organisé dans la société. Les États établis de cette façon ont montré un pouvoir de survie remarquable malgré les efforts de quelques-uns de leurs propres membres, et dans une certaine mesure de leurs propres chefs, pour se fondre dans des groupements plus vastes.

La deuxième est la fidélité à l'Islam — non au sens occidental limité d'une religion, d'un système de croyances et de rituel, mais plutôt au sens d'une communauté sociale et culturelle à laquelle appartient la grande majorité des habitants de la région. Elle était et, à un degré remarquable, est demeurée encore maintenant, dans l'âge présent d'incroyance, la fidélité élémentaire et déterminante de la plupart des musulmans.

La troisième est la fidélité locale — aux parents, à la secte ou à la région. C'est un facteur majeur dans les luttes politiques internes, et c'est souvent la seule réalité cachée sous une terminologie empruntée, telle que gauche et droite, progressif et réactionnaire, et termes équivalents.

Jusqu'à la fin de l'Empire ottoman, la grande majorité des habitants de la Palestine, comme des contrées voisines, demeurèrent de loyaux sujets du sultan ottoman, qu'ils voyaient non comme le représentant d'une domination turque étrangère sur les Arabes — ce fut là relire dans le passé des idéologies plus tardives —, mais comme le souverain musulman légitime d'un État musulman où musulmans arabes, turcs et autres étaient des citoyens égaux. La fameuse révolte arabe fut en grande partie une affaire du Hedjaz, avec un certain soutien de petits groupes d'intellectuels et d'officiers syriens, libanais et irakiens. Les Arabes de Palestine furent à peine concernés, et les rebelles avancèrent de l'Arabie à travers la Transjordanie vers Damas sans toucher à la rive occidentale.

Après la fin de l'Empire ottoman et l'établissement des territoires sous mandat, la protestation politique des habitants de ces territoires contre un gouvernement étranger, et en Palestine contre l'immigration et les aspirations juives, s'exprima en partie à travers les organisations religieuses islamiques — le Conseil musulman suprême avec son chef, le Grand mufti — et en partie à travers les idéologies nationalistes exprimées parfois en termes syriens, mais plus couramment en termes arabes. Le foyer des fidélités n'était pas la Palestine, mais une entité plus vaste, dont le pays défini et gouverné par les Britanniques était considéré comme une partie. Cela demeura vrai pendant toute la période du mandat, malgré un certain nombre de changements, et l'idée d'un État palestinien séparé trouva peu de soutien chez les Palestiniens, qui voyaient là une invention impérialiste pour diviser les Arabes et préserver ainsi le pouvoir britannique.

Le changement vint avec le contrecoup de la Seconde Guerre mondiale, quand les États voisins accédèrent à l'indépendance, avec tous les avantages qu'elle conférait aux responsables de la conduite des affaires, alors que les Arabes de Palestine se trouvaient toujours sans organe politique qui leur fût propre.

Il se peut que les États arabes, dans les formes où ils vinrent au monde, aient été des créations étrangères, artificielles, mais ils avaient acquis une réalité. Chacun d'eux développa son propre ensemble d'intérêts et de buts ; chacun produisit une élite gouvernante, peu soucieuse de céder ni même de partager le contrôle du pays qu'elle gouvernait. L'élite palestinienne était mieux éduquée et équipée sous de nombreux rapports que quelques-unes de ses voisines ; ses membres virent leurs contemporains exercer des droits et des pouvoirs qui n'étaient pas à leur portée, parce qu'ils ne possédaient pas d'État propre ni n'étaient admis à la pleine citoyenneté dans les pays où ils trouvaient refuge. Certains d'entre eux, notamment à Beyrouth et dans les États du golfe Persique, prospérèrent et furent capables d'installer des demeures confortables et de faire carrière dans le commerce et les professions libérales. Mais, à peu d'exceptions près [1], on leur refusa la citoyenneté, et les possibilités et satisfactions politiques pour lesquelles la citoyenneté est une condition préalable [2]. Pendant un temps, il sembla que la Jordanie, le seul État qui les admît comme citoyens à part entière, pourrait fournir la réponse à ce problème ; mais l'existence d'un grand nombre de Pales-

1. Quelques chrétiens palestiniens, par exemple, purent prouver leur origine libanaise et acquérir ainsi la citoyenneté libanaise.

2. Des réfugiés musulmans de l'Inde ont tenu les plus hautes fonctions au Pakistan ; des réfugiés allemands de pays gouvernés par des communistes, malgré les risques de sécurité évidents, ont des droits égaux en République fédérale. Sauf en Jordanie, les Arabes palestiniens n'ont pas trouvé pareil accueil dans les autres pays arabes.

tiniens hors du cadre de la Jordanie, aggravée par la perte de la rive ouest en 1967, amena des tensions et des conflits. Quand l'O.L.P. fit son apparition, quand des affrontements sanglants se produisirent en Jordanie en 1970 et plus tard, cette possibilité prit fin pour un temps. Même si on pouvait trouver une solution au problème des réfugiés, resterait le problème de l'élite palestinienne frustrée. Depuis les années soixante, on a présenté le problème palestinien comme celui d'une nation qui a perdu son pays — partie d'une nation et partie d'un pays seraient peut-être plus exacts. Mais le problème brûlant n'est pas tant celui d'un peuple sans pays que celui d'une élite à qui manque un État.

D'après la résolution des Nations unies de 1947, le territoire de la Palestine à l'ouest du Jourdain devait être divisé en trois entités, un État juif, un État arabe et une zone internationale. Le refus des Arabes palestiniens et des États arabes voisins de reconnaître la résolution de partage, et la guerre qui s'ensuivit, empêchèrent l'application de cette résolution. En fait, seul l'État juif vint au monde, alors que le reste de la Palestine arabe passait aux mains de trois pays arabes voisins. Gaza et la bande de Gaza furent tenus et administrés par l'Égypte ; la petite ville d'Al-Hamma, sur la mer de Galilée, par la Syrie ; et la rive occidentale, par la Jordanie. Alors que les Égyptiens n'annexèrent pas la bande de Gaza, mais l'administrèrent comme Palestine occupée, et même firent la brève expérience d'un gouvernement palestinien basé à Gaza, le gouvernement jordanien annexa officiellement les territoires placés sous son autorité et donna la pleine citoyenneté à ses habitants, qui furent déclarés jordaniens. Al-Hamma fut traitée comme partie de la Syrie. Voilà qui donna aux trois gouvernements un motif de minimiser le thème palestinien, puisque la constitution d'une Palestine séparée aurait impliqué leur abandon des territoires qu'ils avaient acquis du fait de la guerre.

Entre 1947 et 1949, une grande partie des habitants arabes des territoires inclus dans le nouvel État d'Israël quittèrent leurs maisons et se réfugièrent sur la rive occidentale, dans la bande de Gaza et dans les pays voisins. Les Israéliens prétendent qu'ils s'en allèrent à l'instigation de leurs propres chefs, lesquels leur dirent de partir afin de ne pas gêner les mouvements des troupes, et leur promirent qu'ils reviendraient sous peu sur les traces des armées arabes victorieuses. Les Arabes maintiennent qu'ils furent poussés dehors par les Israéliens. Les deux thèses sont vraies ; toutes deux sont fausses. Certains furent assurément poussés à partir par leurs propres chefs ; certains, notamment dans le corridor stratégiquement vital qui allait de Jérusalem à la côte, reçurent des troupes israéliennes qui avançaient l'ordre de partir. Dans leur grande majorité, ils firent ce qu'ont fait ailleurs d'innombrables millions de réfugiés : ils quittèrent leurs maisons dans la confusion et la panique de l'invasion et de la guerre — un malheureux mouvement de plus dans le vaste remous de populations qui résulta de la Seconde Guerre mondiale. Comme les Polonais s'enfuirent des zones orientales dont les Russes s'étaient emparés, comme les Allemands s'enfuirent des territoires de l'Allemagne de l'Est annexés par les Polonais, comme des millions de musulmans et d'hindous s'enfuirent de l'Inde au Pakistan et du Pakistan en Inde, ainsi un grand nombre d'Arabes s'enfuirent de Palestine vers les États arabes voisins, alors que de nombreux Juifs, que, pour la plupart, l'idéologie sioniste n'avait pas touchés, fuirent les tensions qui avaient surgi dans les États arabes pour trouver en Israël une sécurité relative. À l'époque, on espérait que ce problème serait résolu, comme les problèmes des réfugiés en Europe orientale et dans le sous-continent indien, que les réfugiés arabes seraient en partie réinstallés dans les pays arabes, et qu'en partie ils retourneraient chez eux. Ce ne fut pas le cas et, à l'exception de la Jordanie, les gouvernements arabes se firent une règle de ne pas accorder la citoyenneté aux réfugiés et de s'opposer à leur réinstallation.

Après la signature des accords d'armistice à Rhodes, en 1949, les Nations unies créèrent une commission de conciliation pour la Palestine, dont les membres étaient les États-Unis, la France et la Turquie, et qui avait pour mission d'aider les parties du conflit à avancer de l'armistice vers la paix. La commission échoua dans sa tâche, mais ses activités jettent une lumière intéressante sur les relations entre les gouvernements israélien et arabe d'une part, et les Arabes palestiniens de l'autre. À en juger par ses rapports aux Nations unies et d'après quelques publications ultérieures, la commission traita seulement avec des délégations gouvernementales et n'eut pas affaire à des représentants non gouvernementaux — les seuls que les Palestiniens fussent en mesure d'envoyer.

Il y en avait de différentes sortes. Le haut comité arabe qui, sous la direction du Grand mufti Ḥādj Amīn al-Ḥusaynī et du clan Ḥusayn, avait durant longtemps constitué l'aile extrême et dominante des Arabes palestiniens dans leur lutte contre le foyer national juif, exigea d'être reconnu comme représentant de tous les Arabes palestiniens et réclama le droit d'être traité comme un gouvernement. Quand on le lui eut refusé, le comité décida de boycotter la commission, mais envoya des observateurs à ses séances. À ce moment-là, le haut comité arabe agissait en association étroite avec les

Égyptiens et s'occupait de l'éphémère « gouvernement de toute la Palestine » établi sous la protection égyptienne à Gaza. Ce gouvernement trouva peu d'appuis et s'éteignit peu à peu après l'annexion officielle de la rive ouest du Jourdain au printemps 1950, et le départ de quelques-uns de ses membres, qui allèrent travailler pour le roi Abdallah.

Il y eut toutefois d'autres délégations, envoyées par les réfugiés, et l'une en particulier qui représentait un nombre considérable d'Arabes de la rive occidentale et de Transjordanie. Les délégations des réfugiés s'intéressaient, assez naturellement, à des problèmes pratiques immédiats — le soin des terres arabes négligées en Israël, et surtout des orangeraies, le transfert de capitaux gelés, et le rapatriement d'au moins quelques-uns des réfugiés. À cet effet, ils entrèrent en discussion avec la délégation israélienne, et, d'après le témoignage d'un de leurs chefs, demandèrent aux représentants des gouvernements arabes s'ils étaient préparés soit à reprendre la lutte ou, à défaut, à faire la paix sur la base d'une solution du problème des réfugiés, assurant leur retour au pays et le recouvrement de leurs biens[1]. Les attitudes des gouvernements israélien et arabe ont été décrites par un fonctionnaire des Nations unies, qui était le principal secrétaire de la commission.

> ... l'absence de bonne volonté et d'esprit de coopération était manifeste à la fois chez le gouvernement israélien et chez les États arabes. Le premier peut difficilement en être blâmé car, tout bien compté, c'était à lui qu'on demanderait de faire

---

1. Muḥammad Nimr al-Hawārī, *Sirr al-Nakba*, pas d'indication de lieu de publication [Nazareth ?], 1955, p. 359. Cf. R. E. GABBAY, *A Political Study of the Arab-Jewish Conflict : the Arab Refugee Problem — A Case Study*, Genève, Droz, et Paris, Minard, 1959, pp. 265-266.

des concessions ; mais l'indifférence des gouvernements arabes, sauf quand ils développaient le thème dans leurs constantes diatribes et invectives contre l'État d'Israël devant l'Assemblée des Nations unies, était incompréhensible et inexcusable. Cette attitude, plus que tout le reste, me convainquit que l'intérêt que les gouvernements arabes semblaient témoigner aux réfugiés était d'un caractère surtout politique et polémique, et qu'ils les considéraient principalement comme une plate-forme d'où lancer accusation sur accusation contre le gouvernement d'Israël pour son refus d'exécuter les résolutions de l'Assemblée. Il faut admettre que le rejet obstiné par le gouvernement israélien de toute concession en faveur des réfugiés, quelle qu'en fût la justification, jouait en faveur des Arabes[1].

Bien que, chose curieuse, on ait glissé sur le sujet, on peut constater à quelques autres signes qu'il y avait là un conflit : les réfugiés avaient intérêt à retourner chez eux, donc à tout règlement qui pourrait assurer ce retour, et le gouvernement arabe s'intéressait à maintenir un état de guerre politique avec Israël, sans ce soucier des besoins immédiats des réfugiés. Un bulletin de Lausanne, publié dans le *New York Times* du 20 août 1949, parle des représentants des réfugiés arabes comme « fous furieux » de se voir ainsi traités, que ce fût par la commission des Nations unies pour la conciliation en Palestine, ou par les représentants des gouvernements arabes. Muḥammad Nimr al-Hawārī, cité dans le *New York Times* du 7 mai, est encore plus explicite :

« À moins que cette conférence [les discussions des gouvernements arabes et israélien avec la Commission de

---

1. Pablo DE AZCARATE, *Mission in Palestine 1948-1952*, Middle East Institute, Washington D.C., 1956, p. 153.

Conciliation] n'amène un accord sur l'avenir des réfugiés »,
disait à ce correspondant M. Hawārī, lui-même réfugié, « il y
aura des explosions telles que le Moyen-Orient n'en a encore
jamais vues. Nous attaquerons les Juifs, nous attaquerons le
gouvernement arabe [*sic*] ; nous attaquerons les Britanniques
et nous attaquerons les Américains ; nos gens ne sont pas
disposés à attendre un règlement frontalier ou politique.
Aucun gouvernement arabe ne parle pour nous ni ne nous
représente. » M. Hawārī soulignait que selon les réfugiés,
leurs [*sic*] gouvernements arabes n'étaient que tout juste
moins coupables que le gouvernement israélien de se servir
des réfugiés comme des pions dans un jeu politique [1].

Ce n'était pas, au départ, le sentiment d'une nationalité
ni d'une entité séparée qui tenait les Palestiniens à l'écart
et en faisait une entité séparée. Il y avait trois facteurs qui
jouaient là. L'un était que les gouvernements et, dans une
certaine mesure aussi, les habitants des pays voisins
refusaient de les absorber et de les assimiler. À l'exception de la Jordanie, les pays arabes hôtes traitaient le plus
souvent les Palestiniens en visiteurs et en étrangers, les
frappant parfois de graves incapacités. Au Liban, où une
très grande part des réfugiés palestiniens s'en était allée, il
y avait une complication particulière : l'équilibre délicat
des communautés religieuses sur lequel tout le système
politique libanais reposait. L'acceptation d'un grand
nombre de Palestiniens musulmans était de nature à
rompre cet équilibre.

La deuxième raison était la décision délibérée des
gouvernements arabes de maintenir un grand nombre de
réfugiés dans des camps afin de s'en servir comme d'une

---

1. Pour un compte rendu israélien, voir Walter EYTAN, *The First Ten
Years : A Diplomatic History of Israel*, New York, Simon & Schuster,
1958, pp. 56-59.

arme contre Israël, pour l'immédiat au sens d'arme de propagande, et potentiellement au sens militaire.

La troisième raison, celle-là très puissante, était le vigoureux sentiment d'une identité locale conservé par la grande majorité des réfugiés — non comme Palestiniens, mais plutôt comme habitants de Haifa, d'Acre, de Jaffa et d'autres villes et villages dont ils venaient. On a beaucoup écrit sur les différences profondes entre les habitants de la rive orientale et ceux de la rive occidentale, dont on dit qu'ils sont de souches différentes et de nations différentes, et entre lesquels il y a beaucoup de désaccords, profondément enracinés, au sein du royaume hachémite. Mais ceci n'est pas parce que certains sont Palestiniens et que certains sont Jordaniens. La différence est régionale ; il existe de semblables différences régionales entre les habitants de la Jordanie du Nord et de la Jordanie du Sud, et, en Palestine même, entre les habitants des collines et ceux de la plaine côtière. C'est en ce sens que le défunt cheikh Ja'abiri d'Hébron dit une fois de l'O.L.P., mi-sérieux mi-plaisant, qu'ils ne « nous » représentent pas, voulant dire les gens de la rive occidentale. « S'ils représentent quelqu'un, dit-il, ils représentent Israël, puisque la plupart d'entre eux viennent des terres côtières. » C'est là un problème réel et une difficulté réelle.

La guerre de 1967 amena une situation nouvelle. En premier lieu, elle rangea l'ensemble de la Palestine occidentale sous mandat, et un certain territoire en plus, sous l'autorité israélienne. En second lieu, elle créa un nouveau groupe de réfugiés, dont la plupart s'enfuirent de l'autre côté du fleuve, en Transjordanie.

L'Organisation de libération de la Palestine fut fondée par une décision de la Conférence arabe au sommet, tenue au Caire en janvier 1964, et, dans ses premières années, elle servit souvent d'arène aux rivalités inter-arabes. Les différents États arabes — sauf la Jordanie — patronnaient des groupes différents à l'intérieur de l'organisation commune et s'intéressaient alors plus à leurs luttes intestines qu'à la lutte contre Israël. Les choses changèrent après la guerre de 1967, quand l'O.L.P. acquit soudain une nouvelle importance. Il y eut d'abord l'unification effective de toute la Palestine occidentale sous une autorité unique, d'où le changement d'attitude des gouvernements arabes qui en avaient auparavant tenu des parties. Il y eut aussi la défaite des armées arabes dans la guerre, et le besoin d'une image nouvelle. Cette image, on la trouva dans le guérillero : elle était déjà populaire en d'autres parties du monde, et elle fit beaucoup pour restaurer l'amour-propre malmené des Arabes.

Ce fut au cours des années soixante que le nom Palestine acquit un nouveau contenu et une nouvelle signification. Le conflit palestinien était désormais revenu à son point de départ : la lutte entre deux peuples pour la possession du même pays. Une fois que l'Égypte et la Syrie furent expulsées des territoires de Palestine, et que leur grande affaire fut de recouvrer leurs terres perdues, ce furent les Palestiniens eux-mêmes qui devinrent le groupe principal — le plus motivé, le plus important, et pourtant le plus difficile à atteindre et amener au dialogue.

Au cours des années, il y a eu trois groupes qui, à différents moments, ont prétendu représenter le peuple palestinien dans sa lutte contre Israël. Le premier fut l'Organisation de libération de la Palestine, qui pendant longtemps eut son centre à Beyrouth et recruta ses forces principales parmi les Palestiniens vivant au Liban, encore qu'elle comptât aussi de nombreux partisans chez les

Palestiniens d'autres pays. L'O.L.P. comprend un certain nombre d'organisations ; elle est coiffée par un comité exécutif, avec des représentants agréés des différentes tendances. Ce comité à son tour nomme le Conseil national palestinien, dont les membres proviennent des différentes régions de la diaspora palestinienne. Le Conseil national palestinien tient des réunions régulières dans l'une ou l'autre capitale arabe. Le premier chef de l'O.L.P. fut Ahmad Shukeyri, qui conserva la charge jusqu'en 1967. Yahya Hamuda lui succéda, puis Yasser Arafat prit la relève en 1970. La plus vaste et la plus ancienne de ses parties constituantes est le Fatah, à prédominance musulmane, où une partie de la direction est liée à des organismes religieux aussi extrémistes que les Frères musulmans. Le Fatah a des partisans dans toute la diaspora palestiniennne, mais sa force principale se trouve parmi les camps de réfugiés au Liban et en Syrie.

Un autre groupe, le Sa'iqa, fondé en 1968 sous les auspices du parti syrien Ba'ath, passe généralement pour un bureau du gouvernement syrien. Il travaille en liaison étroite avec l'armée syrienne, d'où sortent quelques-uns de ses officiers et de ses hommes. Beaucoup plus petit, le Front de libération arabe se trouve dans une relation similaire avec l'Irak. Deux groupes plus radicaux, le Front populaire pour la libération de la Palestine (F.P.L.P.) et son rameau, le Front démocratique populaire pour la libération de la Palestine (F.D.P.L.P.), s'opposent à la politique d'Arafat et revendiquent la représentation d'une idéologie révolutionnaire marxiste. Les fondateurs de ces deux groupes, Georges Habache et Nayif Hawatmeh, sont chrétiens comme une bonne proportion de leurs partisans. Que des membres de communautés minoritaires apparaissent dans un tel rôle, ce n'est ni inhabituel ni surprenant, car l'idéologie laïque et radicale qu'ils expriment a pour eux des séductions plus grandes que pour les organisations à prédominance musulmane de la majorité, et leur promet une meilleure chance de participer en égaux et à part entière dans l'utopie qu'ils créeront après la révolution. Les bolcheviks juifs qui jouèrent un rôle si marquant dans la Révolution russe étaient sûrement encouragés par des espoirs de ce genre ; les révolutionnaires arabes subiront certainement les mêmes déceptions si la révolution arabe réussit.

Deux groupes radicaux plus petits, mais très actifs, sont le Commandement général du Front populaire pour la libération de la Palestine, et le Front national palestinien, ce dernier fortement apparenté aux communistes. Mis à part ceux qui se sont récemment retirés [1], tous ces groupes, ainsi que différentes autres bandes, ont leur part dans les organes centraux de l'O.L.P. et de son bras militaire, l'Armée de libération de la Palestine, et souscrivent à la Charte nationale palestinienne, adoptée en 1964 et amendée en 1968 [2].

Le deuxième candidat fut un temps la monarchie jordanienne, qui détint entre 1949 et 1967 l'essentiel de ce qui restait de la Palestine arabe occidentale, et qui, jusqu'aux décisions prises à Rabat en 1970, prétendit parler pour les habitants de toute la Palestine et plus

1. Le 26 septembre 1974, le représentant de Georges Habache annonçait à une conférence de presse à Beyrouth que le F.P.L.P. s'était retiré du comité exécutif de l'O.L.P., mais resterait membre du Conseil national de la Palestine et des autres organisations. Il dit aussi que le commandement général du F.P.L.P. et le F.L.A. s'associeraient à la décision de se retirer du comité exécutif, mais mettraient leur décision en application au moment qui leur conviendrait (*New York Times*, 27 septembre 1974).

2. Voir annexe, p. 271, pour le texte complet de la charte de 1968.

spécialement de la zone jadis placée sous l'autorité de la Jordanie. Bien qu'aucune information exacte ne soit ni ne puisse être accessible, il semblerait que jusqu'en 1967 l'autorité jordanienne sur la rive occidentale fût aussi bien acceptée que tout autre gouvernement de cette région, et que les habitants arabes étaient satisfaits de se considérer comme Jordaniens. L'occupation israélienne changea tout cela ; le mouvement palestinien prit rapidement de l'ampleur et se radicalisa, ce qui aboutit à un affrontement armé entre l'O.L.P. et la monarchie, puis au combat sanglant de septembre 1970 et à l'élimination des bases de l'O.L.P. en Jordanie.

Le troisième groupe est celui des dirigeants locaux dans les zones occupées. Il a, à toutes les époques, joui d'une autorité considérable sur les habitants et a fourni une direction effective sous les contrôles israélien, jordanien, britannique et même ottoman. À un moment donné, il semble que les Israéliens auraient pu résoudre le problème de la rive occidentale en créant ou en permettant que l'on créât une direction locale de la rive occidentale, qui aurait finalement repris le gouvernement du pays sur la base d'une coopération amicale avec Israël. Après quelques premières expériences hésitantes, les Israéliens renoncèrent à cette tentative. On les a critiqués pour avoir manqué une occasion qui ne reviendra vraisemblablement pas. Pareille solution a toujours présenté deux difficultés. L'une, c'était qu'une direction arabe se présentant sous des auspices israéliens serait par là même automatiquement discréditée. L'autre était que, même si une direction modérée pouvait émerger ainsi, elle serait toujours en danger d'être rejetée par des éléments plus militants et radicaux.

Dans quelle mesure tel ou tel de ces trois groupes jouit du soutien efficace des habitants de la Palestine, c'est

difficile à dire. Les témoignages donnent à penser que la
fluctuation est considérable, et que les attitudes changent
selon le jeu du pouvoir politique.

Qui sont les Palestiniens ? On peut les diviser en six
groupes. En premier viennent ceux qui sont restés en
Israël, quand l'État fut établi, et qui y sont toujours
demeurés. Ils sont citoyens israéliens et jouissent, en
théorie, de tous les droits de la citoyenneté ; en pratique,
de beaucoup de ces droits, mais pas de tous. Le deuxième
groupe comprend ceux qui vivent dans les zones
annexées par la Jordanie après la fin du mandat et
conquises par Israël en 1967. Le troisième groupe est
celui de ceux qui se trouvent dans la bande de Gaza
occupée puis perdue par l'Égypte. Un quatrième groupe,
très important, comprend ceux du Liban, à l'intérieur
comme à l'extérieur des camps, qui constitue le soutien
principal des organisations militantes. Le cinquième
groupe est la diaspora palestinienne dans différents pays
arabes, surtout dans les pays du golfe Persique, et dans
d'autres parties du monde. Le sixième groupe, qui n'est
pas souvent mentionné, mais dont l'importance est
considérable, est constitué par les habitants de la rive
orientale. Ceux-ci comprennent une proportion relativement élevée de gens originaires de la rive occidentale, que
leur venue soit récente ou éloignée. En un sens, on peut
considérer tous les habitants de la rive orientale comme
des Palestiniens, de même que l'on peut voir des Jordaniens dans tous les habitants de la rive occidentale. À la
base, la différence des deux noms est d'idéologie et de
programme, plutôt que nationale ou même géographique.

Parmi les trois groupes qui prétendent représenter les Palestiniens, les vues diffèrent sur nombre de points. Les gens en place qui exerçaient le pouvoir sur la rive orientale ont été nettement divisés. Il y a eu d'abord une position, celle du roi et de nombreux hauts officiers et ministres, qui consistait à exiger le retour de la rive occidentale et de Jérusalem au royaume hachémite, au besoin sur la base d'une autonomie fédérale. Ils avaient pour cela plusieurs arguments. La résolution 242 du Conseil de sécurité réclamait la réintégration des territoires conquis en 1967 (implicitement : leur restitution à leurs possesseurs antérieurs). Le gouvernement jordanien interpréta le texte en y trouvant une base juridique pour sa revendication : de même que les hauteurs du Golan devaient être rendues à la Syrie et le désert du Sinaï à l'Égypte, de même la rive occidentale devait être rendue à la Jordanie. Autrement dit, il fallait en revenir à la situation d'avant la guerre de 1967. Cette thèse était soutenue tacitement et indirectement par les Israéliens, qui administraient la rive occidentale comme territoire jordanien occupé, se servant de la monnaie jordanienne, percevant les impôts jordaniens, appliquant la loi jordanienne et dirigeant le gouvernement, l'éducation et les services publics locaux en accord avec l'usage jordanien. Sous le gouvernement israélien travailliste, ils ont même continué à soumettre beaucoup de questions à Amman pour approbation ou décision, s'acheminant ainsi, semblait-il, vers une sorte de condominium. Sous l'administration Begin, ce processus a été arrêté et dans une large mesure inversé. En plus des arguments politiques et juridiques, il y avait un puissant motif psychologique. L'honneur militaire exigeait que la monarchie jordanienne recouvrât ce qu'elle avait perdu en 1967. On voyait là comme une dette d'honneur et aussi comme un devoir envers l'arabisme devant l'histoire.

Toutefois, il y a depuis quelque temps un autre groupe, probablement plus important, au sein de l'*establishment* de la rive orientale, qui considère la rive occidentale et, en fait, tout le problème palestinien comme un fardeau et un danger pour le royaume hachémite. À ses yeux, la Jordanie se trouverait mieux sans la rive occidentale, dont la réintégration pourrait bien briser la monarchie et amener la guerre civile. Les partisans de cette théorie rejettent l'opinion couramment soutenue que la rive occidentale est la partie du royaume la plus riche et la plus prospère. Au contraire, disent-ils, la rive orientale a des potentialités plus grandes, et le gouvernement jordanien ferait bien de se concentrer sur le développement de cette rive orientale, laissant le destin de la rive occidentale se régler entre les Israéliens, les chefs locaux et l'O.L.P.

Certains Jordaniens ont mis en avant un autre argument pour se laver les mains de ce problème. S'il doit y avoir une négociation quelconque avec Israël, il faudra inclure quelques éléments de compromis. En d'autres termes, si quelqu'un parle au nom des Arabes, il devra faire des concessions territoriales le long de la frontière et peut-être aussi à Jérusalem. Pourquoi la monarchie jordanienne s'encombrerait-elle de la responsabilité de faire ces concessions ? Ne serait-il pas plus avisé de laisser à l'O.L.P., qui prétend parler pour le peuple palestinien, la charge de poursuivre le combat ou de faire les concessions nécessaires, quelles qu'elles soient ? La monarchie jordanienne, selon ce raisonnement, est plus en sécurité en évitant l'un et l'autre. En acceptant les décisions de la conférence arabe au sommet, tenue à Rabat à la fin d'octobre 1974, le roi Hussein se conformait donc aux vœux d'un groupe important de ses sujets qui, pour des raisons complètement différentes, en étaient arrivés à la même conclusion.

Les chefs locaux des villes et des villages ont probablement disposé de plus de soutien véritable, parmi les Palestiniens demeurés en Palestine, que la monarchie ou que l'O.L.P. Leur problème est que, d'une part, ils ont été incapables de former une direction générale cohérente ou de formuler une politique décidée, alors que l'occupation israélienne se poursuit ; mais que d'autre part, si les Israéliens s'en vont avant que l'on ait débouché sur une telle direction ou sur une telle politique, les chefs locaux seront certainement engloutis dans un heurt entre les prétendants rivaux. Le comportement de la population sur la rive occidentale a reflété non tellement ses préférences que son évaluation — souvent erronée — des perspectives immédiates des trois parties, les Hachémites, l'O.L.P. **et** les Israéliens. Après tout, il leur faudra continuer à vivre sous la force qui l'aura emporté, quelle qu'elle soit.

L'O.L.P., dans le passé, n'a pas caché son refus de considérer tout compromis aux termes duquel Israël continuerait d'exister. Si les chefs de l'O.L.P. ne parlent plus en public de « reconduire les Juifs à la mer »[1], leur formule d'une république laïque et démocratique de Palestine ne laisse pas de place à l'existence prolongée d'un État juif ou d'une identité nationale séparée. Cette formule a trouvé de grands appuis en Occident ; elle a aussi soulevé beaucoup de critiques. Elle pose nombre de

---

1. Voulant contribuer à la nouvelle image, M. Shukeiry expliqua que tout ce qu'il avait voulu dire était que les Juifs étaient arrivés par la mer et repartiraient comme ils étaient venus (Fuad A. JABBER, *International Documents on Palestine 1967*, Beyrouth, 1970, p. 371). « Pousser les Juifs à la mer » voulait simplement désigner une forme d'embarquement.

questions, à certaines desquelles les écrits mêmes de l'O.L.P. fournissent des réponses. Certains critiques se sont interrogés sur le sens précis des mots « laïque » et « démocratique » dans ce contexte, et ont demandé en quoi cet État différera des vingt et un États arabes déjà existants [1].

Il n'est pas besoin d'interroger un avenir hypothétique pour apercevoir les difficultés renfermées dans la formule de l'O.L.P. La Charte nationale palestinienne montre clairement que la république laïque et démocratique

---

1. Ci-dessous des extraits des constitutions arabes :

Algérie, 8 septembre 1963, article 4 : « L'islam est la religion de l'État. »

Égypte, 11 septembre 1971, article 2 : « L'islam est la religion d'État et l'arabe sa langue officielle. La jurisprudence islamique est la principale source de la législation. »

Iraq, 16 juillet 1970 (provisoire), article 4 : « L'islam est religion de l'État. »

Jordanie, 8 janvier 1952, article 2 : « L'islam est la religion de l'État. »

Koweit, 11 novembre 1962, article 2 : « La religion de l'État est l'islam, et la jurisprudence islamique sera la principale source de la législation. »

Libye, 11 décembre 1969 (provisoire), article 2 : « L'islam est la religion de l'État. »

Mauritanie, 20 mai 1961, article 2 : « L'islam est la religion du peuple mauritanien. »

Maroc, 10 mars 1972, article 6 : « L'islam est la religion de l'État. »

Qatar, 2 avril 1970 (provisoire), article 7 : « L'État s'efforcera d'inculquer les principes religieux islamiques convenables dans la société. »

Soudan, 14 avril 1973, article 16 : « Dans la République démocratique du Soudan, il y a la religion islamique. La société est dûment conduite par l'islam, religion de la majorité. L'État s'efforce d'exprimer ses valeurs. »

Syrie, 12 mars 1973, article 3 : « La jurisprudence islamique est une source principale pour la législation. »

Tunisie, 1er juin 1959, article premier : « L'islam est la religion de l'État. »

Émirats arabes unis, 2 décembre 1971, article 6 : « L'islam est la religion de l'État et la jurisprudence islamique est une source principale pour la législation. »

envisagée est un État arabe. L'article premier de la Charte dit que « la Palestine est la patrie du peuple palestinien ; c'est une partie indivisible de la patrie arabe, et le peuple palestinien est partie intégrante de la nation arabe ». Cet article reproduit sous une forme modifiée et quelque peu renforcée, une clause qui se trouve aujourd'hui dans les constitutions de la plupart des États arabes.

Les écrivains occidentaux qui ont écrit sur l'O.L.P. — par exemple dans le périodique *Time* du 11 novembre 1974 et le *New York Times Magazine* du 8 décembre 1974 — décrivent l'objectif de l'O.L.P. comme une république où « Arabes et Juifs » vivraient côte à côte. L'O.L.P., dans ses écrits, n'emploie jamais l'expression « Arabes et Juifs », car le faire impliquerait qu'elle admet l'existence d'une nation juive, et il est essentiel à l'idéologie de l'O.L.P. de nier cette existence. La formule employée est « musulmans, chrétiens et juifs ». Les juifs, dans son optique, sont purement une minorité religieuse, qui ne possède pas d'identité nationale séparée et n'a pas le droit d'avoir un État séparé. Ils auraient une place dans la République palestinienne comme une minorité à l'intérieur de la nation arabe palestinienne, et c'est seulement aux « juifs palestiniens » que cette mesure de reconnaissance est accordée. Cela est expliqué dans l'article 6 de la Charte, qui dit que « les juifs qui ont résidé normalement en Palestine jusqu'au début de l'invasion sioniste seront considérés Palestiniens ». La Charte ne date pas le « début de l'invasion sioniste », mais d'autres documents l'ont datée à différentes époques, de la création de l'État d'Israël en 1948 et, dans une décision ultérieure, de la publication de la Déclaration Balfour en 1917. Dans son discours aux Nations unies, le 13 novembre 1974, M. Arafat est même allé plus loin. « L'invasion juive de la Palestine commença en 1881. »

Dans le même discours, M. Arafat proclamait formellement, en tant que président de l'O.L.P., que « quand nous parlons de notre espoir commun pour la Palestine de demain, nous comprenons dans notre perspective tous .les juifs vivant maintenant en Palestine qui choisissent de vivre là avec nous dans la paix et sans discrimination ». À l'époque, certains ont interprété ces mots, formulés avec prudence, comme une offre de citoyenneté, dans le futur État palestinien, faite à tous les juifs d'Israël acceptant de devenir Palestiniens au sens de l'O.L.P. L'implication, expliquée clairement dans quelques écrits, est que ces juifs, qui ne pouvaient être considérés comme Palestiniens ou ne voulaient pas se faire Palestiniens et donc Arabes, partiraient et retourneraient dans leurs lieux d'origine ou, vraisemblablement, dans les lieux d'origine de leurs parents ou grands-parents. Dans les années récentes, on n'a pas beaucoup entendu parler de cette offre de citoyenneté.

Théoriquement, il y a trois types possibles de solution au problème de la Palestine. Le premier est celui mis en avant par l'O.L.P. et ses défenseurs : la création d'une république démocratique, laïque, de Palestine. Celle-ci pourrait être limitée à la Palestine occidentale où à une partie de celle-ci, ou pourrait inclure aussi la rive orientale, ce qui naturellement impliquerait la liquidation de la monarchie jordanienne [1].

---

1. Les cartes qui apparaissent dans les emblèmes de l'O.L.P. et de quelques-uns des groupes qui la constituent montrent la Palestine occidentale seule ; d'autre part, les résolutions du Conseil national de la Palestine (voir ci-dessous, p. 280) indiquent une intention d'établir un régime similaire à celui de la rive orientale et de s'unir à lui.

Ce ne serait pas un État binational, proposition que ne soutient aucun groupe important d'un côté ni de l'autre — les seuls partisans sont quelques petits groupes gauchistes juifs d'Israël, et quelques sympathisants occidentaux de l'O.L.P. qui, ou ne comprennent pas, ou bien déforment ses buts. Même si on l'essayait, un État binational serait presque certainement impraticable. L'expérience d'États binationaux dans des pays aussi relativement paisibles que la Belgique ou le Canada n'offre pas d'encouragement aux perspectives de l'union de deux peuples divisés par des décennies de lutte et séparés par de larges inégalités.

Comme aucun État ne négociera ni ne coopérera sur la base de sa propre liquidation, on peut tenir pour évident qu'Israël s'opposera à toute solution de ce genre, au besoin par la guerre. Ce danger est aggravé par le fait que si les Arabes semblaient être sur le point d'atteindre leur objectif, les Israéliens auraient presque certainement recours à l'option nucléaire, confrontant par là le monde à de nouveaux et graves problèmes.

Une deuxième solution est celle qui a été proposée par le roi Abdallah et, jusqu'en 1974, par le roi Hussein — une restauration de la souveraineté jordanienne sur la rive occidentale, avec quelques ajustements territoriaux là où ce serait nécessaire, et qui pourrait laisser une large autonomie à la rive occidentale sous la couronne jordanienne commune. Le plan Reagan de 1983 aurait impliqué un retour à cette idée. Le roi, pour un temps, montra quelque intérêt, mais se retira quand il se trouva dans l'impossibilité d'obtenir la permission de l'O.L.P. pour ouvrir les négociations. Ce qui est parfois appelé l'« option jordanienne » est apparu à beaucoup comme offrant le meilleur espoir d'une solution pacifique du problème, et le gouvernement israélien a été sévèrement

critiqué à la fois à l'intérieur et à l'extérieur pour avoir
manqué l'occasion alors qu'elle existait. Les objections
israéliennes à une telle solution étaient de différentes
sortes. Un flambeau de l'opposition, dont l'importance
s'est beaucoup accrue sous l'administration Begin, est
celui des extrémistes religieux et nationalistes qui ont
refusé d'abandonner la moindre partie du territoire
promis aux Enfants d'Israël dans la Bible ; il faut dire que
des considérations électorales ou parlementaires peuvent
leur donner une importance hors de toutes proportions
avec leur force réelle. Une deuxième objection, dans les
cercles de gauche et « progressistes », était qu'aucune
solution ne pouvait être atteinte avec un monarque
réactionnaire, et que les Israéliens devraient s'efforcer
d'atteindre un arrangement quelconque avec les Palestiniens eux-mêmes. Troisième argument, plus pratique
— et qui a probablement été l'argument décisif aux yeux
des gouvernements israéliens successifs — le roi Hussein
manquait de la force nécessaire pour défendre un tel
accord, même s'il était possible d'y arriver. Il semble
qu'après les décisions de Rabat, qui n'ont jamais été
formellement repoussées, et le veto de l'O.L.P. sur les
négociations, une telle possibilité, pour le moment du
moins, soit devenue caduque.

La troisième possibilité, désormais la seule à être
envisagée, est la création d'un État arabe palestinien dans
les parties de la Palestine sous mandat auxquelles Israël
renoncerait. Il y a des inconvénients à constituer un tel
État, tant du point de vue arabe que du point de vue
israélien. En soi, l'argument selon lequel cet État ne serait
viable ni politiquement ni économiquement n'est pas
irrésistible : il existe aujourd'hui nombre d'États souverains à qui la population ou les ressources, ou les deux,
font plus gravement défaut qu'à l'État arabe dont on

propose la création sur la rive occidentale. Une objection plus sérieuse, faite du point de vue arabe, est que cet État deviendrait inévitablement un Bantoustan israélien, un État fantoche nominalement indépendant, mais en fait dominé par Israël. D'où un autre danger, à vues arabes : cet État pourrait être l'instrument d'une pénétration israélienne dans l'*hinterland* arabe, par la voie économique et peut-être même par d'autres moyens. À cause des rapports économiques entre Israël et la rive occidentale occupée, et entre la rive occidentale occupée et la rive orientale, cette pénétration économique existe déjà dans une certaine mesure.

Du point de vue israélien et peut-être aussi jordanien, le danger n'est pas, loin de là, que cet État devienne un Bantoustan israélien ; c'est qu'il devienne un nid de terroristes et une rampe de lancement pour des attaques dirigées contre ses deux voisins. Les Jordaniens, qui approuvent cette solution, estiment qu'on exagère ce danger. Même les plus féroces des terroristes, raisonnent-ils, une fois qu'ils sont maîtres d'un organisme d'État, se transforment inévitablement en hommes politiques gouvernés par des critères politiques et des contraintes politiques normales, et les chefs de l'O.L.P. ne feraient pas exception, une fois qu'ils se trouveraient effectivement responsables de l'administration d'un territoire. Selon cette thèse, l'effet dégrisant du pouvoir et de la responsabilité ne serait pas non plus le seul frein. À supposer même que les maîtres de cet État de la rive occidentale se montrent disposés à menacer soit Israël soit la Jordanie, les deux gouvernements possèdent les moyens de se défendre. En définitive, soutient-on, cet État se tournerait fatalement vers la Jordanie pour s'en faire agréer, car à qui d'autre pourrait-il s'adresser ? Il faut cependant envisager une autre possibilité : que cet

État soit capable de s'emparer de la Jordanie en renversant la monarchie hachémite.

Si le conflit arabo-israélien avait été purement local, il aurait presque certainement été réglé depuis longtemps ou, du moins, se serait réduit à peu de chose. Aucune des parties n'est en mesure, sans aide, d'imposer sa volonté à l'autre par la force, et toutes deux en sont venues à comprendre que c'est là le résultat d'une série de conflits qui n'ont pas abouti. Laissées à elles-mêmes, elles auraient tôt ou tard consenti à quelque arrangement fondé sur une tolérance mutuelle qui aurait pu, avec le temps, ouvrir la voie à quelque chose de mieux. Arabes et Israéliens sont également las de ce vain, coûteux et interminable combat, qui les met dans la nécessité d'être en permanence prêts à faire la guerre, qui détourne et gaspille à des fins militaires des ressources humaines et matérielles déjà peu abondantes, alors qu'ils en ont un besoin pressant pour leur restauration intérieure ; bref, qui impose de fortes tensions à l'économie et à la société. D'un côté comme de l'autre, on perd de plus en plus ses illusions sur les mystiques idéologiques, et l'on doute de plus en plus qu'il soit possible, ou même désirable, d'atteindre certains buts proposés par les dirigeants. Si nul ne s'en était mêlé, ils auraient probablement abouti, avec le temps, à l'un ou l'autre de ces deux résultats. Ou bien ils auraient élaboré une quelconque solution de compromis, qui n'aurait satisfait aucune des deux parties, mais qu'elles auraient trouvé acceptable ; ou bien le problème aurait continué à couver, le conflit serait resté local et secondaire, gênant mais non crucial pour ceux qu'il aurait directement concernés ; le reste du monde n'y aurait vu qu'un ennui subalterne. On aurait réinstallé une partie des réfugiés arabes, on en aurait rapatrié une autre partie, sans aide ni intervention internationale, comme cela s'est passé pour tant de millions d'hommes enfuis ou chassés de chez eux en Asie, en Europe et en Afrique, quand le monde, au lendemain de la Seconde Guerre mondiale, se trouva bouleversé et redistribué.

Même s'il n'y avait pas eu de règlement antérieur, la guerre d'octobre 1973 aurait bien pu résoudre le problème. À cette occasion, les États arabes attaquant Israël le firent avec l'avantage maximum de la surprise stratégique et tactique et d'un moment où Israël était déchiré par des difficultés intérieures et isolé internationalement. Pourtant les Arabes furent incapables de remporter une victoire militaire décisive et, dans l'opinion de la plupart des observateurs extérieurs, c'est un cessez-le-feu imposé internationalement qui les sauva du désastre militaire auquel on pouvait fort bien s'attendre.

Malheureusement pour les deux parties, leur conflit n'est pas purement local ; un certain nombre de facteurs régionaux et extérieurs viennent le compliquer. Il y a l'O.N.U., qui a été impliquée dans le conflit palestinien à dater du moment où le gouvernement britannique a annoncé qu'il renonçait à son mandat et renvoyait la responsabilité à l'O.N.U., successeur légitime de la Société des Nations, laquelle avait conféré le mandat à la Grande-Bretagne en premier lieu. Le rôle de l'O.N.U. dans tout le conflit palestinien a été, pour le moins, ambigu. Le regretté Tibor Szamueli définissait un jour l'O.N.U. comme « une organisation pour la conservation des conflits ». Il y a peut-être là de l'exagération, mais aussi un certain élément de vérité. Quand l'O.N.U. s'occupe de conflits internationaux, elle fait plutôt penser à certaines branches de la médecine moderne, où l'on traite des maladies jadis mortelles. Les progrès accomplis empêchent le malade de mourir, mais ne suffisent pas pour le guérir ; on le conserve donc dans un état d'invalidité permanente. Dans l'intervalle, l'O.N.U., immobilisée ou détournée par les intérêts politiciens de ses membres, et de plus en plus alourdie par son propre professionnalisme, tend trop souvent à conserver ce qu'elle ne peut résoudre.

C'est donc en vain que l'O.N.U. cherche une solution au problème palestinien. L'une des raisons de son impuissance est que la région est elle-même devenue un champ de bataille pour les grandes puissances rivales. Le rôle des puissances n'est pas nouveau. Pendant longtemps, le conflit arabo-juif en Palestine fut exacerbé par l'intervention des grandes puissances européennes : d'une part, la Grande-Bretagne et la France, qui n'étaient pas tout à fait d'accord ; d'autre part, l'Allemagne et l'Italie qui n'étaient pas tout à fait d'accord. À présent, ces quatre nations se sont dégagées de tout intérêt politique direct. Mais leur place est prise. L'Ouest est maintenant représenté par les États-Unis, l'Est par l'Union soviétique, qui a repris, à bien des égards et avec beaucoup plus de succès, le rôle joué antérieurement par l'Allemagne nazie.

Au début, l'attitude soviétique envers le mouvement palestinien et les organisations a été plutôt négative. L'Union soviétique favorise le maintien du *statu quo* politique dans les régions où elle exerce une influence. Elle préférait traiter avec les gouvernements arabes, et cette politique lui réussit largement auprès de quelques-uns d'entre eux. Le mouvement palestinien, cette force radicale qui n'était pas dirigée depuis Moscou, éveillait sa méfiance et ses craintes ; elle y voyait un danger pour les gouvernements existants et pour les relations qu'ils avaient établies avec l'Union soviétique. À mesure que l'influence soviétique sur les gouvernements arabes a faibli, Moscou a porté aux radicaux arabes un intérêt croissant. Au début des années soixante-dix, le gouvernement soviétique s'est intéressé de plus en plus à l'O.L.P. et a cultivé des relations avec ses chefs. Les Soviétiques n'étaient visiblement pas ravis de voir Kissinger progresser vers le désengagement et la négociation pendant ses voyages de la première moitié de 1974. L'O.L.P. exerce une fonction utile, car elle fait partie du champ de mines politique que les Soviétiques ont jugé utile de poser sur la route de la paix, et qu'ils peuvent faire exploser où et quand ils croient apercevoir le grave danger d'un règlement qui ne se ferait pas sous leurs auspices et ne serait pas en accord avec leurs intérêts.

Que les Soviétiques s'intéressent à l'O.L.P., on a pu le voir à plusieurs indices, visites et rencontres, fourniture d'armes et, fait des plus significatifs, passage par la Tchécoslovaquie des agents arabes : en conséquence de leur coup de main de Vienne, en septembre 1973, Schönau ne sert plus de centre de transit pour les émigrants juifs soviétiques. On a peine à croire que des hommes armés aient pu traverser un pays communiste en chemin de fer sans la connivence des autorités.

Plus frappant encore a été le soutien d'Andrei Gromyko aux Palestiniens à l'époque de l'accord de désengagement syrien, en mai 1974. Dans l'accord de désengagement égyptien, une clause avait appliqué le cessez-le-feu aux « actions militaires et paramilitaires ». Les Syriens refusèrent d'inclure la mention des actions paramilitaires et obtinrent gain de cause. M. Gromyko ne cacha pas qu'il avait positivement intérêt direct à réserver cette option de la guerre paramilitaire.

Les documents saisis par les Israéliens dans la campagne du Liban, en juin 1982, révélèrent que le gouvernement soviétique et la direction de l'O.L.P. étaient en relations politiques très étroites et que les Soviétiques prenaient pour le moins une part active à l'entraînement des agents de l'O.L.P. [1].

Un deuxième facteur de complication est celui du pétrole. En un sens, il s'agit là d'un simple problème commercial — le désir normal d'un producteur de toucher autant d'argent que possible pour son produit alors que la demande se soutient et que l'offre se maintient. On peut discuter de la sagesse ou même de la moralité des politiques menées par les pays producteurs de pétrole, mais on ne peut nier leur efficacité à court terme. Ils voulaient être sûrs de tirer un revenu aussi grand que possible de la vente du pétrole ; c'est là une motivation rationnelle, et les actions qu'elle inspire sont donc prévisibles, sujettes à discussion et négociables. Du moins le seraient-elles s'il s'agissait d'une question purement commerciale ; mais ce n'est pas le cas. Cette attitude des producteurs de pétrole, Arabes et autres, à l'égard des pays consommateurs de l'Occident, il faut la considérer dans un contexte un peu plus large, comme élément d'un problème plus vaste dont elle est, en un sens, une expression. Il ne s'agit pas du conflit arabo-israélien ni même de l'affrontement des grandes puissances ou des superpuissances, mais d'un autre affrontement plus ancien que l'on a décrit de diverses façons : opposition des riches et des pauvres, des développés et de ceux qui sont en voie de développement, des puissances industrielles et des fournisseurs de matières premières, ou de

1. Raphael ISRAELI, *PLO in Lebanon : Selected Documents*, Londres, 1983, pp. 33-168.

l'Occident et du Tiers monde. Pour beaucoup des habitants du Tiers monde ou du monde pauvre, cet affrontement est beaucoup plus important et a un impact beaucoup plus profond que les rivalités lointaines, et pour eux sans grande signification, entre les superpuissances. Il peut sembler étrange d'employer des mots comme « pauvre » en parlant de ces nouveaux riches que sont les pays producteurs de pétrole du Proche-Orient. Cependant, malgré l'immense richesse qui leur revient, la pauvreté demeure au fond la condition de la plus grande partie de leur population ; elle continue d'altérer leurs attitudes nationales, et surtout sociales et politiques.

En cet affrontement culmine un long processus qui dure depuis des siècles. Il a commencé avec l'expansion de l'Europe, à ses deux extrémités, à la fin du XVe siècle : les Russes s'étendant à partir de l'est, les Portugais et autres nations maritimes à partir de l'ouest. Cette expansion et l'influence à laquelle elle a donné naissance ont fini par toucher le monde entier. Elle a pris différentes formes en différents lieux. Dans certaines régions, elle a abouti à la domination coloniale directe. Au Proche-Orient, cela ne s'est produit qu'en certains endroits et pour des périodes relativement brèves. Dans la plupart des pays du Proche-Orient, l'impact de la civilisation occidentale a été indirect, et néanmoins assez puissant pour ébranler la vieille civilisation de façon irréparable et pour mettre en marche un violent processus de changement social, économique et politique, lequel a brisé l'ordre traditionnel, détruit les fidélités et les relations traditionnelles, et engendré un profond ressentiment contre les porte-étendard occidentaux de la civilisation dont ces changements étaient originaires.

Les musulmans sont les porteurs d'une vieille et fière civilisation. Au cours du siècle dernier, ils ont progressivement découvert qu'en ce monde on les cantonnait dans un rôle subalterne et imitatif, et ils ont eu du mal à le supporter. Depuis quelque temps, il s'est produit dans ces pays un revirement des esprits, un mouvement de réaction contre la civilisation de l'Occident et contre les institutions caractéristiques qui lui sont associées, telles que la démocratie libérale et la libre entreprise. Tel étant l'état des esprits, toute occasion de montrer sa force et de s'en servir contre l'Occident est une source de profonde satisfaction. Ce ne sont pas les Soviétiques qui ont créé cet état d'esprit, mais ils l'ont efficacement utilisé en plusieurs occasions. De bonne heure on en a eu un indice dans la réaction de l'opinion publique, même celle des États arabes conservateurs et pro-occidentaux, au premier marché d'armement soviéto-égyptien, passé en 1958. L'annonce en fut accueillie avec enthousiasme et applaudissement dans tout le monde arabe. Ce qui donnait tant de plaisir, ce n'était pas l'expansion de l'influence soviétique, cause de graves soucis pour beaucoup, mais plutôt la gifle administrée à l'Occident. Il y a eu quelques autres occasions depuis, mais il ne s'est rien produit d'aussi frappant et d'aussi agréable que le maniement de l'arme du pétrole. Ceux qui l'ont employée en ont retiré un sentiment, une ivresse de puissance qui a dû être fort agréable, sans doute, mais qui est fort dangereuse néanmoins. Une conversation avec un chef arabe palestinien, dans la période qui a suivi immédiatement la guerre d'octobre 1973, est instructive à cet égard. Son humeur générale était sombre. Il lui semblait que les gouvernements d'Égypte, de Jordanie et de Syrie se préoccupaient surtout de recouvrer les territoires qu'ils avaient perdus et de servir chacun ses intérêts propres, et il ne doutait guère qu'ils trahiraient les Palestiniens s'ils en avaient la possibilité. Il alla même jusqu'à exprimer

l'opinion que les Palestiniens devraient faire en sorte de
ne pas être représentés du tout dans les conversations de
Genève, alors en préparation, ni par l'O.L.P., ni par le
roi, ni par aucune combinaison des deux. « Nous allons
être trahis de toute façon, dit-il. Pourquoi signerions-
nous notre propre trahison par notre présence ? » Toutefois, quand nous commençâmes à parler du pétrole, ses
yeux s'allumèrent et son attitude changea. « Nous tenons
le monde à la gorge », dit-il. L'idée de tenir le monde à sa
merci était très répandue et consolait un peuple qui
souffrait sous la longue domination des puissances et
cultures étrangères.

Dans le passé, cet état d'esprit, qui n'est pas nouveau, a
fait de groupes importants d'Arabes les victimes faciles de
toute force s'opposant à l'Occident et disposée à en défier
à la fois la puissance et la forme de civilisation. Dans les
années trente et au début des années quarante, par
exemple, elle a permis aux nazis, alors qu'en fait ils
n'offraient pas grand-chose aux Arabes, même sous
forme de promesses, de s'assurer néanmoins un soutien
massif dans les pays arabes. Il permet maintenant aux
Russes de faire de même — et c'est souvent le même
soutien, venu des mêmes horizons. Les Russes ont réussi
là où les nazis ont échoué ; ils se sont installés au Proche-
Orient, ouvrant par là un processus de désillusion qui
depuis est allé très loin. Mais ils ont été et sont encore en
mesure, à l'occasion, d'utiliser et d'exploiter le sentiment
anti-occidental, et, en cela, ils ont été grandement aidés
par l'acquiescement de l'Europe.

Cet état d'esprit était dangereux, et a parfois conduit à
de dangereuses erreurs de calcul. Pendant un certain
temps, l'arme du pétrole est restée puissante, mais avec le
désavantage, du point de vue des intérêts arabes, de viser
dans la mauvaise direction. La dernière fois qu'elle a été

employée, elle a eu pour effets d'apporter des désagréments à l'Amérique, des privations à l'Europe et des souffrances aux pays d'Asie et d'Afrique : effets inversement proportionnés au soutien que les Arabes pouvaient espérer de ces différentes parties du monde. Il est vrai que les désagréments aux États-Unis peuvent être d'un plus grand effet politique que les privations en Europe ou les souffrances en Asie et en Afrique, mais le prix et le risque sont tous deux élevés. Quel que puisse être le résultat final, l'effet immédiat de l'arme du pétrole a été de donner aux dirigeants arabes un sentiment de puissance qui, à l'époque, n'était nullement dénué de fondement et qui, par voie de conséquence, encouragea les partisans d'une politique plus militante et moins modérée.

Enfin, le problème a été compliqué par toute une série de divergences et de divisions locales dont les caractères sont fort divers. Il y a parmi les différents États arabes des rivalités, disons plus, des heurts d'intérêts qui ont pris de l'ampleur et modifié les points de vue : ces États mènent désormais des politiques nationales spécifiques, nationales dans le sens qu'elles sont égyptienne, irakienne, jordanienne, etc., plutôt qu'arabes ou panarabes — et ces politiques sont souvent en conflit.

Le déclin du panarabisme a été un élément important dans la naissance d'une identité palestinienne séparée. Plusieurs facteurs ont contribué à ce processus. L'un d'eux est le conflit arabo-israélien lui-même. La Ligue arabe et les États arabes ont été manifestement incapables d'empêcher la formation d'Israël ou d'assurer sa dissolution, et l'on y a vu un échec du panarabisme ; de même ils ont été incapables de concerter une action efficace contre Israël ou d'aider efficacement les Palestiniens, que ce soit en les rapatriant ou en les réinstallant ailleurs. Ce sentiment s'est renforcé quand les États arabes, en juin 1982, n'ont pas trouvé le moyen de secourir, ne fût-ce qu'en paroles, l'O.L.P. luttant pour se défendre contre l'attaque israélienne. En outre, les porte-parole arabes prenaient conscience qu'il y avait un point faible dans leur propagande du fait qu'ils adoptaient la position panarabe, car elle altérait leur plainte contre Israël. Si, comme les panarabes l'avançaient, les Arabes n'étaient en fait qu'une seule nation et les pays arabes une seule vaste patrie, ils n'avaient donc souffert la perte que d'une province, très petite comparée à l'immense superficie de la grande patrie arabe, qui s'étend du golfe Persique à la Méditerranée. Il y avait eu perte de territoire et déplacement de nombreuses personnes mais ces épreuves n'étaient pas comparables à celles que diverses nations d'Europe, d'Asie et d'Afrique avaient subies dans la période qui avait immédiatement précédé la première guerre israélo-arabe. Ainsi posé, leur problème paraissait relativement insignifiant, leurs doléances disproportionnées.

Si, au contraire, on considérait la Palestine non comme une province, mais comme une nation, alors la position des Palestiniens contre Israël était très différente. Membres d'une nation qui a perdu sa patrie, ils ne figuraient plus comme un pénible article de plus sur la longue et morne liste des réfugiés, mais ils occupaient devant l'opinion mondiale une position beaucoup plus favorable. Une tragédie humaine devient ennuyeuse ; on peut toujours rendre la politique passionnante.

Un autre facteur travaillait contre le panarabisme : c'était la solidité croissante des États individuels. Ce facteur apparaissait déjà dans les rivalités qui divisaient les États arabes envahissant la Palestine en 1948, même au moment du danger. Il est devenu beaucoup plus évident depuis lors, étant donné surtout que des changements politiques et économiques ont créé des différences dans les régimes et dans l'idéologie, et ont provoqué parmi eux des conflits où il y va de l'intérêt des États.

L'Égypte a joué un rôle particulièrement important dans ce processus. Elle était venue tard au panarabisme, et pendant quelque temps ne s'y intéressa que comme à un complément possible de sa propre politique nationale. Ce complément-là ne fit pas grand bien à l'Égypte, car il l'entraîna dans une guerre désastreuse au Yémen, dans une union infortunée avec la Syrie et dans une suite d'autres mésaventures. Pis que tout, il lui fit subir des défaites humiliantes, infligées par les Israéliens. En conséquence, le panarabisme égyptien se trouva en butte à des attaques tant intérieures qu'extérieures. Alors que beaucoup d'Arabes voyaient dans la politique égyptienne une tentative d'exploiter la cause arabe à des fins impériales, en Égypte, au contraire, nombreux étaient ceux pour qui le panarabisme égyptien signifiait une subordination des intérêts nationaux égyptiens aux fantasmes panarabes et le gaspillage de vies et de ressources égyptiennes pour une cause qui n'était pas la leur. Un journaliste égyptien a donné une expression énergique et frappante à cette manière de voir quand il a dit (mais non pas écrit) : « L'Égypte a été assez longtemps la banque du sang du monde arabe. » Cet état d'esprit aide à comprendre que le peuple égyptien, contrairement à l'attente quasi générale, ait applaudi avec émotion les propositions de paix d'Anouar el-Sadate, et qu'entre l'Égypte et Israël le processus de paix ait survécu à toute les vicissitudes des années qui suivirent.

Un autre facteur a joué défavorablement contre le panarabisme, c'est la croissance et l'extension de l'influence soviétique dans le monde arabe. Les Soviétique n'aiment pas les idéologies supranationales ou internationales autres que celles qu'ils dirigent et maîtrisent, et ils ont découragé le panarabisme parmi leurs propres partisans, préférant traiter séparément avec chacun des gouvernements arabes.

Plus important que tout, à cet égard, est le changement d'attitude des Palestiniens eux-mêmes. Fut un temps où ils étaient au nombre des partisans les plus enthousiastes du panarabisme et des interprètes les plus en vue de son idéologie. Mais ils ont éprouvé d'amères déceptions et, au cours des dernières années, ils se sont mis à penser beaucoup moins au panarabisme et beaucoup plus à leurs affaires personnelles.

Avant qu'une solution du conflit entre Israéliens et Arabes se dessine comme une lointaine possibilité, l'histoire du conflit doit passer par deux phases. Dans la première phase, l'enjeu est l'existence même d'Israël, que dans le passé les États arabes et les dirigeants arabes, aussi bien que les Palestiniens, ont fermement refusé de reconnaître. Dans cette phase, tout accord ou même toute négociation est évidemment impossible, puisqu'il ne peut y avoir aucun compromis, aucune demi-mesure entre l'existence et la non-existence. Du côté arabe, il n'y avait évidemment pas de négociation possible avec un État auquel les Arabes ne reconnaissaient pas même le droit d'exister. Le seul fait d'entrer dans de tels pourparlers, c'était céder sur le point qu'ils ont tenu pour fondamental pendant tout le conflit. Pour les Israéliens également, aucune négociation ni discussion n'était possible si l'autre partie n'était nullement disposée à les reconnaître. Aucun État ne saurait être complice de son propre démembrement ; n'importe quel État cherchera une protection maximale contre son extinction politique et peut-être physique. C'est dans cette période que la question d'une négociation directe est devenue cruciale pour les deux parties. En entamant des négociations directes avec Israël, les États arabes lui auraient donné un gage vital de reconnaissance. En refusant de négocier, ils maintenaient leur refus de reconnaître son existence. Pour les Arabes comme pour les Israéliens, la question d'une négociation directe a pris de la sorte une signification symbolique qu'elle a toujours gardée depuis lors.

Puis est venue une phase intermédiaire de la discussion. L'Égypte a été la première à admettre l'existence d'Israël et à rendre officielle cette acceptation dans un traité de paix, persistant dans cette politique malgré le scandale et les malédictions de presque tout le monde arabe. Quelques années plus tard, quand le gouvernement du Liban est entré en négociations officielles, face à face avec les Israéliens, et a conclu un accord, encore que ce ne fût pas un traité de paix, les gouvernements arabes dans leur majorité se montrèrent aussitôt disposés à tolérer, voire à approuver cette démarche, et un certain temps s'écoula avant que les Syriens, à la tête du groupe qui la refusait, fussent en mesure d'en imposer l'abandon. La Jordanie, sans jamais entrer ouvertement en négociation directe, en a au moins envisagé la possibilité, et au cours des années elle a établi une sorte de coexistence *de facto* aux niveaux administratifs. Toutefois, le progrès était toujours retardé du fait que les Arabes répugnaient foncièrement à abandonner leur espoir, celui de voir, à la fin des fins, Israël disparaître de façon ou d'autre ; et du fait que les Israéliens répugnaient tout autant à chasser les craintes que leur inspirait cette perspective-là. Les dirigeants israéliens sont avertis et pénétrés de la rhétorique de destruction des Arabes ; gouvernants responsables d'une nation menacée, ils ne peuvent l'écarter aussi aisément que les journalistes et commentateurs occidentaux. Leurs craintes sont renforcées par les exemples d'horreur des guerres du Tiers monde telles que celles du Biafra ou du Pakistan oriental, et par le terrible souvenir de l'holocauste d'Europe, qui est et qui demeure, pour les Israéliens de la vieille génération, la grande épreuve de leur vie.

Néanmoins, il y a eu quelques progrès. De plus en plus, les Arabes se rendent compte qu'ils ne sont pas en mesure de détruire Israël dans l'avenir prévisible, qu'on ne les laissera pas faire, et qu'ils doivent donc, bien à contrecœur, en arriver à un accord sur son existence. De même, il y a chez les Israéliens une conscience nouvelle et plus nette de ce que sont les Palestiniens et de la nécessité de trouver une réponse à leurs problèmes.

Si l'existence d'Israël était admise comme allant de soi, le conflit arabo-israélien pourrait évoluer vers une nouvelle phase dans laquelle le problème ne serait plus l'existence ou la non-existence de l'État, problème insoluble de par sa nature même, mais son étendue. Ce serait un problème politique et diplomatique d'un type plus traditionnel, une contestation sur des frontières.

Plusieurs dirigeants arabes ont déjà indiqué, même s'ils l'ont fait en termes soigneusement indirects, qu'ils étaient prêts à admettre qu'Israël se perpétue en tant qu'État, et même à entamer des négociations directes dans des conditions appropriées. Cette acceptation, si elle était traduite de façon convaincante, pourrait opérer la normalisation indispensable du conflit, en en faisant une contestation politique « normale » sur des frontières, dont on pourrait formuler les problèmes, les discuter et

finalement les résoudre. Juridiquement, Israël n'a jamais
eu de frontières, seulement des lignes de cessez-le-feu. Le
traité de paix israélo-égyptien a, pour la première fois,
établi une frontière internationale reconnue entre les
deux pays — et les contestations persistent même à ce
sujet.

Il reste encore beaucoup de difficultés. De temps à
autre, des déclarations arabes, y compris quelques campagnes de presse antijuives vraiment féroces en Égypte,
même après le traité de paix, ont ranimé les craintes les
plus profondes des Israéliens quant aux intentions des
Arabes. Une des conséquences les plus regrettables du
rideau de fer qui sépare les Arabes et les Israéliens est
l'absence presque totale de compréhension de part et
d'autre. Du côté arabe, on ne comprend pas ou on
comprend fort peu ce que signifie l'holocauste pour les
Juifs d'Israël et d'ailleurs au XXe siècle, et l'on ne se rend
pas compte que cette épreuve a marqué la conscience
juive au fer rouge. Certain commentaire arabe sur le
procès d'Eichmann à Jérusalem est instructif à cet égard
— par son manque de sensibilité et même, çà et là, par les
expressions vigoureuses de son approbation pour l'œuvre
d'Eichmann, et du regret de constater qu'il l'a laissée
inachevée. On pouvait même en dire autant de certaines
réflexions faites par le défunt président Sadate avant le
traité de paix, de son éloge de Hitler, par exemple, et de
sa promesse de réduire les Juifs à leur état convenable
d'abjection. Encore plus inquiétant, pour une nation de
survivants, est le penchant des Arabes pour des formules
qui restent ouvertes, telles que « la suppression des
conséquences de l'agression », « la récupération des
terres arabes » et « la restauration des droits des Palestiniens ». D'un point de vue arabe, l'existence même
d'Israël, comme l'avait dit le président Nasser, est une

agression [1], et tout son territoire est une terre arabe usurpée, la restauration des droits des Palestiniens, dans l'interprétation de ceux que l'on reconnaît maintenant comme leurs seuls porte-parole légitimes, nécessiterait la disparition d'Israël et le départ de la plupart de ses habitants : il en serait nécessairement ainsi, puisque autrement la république proposée de Palestine aurait une majorité juive. Les Israéliens en sont profondément conscients — et les Arabes semblent ne pas se rendre compte des craintes des Israéliens.

Il en va de même du côté israélien : jusqu'à ces derniers temps, on ne s'est pas rendu compte d'un sentiment du monstrueux qui oriente les réactions arabes devant le destin des Palestiniens, devant la création d'un État juif, et, conjointement, des craintes qu'éveille chez les Arabes ce qu'ils considèrent comme l'expansionnisme israélien. Ces craintes tirent quelque apparence de justification du fait que les limites territoriales d'Israël se sont déplacées, par étapes successives, de plus en plus loin des lignes de partage d'origine. Les Israéliens peuvent trouver de bonnes raisons à ces avancées territoriales successives, mais les craintes qu'elles éveillent chez les Arabes sont, de temps à autre, renforcées par les déclarations immodérées des extrémistes israéliens, et il faut les apaiser si l'on veut qu'un progrès réel soit possible.

Les Arabes se trouvent toujours face à un choix fondamental entre deux objectifs : ou bien accepter l'existence d'Israël et essayer de parvenir à un règlement par voie de négociation, aux meilleures conditions possibles, ou bien s'en tenir à leur objectif initial de démanteler le passé, morceau par morceau — d'abord la guerre de 1973, puis la guerre de 1967, puis la guerre de 1948 —, et

---

1. Conférence de presse du 28 mai 1967.

ainsi finalement de défaire ce qu'ils tiennent pour la grande injustice, l'existence même d'Israël. Cette option-là, on la conserve, même chez les modérés, quand on fait couramment usage des formules ouvertes citées plus haut. La même attitude d'esprit se révèle dans la réponse pour le moins ambiguë à l'initiative de Reagan de 1983, qui offrait aux Arabes l'occasion d'entrer en pourparlers pour les restitution de la rive occidentale à la souveraineté arabe, cette fois avec le plein appui du président des États-Unis. Les prudentes ambiguïtés des propositions Fahd et les résolutions de Fez en 1983 ne cachaient pas que, au fond, l'on n'était nullement disposé à reconnaître Israël, même comme un partenaire dans les négociations, et encore moins comme un voisin définitif. S'il est certain que bien des dirigeants arabes sont désireux de rechercher la paix par la négociation, reste un fait qu'il serait insensé de négliger : il y en a d'autres qui sont encore fermement déterminés à détruire Israël et qui tiennent tout compromis postérieur à la guerre d'octobre comme un premier pas vers ce but, un point c'est tout. À l'Ouest désormais, on tient l'existence d'Israël pour acquise, même parmi ceux qui, à l'époque, ont déploré la naissance de l'État juif. Ils auraient approuvé la contraception et peut-être fermé les yeux sur l'infanticide, mais ils reculent devant le meurtre. Aussi est-il difficile aux Occidentaux, qui ne sont marqués ni par l'amertume des Arabes ni par les épreuves des Juifs, de comprendre à quel point la survie d'Israël pose encore un problème, aux uns comme aux autres.

Entre Israël et les États voisins, il est possible, au moins théoriquement, que des négociations commencent et qu'on arrive à des compromis. Une telle possibilité existe-t-elle entre Israël et l'O.L.P. ?

L'O.L.P. est une force comparativement neuve dans la politique du Proche-Orient, mais elle en représente une ancienne. À la base, c'est une continuation du Haut Comité arabe qui, sous la direction du Grand mufti 'Hadj Amīn al-Ḥusaynī, a dirigé les destinées des populations arabes de Palestine durant presque toute la période du mandat, et finalement les a conduites au désastre. Le trait le plus constant et le plus caractéristique de cette politique a été son maximalisme — son refus de tout compromis. Dès le début, le Haut Comité refusa de reconnaître l'Agence juive ou de négocier avec elle, et maintint ce refus jusqu'à la fin. C'est ainsi qu'en février 1939, à la conférence du Palais de St. James, où les gouvernements arabes étaient pour la première fois invités à participer à la discussion du problème palestinien, toutes les délégations arabes suivirent l'exemple du Haut Comité arabe et refusèrent de rencontrer face à face la délégation juive pour des négociations directes, en sorte que la conférence consista, en fait, en deux conférences séparées et parallèles, l'une entre Britanniques et Arabes, l'autre entre Britanniques et Juifs. Le ministère britannique des Affaires étrangères, soucieux d'étiquette, désigna les réunions comme « les conférences sur la Palestine » — au pluriel. Il n'est guère surprenant que l'on ne soit parvenu à aucun accord, ni à ce stade ni plus tard. Les modérés arabes qui s'opposaient à la ligne du mufti furent éliminés ou conduits par la terreur à acquiescer, et l'on opposa un refus à toute proposition de compromis de la puissance mandatrice — et ce fut chaque fois, en fin de compte, avec des résultats dommageables pour la cause arabe. On refusa le petit État juif proposé par la commission Peek en 1937 : c'était ouvrir la voie à un État juif un peu plus grand, celui que recommandèrent les Nations unies en 1947, on n'en voulut pas non plus, on prit les armes, et le résultat fut l'État juif beaucoup plus grand défini par les accords d'armistice de 1949. La même politique produisit chaque fois les mêmes résultats ; elle provoqua de nouveaux conflits, et elle finit par ranger sous l'administration israélienne des régions encore plus étendues.

D'autres Arabes, en Palestine et dans les États voisins, ont pu décider de faire une pause et de chercher un compromis — mais pas l'O.L.P. Cependant, les gens de l'O.L.P. ont opté pour un changement de tactique qui leur a fort bien réussi : ils ont su manier admirablement les techniques des relations publiques. Sans transiger en aucune façon sur leurs positions fondamentales, ils se sont arrangés, selon beaucoup d'observateurs, pour donner une impression de modération et de bon sens. Quand la situation l'exige, ils font opportunément figure de patriotes libéraux plutôt conservateurs ; en revanche, ils ont trouvé moyen de maintenir des liens étroits avec la guérilla radicale internationale et les mouvements terroristes. Leurs porte-parole peuvent haranguer l'assemblée générale des Nations unies, rendre visite à Castro, être reçus en audience par le pape, et entrer en conversations officieuses avec Moscou, Paris, et peut-être Washington[1].

Pour atteindre ce résultat, il y a une méthode : entretenir simultanément plusieurs niveaux différents de discours. L'O.L.P., dans ses publications arabes, fait des déclarations qu'elle modifie ou même supprime quand

---

1. Ces succès ont sûrement été aidés par les rois et les présidents des pays arabes riches en pétrole dont les largesses ont fait de l'O.L.P. le mouvement révolutionnaire le plus riche dans l'histoire.

elle s'exprime en anglais ; et souvent elle modifie encore ses déclarations en anglais quand il s'agit de les publier dans la presse occidentale. On peut en voir un bon exemple dans les débats qui ont suivi les accords de désengagement signés dans la première moitié de 1974. Sous la forte pression de certains gouvernements arabes, des discussions commencèrent dans l'O.L.P. sur la question d'une participation aux négociations de Genève, alors envisagées, et sur la possibilité d'établir un État palestinien sur la rive occidentale. Parler de l'une ou l'autre de ces hypothèses, c'était déjà reconnaître Israël dans une certaine mesure ; si elles devenaient réalité, il y aurait coopération sous une forme ou sous une autre, c'est-à-dire qu'on irait totalement à l'encontre de l'idéologie de l'O.L.P. À la suite d'une très chaude discussion, on s'entendit sur une position commune, établie dans une série de résolutions adoptée lors d'une réunion du Conseil national de la Palestine, qui se tint au Caire dans la première semaine de juin 1974[1]. Ces résolutions montrent à l'évidence que l'O.L.P. n'était pas disposée à renier aucune de ses positions maximalistes, qu'elle considérerait simplement tout État de ce genre comme un premier pas vers son but ultime d'un État entièrement palestinien, et que le combat continuerait pour atteindre ce but. Le texte de ces résolutions fut publié en entier dans la presse arabe, et sous une forme légèrement abrégée dans *Le Monde*, mais ne fut publié ni dans le *Times* de Londres ni dans le *New York Times*, celui-ci se contentant d'examiner les décisions sans en faire de citations, et de titrer : « Les Palestiniens modérés du Conseil l'emportent »[2].

1. Voir Annexe II, p. 280.
2. *New York Times*, 10 juin 1974.

On peut observer la même manière d'opérer dans le compte rendu de la conférence au sommet de Rabat. Selon le *New York Times*, dans une dépêche Reuter de Rabat datée du 29 octobre, le sommet arabe décida notamment « d'affirmer les droits du peuple palestinien à établir une administration (*authority*) nationale indépendante sous la direction de l'organisation de libération de la Palestine, seul représentant légitime du peuple palestinien sur tout territoire palestinien libéré ». Le texte arabe, tel que la presse arabe le publia, « affirme que toute terre palestinienne qui est libérée par la poursuite du combat sous ses différentes formes retournera à son possesseur palestinien légitime, sous la direction de l'O.L.P., et affirme le droit d'établir une administration nationale indépendante sur la terre libérée ». Il y a là une allusion évidente aux décisions prises en juin.

Parfois ces prouesses en relations publiques peuvent être dangereuses ou même désastreuses pour ceux qui les accomplissent. Dans l'été de 1970, les guérilleros arabes mirent à leur actif de grandes réussites : ils se taillèrent un succès foudroyant dans la presse mondiale et captivèrent les écrans de télévision de la plupart des nations occidentales grâce à des séquences où les combattants en uniformes camouflés, sautant les obstacles d'un « parcours du combattant », venaient exposer leur cause en des termes qui leur valurent de multiples sympathies. On les reconnut, on les applaudit, et c'est probablement ce qui les conduisit à surestimer grossièrement leur force réelle. C'est seulement ainsi qu'on s'explique qu'ils aient si allégrement bravé le roi de Jordanie et défié l'armée jordanienne en amenant des avions détournés en vue de la capitale. La guerre civile qui en résulta montra que les guérilleros n'étaient pas de taille à affronter des troupes régulières et disciplinées.

Malgré ce revers, l'O.L.P. a néanmoins réussi à remporter une série de victoires de propagande notables. À la différence des innombrables millions de réfugiés d'Europe, en Asie et en Afrique, déplacés dans les séquelles brutales de la Seconde Guerre mondiale, les réfugiés palestiniens n'ont pas été réinstallés, et si leur nombre a quelque peu diminué, ils ont été des centaines de milliers à demeurer dans des camps pendant trente-cinq ans. Les avoir gardés là, résistant à toute absorption dans les vastes pays et dans les économies en expansion du monde arabe, à une époque où celles-ci attiraient des millions de travailleurs immigrés de la région et de terres éloignées d'Asie et d'Afrique, voilà qui exigeait un grand acte de volonté. L'accomplir en faisant revivre l'entité créée par le défunt mandat britannique et en la transformant en une nation en exil, telle a été la réussite remarquable des chefs de l'O.L.P. Elle a fourni à leur mouvement une arme politique d'une immense efficacité et une réserve permanente d'effectifs. Or, malgré cela, et malgré les grands succès diplomatiques remportés par l'organisation, la victoire a été ingrate et la faiblesse réelle de l'O.L.P., même à l'intérieur du monde arabe, s'est révélée à l'été 1982, quand aucun des États arabes ne s'est montré disposé à lui fournir un secours efficace, et où ils ont même été rares à lui accorder un appui moral ou diplomatique. Malgré tout cela, l'O.L.P. a néanmoins persisté dans ses positions maximalistes et, en repoussant au moins temporairement l'initiative Reagan, a ramené le problème du Proche-Orient dans une impasse.

Il est évident que l'administration du Likoud n'a l'intention d'abandonner aucune partie des territoires occupés, et n'aurait donc rien à discuter avec l'O.L.P. même si des négociations avaient lieu. En revanche, le parti travailliste israélien, qu'il soit au pouvoir ou dans l'opposition, a toujours fait connaître qu'il était prêt à se retirer de la plus grande partie des territoires occupés ; et, même maintenant, les sondages font apparaître que les Israéliens, dans leur majorité, sont disposés à abandonner du territoire en échange d'une paix véritable.

Mais avec qui parleront-ils ?

Les porte-parole israéliens justifient habituellement leur refus de traiter avec l'O.L.P. en dépeignant cette organisation comme une bande de terroristes et de meurtriers. C'est parler hors de l'essentiel du sujet et c'est perdre de vue, par exigence tatillonne, les réalités du monde moderne. Plus de la moitié des pays membres des Nations unies sont gouvernés par des régimes pour qui le meurtre et la terreur sont les instruments normaux de l'administration et de la politique. Beaucoup de membres respectés du comité des hommes d'État sont arrivés au pouvoir par le meurtre et la terreur, et beaucoup d'autres, qui ont obtenu et gardent le pouvoir par des procédés plus conventionnels, n'ont pas de scrupules à traiter avec eux. Les normes de la conduite politique établies dans les années trente ont en général été respectées, et quoi qu'on puisse penser de l'effet de ces normes sur l'état présent du monde et l'avenir de la civilisation, un gouvernement, un membre de l'O.N.U., est tenu de prendre acte de cette réalité. Le véritable obstacle que rencontrent les Israé-liens de toutes nuances politiques, quand il s'agit d'entamer des négociations sérieuses avec l'O.L.P., n'est pas que ce sont des terroristes, ce n'est pas non plus la méthode, inhabituelle même chez les terroristes, selon laquelle ils choisissent les lieux et les objectifs de leurs tentatives. C'est le simple fait que l'O.L.P. refuse de reconnaître l'existence d'Israël, et fait peu d'efforts sérieux pour déguiser son intention d'utiliser tout État de la rive occidentale dont elle pourrait s'assurer la maîtrise comme un premier pas vers la réalisation de son but : la liquidation d'Israël et son remplacement par un État palestinien, où les Israéliens qui pourraient établir leur identité arabe palestinienne auraient l'autorisation de rester à titre de minorité religieuse, conformément aux règles et aux usages de la République démocratique laïque que l'O.L.P. instaurerait.

Aucun gouvernement israélien ne pourrait concevoir de négocier sur cette base. Israël pourrait, toutefois, juger sage de mettre à l'épreuve le désir ou la capacité de l'O.L.P. de négocier sur une autre base quelconque.

Il est possible qu'une telle mise à l'épreuve confirme l'opinion de ceux qui soutiennent qu'à la différence d'autres peuples, les Arabes ne pensent pas ce qu'ils disent et que leurs programmes les plus soigneusement préparés ne sont rien d'autre que de la rhétorique vide qui s'évanouira dès qu'ils pourront entrevoir un État qui soit vraiment leur. C'est peu probable, mais il vaudrait la peine d'essayer. En cas d'échec, on peut abandonner une fausse piste et se remettre en quête de la bonne.

Entre-temps, vu l'expulsion des États arabes du sol de la Palestine et le déclin de l'engagement panarabe, le problème est revenu à son point de départ. Tôt ou tard, il faut trouver une solution qui fournira un foyer aux réfugiés palestiniens et un débouché pour l'élite politique palestinienne. On a besoin des deux. On peut y arriver soit en détruisant Israël, soit en bâtissant un État, quel que soit son nom, qui accepte de vivre en paix avec lui. Tant qu'il n'existe ni pouvoir de détruire ni désir de construire, il ne peut y avoir de fin, et le problème arabo-israélien continuera de tourmenter les Arabes, les Juifs, et le monde. La palestine est un souvenir historique, une invention idéologique, qui peut, comme d'autres de la même espèce, devenir une réalité politique, ou retomber dans l'oubli dont on l'a tirée ; la question reste douteuse. Toutefois, les Palestiniens sont des gens réels, avec un problème réel, dont la solution se fait attendre depuis longtemps. On dit souvent qu'il ne peut y avoir de solution au conflit arabo-israélien tant que le problème des réfugiés palestiniens ne sera pas résolu. On peut le soutenir. Ce qui est d'une évidence lamentable, c'est qu'il ne peut y avoir de solution au problème des réfugiés avant que le problème arabo-israélien soit résolu.

CHARTE NATIONALE PALESTINIENNE

*(Version française communiquée
par le bureau de l'O.L.P. à Paris)*

Article premier

La Palestine est la patrie du peuple arabe palestinien ; elle constitue une partie inséparable de la patrie arabe, et le peuple palestinien fait partie intégrante de la nation arabe.

Article 2

La Palestine, dans les frontières du mandat britannique, constitue une unité territoriale indivisible.

Article 3

Le peuple arabe palestinien détient le droit légal sur sa patrie et déterminera son destin après avoir réussi à libérer son pays en accord avec ses vœux, de son propre gré et selon sa seule volonté.

Article 4

L'identité palestinienne constitue une caractéristique authentique, essentielle et intrinsèque ; elle est transmise des parents aux enfants. L'occupation sioniste et la dispersion du peuple arabe palestinien, par suite des malheurs qui l'ont frappé, ne lui font pas perdre son identité palestinienne, ni son appartenance à la communauté palestinienne, ni ne peuvent les effacer.

Article 5

Les Palestiniens sont les citoyens arabes qui résidaient habituellement en Palestine jusqu'en 1947, qu'ils en aient été expulsés par la suite ou qu'ils y soient restés. Quiconque est né de père palestinien après cette date, en Palestine ou hors de Palestine, est également palestinien.

Article 6

Les Juifs qui résidaient habituellement en Palestine jusqu'au début de l'invasion sioniste seront considérés comme palestiniens.

Article 7

L'existence d'une communauté palestinienne, qui a des liens d'ordre matériel, spirituel et historique avec la Palestine, constitue une donnée indiscutable. Tous les moyens d'information et d'éducation doivent être employés pour faire connaître à chaque Palestinien son pays de la manière la plus approfondie, tant matériellement que spirituellement. Il doit être préparé à la lutte armée et au sacrifice de ses biens et de sa vie afin de recouvrer sa patrie et d'œuvrer à sa libération.

Article 8

La phase historique que traverse actuellement le peuple palestinien est caractérisée par la lutte nationale pour la libération de la Palestine. De ce fait, les dissensions entre les forces nationales palestiniennes sont d'une importance secondaire et doivent être résolues eu égard à la contradiction fondamentale qui existe entre les forces du sionisme et de l'impérialisme d'un côté, et le peuple palestinien arabe, de l'autre. Sur cette base, les masses palestiniennes, qu'elles résident dans la patrie ou en exil, constituent — tant leurs organisations que les individus — un front national œuvrant pour la restauration de la Palestine et sa libération au moyen de la lutte armée.

Article 9

La lutte armée est la seule voie menant à la libération de la Palestine. Il s'agit donc d'une stratégie d'ensemble et non d'une simple phase tactique. Le peuple arabe palestinien affirme sa détermination absolue et sa ferme résolution de poursuivre la lutte armée et de préparer une révolution populaire armée afin de libérer son pays et d'y revenir. Il affirme également son droit à avoir une vie normale en Palestine, ainsi que son droit à l'autodétermination et à la souveraineté sur ce pays.

Article 10

L'action des commandos constitue le centre de la guerre de libération populaire palestinienne, ce qui exige d'en élever le degré, d'en élargir l'action et de mobiliser tout le potentiel palestinien en hommes et en connaissances, en l'organisant et en l'entraînant dans la révolution palestinienne armée. Cela suppose aussi la réalisation de l'unité en vue de la lutte nationale parmi les divers groupements du peuple palestinien, ainsi qu'entre le peuple palestinien et les masses arabes afin d'assurer la continuation de la révolution, son progrès et sa victoire.

Article 11

Les Palestiniens auront trois mots d'ordre : l'unité nationale, la mobilisation nationale et la libération.

Article 12

Le peuple palestinien croit à l'unité arabe. Afin de contribuer pour sa part à la réalisation de cet objectif, il doit cependant, au stade actuel de la lutte, sauvegarder son identité palestinienne et renforcer la conscience qu'il a de cette identité, en s'opposant à tout plan qui risquerait de la diminuer ou de l'affaiblir.

Article 13

L'unité arabe et la libération de la Palestine sont deux objectifs complémentaires ; la réalisation de l'un facilite celle de l'autre. Ainsi l'unité arabe mène-t-elle à la libération de la Palestine, et la libération de la Palestine mène-t-elle à l'unité arabe. Les actions visant à la réalisation de chacun de ces deux objectifs vont de pair.

Article 14

Le destin de la nation arabe et, à vrai dire, l'existence arabe elle-même dépendent du destin de la cause palestinienne. De cette interdépendance découlent les efforts de la nation arabe tendant à la libération de la Palestine. Le peuple palestinien tient un rôle d'avant-garde dans la réalisation de ce but national sacré.

Article 15

La libération de la Palestine est, du point de vue arabe, un devoir national ayant pour objet de repousser l'agression sioniste et impérialiste contre la patrie arabe et visant à éliminer le sionisme de la Palestine. La responsabilité entière incombe à cet égard à la nation arabe — peuples et gouvernements — avec à l'avant-garde le peuple arabe de Palestine. Il s'ensuit que la nation arabe doit mobiliser tout son potentiel militaire, humain, moral et spirituel afin de participer activement avec le peuple palestinien à la libération de la Palestine. Elle doit, notamment dans la phase de la révolution armée palestinienne, offrir et fournir au peuple palestinien toute l'aide et tout le soutien matériel et humain possible et mettre à sa disposition les moyens et les facilités qui lui permettront de continuer à tenir son rôle de premier plan dans la révolution armée, jusqu'à la libération de la patrie.

Article 16

La libération de la Palestine, d'un point de vue spirituel, fera bénéficier la Terre Sainte d'une atmosphère de sécurité et de quiétude, ce qui assurera la sauvegarde des Lieux saints et garantira la liberté du culte en permettant à chacun de s'y rendre, sans distinction de race, de couleur, de langue ou de religion. C'est pourquoi les Palestiniens souhaitent l'aide de toutes les forces spirituelles du monde.

Article 17

La libération de la Palestine, d'un point de vue humain, rendra à l'homme palestinien son honneur, sa dignité et sa liberté. C'est pourquoi le peuple arabe palestinien compte sur l'appui de tous ceux qui, dans le monde, croient en l'honneur de l'homme et en sa liberté.

Article 18

La libération de la Palestine, d'un point de vue international, est une action défensive rendue nécessaire par les besoins de l'autodéfense. C'est pourquoi le peuple palestinien, naturellement ouvert à l'amitié de tous les peuples, compte sur l'appui de tous les États épris de liberté, de justice et de paix afin que ses droits légitimes soient restaurés en Palestine, que la paix et la sécurité y soient rétablies et qu'il puisse exercer sa souveraineté nationale et sa liberté.

Article 19

Le partage de la Palestine en 1947 et l'établissement de l'État d'Israël sont entièrement illégaux, quel que soit le temps écoulé depuis lors, parce qu'ils sont contraires à la volonté du peuple palestinien et à son droit naturel sur sa patrie, et en contradiction avec les principes contenus dans la charte des Nations unies, particulièrement en ce qui concerne le droit à l'autodétermination.

Article 20

La déclaration Balfour, le mandat sur la Palestine et tout ce qui en découle sont nuls et non avenus. Les prétentions fondées sur les liens historiques et religieux des Juifs avec la Palestine sont incompatibles avec les faits historiques et avec une juste conception des éléments constitutifs d'un État. Le judaïsme, étant une religion, ne saurait constituer une nationalité indépendante. De même, les Juifs ne forment pas une nation unique dotée d'une identité propre, mais ils sont citoyens des États auxquels ils appartiennent.

Article 21

S'exprimant par la révolution armée palestinienne, le peuple arabe palestinien rejette toute solution de remplacement à la libération intégrale de la Palestine et toute proposition visant à la liquidation du problème palestinien ou à son internationalisation.

Article 22

Le sionisme est un mouvement politique organiquement lié à l'impérialisme international et opposé à toute action de libération et à tout mouvement progressiste dans le monde. Il est raciste et fanatique par nature, agressif, expansionniste et colonial dans ses buts, et fasciste par ses méthodes. Israël est l'instrument du mouvement sioniste et la base géographique de l'impérialisme mondial, stratégiquement placé au cœur même de la patrie arabe afin de combattre les espoirs de la nation arabe pour sa libération, son union et son progrès. Israël est une source constante de menaces vis-à-vis de la paix au Proche-Orient et dans le monde entier. Étant donné que la libération de la Palestine éliminera la présence sioniste et impérialiste et contribuera à l'instauration de la paix au Proche-Orient, le peuple palestinien compte sur l'appui de toutes les forces progressistes et pacifiques du monde et les invite toutes instamment, quelles que soient leurs affiliations et leurs croyances, à offrir aide et appui au peuple palestinien dans sa juste lutte pour la libération de sa patrie.

Article 23

Les exigences de la sécurité et de la paix, autant que celles du droit et de la justice, requièrent, de tous les États soucieux de maintenir des relations amicales entre les peuples et de veiller à la loyauté de leurs citoyens vis-à-vis de leur État respectif, de considérer le sionisme comme un mouvement illégal, d'en interdire l'existence et d'en proscrire les activités.

Article 24

Le peuple arabe palestinien a foi dans les principes de justice, de liberté, de souveraineté, d'autodétermination et de dignité humaine et dans le droit des peuples à les mettre en œuvre.

Article 25

Afin de réaliser les buts de cette Charte et ses principes, l'Organisation de libération de la Palestine remplira son rôle dans la libération de la Palestine, conformément à ses statuts.

Article 26

L'Organisation de libération de la Palestine, qui représente les forces révolutionnaires palestiniennes, est responsable du mouvement du peuple arabe palestinien dans sa lutte en vue de recouvrer sa patrie, de la libérer et d'y revenir afin d'y exercer son droit à l'autodétermination. Cette responsabilité s'étend à tous les domaines d'ordre militaire, politique et financier, ainsi qu'à tout ce que pourrait exiger la solution du problème palestinien sur le plan interarabe et international.

Article 27

L'Organisation de libération de la Palestine coopérera avec tous les États arabes, selon les possibilités de chacun. Elle adoptera une politique de neutralité, compte tenu des besoins de la guerre de libération ; sur la base de ce principe, elle n'interviendra dans les affaires intérieures d'aucun État arabe.

Article 28

Le peuple arabe palestinien revendique l'authenticité et proclame l'indépendance de sa révolution nationale : il repousse toute forme d'intervention, de mise en tutelle, et de satellisation.

Article 29

Le peuple palestinien détient le droit fondamental et authentique de libérer et de recouvrer sa patrie. Le peuple palestinien détermine sa position envers tous les États et forces en présence sur la base de leur attitude à l'égard du problème palestinien et à raison du soutien qu'ils accordent à la révolution palestinienne afin de réaliser les objectifs du peuple palestinien.

Article 30

Les combattants et tous ceux qui portent les armes dans la guerre de libération forment le noyau de l'armée populaire qui constituera la force de protection garantissant le succès du peuple arabe palestinien.

Article 31

L'Organisation de libération de la Palestine aura un drapeau, un serment d'allégeance et un hymne, qui feront l'objet de décisions rendues par voie de règlement spécial.

Article 32

Les statuts de l'Organisation de libération de la Palestine seront annexés à la présente Charte. Ils établissent la composition de l'Organisation, le mode d'établissement de ses organes et de ses commissions, ainsi que leurs compétences respectives et les obligations qui en découlent en vertu de cette Charte.

Article 33

La présente Charte ne peut être amendée que par une majorité des deux tiers de tous les membres du Conseil national de l'Organisation de libération de la Palestine réunis en session extraordinaire convoquée à cet effet.

RÉSOLUTIONS DU CONSEIL NATIONAL
DE LA PALESTINE, LE CAIRE, JUIN 1974

Résolutions adoptées par le Conseil national de la Palestine lors de sa réunion du Caire, et dont la presse arabe a rendu compte le 9 juin 1974. Le texte, préparé par une commission de sept membres, composée de M. Yasser Arafat (Fatah), Georges Habache (F.P.L.P.), Zuhar Mushin (Sa'iqa), Nayif Hawatmeh (F.D.P.L.P.), Ads al-Wahhab Kayaki (Front de libération arabe), Ahmad Jebril (Front populaire pour la libération de la Palestine, Commandement général) et 'Abd al-Mushsin Abu Mayr (Front national de Palestine pour les territoires occupés), a été présenté au Conseil le dimanche 2 juin. Une version assez abrégée du projet a paru dans *Le Monde*, 4 juin 1974 [1].

Les dix points adoptés sont les suivants :

1. L'O.L.P. réaffirme son attitude précédente concernant la résolution 242 du Conseil de sécurité, qui efface les droits patriotiques et nationaux de notre peuple et traite notre cause nationale comme un problème de réfugiés. En conséquence, elle refuse catégoriquement toutes négociations sur la base de cette résolution, à tout niveau de négociation inter-arabe ou internationale, y compris la conférence de Genève.

2. L'O.L.P. luttera par tous les moyens en son pouvoir, et avant tout par le moyen de la lutte armée, pour la libération des

---

1. *Le Monde* du 11 juin 1974 annonce que le 9 juin le Conseil national de la Palestine a ajouté un onzième point au programme, déclarant que, si se produisaient des faits d'importance décisive pour l'avenir du peuple palestinien, le Conseil national se réunirait en session extraordinaire pour en discuter.

terres palestiniennes et pour l'établissement d'un régime patriotique et indépendant, d'un régime des peuples en lutte dans toutes les parties du territoire palestinien qui seront libérées. Elle affirme que cela ne s'accomplira que par des changements importants de l'équilibre des forces à l'avantage de notre peuple et de sa lutte.

3. L'O.L.P. luttera contre toute proposition d'établir une entité palestinienne au prix de la reconnaissance, de la paix et de frontières assurées, si cette proposition abandonne le droit historique et prive notre peuple de son droit de retourner sur son sol national et d'y disposer de lui-même *(self-determination)*.

4. L'O.L.P. prendra en considération tout pas en avant vers la libération qui sera accompli en tant qu'étape dans la poursuite de sa stratégie pour l'établissement d'un État démocratique palestinien, comme prescrit dans les décisions de la précédente réunion du Conseil national.

5. L'O.L.P. luttera de concert *(together with)* avec les forces jordaniennes pour la création d'un front patriotique jordano-palestinien, dont l'objectif sera l'établissement d'un régime patriotique et démocratique en Jordanie, lequel fera cause commune avec l'entité palestinienne qui naîtra de la lutte et du conflit.

6. L'O.L.P. luttera pour l'établissement d'une union de combat entre peuple palestinien et peuples arabes et entre toutes les forces arabes de libération qui seront d'accord sur ce programme.

7. L'autorité nationale palestinienne s'efforcera d'appeler les États arabes confrontés (avec Israël) à parachever la libération de tout le sol de la Palestine, ce qui sera un pas accompli sur la voie de la vaste unité arabe *(to comprehensive Arab unity)*.

8. L'O.L.P. s'efforcera de renforcer sa solidarité avec les pays socialistes et avec les forces mondiales de libération pour contrecarrer tous les desseins sionistes, réactionnaires et impérialistes.

9. À la lumière de ce programme, l'O.L.P. s'efforcera de renforcer l'unité patriotique et de l'élever au niveau auquel elle

sera capable de remplir ses tâches patriotiques et ses fonctions nationales.

10. À la lumière de ce programme, le commandement révolutionnaire préparera la tactique qui servira et rendra possible la réalisation de ces objectifs.

Le conflit israélo-arabe :
les conditions d'un règlement

En se lançant aux côtés de Saddam Hussein, les dirigeants palestiniens se sont assurés d'être perdants et de faire perdre avec eux les organisations qu'ils dirigeaient et le peuple qui les avait acceptés comme représentants, et cela quelle qu'ait pu être l'issue du conflit sur le point d'éclater. Ils auraient été des marionnettes dans les mains d'un Saddam Hussein vainqueur, et n'auraient rien conservé de l'indépendance et seulement un petit peu des subsides dont ils avaient joui auparavant. Et comme Saddam a perdu, ils se sont aliéné la bonne volonté de leurs bienfaiteurs les plus généreux — les Saoudiens, les Koweitis et les autres maîtres du Golfe. Ceux-ci n'abandonneront pas complètement la cause palestinienne, mais il y a peu de chances qu'ils acceptent ses porte-parole actuels, et ils seront certainement moins accueillants sur leur territoire et moins prodigues de leurs ressources que par le passé. Pour une part importante, la tragédie vécue par le peuple palestinien tient à ses dirigeants — à la manière dont ils ont acquis le pouvoir, à celle dont ils en ont usé. Depuis l'époque du mandat britannique, la cause palestinienne a été représentée par des dirigeants qui ont conquis et conservé le pouvoir en éliminant impitoyablement tous leurs rivaux. Pendant la révolte arabe des années 1930, les hommes du Mufti ont tué plus d'Arabes que de Juifs et d'Anglais réunis. Au cours de l'Intifada, leurs successeurs ont dû dénombrer bien plus de victimes arabes que d'israéliens, tant civiles que militaires. Pendant plus d'un demi-siècle les dirigeants palestiniens ont, avec une extraordinaire constance, choisi le mauvais côté — mauvais, parce que c'était le côté perdant, mauvais aussi parce que c'était le parti d'une dictature perverse dont le renversement était une bénédiction non seulement pour ses adversaires, mais pour l'humanité. Pendant la Seconde Guerre mondiale, ils ont choisi l'Axe ; pendant la guerre froide, les Soviétiques ; et maintenant Saddam Hussein. En conséquence, ils ont perdu une bonne partie de la sympathie acquise au cours des dernières années — sauf évidemment auprès de ceux qui partagent leur choix.

Cette fois-ci, leur choix était peut-être encore plus vicieux. On pourrait arguer que pendant la Guerre mondiale et la guerre froide, il n'existait pas de véritable alternative. Mais là, il y avait une option arabe qu'ils ont refusée. Le soutien à Saddam, maintenu même dans la défaite, entraîne pour les Palestiniens le risque que ne soit pas entendue la seule voix prétendant parler en leur faveur, quand l'heure des pourparlers sonnera. Il se peut qu'une fois de plus, comme en d'autres occasions, et quels qu'en soient les motifs, on tente de ranimer et de remettre en selle une direction discréditée. Si cette tentative réussit, elle servira peut-être à d'autres fins, mais elle ne sera d'aucun secours au peuple palestinien : elle lui fera du tort.

Les membres arabes de la coalition ont déjà dit clairement qu'ils soutiendraient la cause palestinienne, malgré leur peu de goût pour les dirigeants palestiniens. Ils sont en mesure d'être mieux écoutés à Washington que par le passé, mais ils se sentent aussi plus libres de dire vraiment ce qu'ils pensent, comme l'ont montré des déclarations récentes. Leur comportement passé n'est pas de nature à encourager beaucoup les espoirs des Palestiniens. Lorsque, à la suite du brutal retracé de frontières de la fin des années 1940, des millions d'Allemands et de Polonais en Europe de l'Est, d'hindous et de musulmans en Inde s'enfuirent ou furent chassés de chez eux, tous furent, avec le temps, réinstallés en tant que citoyens dans leur nouveau pays. Les Palestiniens n'ont reçu ni pareil traitement ni pareille aide. Seule la Jordanie les a accueillis comme des citoyens et des égaux — la loi de nationalité offrant la citoyenneté jordanienne à tous les natifs des anciens territoires sous mandat britannique et à leurs descendants, Juifs exceptés. Ailleurs les Palestiniens ont été et sont restés des réfugiés. Il y a là un curieux paradoxe. Les Palestiniens qui se sont installés aux États-Unis ou en Europe de l'Ouest peuvent demander leur naturalisation et en acquérir la citoyenneté au bout de cinq ans, alors que ceux qui se sont installés dans les États arabes autres que la Jordanie voient cette possibilité définitivement exclue, aussi bien pour eux que pour leurs enfants nés sur place, et maintenant même pour leurs petits-enfants.

La situation d'Israël dans la région va se trouver à la fois renforcée et affaiblie par la victoire de la coalition. Son acquis principal est évidemment la suppression, ou au moins la réduction, de ce qui aurait pu être une sérieuse menace militaire à l'est. Les attaques de scuds lui valent aussi une certaine bienveillance — du respect pour la retenue du gouvernement, de la compréhension pour la vie difficile du peuple. Conjointement les Arabes ont enregistré une perte de sympathie, surtout lorsqu'on a vu à la télévision les Palestiniens encourager joyeusement les roquettes à tomber sur Tel-Aviv et appeler Saddam Hussein à utiliser les gaz contre les Juifs.

Mais ce capital politique gagné par Israël est limité et n'a que peu de chances de durer. Il peut être rapidement dilapidé par des actes tels que la détention administrative de Sari Nuseibeh — décision peu sage, même s'il était coupable, alors qu'il n'est même pas accusé. Alors que cette bienveillance pourrait n'être que passagère, la dépendance accrue d'Israël à l'égard des États-Unis, révélée par la guerre et ses conséquences — dépendance financière, technologique, peut-être même militaire —, pourrait être plus durable. Le discrédit de l'O.L.P. ne résoudra pas le problème palestinien, et l'influence d'Israël à Washington va maintenant se trouver contre-balancée par des voix arabes puissantes.

L'une de ces voix pourrait bien être encore celle du roi Hussein de Jordanie. Il existe peu de pays au monde (voire aucun) qui subsistent avec d'aussi maigres atouts et d'aussi fortes contraintes. Et, pourtant, en dépit de ces difficultés, en dépit des tensions internes et externes, en dépit des ennemis dangereux et des amis plus dangereux encore qui l'entourent, la monarchie jordanienne a réussi à survivre en restant une oasis de tolérance et de décence relatives au milieu de pays arabes troublés, et à jouer un rôle politique dans la région, rôle qui, au total, a été constructif. Le royaume hachémite n'est certainement pas une démocratie, dans le sens où on l'entend en Europe de l'Ouest et en Amérique du Nord. Il est cependant plus respectueux des droits de l'homme et des droits politiques que presque tous les autres États de la région, et il a même pris quelques mesures tendant à créer des institutions libres. Les Saoudiens et les Koweitis en veulent à Hussein, ce qui est compréhensible, de s'être aligné sur leur ennemi en dépit des bienfaits dont ils l'avaient comblé. Mais en réfléchissant aux alternatives possibles au régime actuel, peut-être pourraient-ils se calmer et pardonner.

De temps à autre, des porte-parole d'Israël ou des Palestiniens annoncent leur volonté de négocier « sans conditions préalables ». À y regarder de plus près, toutes ces déclarations se révèlent n'être que des exercices de relations publiques — des tentatives destinées à masquer le fait que les deux parties posent bien des conditions préalables, conditions si rigoureuses qu'elles excluent toute forme de négociation.

Ces conditions préalables — parfois explicites, parfois implicites — peuvent être formulées ainsi : pour les Israéliens, une condition minimale est d'avoir le droit d'opposer leur veto au choix du porte-parole palestinien. Certains vont plus loin et posent comme condition préalable qu'ils ne céderont aucun des territoires actuellement occupés. Les Palestiniens, de leur côté, n'acceptent de participer à une négociation que si le résultat de celle-ci — un État palestinien — est acquis d'avance. Certains posent comme condition supplémentaire la liquidation d'Israël.

Il est clair qu'on ne peut faire aucun progrès même si l'on s'en tient aux versions minimalistes de ces conditions préalables. Dans des négociations destinées à mettre fin à un conflit, on ne choisit pas les représentants de la partie adverse. De même, une négociation dont le résultat est prédéterminé ne peut que traduire une reddition sans condition à laquelle aucune des deux parties n'est prête.

Pour que la négociation soit possible, les deux parties doivent s'accorder sur les conditions de départ et les accepter comme des axiomes. Ces conditions définiront alors un cadre et un calendrier préliminaire. Les points essentiels pourraient en être les suivants :

1. L'acceptation de l'existence d'Israël et sa reconnaissance par tous ses voisins arabes doit faire partie de l'accord de paix final. Sans cette condition préalable on ne peut entamer aucune négociation, car aucun État — et aucun gouvernement israélien concevable — ne peut négocier sa propre existence.

2. L'incorporation dans un État arabe de la partie non israélienne du territoire palestinien anciennement sous mandat doit également faire partie de l'accord de paix final. Le nom et la forme de cet État, ses relations avec ses deux voisins seront déterminés par la suite, selon les désirs de ses habitants et en accord avec ses voisins. Ni l'acceptation ni le rejet d'un État palestinien ne doivent faire partie des conditions préalables.

3. Ce n'est ni aux Israéliens ni à qui que ce soit d'autre de choisir la représentation palestinienne ou de s'y opposer. Les négociations doivent évidemment comprendre aussi les États arabes concernés, puisqu'il ne saurait y avoir d'accord réel sans eux. C'est aux Palestiniens et, en premier lieu, à ceux des territoires de définir leurs propres objectifs et de choisir les représentants capables de les atteindre. Le mieux serait de les choisir par des élections libres, supervisées au besoin par des observateurs compétents venant de pays dans lesquels les élections libres sont chose courante. Si le but des Palestiniens — ou des dirigeants qu'ils ont choisis pour les représenter — est la destruction d'Israël par la lutte armée, il est clair qu'il ne peut y avoir de négociation et que les deux parties ont à se préparer du mieux qu'elles peuvent pour le conflit à venir. Si le but est la coexistence pacifique, et son moyen, la négociation, c'est aux Palestiniens eux-mêmes de trouver les représentants qui acceptent cet objectif et

s'efforceront de l'atteindre. Ceux qui n'iront pas dans cette direction auront fait un choix, choix d'un conflit ou choix sans objet, cela dépendra des développements ultérieurs.

4. Tous les participants à la négociation doivent s'abstenir, au moins pendant la durée des négociations, d'actes de violence à l'encontre d'autres participants. Il serait souhaitable qu'on puisse aboutir à une renonciation plus générale à la violence, en particulier au terrorisme inter-arabe qui, pendant plus d'un demi-siècle, a empêché l'émergence de groupes ou d'individus soucieux de faire des compromis ou de réduire les exigences maximalistes. Mais étant donné la variété des factions et le nombre des États arabes qui les soutiennent, il semble impossible de faire respecter pareille condition et insister là-dessus pourrait faire capoter tout le processus de négociation. On peut seulement espérer que ceux qui voudront parler pour les Palestiniens seront à même d'assurer leur propre sécurité.

5. La frontière entre Israël et son nouveau voisin n'existant pas, elle reste à négocier. Les frontières du territoire sous mandat ont été définies par des traités internationaux. La limite entre la Palestine cisjordanienne et la Palestine transjordanienne, rebaptisée Transjordanie et plus tard Jordanie, l'a été par une décision administrative des Britanniques, approuvée par la Société des nations. Les accords d'armistice de Rhodes (février-juillet 1949) y apportèrent quelques changements. La frontière avec le Liban y a été confirmée, devenant frontière internationale, alors que les frontières avec la Syrie et l'Égypte y ont été supprimées formellement puis redéfinies comme « lignes de démarcation de l'armistice ». Cédant à l'insistance arabe, les accords spécifiaient qu'elles ne devaient être « comprises en aucun sens

comme des limites politiques ou territoriales », qu'elles avaient été tracées sans préjuger des revendications des différentes parties lors « du règlement final de la question palestinienne ». La frontière avec l'Égypte fut rétablie, en pratique, par les accords de Camp David. Nulle autre n'a été reconnue depuis.

Contrairement aux frontières avec la Syrie, le Liban et l'Égypte, les limites qui, de 1949 à 1967, ont séparé Israël et les territoires tenus par l'Égypte et la Jordanie sur la rive gauche du Jourdain et la bande de Gaza n'étaient que de simples lignes de cessez-le-feu, là où aucune frontière n'existait auparavant. On avait, bien sûr, tracé plusieurs lignes sur la carte, mais aucune n'avait valeur légale de frontière. En 1947, une commission des Nations unies mit au point un schéma de partition approuvé par l'Assemblée générale qui fut néanmoins rejeté unanimement par les Arabes palestiniens et les États arabes. Ceux-ci eurent recours à l'arbitrage de la guerre qui se termina par les accords d'armistice de Rhodes ; la ligne de cessez-le-feu dura jusqu'en 1967. Cette année-là, un deuxième recours à la guerre par la Jordanie eut pour résultat une nouvelle ligne de cessez-le-feu, toujours en place. Elle retrouve les anciennes limites administratives fixées par les Britanniques entre les zones de Cis- et de Transjordanie. Une condition préliminaire à la négociation est donc que les deux parties s'accordent sur le fait qu'aucune de ces lignes de cessez-le-feu ne constitue une frontière et que celle-ci reste à négocier. L'accord sur le tracé des frontières constituera l'essentiel du calendrier des négociations.

6. Tracer ces frontières sera une tâche longue et difficile. On peut rappeler que le tracé des frontières entre les territoires sous mandat britannique et français de Palestine et de Syrie prit quelque deux années — et

cela entre des puissances qui, si elles n'étaient pas exactement amies, étaient alliées, et à une époque où elles n'avaient à tenir grand compte ni des désirs des populations locales ni de l'opinion publique régionale ou internationale. La négociation de frontières entre des peuples voisins et hautement politisés, sortant tout juste d'un conflit long et acharné, sera incomparablement plus difficile. C'est pourquoi le premier point du calendrier des négociations devra être la recherche d'un accord rapide sur un arrangement provisoire et sur son application, de préférence sous une forme quelconque d'autonomie des territoires ; cet arrangement devra subsister jusqu'à l'accord final ou jusqu'à la rupture des négociations.

Où conduirait une telle rupture ou le refus de l'une ou l'autre partie d'entamer des négociations ? Les Israéliens pourraient bien conserver par la force des armes la rive gauche et la bande de Gaza, et défaire toute coalition probable des États arabes lors de guerres futures. Le prix en serait néanmoins élevé et ne ferait que croître. Même au moment de leurs plus grands succès, les Israéliens n'ont pas pu imposer leur volonté au monde arabe tout entier, pas même aux États arabes voisins. Le prix à payer serait donc une lutte continuelle et un isolement croissant, dont l'effet serait corrosif sur la société israélienne et son régime.

En s'accrochant aux territoires, les Israéliens auraient essentiellement le choix entre deux options. L'une serait de maintenir leur présence sous forme d'une occupation militaire sur un peuple assujetti. Dans ce cas, le thème favori de la propagande anti-israélienne, la comparaison avec l'Afrique du Sud, qui n'est aujourd'hui qu'une calomnie, deviendrait une réalité. Cette réalité serait beaucoup plus dangereuse que pour l'Afrique du Sud, car

Israël ne bénéficie ni de l'éloignement ni des ressources de cette dernière. L'autre possibilité serait d'annexer les territoires et de donner à ses habitants la citoyenneté israélienne. Dans ce cas, le modèle ne serait plus l'Afrique du Sud mais le Liban, et Israël deviendrait une association difficile, une de plus, entre ethnies et groupes religieux en conflit. Les Juifs se trouveraient dans la position dominante qu'avaient autrefois les Maronites, avec la perspective probable d'un destin à la libanaise en fin de parcours.

Un troisième choix, que ses partisans appellent par euphémisme un « transfert », est impossible, politiquement et moralement, tant pour la grande majorité des Israéliens que pour la plupart des gens de l'extérieur.

Les Arabes — à la fois les Palestiniens et les autres — doivent, comme les Israéliens, reconnaître maintenant qu'ils ne peuvent imposer leur volonté par la force. Cela est particulièrement vrai pour les Palestiniens qui ont perdu une grande partie du soutien des États arabes dont ils pouvaient disposer précédemment. Les possibilités autres que la négociation sont encore plus désagréables pour eux que pour les Israéliens. Ils pourraient suivre la ligne tracée par le mufti de Jérusalem il y a plus de soixante ans, ligne poursuivie par l'O.L.P. pendant des décennies, et toujours revendiquée par les jusqu'auboutistes, à la fois dans les organisations palestiniennes et dans les pays arabes : ni compromis ni concession, rien qu'une lutte implacable pour la liquidation d'Israël et de toutes ses institutions, et pour son remplacement par un État arabo-palestinien dans lequel les Juifs arabo-palestiniens, s'il en survit, pourraient se chercher une place en tant que minorité religieuse. Certains dirigeants et certains leaders pourraient choisir cette politique. Ils pourraient condamner encore une génération de Palestiniens ainsi que les générations à venir aux privations et à la misère noire, afin de maintenir leur ligne politique et de conserver un vivier de combattants futurs pour une guerre sans fin. Pour cela aussi, il y aurait un prix à payer : la souffrance inutile de centaines de milliers d'individus et un empoisonnement de l'atmosphère chez les Palestiniens et, par suite, dans les États arabes tel que tout effort sérieux et, donc, tout progrès réel vers une vie meilleure et plus libre deviendraient impossibles. Israël ne serait pas dissous et les Palestiniens ne disparaîtraient pas. Il y a toujours des gens qui naissent et qui grandissent à Beyrouth et qui poursuivent leurs occupations. Mais Israéliens et Palestiniens doivent se demander si c'est cela qu'ils veulent pour eux-mêmes, pour leurs enfants et leurs petits-enfants.

Tout cela serait enduré, du côté arabe, dans l'espoir d'une guerre finale dans laquelle Israël serait détruit et où la Palestine renaîtrait. Dans l'hypothèse improbable d'une pareille apocalypse, l'étape ultime pourrait en effet être la destruction d'Israël. Mais dans l'état actuel des armements, l'avant-dernière étape serait sans aucun doute la destruction des Palestiniens et de beaucoup de leurs voisins. Entre-temps, pendant qu'ils attendraient pareille solution finale, les États et les sociétés arabes se trouveraient affaiblis et exposés à d'autres dangers, bien plus menaçants qu'Israël ne pourrait jamais l'être, même si l'on estime ses forces au mieux et ses intentions au pis.

On trouve parmi les Israéliens et les Arabes des hommes et des femmes qui, sans admettre nécessairement une certaine justesse de la cause adverse, n'en sont pas moins désireux d'en reconnaître la réalité et d'envisager des concessions pour aboutir à une coexistence pacifique. Du côté israélien, cela signifie l'évacuation des territoires occupés en 1967 — concession sur laquelle l'accord a été, en principe, acquis, lorsque Israël a accepté la résolution 242 des Nations unies.

Du côté arabe, jusqu'au changement de ligne politique, de courte durée, de l'O.L.P., seule l'Égypte a ouvertement et formellement approuvé pareille démarche, avec l'encouragement tacite et plutôt équivoque d'autres gouvernements arabes pro-occidentaux. Ailleurs, alors que beaucoup de porte-parole souhaitent parler, en privé et dans une langue étrangère, de négociations sur ces bases, toute déclaration publique et à domicile est toujours formulée — au mieux — dans un langage soigneusement ambigu tel que toute concession puisse être et se trouve souvent, de fait, promptement désavouée dès qu'elle est attaquée par des extrémistes. Les pacifistes, israéliens et autres, qui scrutent anxieusement l'horizon pour y trouver un signe d'espoir, se sont souvent jetés sur ces déclarations ambiguës et les ont interprétées et embellies. Mais la succession d'ambiguïtés et de désaveux ne peut qu'augmenter les inquiétudes de ceux qui ne font pas confiance aux Arabes et pensent que leurs démarches pacifistes sont au mieux de la gesticulation pour relations publiques et, au pis, le désir de trouver un point de départ plus favorable à la future guerre pour l'annihilation d'Israël. Les spéculations sur une telle guerre vont bon train chez les Arabes — et pas seulement dans les États qui rejettent Israël — et ce fait, joint au soutien enthousiaste des Palestiniens à Saddam Hussein, n'a fait que conforter les soupçons.

Il n'existe qu'une voie permettant aux deux parties d'échapper à ces options destructrices et autodestructrices : celle de la négociation conduisant à la paix. En dépit des dangers et des difficultés manifestes de la situation actuelle, on discerne quelques signes d'espoirs. Arabes comme Israéliens montrent des signes de fatigue ;

les uns et les autres commencent à prendre douloureusement conscience des limites de ce qu'ils peuvent obtenir par la force. De chaque côté, des gens qui réfléchissent imaginent l'avenir qui les attend si les tendances actuelles persistent, et cet avenir ne leur sourit guère. Dans le reste du monde, l'actuelle ambiance internationale de détente et de coopération pourrait entraîner la fin des engagements et des provocations extérieures qui ont pendant si longtemps contribué à exacerber la moindre différence, et à faire obstruction à tout progrès vers un règlement. Ces circonstances favorables, les dernières en particulier, ont peu de chances d'être durables, et il serait sage de saisir l'occasion quand il en est temps.

Le conflit israélo-arabe n'est pas le seul, ni le plus sanglant des problèmes du Moyen-Orient, pas plus qu'il n'est, en dernière analyse, le plus important. Mais c'est celui qui reçoit, et de loin, le plus d'attention. Parce que Israël est un État juif, il suscite des sentiments extrêmes dans le monde, à la fois de soutien et d'hostilité, et il éveille une immense curiosité. Parce que c'est une société relativement ouverte, il offre des occasions, uniques dans cette région, à la fois d'assouvir et d'aiguiser cette curiosité. Si ce conflit-là pouvait être réglé, cela ne résoudrait pas les problèmes fondamentaux du Moyen-Orient, mais cela laisserait aux gens qui y vivent, et aussi au reste du monde, le temps, les moyens et l'énergie de s'y attaquer.

Traduit de l'anglais par Rose Saint-James.

Quatrième partie

HISTORIOGRAPHIE

L'état des études
sur le Proche-Orient

L'étude du Proche-Orient dans le monde occidental a une longue histoire, et on peut faire remonter ses antécédents au Moyen Âge, aux premiers essais de l'Europe chrétienne pour apprendre l'arabe et comprendre l'islam. Deux motifs essentiels poussèrent les Européens occidentaux à cette étude. L'un était d'apprendre. Les savants et les étudiants occidentaux vinrent d'abord comme des débutants, voyageant en Espagne, en Sicile et, en moins grand nombre, dans d'autres pays musulmans, pour étudier ce qui était alors la civilisation supérieure, le monde musulman. Leur but était d'avoir accès, à travers les traductions arabes et grâce à des maîtres arabes, aux sources de la philosophie et de la science grecques. Pour eux, l'arabe était un instrument ; les Arabes étaient des intermédiaires. La dette de la pensée et de la science européennes est immense envers ces intermédiaires.

Le second motif était polémique. Au Moyen Âge, l'islam et le christianisme étaient encore les deux grandes religions rivales, l'Islam et la Chrétienté les deux grandes civilisations rivales, et beaucoup d'énergie fut consacrée

« The State of Middle Eastern Studies », *The American Scholar*, vol. 48, n° 3, été 1979, pp. 365-381. C 1979, the United Chapters of Phi Beta Kappa.

au double but de protéger les chrétiens de l'influence islamique et de convertir les musulmans au christianisme. Cet effort impliquait aussi l'étude de l'arabe et, dans une certaine mesure, du Coran et des autres textes religieux islamiques, afin de réfuter la religion islamique.

À la fin du Moyen Âge, les deux motifs étaient en voie de disparition. Les Européens étaient déjà plus avancés en philosophie, en médecine et dans les autres sciences, où les musulmans avaient précédemment été leurs maîtres, et il semblait désormais sans objet d'étudier l'arabe dans cette perspective. Le motif polémique, aussi, s'effaçait sous ses deux aspects. Convertir les musulmans au christianisme apparaissait comme une tâche impossible. Les musulmans étaient imperméables à l'enseignement chrétien et les gouvernements musulmans ne permettaient pas qu'on l'essayât. D'autre part, on ne voyait plus dans l'islam un grand adversaire religieux, lançant un défi à la chrétienté, malgré l'imposante puissance militaire et politique d'un monde musulman désormais conduit par l'Empire ottoman. Le défi s'adressait à la Chrétienté, non au christianisme ; la réponse était militaire et non intellectuelle. Le désir de réfuter l'islam perdait de son urgence, et les vieux écrits du genre polémique étaient en déclin.

Le genre a persisté, on s'en aperçoit de temps à autre. On peut discerner quelques vestiges de préjugé religieux ou de polémique cachés derrière l'appareil académique, et un certain nombre d'arabisants occidentaux de la vieille génération ont une formation de théologiens. Toutefois, dans le monde occidental, l'élément missionnaire des études islamiques est beaucoup moins important que celui des études sur l'Extrême-Orient. En outre, sa contribution a été plus modeste et plus négative. Les missionnaires, en Extrême-Orient, tiraient force intellectuelle et morale du souvenir des hauts faits accomplis parmi les peuples chez lesquels on les envoyait. Les missionnaires, au Proche-Orient, revenaient avec un sentiment d'échec et de frustration qui, beaucoup trop souvent, infecta les disciplines savantes et les communautés académiques qu'ils avaient rejointes.

À notre propre époque, on le notera en passant, on a vu renaître dans certains écrits soviétiques sur l'islam une manière polémique assez ressemblante au style médiéval. Pour la plupart, ces écrits visent à réfuter l'islam et à persuader les peuples musulmans de l'Union soviétique d'accepter à sa place le marxisme orthodoxe russe.

La Renaissance inaugura une phase entièrement nouvelle dans le monde occidental en ce qui concerne le développement des études sur l'islam et le Proche-Orient. Peut-être le facteur nouveau le plus important fut-il une sorte de curiosité intellectuelle qui demeure unique dans l'histoire humaine. Car, jusque-là, on n'avait ressenti aucun désir comparable et on n'avait fait aucun effort pour étudier et comprendre des civilisations étrangères, encore moins des civilisations hostiles. Beaucoup de sociétés ont essayé d'étudier celles qui les ont précédées, celles auxquelles elles sentent qu'elles doivent quelque chose, celles dont elles ont compris qu'elles proviennent. Les sociétés placées sous la domination d'une culture étrangère et plus forte ont habituellement été contraintes, par la force ou autrement, d'apprendre la langue et d'essayer de comprendre les coutumes de ceux qui les dominaient. Les sociétés, en un mot, ont étudié leurs maîtres, dans les deux sens du terme. L'Europe a étudié le latin et le grec, l'islam a étudié l'arabe, et le Tiers monde moderne, selon les influences et les pressions auxquelles il a été exposé, étudie l'anglais, le français ou le russe modernes. Mais l'Europe et plus tard les filles de l'Europe au-delà des mers ont accompli depuis la Renaissance, pour étudier des cultures lointaines et étrangères, un effort d'une certaine sorte qui représente quelque chose de nouveau et de totalement différent. Il est significatif qu'aujourd'hui les peuples du Proche-Orient montrent peu d'intérêt les uns pour les autres et encore moins pour les cultures non islamiques de l'Asie et de l'Afrique. Les seuls efforts sérieux pour étudier les langues et les civilisations de l'Inde et de la Chine dans les universités du Proche-Orient ont été faits en Turquie et en Israël — les deux pays de cette région qui ont choisi consciemment un mode de vie occidental.

Même aujourd'hui, les civilisations non européennes ont encore la plus grande difficulté à comprendre cette sorte de curiosité intellectuelle. Quand les premiers égyptologues européens, et autres archéologues, commencèrent à creuser au Proche-Orient, les habitants de ces lieux furent nombreux à trouver incroyable que des étrangers pussent consentir à dépenser tant de temps, d'efforts et d'argent, et à courir tant de risques et à subir tant de privations, seulement pour déterrer et déchiffrer les reliques anciennes de leurs propres ancêtres oubliés. Ils cherchèrent donc d'autres explications plus rationnelles. Pour les simples villageois, les archéologues étaient à la recherche de trésors perdus. Pour les gens des villes, plus avancés et plus subtils, c'étaient des espions ou autres agents de leurs gouvernements. Il est de fait que tel ou tel archéologue a pu rendre de tels services à son gouvernement : cette interprétation-là de l'archéologie n'en est pas moins erronée, et révèle une triste incapacité à comprendre une entreprise qui a ajouté de nouveaux chapitres à l'histoire de l'humanité et de nouvelles dimensions à la connaissance et à la conscience que les nations du Proche-Orient ont pu prendre d'elles-mêmes. Cette difficulté de perception continue jusqu'à aujourd'hui et touche même quelques universitaires, qui persistent à voir les orientalistes soit comme des chercheurs de trésor, soit comme des agents de l'impérialisme.

L'assouvissement de cette nouvelle curiosité intellectuelle fut grandement aidé par les voyages de découverte qui amenèrent les Européens vers des terres nouvelles et étranges au-delà des océans. Ces voyages aidèrent à briser les moules intellectuels et fournirent à la fois un stimulus et une occasion pour des études plus poussées.

La Renaissance, par le renouveau des connaissances et le développement de la philologie classique, offrit aussi des modèles et des méthodes pour l'étude de l'Orient. Les techniques philologiques élaborées par les humanistes européens pour l'étude des textes latins, grecs et hébreux — c'est-à-dire pour les classiques de l'Europe et pour les Écritures du christianisme européen — furent aussi appliquées à l'étude de l'arabe et des textes arabes, et, plus tard, à d'autres langues du Proche-Orient. C'était là le début d'une nouvelle science et d'une nouvelle discipline intellectuelle ; on appela orientaliste un représentant de cette discipline, par analogie avec ses prédécesseurs, le latiniste et l'helléniste.

La Réforme, elle aussi, aida à l'expansion des études arabes. Comme d'autres conflits connexes à l'intérieur de l'Église chrétienne, la Réforme provoqua une étude plus minutieuse du texte hébreu de l'Ancien Testament ; or, il était précieux de connaître l'arabe au point de vue comparatif. Les conflits sectaires, eux aussi, provoquèrent de l'intérêt pour l'Orient, surtout pour les chrétiens parlant arabe, chez qui diverses factions, dans la chrétienté occidentale, virent les alliés possibles contre leurs rivales. Ces avantages figurèrent bien en vue parmi les arguments avancés pour la défense de l'étude de l'arabe au début du XVIIᵉ siècle. Ils ne sont pas souvent mentionnés de nos jours.

Il y eut aussi un puissant motif pratique, résultant de l'essor de la puissance ottomane. Il opérait de deux façons : l'Empire ottoman était pour l'Europe une menace qui imposait des mesures de défense urgentes ; c'était aussi un vaste marché où acheter et vendre. Le besoin de renseignements politiques et militaires d'une part, et les occasions et les exigences du commerce, de l'autre, appelaient une étude nouvelle et plus pratique de la région. « Les nouvelles de Turquie » allaient occuper une place importante dans les intérêts occidentaux au Proche-Orient. On tenait à savoir ce qui se passait là-bas : d'où une masse de littérature considérable dont les auteurs obéissaient à un certain nombre d'impératifs — les plus importants étant pratiques, militaires et commerciaux. Ces écrivains-là étaient des aventuriers, des commerçants, des diplomates, des espions, des missionnaires et autres voyageurs qui décrivaient ce qu'ils avaient vu afin d'instruire leurs lecteurs et de renseigner leurs employeurs et leurs collègues. On a continué de publier de cette littérature jusqu'à nos jours, bien que ceux qui la produisent n'aient que récemment acquis un statut académique.

La meilleure façon d'apprécier le développement ultérieur des études sur le Proche-Orient en Occident est de les envisager comme une partie de l'histoire intellectuelle générale de l'Europe. Avec les Lumières, les horizons s'élargirent et l'on se mit à réagir contre le fanatisme religieux. On traduisit désormais les textes islamiques, non seulement en latin, comme on l'avait fait jusqu'alors, mais aussi dans les langues vernaculaires de l'Europe. La plus notable de ces traductions fut celle, en français, des *Mille et Une Nuits*, qui fit une forte impression et donna naissance à une vague de pseudo-orientalisme dans la littérature européenne, et aussi à quelques travaux sérieux d'érudition. Grâce à l'influence de l'érudition orientaliste sur des personnalités comme Gibbon en Angleterre, Montesquieu en France, Lessing et Goethe en Allemagne, une certaine connaissance de la civilisation islamique et des littératures islamiques pénétra peu à peu le grand courant de la culture européenne.

Ce qui stimula cet apprentissage des choses de l'Orient, ce qui l'affecta aussi, ce fut l'émergence des grands empires européens, qui exercèrent leur influence par voie maritime, comme l'Europe occidentale, ou par voie terrestre, comme l'Europe orientale ; ce fut aussi, plus tard, l'extension du commerce européen au Proche-Orient. Pour les besoins des empires et du commerce, il fallait des gens capables de parler les langues et renseignés sur les conditions locales. On se préoccupa donc de fournir un enseignement de ces langues et de ces conditions locales. On y pourvut de façons différentes dans les empires européens. Les Français créèrent l'institution des « Jeunes de Langue ». Au début, on les recruta surtout dans les communautés du Levant, plus tard en France. On leur dispensait une formation spéciale en arabe, en persan et en turc ; puis on les attachait aux ambassades et aux consulats français du Proche-Orient. C'est de là que sortirent, dans une large proportion, les orientalistes français de la fin du XVIIIe et du début du XIXe siècle. Chez les savants anglais, l'intérêt se porta plutôt sur le persan, du fait de l'établissement du pouvoir britannique en Inde, où le persan était alors la langue principale du gouvernement et de la culture. Vint alors l'expansion terrestre de la Moscovie vers le sud et l'est : des musulmans parlant turc et persan passèrent en grand nombre sous la domination russe, et ce furent plus spécialement les études turques et persanes que l'on institua et développa dans les universités de l'empire russe.

Le XIXe siècle vit la poursuite et même l'intensification de tous ces processus, du fait surtout que les puissances européennes s'engageaient directement dans les affaires du Proche-Orient. Une nouvelle phase commença avec l'invasion de l'Égypte par Bonaparte et continua avec la conquête par la France de l'Afrique du Nord, l'établissement de la présence britannique à Aden et dans le golfe Persique, l'expansion de la puissance russe dans les terres musulmanes autour de la mer Noire et de la Caspienne et plus tard en Asie centrale, et le rôle joué par les Autrichiens et les Allemands vis-à-vis de l'Empire ottoman. Même d'autres pays moins directement concernés avaient leurs raisons propres pour poursuivre des études sur le Proche-Orient. Des savants espagnols, touchés par le renouveau romantique, furent amenés à s'intéresser à un chapitre important, mais à moitié oublié, de leur propre passé national. Le XIXe siècle vit aussi l'établissement des études islamiques et arabes aux États-Unis ; on le devait pour une part à des organisations missionnaires, et pour une autre part à l'extension des études classiques et bibliques.

Si les empires, les missions et le commerce ont concouru à stimuler l'intérêt porté aux peuples orientaux et à fournir des occasions de les étudier, ils n'ont pas dominé ni même grandement influencé le développement des connaissances orientalistes académiques. Les missionnaires et les spécialistes coloniaux ont apporté une contribution relativement faible à ces études, et leur travail, à peu d'exceptions près, n'a guère retenu l'attention des savants qui ont été les pères fondateurs de la discipline. Ces hommes étaient pour la plupart des universitaires, indépendants des grandes organisations impériales, cléricales et commerciales ; parfois même, ils les ont fortement critiquées. Le motif qui les poussait, c'était le désir de connaître et de comprendre, et leurs méthodes étaient celles de l'érudition analytique et critique.

Le XIXe siècle apporta un grand progrès dans l'organisation des études sur le Proche-Orient comme discipline universitaire, notamment par la création d'institutions spécialisées : écoles, instituts ou départements d'études orientales, dont le premier fut fondé à Paris, en 1795. D'autres suivirent en Russie, en Allemagne, en Angleterre, et ailleurs durant le XIXe et le XXe siècle. On fit un progrès parallèle en fondant des sociétés savantes pour les études orientales : la Royal Asiatic Society en Angleterre, la Société asiatique en France, la Deutsche Morgenländische Gesellschaft en Allemagne et leurs équivalentes en d'autres pays. À partir de 1873, il y eut aussi des Congrès internationaux d'orientalistes qui réunissaient des collègues de différents pays et auxquels, pour la première fois, des savants de Turquie, d'Égypte, et plus tard d'autres pays du Proche-Orient, commencèrent à participer.

L'émancipation des juifs en Europe centrale et occidentale et conséquemment leur entrée dans les universités vinrent renforcer ces institutions. Les savants juifs, élevés dans la religion juive et habitués à la langue hébraïque, trouvèrent l'islam et l'arabe beaucoup plus faciles à comprendre qu'ils ne l'étaient pour leurs collègues chrétiens ; de plus, ils étaient encore moins affectés par la nostalgie des Croisades, par le souci d'une politique impériale ou par le désir de convertir les « païens ». Les savants juifs, comme Gustav Weil, Ignaz Goldziher et d'autres, jouèrent un rôle capital dans le développement

d'une évaluation positive, non polémique, et objective de
la civilisation islamique.

Le mouvement romantique, aussi, fut d'une certaine
efficacité : il éveilla l'intérêt populaire et fit entrer des
éléments arabes et islamiques dans la littérature générale.
Washington Irving est probablement le mieux connu des
écrivains anglophones qui se servirent de matériaux
d'origine arabe et islamique. Il y en a beaucoup d'autres.
Ce qui aida aussi cette évolution, ce fut l'apparition d'une
nouvelle sorte de traducteurs littéraires, dont deux —
Friedrich Rückert en allemand et Edward Fitzgerald en
anglais — furent eux-mêmes de beaux poètes.

Vers la fin du XIXᵉ siècle, une première génération de
savants originaires de Turquie, d'Arabie et d'autres pays
du Proche-Orient commençait d'apporter son appoint à
la science moderne de type occidental. En partie, leurs
écrits sont encore apologétiques ou romantiques dans
leur présentation, mais s'efforcent de suivre les méthodes
de la science philologique critique comme elles avaient
été élaborées en Occident depuis la Renaissance et le
renouveau de l'érudition.

Le plus important, peut-être, fut l'apparition, dans
l'Europe du XIXᵉ siècle, et surtout dans les pays allemands, de la nouvelle philologie, au cours de la période
que l'on a précisément appelée l'âge d'or de la philologie. À cette époque, on accomplit en Europe un grand
progrès dans l'étude de l'arabe et des sciences qui s'y
rapportent, surtout dans les domaines de la grammaire et
de la lexicographie et, vers la fin du siècle, dans l'étude de
l'histoire, de la théologie et du droit musulmans.

Au cours de cette période d'évolution universitaire, du
XVIᵉ au XIXᵉ siècle, l'accent portait principalement sur ce
qu'on peut appeler les études classiques et scripturaires.
L'arabe, langue du Coran et des anciens poètes, trouvait

sa place dans les universités à côté du latin, du grec et de l'hébreu. On négligeait des langues « modernes » comme le turc, bien qu'elles fussent alors beaucoup plus importantes d'un point de vue pratique. Il est vrai que l'on négligeait de même l'anglais, le français, l'allemand et d'autres langues vivantes européennes ; selon les notions de l'époque, ce n'étaient pas des sujets appropriés à l'investigation scientifique. Les études historiques étaient pareillement limitées aux époques antique et médiévale, et même un sujet aussi important pour l'Europe que l'histoire de l'Empire ottoman était abandonné, dans l'ensemble, aux « hommes pratiques ». En Europe, jusqu'au XXe siècle, l'historien le plus marquant de l'Empire ottoman a été l'Autrichien Joseph von Hammer-Purgstall, auteur d'une histoire de cet empire en de nombreux volumes, fondée sur des sources turques. Comme la plupart des autres « modernistes » du temps, ce n'était pas un universitaire ; c'était un interprète officiel, et ses écrits laissent voir de nombreux défauts dans sa connaissance des textes.

Du fait que les arabisants, comme leurs collègues étudiants du persan et du turc, montraient peu d'intérêt pour l'histoire moderne, ce domaine de recherche académique fut laissé à d'autres : aux spécialistes de l'histoire coloniale, de l'histoire internationale, de l'histoire diplomatique, à divers autres encore, qui apportèrent leurs compétences professionnelles à étudier l'histoire du Proche-Orient, mais qui étaient, malheureusement, gênés par leur ignorance des langues dans lesquelles les peuples étudiés parlaient et écrivaient. Aussi leurs contributions, si elles furent souvent utiles et parfois précieuses, se trouvèrent fatalement viciées par le caractère extérieur qu'elles gardèrent inévitablement.

La guerre, a dit Karl Marx, est la locomotive de

l'histoire. Dans les études sur le Proche-Orient, comme en tant d'autres domaines, les situations critiques de deux guerres mondiales apportèrent un changement rapide et forcé. L'orientaliste classique était nourri dans les disciplines de la théologie et de la philologie, et parfois de l'histoire : on lui demandait subitement d'assumer la politique moderne, l'économie et la société. Plus ou moins consentant, il se mit à discuter de tout, des odes en arabe préislamique à l'industrie pétrolière et à la banque moderne, avec une égale autorité mais non pas, hélas, avec une égale compétence. Les insuffisances de cette approche devinrent vite évidentes, et l'on s'orienta bientôt vers une plus grande spécialisation. Ce mouvement se renforça quand on introduisit de nouvelles disciplines autres que la philologie et la théologie qui, depuis longtemps, avaient presque entièrement dominé le champ des études. L'histoire d'abord, puis les sciences sociales amenèrent un immense élargissement des études sur le Proche-Orient dans les universités du monde entier, notamment dans la période qui suivit la Seconde Guerre mondiale.

La nouvelle phase commença en Angleterre lorsqu'on découvrit, sur le tard, durant la Seconde Guerre mondiale, qu'une connaissance des langues du Proche-Orient et des pays où elles étaient parlées était utile pour y faire la guerre, et qu'une connaissance de la langue et des usages de la région pourrait aussi faciliter la conduite de la diplomatie et d'autres activités politiques. Au cours de la guerre, il fallut constater qu'en Grande-Bretagne l'offre de spécialistes initiés aux langues et aux cultures de l'Asie et de l'Afrique était désespérément insuffisante. Le gouvernement décida donc de lancer un grand programme de développement. Vers la fin de 1944, Anthony Eden, alors ministre des Affaires étrangères, créa une commission gouvernementale interdépartementale chargée d'« examiner les facilités offertes par les universités et autres institutions éducatives de Grande-Bretagne pour l'étude des langues et des civilisations orientales, slavones, d'Europe orientale et d'Afrique, d'examiner la manière dont ces facilités sont mises à profit, et de formuler des recommandations pour leur amélioration ».

La commission, connue généralement sous le nom de son président, Lord Scarborough, mena de vastes enquêtes dans les universités et ailleurs, et reçut un large éventail d'informations. Son rapport, publié en 1947, fut le premier exposé important fait en Angleterre sur le développement des études sur le Proche-Orient, l'Asie et l'Afrique, et servit de base pour un programme approfondi, mis en œuvre dans les années qui suivirent. Le rapport fut accepté, et l'on fit un effort sérieux pour donner effet à ses recommandations. D'où un considérable progrès des études sur le Proche-Orient dans les universités britanniques : augmentation rapide des moyens existants, création de nouveaux moyens, et, en particulier, de toute une série de nouveaux postes pour lesquels des gens qualifiés n'étaient pas immédiatement disponibles. Une partie du développement consista donc en des programmes spéciaux de formation et en des budgets appropriés pour créer non seulement les postes, mais les savants qui devaient les occuper.

Ce qui s'était passé en Angleterre dans les années cinquante allait arriver aux États-Unis à la fin des années cinquante et au début des années soixante : sans la procédure compliquée d'une commission royale, on y a préconisé et fondé un programme semblable d'élargissement, et l'on y a créé un très grand nombre de nouveaux départements, centres et programmes dans des universités de tout le pays.

Pendant longtemps, les études orientalistes dans les universités américaines avaient été d'envergure limitée et avaient suivi le modèle européen classique. En Amérique, comme en Angleterre, c'est la Seconde Guerre mondiale qui donna le premier élan ; les programmes de formation accélérée, instaurés pour des besoins militaires, servirent d'exemple. Dès 1943, le Conseil américain pour la recherche en sciences sociales se prit d'intérêt pour ce qu'on allait appeler les *Area Studies*. On organisa ces études sur une base interdisciplinaire ; on les institua dans un certain nombre d'universités ; le Conseil et diverses fondations les financèrent généreusement. Le gouvernement fédéral, par le *National Defense Education Act* de 1958, apporta aussi une contribution substantielle au développement de l'enseignement des langues, spécialement des langues qualifiées d' « importantes et peu connues ». Entraient dans cette catégorie la plupart des langues du Proche-Orient.

Étant donné les sommes d'argent et les efforts dépensés pour le développement des études sur le Proche-Orient dans le monde anglophone, les résultats ont été décevants.

Un certain nombre d'éléments de la situation illustrent, et peut-être aussi expliquent, l'échec relatif des études sur le Proche-Orient dans les universités. Le premier est l'ignorance ; ou, pour dire les choses autrement, un bas niveau de compétence professionnelle. La demande était soudaine et considérable ; pour cette région du monde, l'intérêt allait croissant rapidement, chez les gouvernants et dans la masse ; en outre, on disposa pendant quelque temps de crédits énormes : aussi la demande d'experts dépassa grandement l'offre, avec les conséquences que l'on pouvait prévoir. Il est pénible pour un spécialiste du Proche-Orient d'admettre le fait, mais le moyen de l'éviter ? Dans les études sur le Proche-Orient on peut obtenir de l'avancement professionnel avec des connaissances et des capacités bien inférieures à ce qui est normalement demandé dans d'autres domaines plus évolués, ou dans des disciplines plus fréquentées, où les niveaux sont établis et maintenus sur de longues périodes par un grand nombre de professionnels compétents. De ce fait, les normes d'entrée sont basses au niveau des étudiants, et elles le restent au niveau professoral ; les normes de rendement sont basses elles aussi, et basses les normes de promotion dans les institutions universitaires. Ces défauts, à leur tour, se reflètent dans la littérature dérivée : il est admis que tels livres font autorité, alors qu'ils contiennent des erreurs risibles, même de fait.

Certains ont même essayé de faire de l'ignorance vertu, particulièrement de l'ignorance des langues. Il y a plusieurs grandes langues dans la région du Proche-Orient, et toutes sont difficiles. Toutes sauf une — le turc moderne — s'écrivent en caractères différents des caractères latins. Toutes sont formées par des traditions culturelles très différentes de celles de l'Europe et de l'Amérique du Nord. L'étude de ces langues est une tâche ardue. Pour apprendre l'arabe, ne serait-ce que convenablement, et à plus forte raison pour l'apprendre bien, il faut peut-être autant de temps et d'efforts que pour apprendre plusieurs langues européennes. Il était donc inévitable que l'étude de l'arabe et des autres langues du Proche-Orient devînt à elle seule un champ spécialisé. Ceux qui s'engagent dans ce champ de spécialisation ont rarement le temps ou le désir de se former dans les disciplines des sciences sociales ; quant aux spécialistes des sciences sociales qui s'occupent de la région, ils ont rarement pris la peine d'apprendre la langue. Et chacun des deux groupes tend à mépriser et à déprécier ce qu'il ne possède pas. Un spécialiste en sciences sociales, qui faisait récemment le compte rendu d'un livre sur l'histoire du Proche-Orient, parlait avec mépris des orientalistes qui essaient de comprendre l'histoire d'une autre civilisation par l' « examen minutieux de textes difficiles ». Outre qu'elle indique une préférence pour l'examen superficiel de textes faciles, la remarque révèle une attitude d'incompréhension méfiante, observable de part et d'autre.

La meilleure façon de décrire le résultat, c'est d'imaginer un parallèle. Si la recherche sur l'Allemagne moderne était laissée à deux groupes de gens : d'une part, les philologues allemands, dont les études se limitent au *Nibelungenlied* et qui soutiennent que cette étude-là est une préparation non seulement nécessaire, mais aussi suffisante, pour un travail sur l'Allemagne moderne ; d'autre part, un groupe de chercheurs en sciences sociales spécialisés dans l'Allemagne moderne, qui n'auraient aucune connaissance de l'allemand, au-delà des besoins élémentaires de l'hôtel et du restaurant, et qui s'appuieraient entièrement sur des informateurs et des traductions. Le résultat serait sûrement grotesque. Malgré tout, il pourrait être plutôt meilleur que ce qu'on observe généralement dans les études sur le Proche-Orient, puisque la culture allemande, après tout, est beaucoup plus proche de la nôtre et nous est donc plus compréhensible, et que les traducteurs et les informateurs d'Allemagne seraient plus nombreux et mieux préparés que ceux dont on dispose dans les pays du Proche-Orient.

Dernièrement, il y a eu quelque amélioration à cet égard. Voici que certains orientalistes consentent à tenir compte des nouvelles méthodes et voies d'approche.

C'était déjà vrai au XIXe siècle d'aussi grands savants que Reinhart Dozy et Julius Wellhausen. Avec le développement de la sociologie, les grands maîtres — Comte, Weber, Durkheim, Breyssig — purent trouver des disciples orientalistes, voire orientaux, qui essayèrent d'appliquer leurs méthodes à l'étude du Proche-Orient — en général, un peu tardivement et sans grande efficacité. Quelques chercheurs en sciences sociales ont fait volontiers l'effort d'apprendre l'arabe ou une autre langue du Proche-Orient, et d'utiliser les matériaux littéraires et historiques. Mais leur nombre est encore lamentablement faible, et s'il y a des chercheurs en sciences sociales qui travaillent au Proche-Orient à l'aide d'une langue proche-orientale, ils l'ont plutôt acquise par quelque accident de naissance ou de carrière que par formation universitaire.

Quelques universités ont trouvé la réponse qui paraissait aller de soi : elles ont fait appel à des savants originaires du Proche-Orient. Telle ou telle langue était leur langue maternelle, et d'autre part ils possédaient dans leur discipline le bagage voulu. On a nommé ainsi un certain nombre de ces universitaires du cru, dont certains ont apporté une contribution importante et valable au développement de nos études. Malheureusement, leur participation à cette évolution universitaire a été faussée à deux égards. D'une part, la demande dépassait de beaucoup l'offre de spécialistes vraiment compétents, créant ainsi un marché pour les moins compétents. D'autre part, il s'est trouvé que cette évolution coïncidait avec la vogue de l' « ethnicité » dans les universités d'Amérique et même d'ailleurs : on affirmait avec insistance qu'il fallait confier à des Noirs l'enseignement sur les questions noires, à des juifs les études juives, à des Espagnols les études espagnoles, etc. Au Proche-Orient, comme ailleurs, on a procédé de ce fait à quelques nominations de valeur douteuse. Le grand philologue soviétique N. Y. Marr, un jour que certains de ses collègues lui faisaient perdre patience — de ses collègues des républiques asiatiques de l'Union soviétique —, a fait remarquer que tout poisson ne peut pas être un ichtyologue. Assurément, ce trait a quelque chose de sévère et d'injuste, mais il contient une observation tout à fait fondée — non pas tant à l'encontre des « poissons » eux-mêmes que de quelques pêcheurs plutôt téméraires. Tout Anglais n'est pas un spécialiste de Shakespeare, de Dickens ou de la politique du parti travailliste ; être anglais de naissance et d'éducation, ce n'est pas non plus une qualification suffisante pour occuper un poste universitaire dans un département d'études anglaises. La négligence de ce principe simple — qui va de soi en d'autres domaines — a parfois conduit à des nominations malheureuses. Il y a quelques années, dans un pays anglophone où il y a peu de juifs et où l'on ne sait pas grand-chose d'eux, un fonctionnaire religieux juif, s'intitulant « Révérend » et portant un faux col d'ecclésiastique, a réussi à obtenir un statut universitaire sur la base de ses compétences théologiques. Il n'était, en fait, ni rabbin ni chantre, mais égorgeur rituel, tâche qui demande quelque préparation religieuse, mais qui ne requiert pas un haut niveau universitaire. On a vu ainsi, dans le domaine des études sur le Proche-Orient, diverses nominations d'universitaires dont le manque de qualification, s'il n'est pas aussi pittoresque, n'est pas moins évident.

L'ignorance est peut-être le problème le plus important ; ce n'est pas le seul. Il est un autre problème, résultat de l'affect et du préjugé. Le Proche-Orient connaît des conflits amers, dont l'un en particulier éveille de fortes émotions et remue des préjugés profondément ancrés. L'une des parties, dans cette querelle, se trouve être un pays habité principalement par des juifs : voilà un facteur non négligeable, qui influe sur l'étude, non seulement de ce problème particulier, mais de toute la région. Naturellement les juifs ne sont pas seuls touchés affectivement par le conflit arabo-israélien. On en voit bien d'autres qui, sans être juifs, sont capables d'une forte réaction émotive envers les juifs et les causes juives. Réaction qui peut aller aussi bien dans les deux directions, pour ou contre Israël. Ni l'un ni l'autre de ces élans ne conduit au développement d'une discipline intellectuelle stricte.

Les Arabes, en tant que tels, n'éveillent en rien les mêmes sentiments que les juifs dans le monde occidental (mais, à certains signes, il semble que cette situation soit en train de changer). Néanmoins, les Afro-Asiatiques — groupe plus large auquel on associe bien à tort les Arabes — véhiculent, eux aussi, une forte charge de tension affective.

Ces attitudes peuvent être liées à un autre type de partialité, inspirée non pas tant par le préjugé que par l'idéologie. Vu la nature et l'ampleur des problèmes posés, et vu la grande richesse dont disposent quelques-uns des participants, le Proche-Orient est devenu un séjour idéal pour les idéologues de tous bords. Ces brasseurs d'idées se livrent des batailles dont les tactiques et les objectifs n'ont pas grand rapport, ni avec les réalités de la vie au Proche-Orient, ni avec la matière des études sur le Proche-Orient. Ces affrontements tiennent parfois aux allégeances et aux intérêts politiques, et ils peuvent sérieusement déformer la vie et la croissance des départements universitaires.

Certaines administrations, sensibles à la direction du vent, ont été jusqu'à affirmer qu'il faut fonder les

nominations universitaires sur des considérations idéologiques. J'ai même vu des directives ou des critères
imposés à des comités de recrutement, où il était
demandé aux candidats à des postes dans les études sur le
Proche-Orient d'être *sympathetic,* compréhensifs, favo-
rablement disposés pour le « point de vue » ou pour
l' « idéologie » de ceux qu'ils étudiaient. Selon le même
critère, des chaires d'études russes et chinoises devraient
être occupées par des marxistes de différentes tendances,
et une chaire d'italien par une série tournante de professeurs dont les opinions reflètent tout l'arc-en-ciel de la
politique italienne.

On voit opérer d'autres facteurs qu'il serait injuste
d'attribuer à l'idéologie, à la passion ou au préjugé. Bien
des gens favorisent un côté ou l'autre dans les conflits du
Proche-Orient, et ne le font pour aucune de ces raisons,
mais pour le motif rationnel et compréhensible de
l'intérêt personnel. Soutenir les Arabes ou les Israéliens
dans le conflit du Proche-Orient, ce peut être en espérer
quelque avantage matériel. Cet avantage peut être politique (par exemple, la recherche de votes dans des élections
intérieures), ou économique (la recherche de concessions,
de marchés ou d'autres avantages commerciaux dans des
pays du Proche-Orient). Ces motifs-là ont exercé sur les
programmes universitaires une influence régulièrement
croissante et sûrement nocive, de quelque horizon qu'elle
vienne. Il ne s'agit pas ici de condamner des gens qui,
après tout, ne font rien que d'habituel : c'est-à-dire se
défendre et défendre leurs intérêts. L'homme politique
qui répond aux désirs de ses électeurs, l'employé d'une
société commerciale qui promeut les intérêts de ses
actionnaires, le consultant en relations publiques qui fait
activement reluire l'image du client (celui d'aujourd'hui
ou celui de demain), tous ces gens se livrent assurément à

des tâches légitimes : mais aucun d'eux n'est un guide sûr pour la conduite des affaires internationales ou pour celle des études universitaires. Néanmoins, voilà trois types d'hommes qui influencent grandement l'étude et la présentation du Proche-Orient dans les universités, et cette influence est rarement bénéfique, si tant est qu'elle le soit jamais.

Un des gouvernements du Proche-Orient qui ont financé très activement des projets plus ou moins relatifs aux études sur le Proche-Orient a été celui de la Libye. Au début, les fonds arrivaient surtout par des voies non universitaires. L'une de ces subventions a rendu possible la publication d'une brochure remarquable, intitulée *A Critical Analysis of Islamic Studies at North American Universities*, « rédigée par la Commission des études orientales au congrès de la Jeunesse islamique à Tripoli, Libye, juillet 1973, et mise à jour en mars 1975 », et distribuée par une société d'éditions à Cedar Rapids, Iowa. Cette brochure présente une enquête sur l'état des études sur le Proche-Orient au Canada et aux États-Unis. L'auteur n'est pas nommé, mais aux preuves internes, on constate qu'il s'agit évidemment d'un Canadien converti à l'islam. On l'identifie aisément, car il est du très petit nombre d'universitaires dont ce texte fait respectueusement état et qu'il gratifie de quelques références bibliographiques. L'enquête révèle une certaine obsession des juifs et des maronites, dont il est dit qu'ils dominent ce champ d'études dans les universités américaines, et dont on présume — sûrement par extrapolation — qu'ils inculquent à leurs étudiants l'hostilité envers l'islam. On trouve des réactions non moins chatouilleuses à l'étude critique de l'islam, et un souci non moins jaloux de le défendre contre ses détracteurs présumés, dans deux livraisons d'un périodique, publiées en Angleterre, où une large place est consacrée à des exposés faits lors d'un colloque en partie financé par le gouvernement libyen. Pour la plupart, les auteurs de ces exposés adoptent un point de vue marxiste et on les entend distinctement prêcher pour leur saint idéologique. Mais, en même temps, ils se sentent manifestement obligés de défendre la pureté et l'authenticité de la théologie et de la tradition islamiques contre la critique de la science orientaliste. Ce souci islamo-marxiste, et pour l'islam authentique et pour le dogme marxiste, résulte indubitablement de la combinaison du financement libyen et de la paternité littéraire de gauche. Un même mélange de préoccupations — idéologie de gauche et défense de l'islam contre toutes les formes de critique, à la fois réelles et imaginaires — transparaît dans quelques autres publications plus récentes, et plus prétentieuses.

On a fini par s'apercevoir que l'on n'arriverait pas à grand-chose en finançant des groupes dissidents d'étudiants et de petits professeurs, et l'attention s'est donc tournée vers les universités elles-mêmes. L'exemple le plus remarquable en est le Centre des Études arabes contemporaines d'une université jésuite bien connue dans l'Est des États-Unis, dont le budget vient à quatre-vingt-dix pour cent de sources arabes et à moins de dix pour cent de sources américaines. De ces fonds, la plus grande partie vient du gouvernement de Libye et la principale chaire du Centre porte le nom d'un héros libyen. Il faut mettre au crédit du gouvernement libyen cette réussite remarquable : dans une institution catholique, une chaire porte le nom d'un chef religieux, d'un musulman militant qui travailla pour l'expansion de l'islam en Afrique noire, proclama et conduisit une guerre sainte contre les Français au Tchad et, plus tard, contre les Italiens en Cyrénaïque. (En ceci, comme en quelques autres domaines des relations publiques, le gouvernement libyen montre un flair remarquable pour trouver des interlocuteurs avec qui s'accorder.) On offrait, déclarait-on, d'égales possibilités pour l'établissement parallèle d'une chaire d'études judaïques ou israéliennes (peut-être une chaire Gush Emunim[1] de géographie juive ?) si le financement en était assuré. Cette université démontrait de la sorte qu'on l'accusait à tort de parti pris et qu'elle était décidée à montrer son respect pour l'éthique, sinon celle du milieu universitaire, du moins celle du marché.

Cette subvention, et des générosités semblables en d'autres centres d'enseignement, ont attiré l'attention des importuns ; et, dans une université de la côte Ouest, on (cette fois, le gouvernement saoudite) a choisi une méthode plus raffinée. Au lieu de fournir des fonds directement, on a persuadé un certain nombre d'hommes d'affaires américains, désireux de conclure des contrats en Arabie Saoudite, qu'ils auraient de meilleures chances d'atteindre leurs objectifs s'ils patronnaient eux-mêmes et subventionnaient, dans cette université-là, des études sur le Proche-Orient : des études d'un type approprié, et avec des garanties convenables. L'université et un groupe d'hommes d'affaires ont signé un accord pour fonder un Institut du Proche-Orient. Outre l'économie financière évidente, ce plan avait un autre mérite : les bienfaiteurs et les patrons de l'entreprise savante seraient identifiés comme Américains et non comme Arabes. Le projet s'est heurté à quelques difficultés quand on en a connu les détails, et bien des critiques ont estimé que les conditions mises à la subvention enfreignaient l'indépendance acadé-

---

1. Gush Emunim est un groupe nationaliste religieux militant en Israël qui réclame l'annexion et la colonisation de tous les territoires occupés par Israël. *(N.d.T.)*

mique et l'intégrité scientifique de l'université à laquelle elle était donnée.

Que les donateurs aient été animés ou non de mauvaises intentions, la fourniture de grandes sommes venant de sources extérieures, et en particulier de gouvernements qui ne font même pas semblant de s'intéresser à la science impartiale et à la recherche intellectuelle indépendante, peut poser de graves problèmes. Il est naturel que les donateurs souhaitent dire leur mot sur la façon dont leur argent sera dépensé. Les donateurs occidentaux, instruits par une longue expérience, ont fini par comprendre et accepter les règles du jeu. Les autres, nouveaux venus à cette forme de générosité, trouvent que, en toute justice, ceux qui fournissent les fonds doivent au moins participer aux décisions prises quant à leur emploi. Voilà qui peut influer sur le recrutement des étudiants et des enseignants, sur la conception de la politique universitaire et sur le financement de la recherche. Même l'attente d'encouragements ou la crainte de pressions peut être de quelque conséquence. Beaucoup de savants qui ne cherchent pas d'avantage spécial, commercial ou politique, peuvent considérer que leur carrière, dans les études sur le Proche-Orient, dépend de la bonne volonté de ceux qui contrôlent les sources les plus vastes de financement et les domaines les plus étendus de recherche sur le terrain. Et même, pour un historien, l'accès aux archives peut être un puissant encouragement.

Les universités ont toujours recherché la bienfaisance à l'extérieur, et elles continueront sûrement à le faire. Certaines universités, après s'être longuement interrogées, ont refusé des dons qui leur semblaient mettre leur intégrité en danger. D'autres, avec plus ou moins de prudence et d'empressement, les ont acceptés. Même des universités d'État ont été incapables de résister à la

tentation de prendre leur part de ce flot d'argent. Si
quelques présidents de collèges et d'universités ont agi
selon le vieil et fier adage latin *non olet,* d'autres ont
essayé d'affronter, et si possible de résoudre, les problèmes que posent de tels dons. Le problème fondamental est celui du canal qui relie le bienfaiteur au bénéficiaire. On introduit de l'argent à une extrémité ; à l'autre,
l'argent sort et on l'emploie pour financer divers projets
d'ordre académique. Il est important, si l'on veut préserver l'indépendance universitaire, de filtrer et de tester ce
qui passe par le canal, et de s'assurer ainsi que l'argent est
bien désinfecté et désodorisé lorsqu'il se présente à la
sortie. Dans certaines institutions universitaires, cela
s'effectue, dans d'autres non. Si le canal est dérobé à
l'inspection, l'influence du bienfaiteur peut être vraiment
très grande, comme l'ont illustré quelques récents exemples. Ces exemples ont aussi démontré la valeur de
soupape de sûreté que la démocratie occidentale attache
au canal. La plupart des universités américaines œuvrent
sous les feux de la publicité ; peut-être y a-t-il beaucoup
de dignitaires universitaires pour accepter spontanément
les préférences de donateurs intéressés, et peut-être même
pour les partager, mais l'opinion publique limite leur
capacité de s'y soumettre.

Néanmoins le problème reste grave. Les bienfaiteurs et
ceux qui accèdent volontiers à leurs désirs apprennent la
sagesse par l'expérience. Les donateurs sont devenus plus
circonspects, s'ils font connaître avec plus de prudence
les restrictions qu'ils imposent à l'emploi de leur argent,
les récipiendaires académiques, chose assez inquiétante,
sont devenus plus habiles à se porter au-devant de leurs
désirs. On peut trouver un exemple dans un mémorandum écrit par un fonctionnaire académique d'un collège
de l'Est, petit mais très estimé, sollicitant un soutien

arabe pour un Centre du Proche-Orient en projet.
L'auteur, combinant la *captatio benevolentiae*, moyen
classique, et l'art d'enfoncer la concurrence, technique
publicitaire moderne, s'en prend à une université rivale
de l'Est : elle entretient un Centre du Proche-Orient « où
cinquante pour cent des étudiants diplômés viennent
d'Israël ». En l'état, cette formulation est un mensonge
absurde, car les étudiants venant d'Israël sont une toute
petite minorité. Si, comme il paraît vraisemblable, par
Israélien il veut dire juif (l'auteur du mémorandum est
évidemment un nouveau venu dans le jeu du Proche-
Orient, et n'a pas encore appris le mot du code qui
convient), alors on peut, plus charitablement, qualifier
cette formulation d'énorme exagération. En substituant
un mot à l'autre, on diminuera le niveau du mensonge,
mais on ne relèvera pas pour autant le niveau de la
moralité. On peut voir les résultats de ces attitudes dans
la ligne de conduite de certaines institutions relativement
à l'admission des étudiants, à la nomination des enseignants, au financement de la recherche, et même aux
invitations de professeurs étrangers.

À quoi mène tout cela ? Premier résultat, le plus
fréquent et le plus dangereux : la persistance des bas
niveaux. Étant donné l'expansion rapide des études sur le
Proche-Orient, pendant les années cinquante en Angleterre et pendant les années soixante aux États-Unis, chez
nombre d'universitaires, qui sont désormais en place aux
niveaux moyens et supérieurs, les fruits n'ont pas tenu la
promesse des fleurs, et les fleurs étaient ce qu'elles
étaient. Conséquence malheureuse : la voie de la promotion est fermée, et la jeune génération, qui est apparue
depuis, et qui souvent est beaucoup mieux outillée, se
trouve devant un grave problème de carrière. Même les
garanties normales des niveaux académiques sont de peu

d'effet. Les comités de rédaction des revues et les tournées d'inspection, qui en d'autres domaines sont un moyen efficace de protéger et maintenir l'excellence académique dans les divers départements des universités, sont pour la plupart inefficaces en ce qui concerne les études sur le Proche-Orient. Le nombre de ceux qui sont recrutés sur des critères purement professionnels est encore relativement faible et il est assez facile de glisser dans un comité de rédaction des membres qui partagent les critères et les fidélités de ceux qu'ils sont supposés juger.

Les mêmes considérations opèrent contre un autre des moyens reconnus de maintenir les niveaux académiques : les comptes rendus de livres. L'évaluation critique des nouveaux travaux scientifiques, confiée à des recenseurs qui font autorité, est une étape nécessaire dans l'avancement des connaissances. Elle a aussi une utilité pratique considérable, en ce que la critique des nouveaux travaux, faite par des personnalités dont la compétence est reconnue, compte pour une part essentielle dans l'appréciation portée sur les auteurs de ces travaux. Beaucoup trop souvent, les candidats à un poste ou à une promotion dans les départements d'université sont jugés sur la masse des travaux publiés, sans référence à leur qualité. À cet égard, aussi, le niveau d'admission et de promotion dans les études sur le Proche-Orient est plus bas, beaucoup plus bas qu'ailleurs. Le compte rendu de livres devrait remplir l'importante et irremplaçable fonction de maintenir le niveau scientifique dans la discipline et le niveau professionnel dans les institutions universitaires. Malheureusement, les comptes rendus des travaux scientifiques sur le Proche-Orient sont tombés à un bas niveau. Jadis, il était généralement admis que le critique devait être de compétence au moins égale à celle de l'auteur de l'ou-

vrage dont il rendait compte, de manière à posséder les
connaissances et l'expérience pour former un jugement
critique et le poids pour lui donner autorité. Or, l'habitude s'est développée de donner des livres pour compte
rendu — aussi bien l'œuvre mûrie de savants connus que
les premiers efforts de nouveaux candidats — à des
étudiants diplômés ou à des assistants bibliothécaires,
dont peu sont préparés à s'acquitter de tâches si légèrement données et acceptées. Dans le meilleur cas, les
critiques se bornent à une description brève, et dans
l'ensemble sans valeur, du contenu, choisie surtout
d'après le texte de la couverture ou le prospectus de
l'éditeur. Parfois, l'apprenti critique saisit l'occasion de
faire quelque remarque personnelle, rarement appuyée
sur une connaissance véritable ou même relative à une
préoccupation scientifique. Tantôt on lit sous sa plume
l'écho de conflits et d'intérêts *intra muros ;* tantôt on le
voit faire un geste propitiatoire envers ceux en qui il voit
des subventionneurs possibles. Quelquefois — de plus en
plus fréquemment, et c'est regrettable — le compte rendu
est une arme, souvent brandie par un candidat mercenaire
plutôt que par le patron, dans un conflit professionnel ou
politique. Ici aussi, comme dans les comités de rédaction,
le choix du critique peut être dicté par des considérations
autres que scientifiques. On le choisira en tenant compte
de ses allégeances ethniques, idéologiques ou politiques,
et on le chargera de la tâche prédéterminée de louer ou de
condamner le livre, et, par là, de promouvoir ou de
desservir la carrière de son auteur, ou la cause qu'il est
censé représenter.

La politisation des études sur le Proche-Orient est
étroitement liée à la dégradation des niveaux. Cela se
vérifie à des degrés fort variables d'une université à
l'autre. Le choix que fait une université est largement

déterminant. Si un programme ou un département veut se défendre d'être politisé, il le peut. Il y a des institutions, aussi bien en Grande-Bretagne qu'aux États-Unis, qui sont parvenues depuis longtemps à maintenir une position non politique et à s'assurer la collaboration d'enseignants et d'étudiants de milieux différents, d'allégeances différentes, d'idéologies différentes, mais travaillant ensemble et harmonieusement sur une base strictement universitaire. Il y a d'autres institutions qui se sont politisées au point de rendre la vie désagréable aux enseignants ou aux étudiants qui n'appartiennent pas, ou ne veulent pas se soumettre, à la faction dominante. L'intervention de forces extérieures, parfois massive, est une caractéristique courante des programmes universitaires ainsi politisés.

Ces gens qui interviennent, aussi bien que ceux qui les sollicitent, peuvent agir en partie du simple fait qu'ils ne comprennent rien à rien. Pour le militant qui ne partage pas, et donc ne peut comprendre, la curiosité intellectuelle du savant, tout projet de recherche doit avoir un but ultérieur, politique ou polémique, qu'il doit découvrir, et ensuite favoriser ou contrecarrer. Il en résulte notamment, dans les universités américaines, une tendance à étiqueter et classer tel ou tel spécialiste, ou même des programmes entiers, au moyen d'épithètes ethniques, parfois à demi cachées sous l'euphémisme idéologique. Cette technique, avec la censure subtile et, pis encore, l'autocensure qu'elle engendre, est la négation — et pourrait en définitive être la destruction — du libre esprit de recherche, de découverte et d'expression qui a inspiré et guidé tout le mouvement moderne de l'érudition et de la science.

Heureusement, cet esprit est encore très vivant. Ces dernières années, on a constaté, chez les jeunes, un remarquable regain d'intérêt pour les études sur le Proche-Orient, et l'apparition d'une nouvelle génération d'étudiants diplômés et de jeunes chercheurs qui se sont voués à la science, qui prennent souci de maintenir un bon niveau et qui sont capables d'en juger. Étant donné l'état des études et la qualité de la littérature, leur tâche n'est pas facile. Mais les bons étudiants finissent d'une manière ou de l'autre par trouver de bons enseignants, et par la suite font du bon travail. L'avenir de la science du Proche-Orient sera entre leurs mains.

ANNEXE

Lettre à la rédaction :

Bernard Lewis, dans le _Scholar_ de l'été 1979, se livre à des affirmations qui me laissent perplexe. Par exemple, quand il prétend que « jusqu'à (la Renaissance), on n'avait ressenti aucun désir comparable et on n'avait fait aucun effort pour étudier et comprendre des civilisations étrangères, encore moins des civilisations hostiles » : voilà qui surprend sous la plume d'un aussi éminent érudit. Assurément, il ne sera pas facile de minimiser la curiosité d'Hérodote pour la culture, à une époque où la Perse était en guerre avec les états grecs ! Comment Lewis va-t-il caractériser l'énorme effort consacré à traduire des traités grecs en arabe sous les Abbassides, alors qu'ils étaient en hostilités prolongées avec Byzance ? Pour quel motif caché aurait-on traduit Euclide du grec en arabe ? L'œuvre monumentale d'Al-Birouni sur l'Inde, le traité d'Ibn Khaldoun sur l'Afrique du Nord sont-ils vraiment privés de cette étincelle de curiosité pour les civilisations étrangères ? Ce ne sont là que quelques exemples, pris dans le domaine où Lewis est expert, et il faudrait se donner du mal pour n'y voir qu'un oubli par mégarde. L'histoire de l'humanité de ces différents peuples à différentes époques en offre tout un recueil qui rend la thèse de Lewis insoutenable.

J'espère que le professeur Lewis n'est pas en train de tomber dans le même piège du chauvinisme qu'il dénonce. Pour une bonne part, c'est triste à dire, son article est fait d'insinuations inadmissibles dans le journalisme. Je partage ses inquiétudes sur le misérable état des recherches sur le Proche-Orient dans ce pays-ci. Combien je voudrais que son propre article fût une exception ! Ce qu'il rappelle du cheminement de la science occidentale en ce champ d'études laisse beaucoup à désirer ; pour une critique récente, je recommanderai l'*Orientalism* d'Edward Said.

AQEEL A. KHAN
Alexandria, Virginie.

Bernard Lewis répond :

M. Aqeel A. Khan se scandalise visiblement de lire sous ma plume que l'Europe, depuis la Renaissance, est la première société dans l'histoire qui ait entrepris une étude continue et sérieuse des civilisations étrangères, et il cite des exemples pour démontrer la fausseté de cette observation. En fait, ils viennent la corroborer.

Hérodote, en s'intéressant à l'Orient, a fait exception, et il a inspiré peu d'imitateurs. Comme un distingué historien, Arnaldo Momigliano, nous le rappelait récemment, les contemporains d'Hérodote le condamnèrent et se défièrent de lui [1], et ce

---

1. Voir A. MOMIGLIANO, « La place d'Hérodote dans l'histoire de l'historiographie », dans *Problèmes d'historiographie ancienne et moderne*, Paris, Gallimard, 1983. *(Note de l'éditeur français.)*

n'est qu'au temps de la Renaissance qu'on lui rendit pleinement justice. L'écrit d'Al-Birouni sur l'Inde est encore plus isolé : œuvre magnifique, mais œuvre solitaire, sans devancière et sans continuatrice. Encore moins pertinentes sont les allusions aux traductions de traités grecs en arabe. Il est exact que des souverains musulmans commandèrent de ces traductions, mais, pour la plupart, ce furent des non-musulmans qui les exécutèrent. Du reste, il s'agissait de textes écrits dans la Grèce ancienne et non à Byzance ; ils traitaient exclusivement de science et de philosophie, et, si on les traduisait, c'est qu'on espérait profiter d'un utile contenu. Il n'existe pas une seule édition d'ouvrage grec littéraire ou historique. L'Islam médiéval ne s'intéressait pas à la culture ou à la civilisation des Grecs, mais seulement aux connaissances et méthodes utiles ; il mit beaucoup de sagesse et d'habileté à les adopter et incorporer dans sa propre tradition intellectuelle. Reconnaître et admettre la science et la philosophie de sources étrangères, ce n'est pas la même chose qu'étudier et apprécier les cultures étrangères.

Peut-être la méthode de M. Khan s'illustre-t-elle du plus remarquablement quand il parle du « traité d'Ibn Khaldoun sur l'Afrique du Nord » comme d'un exemple fort à propos. Ibn Khaldoun n'a pas écrit de traité sur l'Afrique du Nord. Il a écrit une étude de l'histoire et une histoire universelle, dans laquelle l'Afrique du Nord tient une large place. Au temps d'Ibn Khaldoun, on parlait déjà l'arabe en Afrique du Nord, et l'on y était musulman ; c'était une partie du monde islamique, et du reste Ibn Khaldoun y était né. Il y a donc de la difficulté à présenter son écrit sur l'Afrique du Nord comme un exemple de « curiosité intellectuelle pour les nations étrangères ». Ce qui a plus de rapport avec la question, c'est ce qu'Ibn Khaldoun — l'un des plus grands esprits de l'Islam, voire de toute l'humanité — dit des territoires étrangers situés au nord et au sud de sa patrie : l'Europe chrétienne et l'Afrique noire. À l'une et à l'autre, dans son histoire universelle, il ne consacre que quelques lignes. Quant aux Noirs, il observe « leur bas degré d'humanité et leur proximité du stade animal », qui les rend propres à l'esclavage ; quant à l'Europe chrétienne — celle du XIVe siècle —, il montre moins de préjugé, mais non pas plus d'intérêt :

« Nous avons entendu dire dernièrement que dans les terres des Francs, c'est-à-dire dans le pays de Rome et de ses dépendances de la rive nord de la Méditerranée, les sciences philosophiques prospèrent, leurs œuvres revivent, les séances d'étude sont plus fréquentes, les assemblées sont compréhensives, les interprètes sont nombreux, les étudiants foisonnent. Mais Dieu sait au mieux ce qui se passe dans ces régions. " Dieu crée ce qu'Il veut, et choisit ". »

M. Khan parle d'insinuations inacceptables dans le journalisme. Toutefois, il ne précise pas lesquelles et je ne peux donc lui offrir aucune réponse. Quand il observe que j'ai omis les points qu'il mentionne et que l'on ne doit pas seulement y voir « un oubli par mégarde » — ce qui revient en clair à m'accuser de mauvaise foi —, on peut penser que c'est là une insinuation qui, dans son esprit, est bel et bien admissible en journalisme. Au vrai, si j'ai omis ces points, ce n'est pas par mégarde ; c'est parce qu'ils ne sont pas pertinents au sujet ou qu'ils sont faux.

L'islam est une des grandes religions du monde. Ses fidèles ont créé une civilisation brillante et originale : c'est l'un des chapitres les plus vitaux, les plus importants de l'histoire de l'humanité. Il est tragique que son image, dans le monde moderne, doive être ternie par la sorte de défenseurs que M. Aqeel Khan cite et donne en exemple.

(*The American Scholar*, hiver 1979-1980.)

Lettre à la rédaction :

C'est une méthode de défense éprouvée, voire banale, que d'affirmer ses propres valeurs de savant contre les attaques idéologiquement ou financièrement motivées d'un critique. C'est pour l'essentiel ce que le professeur Lewis a essayé de faire dans son article sur l'état des études sur le Proche-Orient... Or pareille défense exige, pour être convaincante, une certaine prétention à la science de bon aloi. Étant l'un des rédacteurs de la *Review of Middle East Studies*, publication que le professeur Lewis décrit comme une « revue... dont les articles, pour la plupart, ont été présentés à une conférence financée par le gouvernement libyen », je voudrais faire un ou deux commentaires sur les procédés savants de l'auteur.

1) Les articles des deux premiers numéros de la *Review* ont été présentés à deux conférences, non pas à une : et le professeur Lewis aurait pu le découvrir en lisant la première page de chacun de ces numéros.

2) S'il avait lu ces deux mêmes pages, il aurait vu que nous remercions le gouvernement libyen d'avoir contribué aux frais de voyage de certains participants : ce qui n'est pas du tout financer toute la conférence — laquelle aurait eu lieu de toute façon.

3) Il est trompeur de donner à entendre que les articles représentent les vues du gouvernement libyen : tout comme il le serait de donner à entendre que tous les articles publiés dans une revue comme *Encounter* dans les années 1950 et 1960 représentent les vues de la C.I.A. Est-ce ainsi que doit être menée une discussion scientifique ?

Mais tout cela n'a pas d'autre importance que de montrer en quoi la paresse scientifique du professeur Lewis donne de la bonne polémique. Ce qui est vraiment important, en revanche, c'est qu'il tente d'écarter la plupart des articles que nous publions, pour la simple raison qu'ils sont écrits d'un « point de vue marxiste » et « qu'on les entend distinctement prêcher pour leur saint idéologique ». C'est là trahir une lamentable ignorance, une ignorance tout bonnement risible de ce que les écrits marxistes ou d'inspiration marxiste ont apporté au développement de toutes les sciences sociales. Si l'on peut parler de science, on peut aussi parler de toc.

ROGER OWEN
St. Antony's College, Oxford.

Bernard Lewis répond :

Que le Dr Owen veuille bien m'excuser de n'avoir pas remarqué que les deux premiers numéros de la revue dont il est coéditeur étaient fondés non sur une, mais sur deux conférences (la rubrique, dans les deux numéros, est identique et ne'diffère que par un chiffre), et d'avoir omis de spécifier que le gouvernement libyen avait subvenu à une partie seulement et non à la totalité des dépenses ; les exigences de ce gouvernement, on peut le présumer, sont proportionnellement moins rigoureuses pour une subvention partielle. Avec soulagement, je constate que le Dr Owen n'a pas pu trouver d'autres inexactitudes factuelles dans mon article, et je suis assuré que l'on ne saurait attribuer ce résultat à la paresse de mon critique. Sa comparaison de l'aide libyenne à son entreprise avec la C.I.A. subventionnant *Encounter* dans les années 1950 et 1960 est instructive et convaincante, mais à coup sûr il la pousse trop loin. Autant qu'il m'en souvienne, les numéros d'*Encounter* publiés à l'époque ne consistaient pas principalement en contributions à une ou même à plusieurs conférences, et elles ne se rapprochaient pas *non plus*, si peu que ce fût, de la frappante unanimité idéologique qui est celle de la *Review of Middle East Studies*.

Non seulement l'objection du Dr Owen à la polémique n'est pas pertinente, mais elle est surprenante, puisque les articles publiés dans ce périodique consistent presque entièrement en polémiques contre des savants, et, à l'occasion seulement, portent un coup de côté en direction de la science réelle. La méthode habituelle, c'est de choisir un livre à attaquer, puis d'appliquer les verges à l'auteur, qui n'a pas eu recours à la méthode marxiste et n'a pas témoigné assez de déférence à l'Islam. Cela s'accompagne d'imputations relatives aux motifs supposés de l'auteur, et se signale par l'absence de toute discussion des sources et de la substance même de l'étude, que pourtant les auteurs de comptes rendus n'auraient pas pu mener eux-mêmes, faute de qualification. Nul universitaire sérieux ne prétend être à l'abri de la critique, et il est en orientalisme des résultats généralement bien accueillis que des savants musulmans comme Fouad Sezgin et des savants marxistes comme Maxime Rodinson ont pu remettre en cause. Ces derniers diffèrent autant l'un de l'autre que de ceux qu'ils critiquent, mais ils ont tous en commun le même respect pour les normes de la recherche et pour celles du débat, et ils possèdent le nécessaire, c'est-à-dire la connaissance des sources et les compétences voulues pour les utiliser. La ferveur idéologique et la passion politique, même attifées du dernier jargon à la mode, ne sauraient s'y substituer.

Quoi qu'il en soit, le Dr Owen ferait bien, quand il polémique, de s'abstenir une fois pour toutes de l'astuce rhétorique plutôt grossière qui consiste à exagérer et à déformer le point de vue de l'adversaire afin de le réfuter plus facilement.

De fait, j'ai bien décrit la plupart des articles de sa *Review* dans les termes qu'il cite, et je l'ai fait avec exactitude. S'il lui plaît de considérer cette description comme un rejet, c'est son affaire ; mais quand il poursuit en mettant en parallèle la *Review* et la contribution marxiste aux sciences sociales, il se laisse emporter par la fureur polémique ou par l'orgueil du créateur. La question n'est pas de savoir si les marxistes ont substantiellement contribué à la science : cela se sait, non seulement dans les sciences sociales, mais aussi dans l'orientalisme classique que méprisent le Dr Owen et ses amis. La question n'est pas non plus de savoir si l'on admet la vérité exclusive de la doctrine marxiste, avec ou sans l'islam. Nous différons en ceci, que les collaborateurs de la *Review* protestent contre la science sans marxisme, tandis que je proteste contre le marxisme sans science.

(*The American Scholar*, printemps 1980.)

La question de l'orientalisme

Imaginez qu'un groupe de patriotes et de radicaux de Grèce décide que les études classiques insultent au grand héritage de l'Hellade, et que ceux qui se livrent à ces études, les humanistes, sont la dernière manifestation d'une conspiration malfaisante et profonde, qui couvait depuis des siècles, qui est éclose en Europe occidentale, qui s'est emplumée en Amérique, et dont le but est de dénigrer la réussite grecque et de soumettre les terres et les peuples grecs. Dans cette perspective, la tradition européenne tout entière des études classiques — création en grande partie des romantiques français, des gouverneurs coloniaux britanniques (de Chypre naturellement), et des poètes, des professeurs et des proconsuls des deux pays — est une insulte de longue date à l'honneur et à l'intégrité de l'Hellade, et une menace pour son avenir. Le poison s'est répandu de l'Europe aux États-Unis, où l'enseignement de l'histoire, de la langue et de la littérature grecques dans les universités est dominé par la race malfaisante des humanistes — hommes et femmes qui ne sont pas d'origine grecque, qui n'ont pas de sympathie

« The Question of Orientalism », *The New York Review of Books*, 24 juin 1982.

pour les causes grecques, et qui, sous un faux masque de science objective, s'efforcent de garder le peuple grec dans un état de subordination permanente.

Le temps est venu de sauver la Grèce des humanistes et de mettre fin à toute la tradition pernicieuse de la science classique. Seuls les Grecs sont vraiment capables d'enseigner et d'écrire sur l'histoire et la culture grecques, depuis l'Antiquité lointaine jusqu'à l'époque présente ; seuls les Grecs sont véritablement compétents pour diriger et conduire les programmes d'études universitaires dans ces domaines. On peut permettre à quelques non-Grecs de se joindre à cette grande entreprise, à condition qu'ils donnent une preuve évidente de leur compétence, par exemple, en militant pour la cause grecque à Chypre, en manifestant leur mauvais vouloir envers les Turcs, en offrant une pincée d'encens aux dieux grecs actuellement vénérés, et en adoptant, quelle qu'elle puisse être, la plus récente idéologie à la mode dans les cercles intellectuels grecs.

Les non-Grecs qui ne veulent pas, ou ne peuvent pas, répondre à ces exigences sont évidemment hostiles, ne sont donc pas préparés à enseigner de façon raisonnable et honnête. Il ne faut pas leur permettre de se cacher derrière le masque des études classiques, mais révéler ce qu'ils sont — des amis des Turcs, des ennemis du peuple grec, et des opposants à la cause grecque. Ceux qui sont déjà en place dans les milieux universitaires, il faut les discréditer par l'insulte et les neutraliser ; en même temps, il faut prendre des mesures pour s'assurer le contrôle des centres et départements universitaires des études grecques et ainsi, par une sorte de prophylaxie universitaire, empêcher l'apparition de tout nouveau savant comme de toute nouvelle science classique. Entre-temps, le nom même d'humaniste doit être transformé en insulte.

Si l'on parle ainsi des humanistes et des Grecs, on fait un tableau absurde. Mais si à « humaniste » nous substituons « orientaliste », avec les changements qui se doivent, cette amusante fantaisie devient une réalité inquiétante. Depuis quelques années, on entend une clameur, un haro sur les orientalistes dans les universités américaines et, à un moindre degré, européennes. Le terme d' « orientaliste », vidé de son contenu antérieur, en a reçu un entièrement nouveau : l'orientaliste est celui qui s'occupe des peuples d'Orient avec indifférence ou avec hostilité. D'ailleurs, on a redéfini l' « indifférence » et l' « hostilité » : attitudes de qui ne soutient pas les croyances ou les causes aujourd'hui à la mode.

Prenez le cas de V. S. Naipaul, auteur d'un récit de voyage dans les pays musulmans, paru récemment. M. Naipaul n'est pas un professeur mais un romancier — l'un des plus doués de notre temps. Ce n'est pas un Européen, mais un Antillais d'origine indienne. Son livre sur l'islam moderne n'est pas un travail d'érudition, et ne prétend pas l'être. C'est ce qu'un observateur professionnel a obtenu en considérant de près la triste condition humaine. Il lui arrive de se tromper ; il est souvent d'une précision accablante, et par-dessus tout il est compatissant. M. Naipaul saisit d'un œil aigu les absurdités du comportement humain, en terre musulmane comme ailleurs. En même temps, il est animé d'une sympathie et d'une compréhension profondes pour la colère et pour la souffrance des gens dont il décrit de façon si fidèle les absurdités.

Or cette compassion n'est pas une qualité appréciée ni même reconnue par ceux qui prêchent pour leur saint politique ou idéologique. M. Naipaul ne sera pas docile, il ne rejoindra pas ceux qui louangent les chefs radicaux de l'islam et insultent leurs adversaires. Par conséquent, c'est un orientaliste : il y a même des étudiants d'université pour le traiter de tel, et pourtant ils devraient savoir de quoi il retourne ; mais on leur a bien lavé le cerveau. Comment s'étonner de leur confusion mentale, quand on entend (dans une université de bon renom) un professeur qui propose un cours sur l' « orientalisme », qui le donne sous forme d'une diatribe contre la science orientaliste et d'une démonologie de ses adeptes, et qui conclut : « Encore un mot. Même ici, même dans cette université, il y a des *Orientalists*. » Le terme est émis avec le sifflement de fureur auquel la syllabe finale se prête.

Qu'est-ce donc que l'orientalisme ? Que signifiait le mot avant d'être empoisonné par cette espèce de pollution intellectuelle qui, de nos jours, fait que tant de mots jadis utiles sont désormais inutilisables dans un discours rationnel ? Dans le passé, l'orientalisme était employé principalement dans deux sens. Dans le premier sens, il s'agit d'une école de peinture, d'un groupe d'artistes, pour la plupart d'Europe occidentale, ces « orientalisants » qui séjournaient au Proche-Orient et en Afrique du Nord et peignaient ce qu'ils en voyaient ou en imaginaient, parfois d'une façon assez romantique et extravagante. Dans le second sens, qui est plus courant et n'a aucun rapport avec le premier, il s'agit d'une discipline d'études. Le mot et la discipline elle-même datent de la grande expansion de la science en Europe occidentale depuis la Renaissance. Il y eut des hellénistes, qui étudiaient le grec ; des latinistes, qui étudiaient le latin ; des hébraïsants, qui étudiaient l'hébreu ; on qualifiait parfois d' « humanistes » les premiers groupes et d' « orientaliste » le troisième. Par la suite, les orientalistes portèrent leur attention vers d'autres langues.

À la base, ces premiers savants étaient des philologues qui s'intéressaient à la récupération, à l'étude, à la publication, et à l'interprétation des textes. C'était là la tâche première et la plus essentielle qu'il fallait entreprendre avant que devînt possible l'étude sérieuse d'autres matières telles que la philosophie, la théologie, la littérature et l'histoire, et le terme d'orientaliste n'était pas alors aussi vague et imprécis qu'il le paraît maintenant. Il n'existait qu'une discipline, la philologie. Au début, il n'y avait qu'une seule région, celle que nous appelons maintenant le Proche-Orient — la seule partie de l'Orient que les Européens pouvaient se targuer de connaître un tant soit peu.

Avec le progrès de l'exploration et de l'érudition, le terme d'orientaliste devint de plus en plus insatisfaisant. Les spécialistes de l'Orient n'étaient plus les hommes d'une seule discipline ; leur science se ramifiait en disciplines diverses. En même temps, on voyait le domaine qu'ils étudiaient, l' « Orient », s'étendre bien au-delà des terres du Proche-Orient sur lesquelles l'attention européenne s'était concentrée jusque-là, et comprendre les civilisations vastes et éloignées de l'Inde et de la Chine. De plus en plus, les savants et les départements d'université qui s'occupaient de ces études tendaient à employer des désignations plus précises. Les savants en vinrent à s'appeler eux-mêmes philologues, historiens, etc., s'occupant de sujets orientaux. On parlait de sinologues, et d'indianologues, d'iranisants et d'arabisants, pour définir plus précisément et plus spécifiquement la région et le sujet de leurs études.

Soit dit en passant, le dernier terme, « arabisant », a passé, lui aussi, par un processus de re-sémantisation. En Angleterre, autrefois, on parlait d'un « arabisant » tout aussi normalement que d'un iranisant, d'un hispanisant ou d'un germanisant — pour désigner un savant professionnellement intéressé par la langue, l'histoire ou la culture d'une terre et d'un peuple particuliers. Aux États-Unis, il en est venu à signifier un spécialiste des rapports avec les Arabes, en particulier en ce qui concerne le gouvernement et le commerce. Pour quelques-uns, mais pas pour tous, il faut entendre aussi par là un avocat des causes arabes : nouvel exemple de la pollution verbale qui nous a privés de l'usage d'un mot nécessaire. Le terme « hispanisant » ne veut pas dire défenseur des tyrans ou des terroristes d'Amérique centrale, admirateur de toreros, observateur ou praticien des affaires espagnoles, ou fournisseur de bananes. Il désigne l'érudit qui connaît bien l'espagnol, et qui s'est spécialisé dans quelque domaine de l'histoire ou de la culture espagnole ou de l'Amérique latine. Le mot « arabisant » devrait être employé de la même façon. Mais c'est probablement là une cause perdue, et il faudra trouver quelque autre terme. Certains ont même suggéré le mot arabologue par analogie avec sinologue, indianologue et turcologue. On y gagnerait en précision, mais on y perdrait beaucoup en élégance. Un groupe de savants dont les mérites ne sont pas inexistants, et qui s'occupent de l'étude d'une civilisation vraiment grande, mérite d'être un peu mieux qualifié.

Le terme « orientaliste » est désormais pollué, lui aussi, sans espoir de salut ; mais le mal est moins grave, car ce mot avait déjà perdu sa valeur et ceux mêmes qu'il avait désignés l'avaient déjà abandonné : abandon officiellement formulé au vingt-neuvième congrès international des orientalistes qui se réunit à Paris, dans l'été de 1973. C'était le centième anniversaire du premier congrès international des orientalistes assemblés dans la même ville, et l'occasion sembla bonne de reconsidérer la nature et les fonctions du congrès. Il fut bientôt évident que tous s'entendaient pour renoncer à cette désignation — certains voulant même aller plus loin et mettre fin à la succession des congrès, en arguant que la profession en tant que telle avait cessé d'exister et que le congrès ne répondait donc plus à son but. Les institutions ont un instinct de survie, ce qui est normal, et il fut assez fort en l'occurrence pour empêcher la dissolution du congrès. Toutefois, le mouvement pour en finir avec le terme d'orientaliste fut victorieux.

L'attaque venait de deux côtés. D'une part, il y avait ceux que l'on avait appelés jusque-là orientalistes, et qui étaient de plus en plus insatisfaits d'un terme qui n'indiquait ni discipline ni région. Ils reçurent le soutien des savants des pays asiatiques : n'était-il pas absurde d'appliquer un terme comme « orientaliste » à un Indien étudiant l'histoire ou la culture de l'Inde ? Ils ajoutèrent aussi que le terme avait quelque chose d'insultant pour les Orientaux, car il les faisait apparaître comme des objets d'étude plus que comme des participants.

L'argument le plus fort en faveur du maintien du terme ancien vint de la délégation soviétique, conduite par le défunt Babajan Ghafurov, directeur de l'Institut pour l'orientalisme de Moscou et lui-même Soviétique oriental de la république du Tadjikistan. Ce terme, dit Ghafurov, nous a bien servis pendant plus d'un siècle. Pourquoi abandonnerions-nous maintenant un mot qui désigne, d'une manière commode, le travail que nous faisons et qui a été porté fièrement par nos maîtres et leurs maîtres depuis de nombreuses générations ? Ghafurov ne goûta pas tout à fait le commentaire d'un délégué britannique, qui le félicita d'avoir été le talentueux champion de la thèse conservatrice. Dans le vote, malgré le soutien des orientalistes de l'Europe centrale rangés aux côtés du délégué soviétique, Ghafurov fut battu et le terme d'orientaliste fut officiellement aboli. Le congrès décida de sa nouvelle appellation : « Congrès international des sciences humaines en Asie et en Afrique du Nord » ; laquelle est beaucoup plus acceptable, pourvu qu'on n'ait pas à envoyer de télégramme et qu'on soit suffisamment au courant du jargon académique français pour savoir que les sciences humaines (terme qui n'a pas d'équivalent en anglais) comprennent les sciences sociales, avec les humanités comme levain.

C'est ainsi que l'on jeta « orientaliste » à la poubelle de l'histoire. Mais les poubelles ne sont pas des lieux sûrs. Les mots « orientaliste » et « orientalisme », rejetés comme inutiles par les savants, furent récupérés et remis à neuf dans une intention différente, comme termes d'insulte polémique...

L'attaque contre les orientalistes, en fait, n'était pas nouvelle dans le monde musulman. Elle était passée par plusieurs phases antérieures, au cours desquelles différents intérêts et motifs avaient été à l'œuvre. L'une des premières explosions, dans la période de l'après-guerre, eut une curieuse origine. Elle était liée aux débuts de la deuxième édition de l'*Encyclopédie de l'Islam,* projet majeur de l'orientalisme dans le champ des études islamiques. La première édition avait été publiée simultanément en trois langues — anglais, français, allemand —, avec la participation de savants venus de ces pays et de beaucoup d'autres. Au terme de près de trente ans de travail, elle fut terminée en 1938. La deuxième édition, commencée en 1950, fut publiée en anglais et en français seulement, et sans membre allemand dans le comité international de rédaction.

L'attaque musulmane fut lancée de Karachi, capitale de la république islamique nouvellement créée du Pakistan, et concentrée sur deux points : l'absence d'une édition et d'un éditeur allemands, et la présence au comité de rédaction d'un juif français, le défunt E. Lévi-Provençal. Que l'on mît en avant le premier grief, et même qu'on en fît état à Karachi, voilà qui parut un peu bizarre ; on le comprit mieux quand on apprit, finalement, que l'organisateur de cette agitation particulière était un monsieur présenté comme « l'*imam* de la congrégation des musulmans allemands du Pakistan occidental », et qu'il s'était fait un peu aider par un diplomate allemand non encore repenti et récemment affecté en ces lieux. C'était une époque où l'état d'esprit du Troisième Reich n'avait pas encore entièrement disparu[1].

L'épisode fut de brève durée et n'éveilla pas d'écho, ou un très faible écho, dans les autres parties du monde islamique. Suivirent quelques autres campagnes, la plupart d'origine plutôt locale. Pour certains, qui se définissaient, eux et leurs adversaires, exclusivement en termes religieux, l'orientalisme était un défi à la foi islamique. Au début des années soixante, un professeur à l'université d'al-Azhar, en Égypte, écrivit un opuscule sur les orientalistes et leurs méfaits[2]. Ces gens, disait-il, sont avant tout des missionnaires dont le but est de miner et

---

1. Presse pakistanaise, printemps et été 1955 ; surtout les éditoriaux et les nouvelles de *Morning News,* Karachi, 24 août 1955, et deux lettres de Sh. Inayatullah, protestant contre cette campagne, parues dans le *Pakistan Times,* 1ᵉʳ et 2 septembre 1955.

2. Muhammad AL-BAHI, *Al-Mubashshirun wa'l-àMustahriqun wa-mawqifuhum min al-Islam,* Le Caire, s.d., *ca.* 1962.

finalement de détruire l'islam, afin d'établir la suprématie de la religion chrétienne. Cela s'applique à la plupart d'entre eux, sauf ceux qui sont juifs et dont le but n'est pas moins abominable. L'auteur énumère les orientalistes qui travaillent contre l'islam et dont l'influence funeste doit être contrecarrée. Il fournit à part une liste de savants réellement insidieux et dangereux, dont il faut particulièrement se méfier — ceux apparemment qui font un étalage trompeur de bonne volonté.

Cette liste donne, entre autres, le nom du regretté Philip Hitti, de Princeton. L'auteur de la brochure le décrit comme suit :

> Un chrétien du Liban... L'un des plus raisonneurs des ennemis de l'islam, qui prétend défendre les causes arabes en Amérique et est un conseiller à titre privé de l'American State Department pour les affaires du Proche-Orient. Il essaie toujours de diminuer le rôle de l'islam dans la création de la civilisation humaine et répugne à attribuer un mérite quelconque aux musulmans... Son *Histoire des Arabes* est pleine d'attaques contre l'islam et de remarques méprisantes sur le Prophète. L'ensemble n'est que rancune, venin et haine...

Le regretté Philip Hitti était un défenseur redouté des causes arabes, et son *Histoire* un hymne à la gloire arabe. Il dut recevoir cette réaction-là comme un coup. On a vu paraître au Pakistan, et plus récemment en Iran, des griefs religieux de même ordre contre l'orientaliste, ce missionnaire, ce membre d'une espèce de cinquième colonne chrétienne.

Les critiques musulmans engagés font de l'orientalisme une analyse raisonnée qui se comprend : les chrétiens et les juifs qui écrivent sur l'islam se livrent à la polémique religieuse ou travaillent à la conversion des musulmans. Il est de fait que, si l'on accepte leurs hypothèses, leurs conclusions sont quasiment inévitables. À leurs yeux, le fidèle d'une religion est nécessairement un défenseur de cette religion, et quiconque n'est pas un futur converti, s'il aborde l'étude d'une religion, ne peut le faire que dans un esprit d'apologie ou d'attaque. Normalement, les savants musulmans traditionnels ne se lançaient pas dans l'étude de la pensée ou de l'histoire chrétienne ou juive, et ils ne pouvaient concevoir que les chrétiens ou les juifs eussent une raison honorable d'étudier l'islam. En fait, l'une des prescriptions de la *dhimma*, ensemble des règles selon lesquelles on autorisa chrétiens et juifs à pratiquer leur religion sous le gouvernement musulman, leur interdit d'enseigner le Coran à leurs enfants. Les chrétiens du Moyen Âge partageait ce point de vue. Quand ils commencèrent à étudier l'islam et les écritures islamiques, ce fut dans le double dessein de dissuader les chrétiens de se convertir à l'islam et de persuader les musulmans d'adopter le christianisme. Il y a longtemps qu'on a abandonné cette voie d'approche dans le monde chrétien, sauf dans quelques avant-postes du zèle religieux. Elle a subsisté pendant beaucoup plus longtemps dans le monde musulman, où l'on a continué de percevoir ainsi les rapports interconfessionnels.

On trouve une voie d'approche différente, exprimée dans une terminologie qui combine idéologie et nationalisme, chez quelques écrivains arabes. Chose curieuse, la plupart de ceux qui sont concernés sont des membres des minorités chrétiennes des pays arabes et résident eux-mêmes en Europe occidentale ou aux États-Unis. Un bon exemple en est un article d'un sociologue copte vivant à Paris, Anouar Abdel-Malek, publié dans la revue de l'U.N.E.S.C.O., *Diogène*, en 1963, c'est-à-dire environ un an après la publication du pamphlet du Caire. Dans cet article, intitulé « L'orientalisme en crise », le Dr Abdel-Malek lance des accusations qui vont devenir les grands arguments à charge du procès contre les orientalistes. Ils sont « européocentriques » ; ils ne prêtent pas assez d'attention aux savants, à la science, aux méthodes et aux réussites du monde afro-asiatique ; ils sont obsédés par le passé ; ils ne montrent pas assez d'intérêt pour l'histoire récente des peuples « orientaux » (des critiques plus récents se plaignent exactement du contraire) ; ils n'accordent pas assez d'attention aux apports perspicaces des sciences sociales, et de la méthode marxiste en particulier.

L'article du Dr Abdel-Malek est écrit avec une émotion visible ; c'est l'expression de convictions qu'il défend passionnément. Ce texte demeure néanmoins dans les limites du débat scientifique et reste évidemment fondé sur une étude attentive, à défaut d'être bienveillante, des écrits orientalistes. L'auteur est même prêt à concéder que l'orientalisme peut ne pas être mauvais en soi et que quelques orientalistes peuvent être eux-mêmes des victimes.

Un professeur, qui enseigne dans une université américaine, a esquissé un nouveau thème dans un article que publiait un périodique de Beyrouth en juin 1974. Une ou deux citations peuvent illustrer la tendance :

> L'hégémonie des savants sionistes dans les études arabes [aux États-Unis] a eu pour effet évident de mettre sous leur coupe *(controlling)* la publication des travaux et des périodiques, aussi bien que les associations professionnelles. Ces [savants sionistes] ont publié un grand nombre de livres et d'études qui font impression sur les non-initiés, comme étant

strictement scientifiques, mais qui, en fait, déforment l'histoire et les réalités arabes et sont nuisibles au combat arabe pour la libération. Ils se déguisent sous l'aspect scientifique afin d'envoyer des espions et des agents des services de sécurité américains et israéliens, dont le devoir est de poursuivre des études de terrain dans tous les États arabes... Ce sont là des faits stupéfiants que les autorités arabes devraient surveiller si elles veulent distinguer entre des recherches honnêtes et légitimes, conduites par quelques professeurs américains, d'une part, et celles, conduites par des étudiants et des professeurs poussés par la sécurité et l'hégémonie américaines, de l'autre. Ces autorités ne devraient pas permettre... que de l'argent arabe... soutienne les intérêts américains et israéliens. Elles devraient scruter soigneusement et honnêtement toute demande pour un soutien matériel ou moral. Elles ne devraient jamais permettre que de l'argent arabe soit utilisé pour affaiblir, diffamer ou compromettre les Arabes [1].

C'est là un texte clé, qui peut nous aider considérablement à comprendre la politique de développement des études universitaires sur le Proche-Orient pour la période qui a suivi.

Une autre attaque contre les « orientalistes » est venue d'un groupe de marxistes. Leurs discussions révèlent plusieurs bizarreries. D'abord ce postulat, qu'il y a une conception ou une ligne orientaliste à laquelle tous les orientalistes adhèrent — illusion que la connaissance même la plus superficielle des écrits des « orientalistes » devrait suffire à dissiper. La plupart de ces critiques ne sont pas eux-mêmes orientalistes. Cela ne veut pas dire qu'ils rejettent la doctrine ou l'orthodoxie orientaliste,

1. Ibrahim ABU-LUGHOD, *Al-Adab*, Beyrouth, vol. 12, n° 6, juin 1974.

qui, en fait, n'existe pas ; cela veut dire qu'ils ne
possèdent pas les techniques orientalistes, qui sont appliquées avec peu de différence par les orientalistes tant
marxistes que non marxistes. Les écrits marxistes les plus
sérieux sur l'histoire du Proche-Orient sont les travaux,
soit de marxistes qui sont eux-mêmes des orientalistes,
formés par les mêmes méthodes et soumis aux mêmes
disciplines que leurs collègues non marxistes, soit d'auteurs qui s'appuient sur les écrits de savants orientalistes,
aussi bien marxistes que non marxistes, pour les matériaux sur lesquels ils fondent leurs analyses et leurs
conclusions.

On en trouve un bon exemple dans le livre intelligent
de Perry Anderson, *The Lineages of the Absolutist State.*
Ouvrage intéressant et réfléchi, mais ce qu'il dit du
Proche-Orient, et en général des faits islamiques, se
fonde exlusivement sur des sources secondaires, c'est-à-
dire les travaux des orientalistes. Le moyen de faire
autrement ? À moins, naturellement, que nos auteurs
n'acceptent d'adopter le parti héroïque : acquérir les
techniques nécessaires et lire les sources premières. Outre
qu'il y faudrait beaucoup d'efforts et beaucoup de temps,
cette solution présenterait évidemment l'inconvénient de
les exposer eux-mêmes au reproche d'orientalisme. Des
savants marxistes, comme Maxime Rodinson en France et
I. P. Petrushevsky en Russie, ont apporté à l'histoire du
Proche-Orient des contributions majeures, qui sont
reconnues et acceptées même par ceux qui ne partagent
pas leurs engagements idéologiques ni leur obédience
politique. Eux-mêmes, dans leur travail, montrent beaucoup plus de respect pour des collègues orientalistes
d'autres confessions que pour des collègues marxistes
mais dont les conceptions de la science sont différentes.
Jusqu'ici, les anti-orientalistes d'Occident n'ont que

rarement tenté de produire leur propre contribution à
l'histoire arabe. Quand ils ont essayé, les résultats n'ont
pas été impressionnants.

Le principal interprète de l'anti-orientalisme, aujour-
d'hui aux États-Unis, est Edward Said, dont le livre
Orientalism, paru en 1973, fut salué par une pluie de
comptes rendus, d'articles et de déclarations publiques.
(Édition française : *L'Orientalisme. L'Orient créé par
l'Occident.* Traduit par Catherine Malamoud, Paris,
Éditions du Seuil, 1980.) La thèse qu'il y défend, c'est que
l'« orientalisme provient des rapports de particulière
intimité *(closeness)* vécus par la Grande-Bretagne et la
France et l'Orient, ce dernier terme ne désignant en fait,
jusqu'au début du XIXᵉ siècle, que l'Inde et les terres de la
Bible » (p. 4 ; différemment traduit dans l'édition française, p. 16). Pour prouver ce qu'il avance, M. Said émet
un certain nombre de jugements fort arbitraires. Son
Orient est limité au Proche-Orient, et son Proche-Orient
à une partie du monde arabe. En éliminant les études
turques et persanes d'une part, et les études sémitiques de
l'autre, il isole les études arabes de leur contexte à la fois
historique et philologique. La durée et le domaine
géographiques de l'orientalisme sont restreints de la
même façon.

Pour étayer sa thèse, M. Said trouve nécessaire de dater
l'apparition de l'orientalisme de la fin du XVIIIᵉ siècle, et
situe ses centres principaux en Grande-Bretagne et en
France. En fait, cette science était déjà bien constituée au
XVIIᵉ siècle — la chaire d'arabe au Collège de France date
de François Iᵉʳ, et celle de Cambridge, par exemple, fut
fondée en 1633 — et avait ses principaux centres en
Allemagne et dans les pays voisins. À dire vrai, une
histoire des études arabes en Europe sans les Allemands
n'a pas plus de sens que n'en aurait une histoire de la

musique ou de la philosophie européenne avec la même omission.

M. Said essaie de justifier cette méthode :

> Et puis, je crois que par leur véritable qualité, leur cohérence, leur masse, les écrits anglais, français et américains sur l'Orient ont surpassé les travaux, incontestablement très importants, faits en Allemagne, en Italie, en Russie et ailleurs. Mais je crois aussi que les démarches capitales dans l'érudition orientaliste ont d'abord été faites soit en Angleterre, soit en France [*sic*], puis ont été perfectionnées par les Allemands [...] L'œuvre de l'érudition allemande a été de raffiner et de perfectionner des techniques s'appliquant à des textes, à des mythes, à des idées et à des langues recueillis presque littéralement en Orient par l'Angleterre et la France impériales. [Pp. 17-18 ; p. 19. — Édition française, p. 31, p. 32.]

On voit difficilement ce que la dernière phrase veut dire. Les textes, au sens de manuscrits et autres matériaux écrits, furent certainement acquis au Proche-Orient par des voyageurs occidentaux. Mais les collections d'Allemagne, d'Autriche et d'ailleurs ne sont pas moins importantes que celles des « empires britannique et français ». Comment, exactement, « recueille »-t-on une langue, littéralement ou autrement ? Il semblerait sous-entendu ici qu'en apprenant l'arabe, Anglais et Français commettaient une sorte d'offense. Les Allemands — venant après coup — ne pouvaient commencer à faire leur travail d'« affinement et d'élaboration » sur ces langues avant que les Britanniques et les Français s'en soient d'abord emparés ; les Arabes, à qui ces langues étaient soustraites, ainsi que des mythes et des idées (quoi qu'on puisse entendre par là) étaient dépossédés d'autant.

Tout ce passage est non seulement faux, mais absurde. Il révèle un manque inquiétant de connaissance de ce que les savants font et de ce qu'est la science. La croissance du savoir de l'Occident sur l'Orient s'exprime par des synonymes tels que « s'approprier », « accumuler », « arracher », « piller » et même « violer », qui reviennent fréquemment et qui ne sont pas de nature à calmer les angoisses du lecteur. Pour M. Said, semble-t-il, l'érudition et la science sont des denrées qui existent en quantités limitées ; l'Occident a mis la main sur une part abusive de ces ressources comme sur d'autres, laissant l'Orient non seulement appauvri mais aussi privé d'érudition et de science. Mis à part la présentation d'une théorie du savoir jusqu'alors inconnue, M. Said exprime, à l'égard des accomplissements scientifiques du monde arabe moderne, un mépris bien pire que tout ce qu'il attribue à ses orientalistes démoniaques.

Ce thème de capture et d'appropriation violente, avec des sous-entendus sexuels, revient à plusieurs endroits dans le livre. « Ce qui était important à la fin [*sic*] du XIXᵉ siècle n'était pas de savoir *si* l'Occident avait pénétré et possédait l'Orient, mais plutôt *comment* Britanniques et Français sentaient qu'ils l'avaient fait » (p. 211). Ou encore :

Chose intéressante, l'espace de régions plus faibles ou sous-développées comme l'Orient est considéré ici comme quelque chose qui invite l'intérêt, la pénétration, l'insémination de la France — bref, la colonisation. Les concepts géographiques abolissent de manière littérale et figurée les entités discrètes contenues par des frontières. Tout autant que des entrepreneurs visionnaires comme Ferdinand de Lesseps, dont le plan était de libérer l'Orient et l'Occident de leurs liens géographiques, des savants, des administrateurs, des géographes et des agents de commerce français déversaient leur activité exubérante sur l'Orient alangui et féminin, *onto the fairly supine, feminine Orient.* [Pp. 219-220 ; éd. franç., p. 251.]

L'apogée (si l'on peut dire) de la projection de ces fantasmes sexuels se trouve dans le morceau de bravoure de M. Said : il veut lire une interprétation compliquée, hostile et totalement absurde, dans la définition lexicale d'une racine arabe que je citais à partir des dictionnaires arabes classiques[1].

1. Dans une discussion de quelques termes islamiques employés pour « révolution », j'ai commencé l'examen de chaque terme — selon une pratique arabe courante — par un coup d'œil rapide sur les sens premiers de la racine arabe dont il est dérivé. Un passage qui introduit le terme le plus largement employé dans l'arabe moderne dit ceci : « La racine *th-w-r*, en arabe classique, signifiait se lever (par ex., en parlant d'un chameau), être poussé ou excité, et donc, surtout dans l'usage maghrébin, se rebeller. Elle est souvent employée dans le contexte de l'établissement d'une souveraineté indépendante sans grande importance ; ainsi, par exemple, les soi-disant rois partisans, qui gouvernèrent l'Espagne après l'éclatement du califat de Cordoue, sont dits *thuwwār* (sing. *thā'ir*). Le nom *thawra*, au début, veut dire excitation, comme dans la phrase, citée dans le *Ṣiḥāḥ*, dictionnaire de l'arabe médiéval *intaẓir ḥattā taskun hadhihi 'l-thawra* : " attends que cette excitation se calme " — conseil des plus appropriés. Le verbe est employé par al-Īdjī, sous la forme *thawarān* ou *ithārat fitna*, attiser la rébellion, comme désignant les dangers qui devraient décourager un homme de pratiquer le devoir de résistance à un mauvais gouvernement. *Thawra* est le terme employé par les écrivains arabes, au XIXe siècle, pour la Révolution française, et par leurs successeurs pour les révolutions de notre temps qui ont réussi, à l'intérieur et à l'étranger. » (« Les concepts islamiques de Révolution », *supra*, p. 64.) Cette définition, à la fois dans sa forme et son contenu, suit les dictionnaires arabes classiques, et sera aussitôt reconnue par quiconque est familier de la lexicographie arabe. L'emploi de l'image du chameau en politique était aussi naturelle pour les Arabes que l'est l'image du cheval pour les Turcs et l'image du bateau parmi les peuples marins de l'Occident.

Said a compris ce passage différemment : « Quand Lewis associe *thawra* avec un chameau qui se lève, et plus généralement avec l'excitation (et non avec un combat pour les valeurs), il donne à entendre, en des termes plus osés qu'il en a l'habitude, que l'Arabe n'est guère plus

Les limitations de temps, d'espace et de contenu que M. Said impose de force à son sujet, bien qu'elles constituent une distorsion sérieuse, sont assurément commodes et, en fait, nécessaires à son but. Toutefois, elles ne lui suffisent pas pour y parvenir. Parmi les arabisants et les islamisants britanniques et français, qui sont le sujet apparent de son étude, beaucoup de figures de premier plan ne sont pas mentionnées du tout (Claude Cahen, E. Lévi-Provençal, Henry Corbin, Marius Canard, Charles Pellat, William et Georges Marçais, William Wright, tous érudits dont les apports sont d'importance), ou mentionnés brièvement, au passage (R. A. Nicholson, Guy Le Strange, Sir Thomas Arnold, et E. G. Browne). Quand il cite certains de ces auteurs, M. Said fait dans leurs œuvres un choix remarquablement arbitraire. En fait, son habitude courante est d'omettre leurs contributions majeures à la science et de s'attacher, à la place, à des écrits mineurs ou occasionnels.

---

qu'un être sexuel névrosé. Chaque mot ou chaque phrase qu'il emploie pour décrire la révolution est teinté de sexualité : *être poussé, excité, se lever*. Mais, la plupart du temps, c'est une " mauvaise " sexualité qu'il assigne à l'Arabe. En fin de compte, puisque les Arabes ne sont pas réellement outillés pour l'action sérieuse, leur excitation sexuelle n'est pas plus noble que le fait, pour un chameau, de se lever. Au lieu de révolution nous avons sédition, établissement d'une souveraineté insignifiante, et plus d'excitation, ce qui équivaut à dire qu'au lieu de copulation l'Arabe ne peut accomplir que stimulation érotique, masturbation, *coitus interruptus*. Telles sont, je pense, les implications de Lewis, quelque innocent que soit son chic d'érudit, ou salonnard son langage » (pp. 315-316). À quoi l'on peut seulement répondre par les mots du duc de Wellington : « Si vous pouvez croire cela, vous pouvez croire n'importe quoi. »

Tout cela — le réarrangement arbitraire de l'arrière-plan historique, et le choix capricieux des pays, des personnes et des écrits — ne suffit pas encore à M. Said pour établir le bien-fondé de ce qu'il avance, et il est obligé de recourir à des expédients supplémentaires. Ainsi, il réinterprète les passages qu'il cite, jusqu'à ce qu'il n'y ait plus le moindre accord raisonnable entre la citation et les intentions manifestes de son auteur. Ou bien il fait entrer dans la catégorie « orientaliste » toute une série d'auteurs — des littérateurs comme Chateaubriand et Nerval, des administrateurs impériaux comme Lord Cromer, d'autres encore — dont les œuvres avaient sûrement quelque chose à voir avec la formation des attitudes culturelles occidentales, mais qui n'avaient rien à faire avec la tradition académique de l'orientalisme, cible principale de M. Said.

Or ce n'est pas encore suffisant et, pour justifier son propos, M. Said trouve nécessaire de lancer une série d'accusations désinvoltes. Ainsi, en parlant de l'orientaliste français de la fin du XVIIIe et du début du XIXe siècle, Silvestre de Sacy, M. Said remarque qu' « il a pillé les archives orientales... Les textes qu'il a isolés, il les a alors rapportés ; il les a " améliorés "... » (p. 127 ; éd. franç., p. 151.) Si ces mots ont quelque sens, c'est que Sacy s'est fait communiquer ces documents de façon plus ou moins coupable, puis a commis le crime de les falsifier. Cette monstrueuse diffamation d'un grand savant est sans un grain de vérité.

Autre accusation, plus générale, portée contre les orientalistes : « Leurs idées économiques ne vont jamais plus loin que d'affirmer l'incapacité fondamentale de l'Oriental pour les affaires, le commerce et la rationalité économique. Dans le champ de l'Islam, ces clichés ont duré positivement pendant des centaines d'années —

jusqu'à l'apparition, en 1966, de l'importante étude de Maxime Rodinson *L'Islam et le capitalisme* » (p. 269). M. Rodinson, lui-même, serait le premier à reconnaître l'absurdité de ce propos, dont l'auteur n'a évidemment pas pris la peine de s'informer de l'œuvre d'orientalistes antérieurs tels qu'Adam Mez, J. H. Kramers, W. Björkman, V. Barthold, Thomas Arnold, et beaucoup d'autres. Tous traitent des activités économiques musulmanes ; Arnold était anglais. Rodinson, soit dit en passant, fait cette intéressante observation, que si l'on pousse à leurs limites quelques-unes des analyses et des formulations de M. Said, « on tombe dans une doctrine tout à fait semblable à la théorie jdanoviste des deux sciences »[1].

On n'attend pas d'un historien des sciences qu'il soit un scientifique ; mais on attend qu'il ait quelques connaissances élémentaires de l'alphabet scientifique. De même, un historien de l'orientalisme — c'est-à-dire de l'œuvre d'historiens et de philologues — devrait avoir au moins quelque connaissance de l'histoire et de la philologie dont ils s'occupaient. M. Said a d'étonnants bandeaux sur les yeux. Il affirme que « la Grande-Bretagne et la France ont dominé la Méditerranée orientale à partir de la fin du XVIIe siècle environ » (p. 17 ; éd. franç., p. 30) — c'est-à-dire à partir du moment où les Turcs ottomans, qui dominaient la Méditerranée orientale, quittèrent l'Autriche et la Hongrie. Ce réarrangement de l'histoire est nécessaire à la thèse de M. Said ; il faut apparemment

---

1. Maxime RODINSON, *La Fascination de l'Islam*, Paris, 1980, p. 14. Les « deux sciences » de Jdanov et de ses successeurs et imitateurs ont été définies diversement, selon les alignements idéologiques, les buts politiques, et les origines sociales ou même ethniques des scientifiques.

en attribuer d'autres à une ignorance sans rapport avec la polémique : par exemple, il croit que les armées musulmanes ont conquis la Turquie avant l'Afrique du Nord (p. 59) — c'est-à-dire que le XIe siècle est venu avant le VIIe, et que l'Égypte fut « annexée » par l'Angleterre (p. 35). L'Égypte fut bien occupée et dominée, mais ne fut jamais annexée ni administrée directement. Dans un autre passage remarquable, il réprimande le philosophe allemand Friedrich Schlegel, parce que, « même après qu'il eut pratiquement renoncé à son orientalisme, il soutenait toujours que le sanscrit et le persan, d'un côté, et le grec et l'allemand, de l'autre, avaient plus d'affinités entre eux qu'avec les langues sémites, chinoises, américaines ou africaines » (p. 98). M. Said semble désapprouver cette opinion — qui ne serait contredite par aucun philologue sérieux — et la tenir pour un reste pernicieux de l'ancien orientalisme de Schlegel.

Chez M. Said, la connaissance de la langue arabe et de l'islam laisse apparaître de surprenantes lacunes. La seule phrase en arabe qu'il cite est mal écrite et mal traduite (p. 219), et parmi les quelques autres mots arabes qui se présentent dans les pages de M. Said, plusieurs sont également déformés. Il explique le terme théologique islamique *tawhīd* comme signifiant « l'unité transcendantale de Dieu » (p. 269), alors qu'en réalité il signifie « monothéisme », c'est-à-dire le fait de déclarer ou professer l'unité de Dieu, comme la forme du mot arabe l'indique.

La même sorte d'insouciance se remarque en d'autres endroits des écrits de M. Said. Page 167, il cite plusieurs vers de Goethe dans l'original allemand, puis ajoute une traduction anglaise qui contient une erreur élémentaire grotesque. « *Gottes ist der Orient ! Gottes ist der Okzident !* » ne signifie pas, comme M. Said semble le croire, « Dieu est l'Orient ! Dieu est l'Occident ! », mais

« l'Orient est à Dieu ! l'Occident est à Dieu ! », c'est-à-
dire l'Est et l'Ouest appartiennent également à Dieu.

Les Allemands ne sont pas les seuls savants absents de
l'enquête de M. Said. Ce qui est plus digne de remarque,
c'est qu'il passe aussi les Russes sous silence. Leur
littérature, bien qu'elle soit considérable, n'a pas l'importance de l'apport allemand, ou même des contributions
britannique et française. Néanmoins, elle aurait pu lui
être très utile en un autre sens, du fait que les spécialistes
soviétiques, en particulier quand ils traitent des régions
islamiques et d'autres régions non européennes de
l'Union soviétique, se rapprochent le plus — beaucoup
plus que tous ces Britanniques ou Français qu'il
condamne — de la littérature tendancieuse et dénigrante,
que justement M. Said déteste tant chez les autres. Or,
chose curieuse, les Russes, même quand ils font les déclarations les plus grossières et les plus méprisantes sur l'islam,
jouissent d'une totale exemption des critiques de M. Said.

Ce silence ne tient sûrement pas à l'ignorance du russe ;
ce ne sont pas ces incapacités-là qui ont empêché M. Said
de traiter d'autres sujets ; et, en tout état de cause, des
résumés des ouvrages scientifiques russes concernés sont
accessibles en anglais et en français. Les buts politiques
du livre de M. Said peuvent fournir l'explication. Said, il
faut le rappeler, croit que le Yémen du Sud est « la seule
démocratie populaire vraiment radicale du Proche-
Orient »[1]. Évidemment, quand on est capable de prendre
ces mots-là pour argent comptant, il y a des chances pour
qu'on laisse filer, sans même leur taper sur les doigts,
l'académicien S. P. Tolstov, qui a vu Mohammed comme

1. *The New York Times Book Review*, 31 octobre 1976.

un mythe chamaniste, et le professeur E. A. Belayev, qui a décrit le Coran comme l'expression idéologique d'une classe dirigeante propriétaire d'esclaves.

Une remarque pour finir, et ce sera peut-être la plus sutupéfiante. L'attitude de M. Said envers l'Orient, arabe et autre, telle que la révèle son livre, est beaucoup plus négative que celle des écrivains impérialistes européens les plus arrogants qu'il condamne. M. Said parle (p. 322) de « livres et de journaux en arabe (et sûrement en japonais, en divers dialectes indiens et autres langues orientales)... ». Faire une énumération aussi méprisante, et surtout présumer que ce que les Indiens parlent et écrivent ne sont pas des langues mais des dialectes, voilà qui serait digne d'un *district commissioner* du début du XIXe siècle.

Plus remarquable encore, chez M. Said, est la négligence — ou peut-être l'ignorance — des écrits arabes, scientifiques et autres. « Aucun savant arabe ou islamique ne peut se permettre d'ignorer ce qui se fait dans les périodiques, les instituts et les universités des États-Unis et d'Europe ; l'inverse n'est pas vrai. Par exemple, aucun des grands périodiques consacrés aux études arabes n'est publié actuellement dans le monde arabe... » (P. 323 ; éd. franç., p. 348.) La première constatation est à peine un reproche, le reste est simplement faux. M. Said ignore apparemment l'énorme production de revues, de monographies, d'éditions et d'autres études publiées par les universités, les académies, les sociétés savantes et autres corps scientifiques dans beaucoup de pays arabes[1]. Il ignore aussi bien, apparemment, la vaste et croissante

---

1. Tels, par exemple, la *Revue de l'Académie arabe* (Damas), *Al-Abhath* (Beyrouth), la *Revue d'histoire maghrébine* (Tunis), et les bulletins des facultés des lettres et des sciences sociales du Caire, d'Alexandrie, de Bagdad, et d'autres universités.

littérature autocritique produite par des auteurs arabes qui essaient d'examiner quelques-uns des défauts et des faiblesses de la société et de la culture arabes, et, ce faisant, effectuent, sous une forme beaucoup plus précise, des observations pour lesquelles M. Said attaque les orientalistes et pour lesquelles il les accuse de racisme, d'hostilité, et de désir de dominer. Il ne semble même pas connaître la masse considérable d'écrits que des auteurs arabes ont consacrés à ce sujet de l'orientalisme ; du moins, il ne la mentionne pas [1].

Ce qui éclaire encore les insuffisances du livre de M. Said, c'est qu'il se montre incapable de faire face aux commentaires critiques. Jusqu'ici, il y a répondu par le vacarme et par l'insulte, parfois dilués dans l'obscurcissement. Par exemple, M. Said a examiné la façon dont la presse américaine traite de la crise iranienne. Quand son article a paru dans la *Columbia Journalism Review* [2], voici ce que j'ai écrit au rédacteur :

> Dans « Iran », Said cite deux brefs passages de mes écrits, les relie ensemble et donne l'impression qu'ils expriment un commentaire sur les récents événements d'Iran. En fait, les deux phrases se trouvent séparées, dans un livre publié il y a trente ans, et se réfèrent à quelques aspects du déclin de la civilisation islamique à la fin du Moyen Âge. L'article du *New York Times,* dont Said a tiré ces phrases, ne fait aucun rapprochement de ce genre et ne donne pas cette impression.

1. Par exemple, les écrits de Tibawi et Khatibi, et l'ouvrage en arabe, trois volumes sur l'orientalisme et les orientalistes, de Najib Al Aqiqi, sûrement celui des ouvrages de toutes langues qui traite le sujet de la façon la plus détaillée.
2. *Columbia Journalism Review,* mars-avril et juillet-août 1980 ; *Harper's,* janvier 1981. Autre exemple : l'affrontement de M. Said et de Malcolm Yapp dans le *Times Literary Supplement* (Londres), 9 octobre, 27 novembre et 4 décembre 1981.

La seule réponse de Said a été que je devais me plaindre auprès de Flora Lewis (l'auteur de l'article dans le *New York Times*) « puisque c'est elle qui a employé ces phrases dans son travail, pas moi ». C'est en effet Flora Lewis qui les avait employées, et Said qui les avait mal employées, comme ma lettre l'indiquait. Mais même si Said, malgré la compétence qu'il affiche sur les orientalistes et leurs écrits, avait, en fait, été trompé par l'article du journal, cela ne justifierait pas sa répétition de l'erreur, quand il a republié plus ou moins le même article dans *Harper's* et, de nouveau, quand il l'inclut dans son livre *Covering Islam*.

Ce même livre, *Covering Islam*, fournit de nombreux exemples du dédain des faits chez M. Said. Il suffira d'en citer un : la manière dont il traite des études sur le Proche-Orient à l'université de Princeton. « Princeton, dit M. Said, a un réputé et fort respectable *Program in Near East Studies* ; appelé jusqu'à une époque récente *Department of Oriental Studies*, il a été fondé par Philip Hitti, il y a près d'un demi-siècle. Aujourd'hui, l'orientation de ce programme — comme celle de beaucoup d'autres programmes sur le Proche-Orient — est dominée par les spécialistes des sciences sociales et de la politique générale (*policy : sic*). Les littératures islamiques classiques, l'arabe ou la persane, par exemple, sont moins bien représentées dans le programme d'études et à la faculté que ne le sont l'économie moderne, la politique, l'histoire ou la sociologie au Proche-Orient » (p. 136).

Cette déclaration est fausse dans presque chaque détail. L'ancien département des Études orientales a été partagé en 1969 (ce n'est pas si récent) en deux départements, des Études sur l'Extrême-Orient et des Études sur le Proche-Orient. Le département des Études sur le Proche-Orient compte quinze professeurs, dont la grande majorité

s'occupe d'histoire et de littérature et des périodes pré-
modernes, et l'on ne peut dire d'aucun d'eux « qu'il est
un *policy scientist* ». Le « Programme des Études sur le
Proche-Orient » est une formule administrative qui permet d'entretenir contacts et collaboration entre les spécialistes du Proche-Orient du département et les savants
d'autres départements qui s'intéressent au Proche-
Orient.

Il ressort de son examen des séminaires de Princeton
que Said semble ne pas avoir regardé les exposés ni même
le programme, et que, par voie de conséquence, ce qu'il
en dit est confus, contradictoire et remarquablement
inexact. Il avance ainsi que, à un séminaire et un colloque
sur l'esclavage en Afrique, « aucun savant du monde
musulman n'avait été invité » (p. 137). En fait, un
historien musulman, un Arabe distingué du Soudan, était
l'un des initiateurs du projet. Il passa plusieurs mois à
Princeton pour préparer le colloque et donna la leçon
inaugurale. Lui et d'autres savants musulmans n'auraient
certainement pas participé à un projet dont le but, au dire
de Said, était « de détériorer les relations entre musulmans arabes et africains » (p. 137). La façon dont Said
traite d'autres activités universitaires montre la même
recherche obsessionnelle de motifs hostiles, le même
mépris des faits, de l'évidence et même de la probabilité.

Malgré un accueil généralement défavorable des critiques des revues savantes (avec la curieuse exception du
Journal of the American Oriental Society, le bulletin
intérieur des orientalistes américains), l'*Orientalism* de
Said a produit un effet considérable. Son succès — qu'il
soit d'estime ou de scandale — soulève des questions
intéressantes concernant le système universitaire américain, d'une part, et le monde arabe, de l'autre.

Du problème universitaire, le plus difficile, on a

proposé diverses solutions. Certains observateurs ont vu dans l'accueil fait au livre de Said la manifestation du *vice anglo-saxon** — d'un désir masochiste de flagellation. Cette interprétation a trouvé du soutien en France, où le livre de Said n'a pas fait aussi grande impression, et où même *Le Monde* en a donné un compte rendu assez négatif. D'autres ont attribué son succès à ses critiques sévères de la science philosophique et textuelle : c'est là, indirectement, se porter garant pour l'ignorance — et les ignorants forment un vaste électorat qui n'est pas sans représentation dans les universités. Il est beaucoup moins difficile d'obtenir son diplôme d'arabophile que de savant arabisant.

Plus curieuse est la question qui concerne le monde arabe. Les orientalistes d'Europe et d'Amérique ont traité de toutes les cultures de l'Asie — Chine et Japon, Inde et Indonésie — et, au Proche-Orient, leurs études ne sont nullement limitées aux Arabes, mais ont compris les Turcs et les Persans aussi bien que les anciennes cultures de la région. Il y a une différence radicale, on pourrait presque dire une différence totale, dans les attitudes de presque tous ces autres peuples envers les savants qui les ont étudiés de l'extérieur. Les Chinois, les Indiens et les autres ne sont pas toujours en train d'admirer les orientalistes qui s'occupent d'eux. Parfois, simplement, ils les ignorent ; parfois, ils les considèrent avec une sorte de tolérance amusée ; parfois, ils les acceptent de la même façon que les savants grecs ont accepté les hellénistes. L'attaque violente et injurieuse contre les orientalistes se limite — si l'on met à part la réaction musulmane contre la menace d'une foi rivale — à un groupe et un seul, parmi les peuples que les orientalistes ont étudiés, et ce

* En français dans le texte.

groupe est celui des Arabes. Voilà posée une question intéressante : savoir si les Arabes diffèrent de façon significative des autres peuples asiatiques et africains, ou si les arabisants diffèrent de façon significative des autres orientalistes.

Ce qui peut aider à répondre à cette question, c'est un autre fait important : cette hostilité envers les orientalistes n'est nullement universelle ni même dominante dans les pays arabes. Beaucoup des orientalistes les plus violemment attaqués par l'école de Said, et celles qui s'y rattachent, ont formé des générations d'étudiants arabes et leurs œuvres ont été traduites et publiées dans les pays arabes. On m'excusera peut-être de mentionner que six de mes propres livres, y compris quelques-uns auxquels M. Said trouve le plus à redire, ont été traduits et publiés dans le monde arabe — l'un d'eux, en fait, sous les auspices des Frères musulmans. En général, les savants sérieux dans les universités arabes ne font pas de difficultés pour tenir compte et faire usage des publications orientalistes, et même pour participer largement à des réunions internationales d'orientalistes.

La critique de l'orientalisme soulève plusieurs questions véritables. Une remarque faite par certains critiques, c'est que le principe qui guide ces études s'exprime dans le dicton « savoir c'est pouvoir », et que les orientalistes cherchaient à connaître les peuples orientaux afin de les dominer, la plupart d'entre eux étant directement ou, comme l'admet Abdel-Malek objectivement (au sens marxiste), au service de l'impérialisme. Il est de fait que certains orientalistes, objectivement ou subjectivement, ont servi la domination impériale ou en ont profité. Mais comme explication de l'entreprise orientaliste dans son ensemble, c'est insuffisant jusqu'à en être absurde. Si la recherche du pouvoir par le savoir est le seul motif, ou

même le motif primordial, pourquoi l'étude de l'arabe et
de l'islam a-t-elle commencé en Europe des siècles avant
que les conquérants musulmans soient chassés d'Europe
occidentale et orientale, et que les Européens se lancent
dans leur contre-attaque ? Pourquoi ces études ont-elles
prospéré dans des pays européens qui n'eurent jamais
aucune part dans la domination du monde arabe, et ont
cependant apporté autant de résultats que les Anglais et
les Français — la plupart des savants diront : plus de
résultats — ? Et pourquoi les savants occidentaux ont-ils
consacré tant d'efforts au déchiffrage et à la récupération
des monuments des anciennes civilisations du Proche-
Orient, oubliées depuis longtemps dans leurs propres
pays ?

On porte une autre accusation contre les orientalistes,
c'est de nourrir un préjugé à l'encontre des peuples qu'ils
étudient, et même d'entretenir une hostilité innée à leur
égard. Personne ne niera que les savants, comme les
autres êtres humains, sont susceptibles de nourrir des
préjugés : c'est plus souvent en faveur qu'à l'encontre du
sujet de leur étude. La grande différence sépare ceux qui
reconnaissent leur préjugé et s'efforcent de le corriger, et
ceux qui lui donnent libre cours. Il y a des accusations de
préjugé culturel et d'arrière-pensées politiques qui pourraient gagner en crédibilité, si les accusateurs ne s'attri-
buaient pas à eux-mêmes, et n'accordaient pas aux
Russes, une indulgence plénière.

Au-delà de la question du préjugé, se trouve le
problème épistémologique plus vaste de savoir dans
quelle mesure il est possible, pour les savants d'une
société, d'étudier et d'interpréter les créations d'une
autre. Les accusateurs se plaignent des stéréotypes et des

généralisations faciles. Il existe certainement des préventions stéréotypées — non seulement à l'égard des autres cultures, d'Orient et d'ailleurs, mais envers les autres nations, races, Églises, classes, professions, générations, et quasiment envers tous autres groupes que l'on voudra à l'intérieur de notre propre société. Les orientalistes ne sont pas à l'abri de ces dangers ; leurs accusateurs non plus. Les premiers ont au moins l'avantage de se soucier quelque peu de précision et de discipline intellectuelles.

La question la plus importante — la moins souvent mentionnée par les critiques du courant actuel — est celle des mérites scientifiques, en fait, de la validité scientifique des résultats des orientalistes. Prudemment, M. Said s'est borné à effleurer cette question ; de fait, il n'a guère porté son attention sur les écrits scientifiques des savants dont les attitudes, les motifs et les buts supposés forment le thème de son livre. La critique savante de la science orientaliste fait partie du processus, elle est légitime et nécessaire. Heureusement elle existe et continue d'exister : ce n'est pas une critique de l'orientalisme, qui serait dénuée de sens, mais une critique de la recherche et des résultats atteints par des savants ou des écoles de savants. La critique la plus rigoureuse et la plus pénétrante de la science orientaliste a toujours été, et demeurera, celle des orientalistes, y compris ceux qui sont eux-mêmes Orientaux.

Les juifs pro-islamiques

Quand Lord Beaconsfield, Premier ministre de l'Angleterre, revint du congrès de Berlin, il reçut l'accueil, quelque peu mitigé, que les sociétés démocratiques offrent habituellement à leurs chefs. Sa réussite, telle qu'il la voyait, avait été de sauver la Turquie en empêchant les Russes victorieux de la démembrer, et en préservant ainsi la paix de l'Europe et les intérêts de la Grande-Bretagne. Pour ses partisans, il avait, en effet, satisfait sa revendication d'une « paix dans l'honneur » ; pour ses opposants, il avait apporté honte et dissensions à son pays, en poursuivant une politique qui était dangereuse et erronée.

C'était une vieille et amère querelle dans la politique anglaise. D'une part, il y avait ceux qui croyaient, selon les termes de Lord Palmerston, que « l'intégrité et l'indépendance de l'Empire ottoman sont nécessaires au maintien de la tranquillité, de la liberté et de l'équilibre du pouvoir dans le reste de l'Europe » — et, de surcroît, que la protection de la Turquie contre la Russie était vitale pour les intérêts britanniques. De l'autre, il y avait ceux qui rejetaient les Turcs comme infidèles, barbares et

---

« The Pro-Islamic Jews », *Judaism*, XVII, 1968, pp. 391-404. Repris dans B. Lewis, *Islam in History*, 1973.

étrangers en Europe, et ne voyaient pas de raison pour
empêcher les Russes de les en chasser. La querelle entre
turcophiles et turcophobes soulevait des passions violentes et parfois divisa non seulement la nation, mais aussi
les partis et même les familles.

Le ton de la polémique, au XIXe siècle, était regrettable-
ment violent. Les controverses sur la question d'Orient,
en particulier, fournissent quelques exemples vraiment
remarquables de cette virulence politique. Aux attaques
contre Disraeli se mêlèrent parfois des allusions hostiles à
ses origines juives. Dans l'ensemble, ces malveillances ne
sont pas fréquentes et elles passaient inaperçues à une
époque où l'insulte personnelle, on ne le sait que trop,
n'avait pas de frein. Il est facile de les mettre en parallèle
avec d'autres propos désobligeants où l'allusion renvoyait à d'autres groupes ethniques et religieux du pays.
Il est, toutefois, significatif que le thème antisémite
revienne le plus souvent, avec le plus de persistance et
d'étendue, dans les débats sur la politique orientale
de Disraeli et prenne la forme d'une accusation
spécifique : il appliquait une politique juive, non une
politique anglaise, et il subordonnait les intérêts britanniques aux sentiments et aux buts juifs (ou hébreux, ou
sémites).

Les accusateurs de Disraeli avancent deux raisons de
tenir sa politique pro-turque pour juive. La première est
que la Russie persécutait les juifs et que Disraeli, en tant
que juif, était donc décidé à contrecarrer la Russie et à
aider ses ennemis — raisonnement familier en d'autres
temps et lieux. La seconde raison, aux yeux des contemporains beaucoup plus importante, était que Disraeli, en
tant que juif, était forcé de rallier automatiquement le
côté des Turcs. Le juif, même le juif baptisé, demeurait
un Oriental ; dans le conflit sur la question d'Orient, ses

loyautés allaient à l'Asie contre l'Europe, à l'Islam contre la Chrétienté.

Pour le lecteur moderne, de telles théories peuvent sembler bizarres au point d'en être absurdes. Elles ne l'étaient pas pour les critiques de Disraeli et s'imposaient dans des milieux étonnamment larges. L'amitié du juif pour le musulman était considérée comme un fait ; la politique de Disraeli semblait en découler naturellement.

Quelques exemples peuvent suffire à faire connaître l'arôme de ces écrits. Un membre libéral du parlement, T. P. O'Connor, examinant la guerre russo-turque de 1877, écrivait :

> L'un des phénomènes les plus remarquables dans le déroulement de la guerre entre la Russie et la Turquie fut l'unanimité extraordinaire avec laquelle les juifs de toutes les parties du monde prirent le parti du sultan contre le tsar. Des gens vivant à l'intérieur des mêmes frontières, parlant la même langue, professant la même foi, avec exactement les mêmes intérêts, ont entretenu les opinions les plus opposées sur cette question russo-turque. Dans ce pays — pour prendre l'exemple le plus frappant —, les gens, d'accord pour la plupart sur les principaux points de la religion, de même race, avec les mêmes grands intérêts à préserver, se sont affrontés avec une âpreté presque sans exemple dans leurs controverses sur la politique intérieure ou étrangère. Mais voici les juifs, dispersés par tout le globe, parlant des langues différentes, divisés dans presque toutes leurs sympathies — séparés en fait par tout ce qui peut séparer les hommes sauf le seul point de la race —, tous unis dans leurs sentiments sur ce grand combat ! (...) Pendant de nombreux siècles — plus dans le passé que dans le présent, naturellement —, il a existé, chez des catégories entières de juifs, la sympathie la plus forte pour les peuples musulmans. Un ennemi commun est un grand lien d'amitié, et comme le chrétien était également l'ennemi du juif et du musulman, ils étaient amenés par là à une certaine alliance l'un avec l'autre. Cette alliance a été des

plus étroites en beaucoup d'occasions. À l'époque des Croisades, les juifs furent les amis qui aidèrent les musulmans à contenir la marée de l'invasion chrétienne venant battre contre l'Orient, et en Espagne, les juifs furent les alliés et les amis constants des Maures contre les habitants chrétiens du pays. En vérité, l'alliance doit avoir été bien étroite dans le passé pour avoir laissé des traces aussi profondes derrière elle (...) Son sentiment général [de Disraeli], sur cette question de la Turquie, est donc qu'en tant que juif il est parent du Turc et qu'en tant que juif, il se sent tenu de faire cause commune avec le Turc contre le chrétien... Du début à la fin, sa politique fut, avec persistance et uniformité, sans interruption, une politique d'amitié avec le Turc et l'oppresseur, et de haine contre le chrétien et l'opprimé[1].

Ces opinions-là n'étaient pas seulement celles des professionnels de la politique et du pamphlet. On les trouve aussi dans les écrits d'historiens tels que J. A. Froude, Goldwin Smith, et E. A. Freeman. Ce dernier était particulièrement virulent :

Mais il y a un autre pouvoir contre lequel l'Angleterre et l'Europe doivent se tenir encore plus soigneusement sur leurs gardes. Inutile de mâcher les mots. Le moment est venu de parler franchement. Aucune personne bien disposée ne reprocherait à une autre sa nationalité ni sa religion, à moins que cette nationalité ou cette religion ne soit la cause directe de quelque dommage. Nul ne désire situer le juif, qu'il soit juif par sa naissance ou par sa religion, dans une quelconque infériorité si on le compare au chrétien européen. Mais il ne faut pas que la politique de l'Angleterre, le bien-être de l'Europe, soient sacrifiés au sentiment hébreu. Le danger n'est pas un danger imaginaire. Chacun doit avoir remarqué

---

1. T. P. O'CONNOR, *Lord Beaconsfield. A Biography* (1879), 8ᵉ éd., Londres, 1905, pp. 607-610, 654.

que le seul sujet sur lequel Lord Beaconsfield a été sérieux
tout au long de sa carrière a été tout ce qui touchait son
propre peuple. Il a raillé à propos de tout, mais sur ce point-
là, il a été profondément sérieux. Son zèle pour son propre
peuple est vraiment le meilleur trait de la carrière de Lord
Beaconsfield. Mais nous ne pouvons sacrifier notre peuple, le
peuple de l'Europe aryenne et chrétienne, à la croyance la
plus sincère en un mystère asiatique. Nous ne pouvons laisser
gouverner l'Angleterre ou l'Europe selon une politique
hébraïque. Alors que Lord Derby souhaite simplement ne
rien faire dans un sens ni dans l'autre, Lord Beaconsfield est
l'ami actif du Turc. L'alliance court à travers toute l'Europe.
Partout en Orient, le Turc et le juif sont ligués contre le
chrétien... Nous ne pouvons laisser traiter la politique de
l'Europe de la même façon. Il y a toute la différence du
monde entre les juifs dégradés de l'Orient et les juifs cultivés
et honorables de l'Occident. Mais la voix du sang est la plus
forte, et l'autorité hébraïque conduira sûrement à une
politique hébraïque. Partout en Europe, la partie la plus
violemment turque de la presse est dans une large mesure
entre des mains juives. On peut être sûr partout, avec fort
peu d'exceptions, que le juif est l'ami du Turc et l'ennemi du
chrétien[1].

Les efforts de Freeman et de Goldwin Smith pour
lancer un antisémitisme intellectuel de style germanique
en Angleterre, de même que les efforts ultérieurs de
Chesterton et Belloc pour importer la variété cléricale
française, eurent très peu de succès. Mais la croyance
dans le « sémitisme » de la politique orientale de Disraeli
alla bien au-delà de tels cercles. « Je soupçonne fort, dit
Gladstone au duc d'Argyll, que le crypto-judaïsme de
Dizzy a quelque chose à voir avec sa politique. Les juifs

---

1. E. A. FREEMAN, *Ottoman Power in Europe : Its Nature, Its
Growth, and Its Decline*, Londres, 1877, pp. XVIII-XX.

orientaux haïssent âprement les chrétiens, qui ne les ont pas toujours bien traités [1]. » En 1924, dans une étude que Sir James Headlam-Morley écrivit, en tant que conseiller pour l'histoire du ministère des Affaires étrangères, il notait encore que Disraeli, « dans ses sympathies (...) fut de façon continue un juif et un sioniste [*sic*]. (...) Ce n'est pas sans raison que ses ennemis attribuèrent publiquement sa politique du Proche-Orient à ses " instincts sémitiques " (...) on peut difficilement écarter la conviction que l'accusation renferme une part de vérité et que, si l'on ajoute les " sympathies sémitiques ", nous touchons encore de plus près les motifs personnels intimes de Disraeli » [2].

L'accusation portée contre le patriotisme de Disraeli est manifestement absurde. Sa politique de défendre la Turquie contre la Russie avait été anticipée par des hommes aussi irréprochablement anglais et chrétiens que

1. W. F. MONYPENNY et G. E. BUCKLE, *The Life of Benjamin Disraeli, Earl of Beaconsfield*, 1re éd., Londres, 1910-1920, éd. revue, Londres, 1929, II, p. 930.

2. Sir James HEADLAM-MORLEY, *Studies in Diplomatic History*, Londres, 1930, p. 206, Cf. R. W. SETON-WATSON, *Disraeli, Gladstone and the Eastern Question*, Londres, 1935, p. 3 ; E. KEDOURIE, *England and the Middle East : The Destruction of the Ottoman Empire, 1914-1921*, Londres, 1956, pp. 82-84 ; R. BLAKE, *Disraeli*, Londres, 1966, pp. 60, 204, 600 et suiv. Une variante amusante se trouve dans une lettre écrite par Wilfrid Scawen Blunt à Wilfred Meynell, en 1903 : « Naturellement sa politique sémitique était assez sincère. Il l'a reconnue avec intrépidité, ce qui a forcé mon estime — car un juif doit être un juif — et j'apprécie, comme un tour de force, la façon dont il a écrasé ces coquins solennels de Whigs et embobiné les Tories. Notre terne nation anglaise méritait ce qu'elle a eu, et il n'y a rien de plus drôle dans l'histoire que la façon dont il a cajolé notre parti aristocratique aux souliers à bouts carrés, afin qu'il enlève son fin drap noir et endosse son costume impérial pailleté, et nos belles dames après sa mort, en sorte qu'elles adorent leur vieux séducteur hébreu las du monde, sous la forme innocente d'une primevère. » W. S. BLUNT, *My Diaries, Being a Personal Narrative of Events, 1888-1914*, II, *1900-1914*, Londres, 1920, pp. 74-75.

Palmerston, Castlereagh, Canning et Pitt ; elle avait longtemps été un principe important, bien que parfois débattu, de la diplomatie britannique. Mais ce n'est pas là toute l'histoire. Le biographe le plus récent de Disraeli nous a rappelé que « les historiens ne pèsent pas toujours suffisamment l'influence des conditions, des préjugés et des sympathies de la prime jeunesse sur les choix faits plus tard par les hommes d'État, quand ils affrontent les grands problèmes politiques du moment »[1]. Comme Churchill, comme Llyod George, et tant d'autres, Disraeli peut bien avoir été affecté dans ses attitudes et ses décisions de la maturité par les influences qui l'avaient formé dans sa jeunesse. Il est bien connu que Disraeli tirait orgueil de ses ancêtres juifs. Ses romans et ses lettres attestent amplement sa sympathie profonde pour les Turcs, les Arabes et l'Islam, et sa croyance en une parenté fondamentale entre juifs et musulmans. Comme tant d'Anglais, il était fasciné par le désert et par les Arabes ; mieux que d'autres, il était capable de s'identifier à eux. Cette identité s'affirme fréquemment dans ses écrits, où les termes « Arabie » et « Arabe » ont une signification presque mystique. Les juifs sont des « Arabes mosaïques » ou même des « Arabes juifs », parents et prédécesseurs des Arabes musulmans ; « les Arabes sont seulement des juifs montés à cheval ». Le judaïsme, le christianisme et l'islam sont tous des religions arabes. « Au sommet du mont Sinaï sont deux ruines — une église chrétienne et une mosquée musulmane. En ce lieu, le plus sublime de la gloire arabe, Israël et Ismaël dressèrent pareillement leurs autels au grand Dieu d'Abraham. Pourquoi sont-ils en ruine[2] ? »

1. BLAKE, *Disraeli*, p. 59.
2. *Tancred*, IV, 7 ; cf. 3.

Le sémitisme sentimental de Disraeli, pour bien documenté qu'il soit, n'explique pas ses sentiments pro-turcs ; il jette encore moins de lumière sur l'attitude générale des juifs d'Europe envers les Turcs et l'Islam. Comme le remarquait son biographe Buckle, si Disraeli avait été guidé par un sentiment racial, « la race que ce sentiment l'aurait amené à soutenir aurait été… les Arabes et non les Turcs »[1]. En tout cas, le « racisme » de Disraeli — son obsession de la race en général et la race juive en particulier — doit plus à son éducation chrétienne qu'à son ascendance juive, et n'a pas de parallèle dans les écrits de juifs authentiques de l'époque. C'est dans l'Europe chrétienne que les grands mythes raciaux, accompagnés du rejet des « souches inférieures », a commencé à influencer les idées et les événements ; les hymnes, ou plutôt les fugues, de Disraeli sur le thème du pouvoir juif et de la gloire juive ne sont rien de plus que des stéréotypes antijuifs inversés, avec aussi peu de fondement dans la réalité que leurs originaux.

Cependant, sous les distorsions et les calomnies des ennemis politiques de Disraeli, il y avait un élément de vérité important. Disraeli était bel et bien un admirateur de l'Islam, des Perses et des Turcs aussi bien que des Arabes, et dans sa jeunesse avait même pensé rejoindre l'armée turque comme volontaire. De plus, ses sentiments pro-turcs étaient liés à ses vestiges de judaïsme, et sont typiques d'une bonne partie de l'opinion juive de l'époque. O'Connor, malgré ses exagérations malveillantes, n'était pas très loin de la vérité en parlant des juifs de l'Europe du XIXe siècle comme d'un élément pro-turc et plus généralement pro-musulman.

Un domaine dans lequel l'intérêt juif pour l'islam eut

1. MONYPENNY et BUCKLE, II, pp. 930-931.

de grandes répercussions fut celui de l'érudition. Dans le développement des études islamiques dans les universités européennes et, plus tard, américaines, les juifs, et en particulier des juifs de milieu et d'éducation orthodoxes, jouent un rôle tout à fait hors de proportion. Dans l'un de ses premiers romans, Disraeli met dans la bouche de son héros un vigoureux plaidoyer pour les littératures orientales : « Pourquoi ne pas étudier l'Oriental ? Sûrement, dans les pages des Perses et des Arabes nous pourrions découvrir de nouvelles sources d'émotion, de nouveaux modes d'expression, de nouvelles suites d'idées, de nouveaux principes d'invention, et de nouvelles explosions de fantaisie... », et fait l'éloge « des Perses, dont l'être même est poésie, des Arabes, dont l'esprit subtil pourrait pénétrer le sanctuaire même de la nature » [1]. Les savants juifs firent beaucoup pour amener ces réussites du génie islamique à la connaissance de l'Occident, et pour inculquer aux esprits d'Occident une appréhension de l'Islam où entraient moins de préjugé et plus de sympathie.

Gustav Weil (1808-1889) fut un de ces érudits. Ayant étudié pour être rabbin, il devint professeur d'arabe à Heidelberg. Il maîtrisait le persan et le turc aussi bien que l'arabe, et passa quelque temps à Alger, au Caire et à Istamboul. En 1843, il publia sa première grande œuvre — sur la vie et les enseignements du Prophète Mohammed (Mahomet). Il y a eu beaucoup de biographies de Mohammed en Europe : celle de Weil fut la première à être libérée des préjugés et de la polémique, fondée sur une connaissance profonde, et cependant critique, des sources arabes, et avertie par une compréhension pleine

---

1. *Contarini Fleming*, IV, 19 ; MONYPENNY et BUCKLE, I, pp. 170-171.

de sympathie pour les croyances et la piété musulmanes.
Pour la première fois, Weil donnait au lecteur européen
une occasion de voir Mohammed comme les musulmans
le voyaient et, par là, d'atteindre une appréciation plus
complète de sa place dans l'histoire humaine. Les autres
publications de Weil sur les débuts de l'islam comprennent une introduction historique et critique au Coran,
une traduction de la plus importante biographie arabe du
Prophète, et une histoire en cinq volumes des califes. Du
point de vue de l'érudition, ces livres ont, dans une large
mesure, été dépassés par des recherches ultérieures ; à
leur époque, toutefois, et longtemps encore par la suite,
ce furent des ouvrages de base, et ils demeurent comme
des points de repère dans la découverte de l'Orient par
l'Occident.

Beaucoup d'érudits juifs vinrent directement des
études hébraïques aux études arabes, et firent d'importantes contributions aux unes et aux autres surtout dans
les domaines où les deux se chevauchent. Salomon Munk
(1805-1867) et Moritz Steinschneider (1816-1917) étaient
tous deux spécialistes de la littérature judéo-arabe, mais
leur œuvre fut de grande valeur pour les études arabes et
islamiques en général. Le travail de Munk sur la philosophie islamique médiévale, les études et les bibliographies
de Steinschneider sur le cheminement des traductions —
de la Grèce aux Arabes et des Arabes à l'Europe — jettent
un flot de lumière sur l'histoire culturelle de l'islam et sur
la contribution musulmane à la civilisation européenne.
Des chrétiens d'origine juive jouent aussi un rôle. Karl
Paul Caspari (1814-1892), théologien luthérien, né de
parents juifs, écrivit ce qui fut longtemps en Europe le
traité fondamental sur la grammaire arabe. David Abra-
hamovitch Chwolson (1819-1911), juif lituanien baptisé,
devint professeur à la faculté nouvellement fondée des

langues orientales à Saint-Pétersbourg. D'abord hébraïsant, il fut aussi un arabisant compétent et, par ses écrits
et par son influence de professeur, compte parmi les
fondateurs de l'école russe des études arabes. Il faut
parler encore de David Samuel Margoliouth (1858-1940),
pasteur anglican, qui tint la chaire d'arabe Laudian à
l'université d'Oxford, et fut l'un des plus grands savants
arabisants et islamisants de son époque.

Avec la progression de l'émancipation, à la fin du
XIXe et au début du XXe siècle, les érudits juifs jouent un
rôle croissant dans les universités européennes, notamment dans les études orientalistes. Un juif turc, Joseph
Halevy (1827-1917), et deux Autrichiens, David Hein-
rich Müller (1846-1912) et Edward Glaser (1855-1908),
furent parmi les pionniers des études concernant l'Arabie
du Sud ; un érudit rabbinique allemand, Hermann
Reckendorf (1863-1923 ; son père, soit dit en passant,
avait traduit le Coran en hébreu) écrivit l'ouvrage de base
sur la syntaxe arabe. Julius Hirschberg (1843-1925),
Julius Lippert (1866-1911), et Max Meyerhof (1874-1945)
se vouèrent à la redécouverte et à l'étude de la science et
de la médecine musulmanes. D'autres figures importantes
sont l'iranisant Wilhelm Bacher (1850-1913), Siegmund
Fraenkel (1855-1909), Max Sobernheim (1872-1932),
Josef Horovitz (1874-1931), Eugen Mittwoch (1876-
1942), et l'historien de l'art Léo Aryeh Mayer (1895-
1959), l'un des pionniers de la nouvelle et florissante
école des études islamiques à Jérusalem.

Ce fut surtout en Allemagne et en Autriche que les
érudits juifs, à mi-chemin entre le traditionalisme de
l'Europe orientale et l'émancipation de l'Occident, surent
réussir la combinaison la plus efficace du savoir à
l'ancienne et de l'érudition moderne. Mais on peut
constater qu'en d'autres pays des juifs jouèrent un rôle

remarquable dans les études orientalistes : David Santillana (1855-1931) et Giorgio Levi Della Vida (1886-1967), en Italie ; Joseph Derenbourg (1811-1895), son fils Hartwig Derenbourg (1844-1908), l'iranisant James Darmesteter (1849-1894), l'historien de l'islam espagnol Évariste Lévi-Provençal (1894-1956), en France : le spécialiste de la Perse Reuben Levy (1891-1966), en Angleterre ; Richard Gottheil (1862-1936) et William Popper (1874-1963), pionniers des études arabes aux États-Unis. Probablement le plus grand de tous fut Ignaz Goldziher (1850-1921), juif hongrois pieux, que sa magnifique série d'études sur la théologie, la culture et le droit musulmans classe, de l'avis général, comme l'un des fondateurs et des maîtres des études islamiques modernes.

Le rôle de ces savants dans le développement de chacun des aspects des études islamiques a été immense — non seulement dans l'avancement du savoir, mais aussi dans l'enrichissement de la vision par l'Occident de la religion, de la littérature et aussi de l'histoire orientales, où ils ont substitué la connaissance et la compréhension au préjugé et à l'ignorance. Dans les années récentes, le renouveau du savoir en Orient a donné une nouvelle importance à ces érudits, car leurs travaux sont lus par les musulmans eux-mêmes, dans l'original et en traduction, et aident à former à la fois leur connaissance des accomplissements du passé et leur prise de conscience des problèmes présents. On dit que quand l'historien turc Ahmed Refik, revenant d'une tournée en Europe au début de ce siècle, fut interrogé par ses amis sur ce qu'il avait vu de plus remarquable dans son voyage, il répondit : « L'université de Budapest, où j'ai trouvé un professeur juif expliquant le Coran à une classe d'élèves chrétiens. » Le professeur juif était naturellement Ignaz Goldziher. Depuis, quelques-uns de ses écrits ont été traduits en arabe et l'on s'en sert pour enseigner à des élèves arabes musulmans leur propre héritage. Plus d'un autre érudit juif a été traduit et adapté de la même façon [1].

L'influence n'est pas toujours la récompense de l'érudition fidèle et originale, et la réputation de ces hommes a rarement dépassé les cercles académiques où ils ont vécu et se sont déplacés. Mais il y en eut d'autres, toutefois, dont l'influence se fit sentir plus fortement et de façon plus étendue. En voici trois, en particulier, qui trouvèrent des lecteurs et des disciples en des lieux inattendus.

Le premier fut Arthur Lumley Davids (1811-1832), un juif anglais qui mourut du choléra peu après son vingt et

---

1. Sur le rôle de ces savants dans le développement des études arabes en Europe, voir Johann FÜCK, *Die arabischen Studien in Europa bis den Anfang des 20. Jahrhunderts*, Leipzig, 1955, et, pour la Russie, Ignatii Yulyanovič KRAČKOVSKY, *Izbranniye Sočineniya*, V, Moscou-Leningrad, 1958. Sur Gustav Weil, voir Gustave DUGAT, *Histoire des orientalistes de l'Europe du XIIe siècle au XIXe siècle*, I, Paris, 1868, pp. 42-48, et D. M. DUNLOP, « Some Remarks on Weil's History of the Caliphs », *in* Bernard Lewis et P. M. Holt éd., *Historians of the Middle East*, Londres, 1962, pp. 315-329. On trouvera des biographies et des appréciations de l'œuvre de chacun des savants dans les notices nécrologiques publiées dans les revues spécialisées. Celles-ci sont énumérées, ainsi que des articles sur l'histoire des études islamiques, dans J. D. PEARSON, *Index Islamicus 1906-1955*, Cambridge, 1958, p. 1 et suiv., et suppléments. Certains sont le sujet d'articles dans la *Jewish encyclopaedia* et autres travaux de référence. Pour des jugements critiques du traitement de l'islam par les orientalistes occidentaux, voir Jean-Jacques WAARDENBURG, *L'Islam dans le miroir de l'Occident*, Paris-La Haye, 1963, qui comprend une appréciation détaillée de Goldziher ; Albert HOURANI, « Islam and the Philosphers of History », *Middle Eastern Studies*, 3, 1967, pp. 206-267 ; Khurshid AHMED, *Islam and the West*, Karachi, s. d. (1958 ?) ; A. L. TIBAWI, « English-Speaking Orientalists », *in The Muslim World*, 1963, pp. 185-204 et 298-313. Pour les attitudes occidentales envers l'Islam en général, voir Norman DANIEL, *Islam, Europe and Empire*, Edimbourg, 1966.

unième anniversaire. Enfant prodige, il maîtrisait l'hébreu, l'arabe, le persan et le turc à un âge précoce, et avait entrepris un vaste programme de recherches. Son travail le plus important, publié trois semaines avant sa mort, fut sa *Grammaire de la langue turque*, la première en anglais depuis 1709. Plus significatif que la grammaire elle-même était le « Discours préliminaire » de soixante-dix-huit pages, dans lequel Davids, sur la base de connaissances étonnamment vastes, passe en revue les origines et l'histoire des peuples turcs, la classification et les caractéristiques des langues turques, et les principaux monuments de la littérature turque.

Ce « discours », première tentative en son genre, se proposait d'apporter au lecteur occidental un exposé équilibré des Turcs, de leurs réussites et de leur place dans l'histoire, et de corriger ainsi bien des erreurs et des préjugés vulgaires. Il est inspiré par un esprit de sympathie et d'admiration profondes.

La *Grammaire* de Davids fut publiée en anglais, en 1832, et dans une traduction française, préparée par sa mère, en 1836. C'est assurément une œuvre remarquable pour un auteur si jeune, mais la valeur scientifique en est limitée, et dans l'ensemble on n'en fit pas grand cas dans le monde des études orientalistes. Il fut, toutefois, grandement admiré par l'écrivain turcophile connu David Urquhart, qui, dans son *Spirit of the East* (1839), cite de larges extraits du « Discours préliminaire ».

Plus importante en un sens que l'influence de Davids sur les turcophiles fut son influence sur les Turcs eux-mêmes, à qui son « Discours » apportait une nouvelle conscience de leur identité et un nouvel orgueil de leurs réussites. Déjà, en 1851, Fuad Pasha et Jevdet Pasha, les coauteurs de la première grammaire turque moderne en turc, puisèrent dans l'œuvre de Davids. Leur livre, qui eut une influence énorme en Turquie, a été considéré comme le point de départ de la rénovation de la langue turque. En 1869, un autre auteur turc, Ali Suavi, écrivit un article exaltant les gloires passées de la race turque, dont l'unique source était le « Discours préliminaire » de Davids. Cet article fut l'une des premières formulations d'un courant entièrement nouveau parmi les Turcs ottomans — celui du nationalisme. En adaptant cette idée nouvelle, et essentiellement étrangère, à leurs propres besoins, les nationalistes turcs — et plus tard aussi d'autres musulmans — s'appuyèrent très fortement sur la littérature occidentale. À cet égard, les œuvres qui eurent le plus d'influence ne furent pas nécessairement les plus savantes [1].

Un autre auteur, d'une érudition plutôt douteuse et qui exerça une influence beaucoup plus grande, fut David Léon Cahun (1841-1900), un juif alsacien qui alla visiter le Proche-Orient dans sa jeunesse et en demeura par la suite un admirateur enthousiaste. Cahun écrivit beaucoup et multiplia les conférences sur les pays et les peuples de la région, surtout sur les Égyptiens et sur les Turcs ; à partir de 1890, il donna des cours à la Sorbonne sur l'histoire et la géographie de l'Asie. Ses écrits comprennent nombre de romans historiques romanti-

---

1. Sur Davids, voir James PICCIOTTO, *Sketches of Anglo-Jewish History,* Londres, 1875, pp. 316-318 ; Harold BOWEN, *British Contribution to Turkish Studies,* Londres, 1945, pp. 43-44 ; A. GALANTE, *Recueil de nouveaux documents inédits concernant l'histoire des Juifs de Turquie,* Istamboul, 1949, pp. 71-73 ; Serif MARDIN, *The Genesis of Young Ottoman Thought : A Study in the Modernization of Turkish Political Ideas,* Princeton, N.J., 1962, p. 250 ; et, en turc, Akçuraoğlu YUSUF, « Türkçülük », in *Türk Yili,* I, 1928, pp. 310-311, et Ahmet Hamdi TANPINAR, *XIX asir Türk edebiyati tarihi,* Istamboul, 1949, éd. revue, Istamboul, 1956, pp. 220-222.

ques, dont plusieurs ont pour héros des Turcs et des musulmans ; un vaste choix de livres et d'études ethnographiques et géographiques ; et nombre de livres et d'articles sur l'histoire asiatique et islamique. Le plus connu de ces derniers fut son *Introduction générale à l'histoire de l'Asie* (1896), louange ininterrompue de la grandeur des peuples turcs, hymne à leur immense rôle créateur dans l'histoire de l'Asie et même du monde. Une « histoire des Arabes » resta inachevée à sa mort.

Cette *Introduction générale* fut publiée dans une adaptation turque en 1899 et exerça une puissante séduction sur des générations successives de lecteurs turcs, non seulement en Turquie, mais aussi dans l'empire russe. Les historiens turcs modernes tiennent ce livre pour l'une des influences qui ont fécondé le développement du panturquisme et du nationalisme turc. L'influence de Cahun ne se limita pas à ses livres. Libéral engagé, il fréquentait les émigrés égyptiens et turcs à Paris, et servit leur cause à la fois par sa personne et par ses écrits[1].

Parmi les juifs européens qui s'occupèrent des choses arabes, il y eut un homme de première valeur à la fois par sa science véritable et par son influence politique. Arminius Vambéry (1832-1918), fils d'un talmudiste hongrois, fut élevé dans le judaïsme orthodoxe et dans une misère écrasante. Sa carrière fut, dans tous les sens du terme, peu orthodoxe. Après une éducation irrégulière, et en grande partie autodidactique, le jeune homme se rendit à Istamboul, où il vécut au jour le jour en donnant des leçons. Par la suite, il parvint à maîtriser le turc si bien qu'il

---

1. Sur Cahun, voir la *Jewish Encyclopaedia*, article par Zadoc KAHN ; MARDIN, p. 61 ; AKÇURA, p. 359 ; C. W. HOSTLER, *Turkism and the Soviets*, Londres, 1957, p. 141.

devint l'une des grandes autorités d'Europe en études
turques et l'un des fondateurs de cette nouvelle science, la
turcologie. Entre 1862 et 1864, déguisé en derviche
errant, il voyagea en Perse et en Asie centrale ; en 1865, il
devint professeur de langues orientales à l'université de
Budapest, où l'un de ses élèves fut Ignaz Goldziher. On
lut ses nombreux livres et articles non seulement en
Europe, mais en Turquie où des hommes placés aux
postes les plus élevés comptaient parmi ses amis. Ses
écrits et sa personnalité lui valurent une influence considérable sur le développement culturel et, dans une
certaine mesure, politique de la Turquie[1].

Les Turcs admirèrent Davids, Cahun et Vambéry, et ils
furent dociles à leur influence, parce qu'ils reconnurent
chez eux une sympathie profonde et vraie à leur égard. Il
n'y a pas de preuve que leurs lecteurs et disciples turcs
aient particulièrement connu l'origine juive des trois
hommes, ou qu'ils y aient attaché une quelconque
importance ; mais rien ne manifeste non plus que les
Turcs ou les musulmans du XIXe siècle aient cru à un lien
de fraternité entre musulmans et juifs, tel que l'imaginaient O'Connor, Freeman et d'autres. Cependant, la

---

1. Les meilleures sources d'information sur Vambéry sont ses propres
écrits autobiographiques : *Arminius Vambéry, His Life and Adventures
Written by Himself*, Londres, 1884, et *The Story of My Struggles*,
Londres, s.d. Il y a de courts articles sur lui dans l'*Encyclopaedia of the
Social Sciences*, et dans nombre d'encyclopédies générales. Pour un
jugement turc, voir Akçuraoğlu YUSUF, *op. cit.*, pp. 313-315. Sur
l'influence de Davids, Cahun et Vambéry sur la croissance du nationalisme turc, voir Bernard LEWIS, « History-Writing and National Revival
in Turkey », *Middle Eastern Affairs*, 4, 1953, pp. 221-222 ; B. LEWIS,
The Emergence of Modern Turkey, 2e éd., Londres, 1968, pp. 346-348 ;
Niyazi BERKES, *The Development of Secularism in Turkey*, Montréal,
1964, pp. 314-315.

prédominance de juifs parmi les orientalistes et les turcophiles — et surtout de juifs préoccupés de leur judéité — est plus qu'une coïncidence. Weil, Reckendorf, Vambéry, Goldziher et beaucoup d'autres commencèrent par une formation biblique et talmudique. Même des Occidentaux comme Davids et Cahun avaient plus que des relations nominales avec les juifs. Davids, nous dit sa mère, écrivit sur beaucoup de sujets, « notamment » sur l'émancipation des juifs. Cahun écrivit un livre sur les coutumes des juifs d'Alsace, avec une préface du Grand rabbin de Paris [1]. Même des convertis comme Disraeli et Chwolson montrent un souci actif, non seulement dans leurs écrits mais aussi dans leurs actions — l'un par sa position en faveur de l'émancipation juive, l'autre par son témoignage contre la diffamation.

Pourquoi donc ces juifs et ces ex-juifs se rallient-ils aux Turcs ou aux musulmans, à tel point qu'en Europe, sinon en Turquie, leur attitude pro-turque passa pour un fait avéré ? Certainement pas à cause d'un accord ou d'une alliance quelconque, car si certains juifs se vouèrent aux études et aux causes musulmanes, il n'en résulta pas d'intérêt ni de sentiment correspondants de l'autre côté [2]. Quelques romantiques, toutefois, comme le jeune Disraeli, semblent avoir rêvé d'une telle alliance, dont ils voyaient la réalisation dans l'âge d'or de l'Espagne

---

1. Arthur Lumley DAVIDS, *Grammaire turke*, Londres, 1836, p. IX ; L. CAHUN, *Scènes de la vie juive en Alsace*, Paris, 1885.
2. Pour une exception assez intéressante, voir *The Memoirs of Ismail Kemal Bey*, édités par Sommerville Story, Londres, 1920, pp. 71-72. Toutefois, et d'une façon générale, même la contribution des sujets juifs des États musulmans attira très peu l'attention. Ainsi, la participation juive au mouvement Jeunes Turcs, qui suscita tant de commentaires hostiles en Occident, est à peine mentionnée dans les sources turques.

musulmane, « cette belle civilisation sans rivale » où « les enfant d'Ismaël récompensaient les enfants d'Israël en leur octroyant les mêmes droits et privilèges qu'à eux-mêmes. Pendant ces siècles heureux, il est difficile de distinguer les disciples de Moïse des fervents de Mahomet. Tous deux pareillement construisirent des palais, des jardins et des fontaines, remplirent également les plus hauts postes de l'État, se firent concurrence dans un commerce étendu et éclairé, et rivalisèrent dans des universités réputées[1] ».

Cette sorte de romantisme toucha nombre d'écrivains juifs de l'époque, et l'origine en est curieusement mêlée. Pour le fond, elle faisait partie du culte romantique de l'Espagne, qui atteignit son sommet avec l'*Hernani* de Victor Hugo (1830), et s'étendit au Moyen Âge musulman grâce aux ouvrages très lus de Washington Irving, la *Chronique de la Conquête de Grenade* (1829) et *Contes de l'Alhambra* (1832). Les romantiques juifs trouvèrent un motif d'intérêt supplémentaire dans le destin tragique de leurs propres ancêtres d'Espagne, que les travaux des historiens faisaient alors mieux connaître. Citons parmi eux le cousin de Disraeli, Elias Haim Lindo, dont l'*Histoire des juifs en Espagne et au Portugal* parut en 1846[2]. Les grandes lignes de la légende, dans la forme simplifiée et dramatisée sous laquelle les grands événements historiques atteignent si souvent l'imagination populaire, étaient bien définies. Les juifs avaient prospéré dans l'Espagne musulmane, avaient été chassés de

1. *Coningsby*, IV, 10.
2. Sur le culte parallèle de l'Islam espagnol chez les musulmans du XIXᵉ siècle, voir Aziz AHMAD, « Islam d'Espagne et Inde musulmane moderne », in *Études d'orientalisme dédiées à la mémoire de Lévi-Provençal*, I, Paris, 1962, II, pp. 461-470, et *supra*, p. 148 et suiv.

l'Espagne chrétienne, et avaient trouvé refuge dans la Turquie musulmane.

La réalité était naturellement plus complexe, moins idyllique, moins unilatérale. Il y avait eu des moments de persécution sous les musulmans et des moments de prospérité sous l'autorité chrétienne en Espagne — et beaucoup d'États chrétiens, aussi bien que la Turquie, avaient donné asile aux réfugiés juifs espagnols. Même en ses meilleurs moments, l'Islam médiéval fut assez différent du tableau offert par Disraeli et par d'autres écrivains romantiques. L'âge d'or de l'égalité des droits était un mythe, et si l'on y croyait, c'était la conséquence plutôt que la cause de la sympathie juive pour l'islam. Le mythe fut inventé par des juifs d'Europe au XIXᵉ siècle comme un reproche adressé aux chrétiens — et repris par les musulmans de notre temps comme un reproche adressé aux juifs.

Comme la plupart des mythes puissants, cette légende contient un élément de vérité historique. Si la tolérance signifie l'absence de persécution, alors la société islamique classique était en fait tolérante, à la fois envers ses sujets juifs et envers ses sujets chrétiens — plus tolérante peut-être en Espagne qu'en Orient, et, là comme ici, incomparablement plus tolérante que ne l'était la chrétienté médiévale. Mais si la tolérance signifie l'absence de discrimination, alors l'islam ne fut ni ne prétendit jamais être tolérant, mais au contraire insista sur la supériorité privilégiée du vrai croyant en ce monde comme dans le prochain. Le grand conflit des Croisades, et plus tard la contre-attaque européenne contre les Turcs, amena un durcissement des attitudes musulmanes, dirigé d'abord contre les chrétiens, mais aussi, dans une moindre mesure, contre les juifs. Les deux minorités souffrirent du déclin de la puissance, de la prospérité et des normes

musulmanes. À une époque plus récente, la position des
juifs a relativement empiré car, à la différence des
chrétiens de naissance, ils ne pouvaient invoquer la
protection des puissances chrétiennes. Les voyageurs
européens en Orient, à l'âge du libéralisme et de l'émancipation, sont presque unanimes à déplorer la position
précaire et dégradée des juifs dans les pays musulmans,
et les dangers et les humiliations auxquels ils étaient
soumis.

Les savants juifs, qui connaissent l'histoire de l'Islam et
la situation courante en terre d'islam, ne peuvent avoir
entretenu des illusions à cet égard. Vambéry est sans
ambiguïté : « Je ne connais pas d'individu plus pitoyable,
plus dénué d'appui et plus misérable sur la terre de Dieu
que le *Jahudi* en ces pays... Le pauvre juif est méprisé,
roué de coups et torturé, aussi bien par les musulmans
que par les chrétiens et par les brahmanes ; c'est le plus
pauvre des pauvres, et il est dépouillé par les Arméniens,
les Grecs et les brahmanes [1]... »

Cela étant, il est d'autant plus frappant que les savants
juifs aient en général senti et exprimé une telle sympathie
pour l'islam. Cette sympathie était fondée en partie sur
un sentiment motivé de gratitude. Dans l'Espagne médiévale, il y avait bien eu une grande époque de créativité
juive qui devait beaucoup à la tolérance musulmane ; dans
la Turquie moderne, beaucoup de juifs, fuyant la persécution chrétienne, avaient trouvé une nouvelle patrie sous
l'autorité musulmane.

Pour les juifs européens du début du XIXᵉ siècle, qui
apercevaient les occasions et faisaient face aux frustra-
tions de l'émancipation, il y avait encore quelques points
à considérer. L'Espagne médiévale avait connu, apparem-

1. A. VAMBÉRY, *The Story of My Struggles*, p. 395.

ment du moins, un degré de communication culturelle et sociale entre juifs et gentils tout à fait impossible dans la chrétienté médiévale : il en était tout juste à devenir possible, à condition de franchir de nombreux obstacles, dans l'Europe de leur temps. Dans le monde de l'islam, les gouvernements pouvaient prendre des mesures discriminatoires contre les non-musulmans, y compris les juifs ; mais ils les persécutaient rarement. Il pouvait y avoir du mépris, de l'avilissement, même une répression occasionnelle, mais il n'y avait rien dans l'Islam de comparable à la haine spécifique, à la fois théorique et populaire, qui s'adressait aux juifs dans la chrétienté[1]. Au siècle de la laïcité, l'antijudaïsme théologique était loin d'être mort ; le nouvel antisémitisme racial se faisait déjà sentir.

Bien que le terme d'antisémitisme n'ait pas été inventé avant 1862, l'idéologie raciale qui lui donna naissance était déjà bien établie dans les débuts du XIXᵉ siècle. Au lieu d'être, ou tout en restant, un incroyant et un

---

1. Pendant les vingt dernières années, une vaste littérature antijuive — et non pas seulement antisioniste ou anti-israélienne — est apparue dans les pays arabes, où les thèmes raciaux, théologiques et démonologiques sont employés aussi bien que des arguments politiques. Il est significatif que les idées, la documentation et souvent les textes eux-mêmes soient, dans leur très grande majorité, originaires de l'Europe chrétienne. Dans les librairies des États arabes socialistes, Marx, sur la question juive, est encadré par le *Mein Kampf* de Hitler, *Les Protocoles des Sages de Sion*, le *International Jew* de Henry Ford, et une variété d'adaptations et d'imitations locales. Même les caricatures antijuives qui sont courantes dans la presse arabe reflètent des stéréotypes antisémites européens, la plupart allemands et russes, et ne dérivent pas d'une quelconque tradition locale.

« assassin du Christ », le juif était désormais tenu pour un membre d'une race inférieure et étrangère, définie de diverses façons : sémitique, asiatique, orientale. Le juif religieux vieux style, assuré dans sa foi, n'était pas troublé par la haine religieuse, sauf naturellement dans la mesure où sa liberté et sa vie étaient mises en danger ; le juif émancipé nouveau style s'inquiétait profondément du rejet racial, qui blessait son esprit alors même qu'il épargnait son corps. Qualifié de sémite ou d'asiatique, il chercha le soulagement auprès d'autres sémites et d'autres asiatiques — exactement comme les Tchèques et les Serbes se tournèrent vers leur grand frère slave en Russie. Le choix qui s'imposait d'évidence était l'Islam — ce qui, au XIXe siècle, signifiait l'Empire ottoman, dernier survivant des grandes puissances musulmanes. En Europe, le groupement des juifs et des Maures, des juifs et des Sarrasins, des juifs et des Turcs était amèrement familier, du fait d'un millier de pogroms et de croisades, de bans et de bannissements, d'inquisitions et de persécutions — c'est-à-dire familier aux juifs, qui étaient toujours, dans ces tristes associations, les victimes les plus proches et les plus douces. Les pires massacres de juifs, dans la chrétienté médiévale, furent perpétrés par des Croisés qui voyageaient pour aller combattre les Sarrasins ; l'expulsion des juifs d'Espagne fut l'apogée de la reconquête sur les Maures ; les ennemis les plus mortels des Turcs étaient les Russes, chez qui la haine des juifs était la plus invétérée de l'Europe moderne. Un sentiment de solidarité, même s'il n'était pas réciproque, était compréhensible.

Gratitude, sensibilité, sentiment de solidarité jouent leur rôle dans la croissance du sentiment pro-musulman chez les juifs. Mais, il y avait sous tout cela quelque chose de plus puissant : une affinité de culture religieuse qui rendait possible aux juifs, même aux juifs émancipés, libéraux, de l'Europe occidentale, d'arriver à une compréhension intuitive et immédiate de l'islam. Il est bien vu aujourd'hui de parler de la tradition judéo-chrétienne. On pourrait tout aussi bien parler d'une tradition judéo-islamique, car la religion musulmane, comme le christianisme, est étroitement reliée à la réligion juive qui l'a précédée. Le judaïsme a plus en commun avec chacun de ses deux successeurs qu'aucun des deux n'en a avec l'autre, et occupe ainsi, de multiples façons, une position intermédiaire entre les deux. Les affinités judéo-chrétiennes sont bien connues et sont enfin reconnues. On trouve dans les affinités judéo-islamiques un inflexible monothéisme, l'austérité du culte, le rejet des images et des incarnations, et la chose la plus importante, la soumission à une loi divine qui embrasse tout, qui est enchâssée dans l'écriture, la tradition et le commentaire, et qui règle et sanctifie les détails les plus intimes de la vie quotidienne[1]. Non seulement les textes sacrés étaient semblables par l'esprit, mais ils étaient écrits dans des langues apparentées. Le même mot, *din*, signifie la religion en arabe, la loi en hébreu. Le lien entre les deux sens est évident pour n'importe quel juif ou musulman. Un hébraïsant peut apprendre l'arabe, un talmudiste comprendre la *charī'a* plus facilement et avec plus de sympathie que ces collègues catholiques ou protestants. Ce sentiment d'affinité a été exprimé par le plus illustre

---

1. Il y a des influences islamiques directes et importantes sur le culte juif. Voir N. WIEDER, « *Hashpa'ot Islamiyyot 'al ha-pulhan ha-yehudi* » (hébreu), in *Melīla*, II, 1946, pp. 37-120. L' « orientalisme » timide des juifs européens émancipés se trouve aussi dans les motifs pseudo-mauresques qui interviennent quelquefois dans l'architecture des synagogues modernes.

des islamisants juifs, Ignaz Goldziher, dans une lettre
écrite peu avant sa mort à un élève arabe : « C'est pour
votre peuple et pour le mien que j'ai vécu. Quand vous
retournerez dans votre pays, dites-le à vos frères[1]. »

1. Cité par L. MASSIGNON, in B. HELLER, *Bibliographie des œuvres
de Ignace Goldziher*, Paris, 1927, p. XVI, n. 1 (cf. p. VIII, note 1).

Cinquième partie

LE RÉVEIL DE L'ISLAM

Le panarabisme

I. INTRODUCTION

Le panarabisme comme doctrine politique et mouvement politique est une application aux peuples arabophones de l'idée de nation telle qu'on la concevait au XIXᵉ siècle : la nation est la subdivision fondamentale du genre humain ; elle est définie par certains caractères variables mais reconnaissables ; elle est dotée de certains attributs politiques organiques et de certains droits, répond à certains buts ; finalement, la nation ainsi définie est la seule base légitime de l'État. Toute nation, selon cette doctrine, qui n'a pas exprimé sa nationalité par l'État est privée de ses droits ; par ailleurs, tout État non fondé sur une nation est arbitraire et illégitime.

Au début du XXᵉ siècle, les peuples arabophones, comme le reste de l'humanité (sauf un très petit segment localisé surtout en Europe occidentale), n'étaient pas organisés selon ce principe. La part la plus grande, et de loin la plus importante, des peuples arabophones était incorporée, avec un plus ou moins grand degré de subordination effective, à l'Empire ottoman. Certains

« Pan-Arabism », paru seulement en italien, *Enciclopedia del Novocento*, Rome, 1981, pp. 67-68.

d'entre eux, dans les régions plus éloignées d'Arabie, gardaient encore une indépendance de fait, bien qu'elle ne fût pas nominale. Le reste était passé sous la domination ou l'influence des empires européens : dans le sud et l'est de l'Arabie, celle des Britanniques ; en Afrique du Nord, celle des Français ; en Libye, à partir de 1911-1912, celle des Italiens.

Exception faite des petites minorités chrétiennes et des minorités juives plus petites encore, les premières groupées surtout dans la partie orientale, les peuples arabophones étaient musulmans dans leur immense majorité, et c'est par leur allégeance à l'islam qu'eux-mêmes se définissaient à la fois socialement et politiquement. Naturellement, il existait une conscience de l'identité arabe et, à une époque antérieure, elle avait eu une certaine importance — plus sociale et culturelle que directement politique. Elle s'était toutefois effacée devant la fidélité primordiale à l'islam : et en terre islamique, depuis mille ans, le peuple dominant avait été les Turcs et non les Arabes. Si fiers qu'ils fussent de leur origine et de leur culture, les Arabes acceptaient la domination turque dans la communauté islamique universelle de la même façon que Dante avait accepté la souveraineté germanique dans le Saint Empire romain. La conscience culturelle que les Arabes avaient d'eux-mêmes continua sous la domination ottomane, mais combinée avec une pleine identification à l'ordre ottoman, social et politique, et avec une totale fidélité au sultan ottoman, chef légitime de l'État islamique.

Identité et loyauté politiques étaient encore déterminées, à la base, par trois considérations. La première, religieuse, ou plutôt collective, était l'appartenance à la famille universelle de l'islam. Cette considération était de loin la plus importante et la plus déterminante. Au deuxième niveau, venait l'allégeance à un État spécifique ou à une dynastie, ce qui revenait quasiment au même. Pour les Arabes du Croissant fertile, il s'agissait de la Porte ottomane ; pour ceux d'Égypte, c'était la maison khédivale régnante, sous la suzeraineté ottomane ; pour ceux de la péninsule arabe, une multiplicité de chefs locaux. Au troisième et plus bas niveau, l'identité était ethnique ou locale, mais elle l'était de la façon la plus rudimentaire, celle de la famille, du clan, au mieux de la tribu. Comme base d'allégeance politique à un souverain, elle persistait surtout dans la péninsule arabe et à ses frontières. Il est intéressant que le terme arabe désignant le nationalisme, *gawmiyya*, apparaisse d'abord en turc et non en arabe, et soit un terme de mépris et non de louange, avec une connotation de tribalisme ou de factionnalisme entraînant la division.

L'idée de nationalité ethnique, comme base de l'identité politique, était strictement européenne ; c'était un produit de la fin du XVIIIᵉ et du début du XIXᵉ siècle, associé à la Révolution française, aux guerres napoléoniennes et au mouvement romantique. Ses premières expressions dans le monde islamique furent, et pour quelque temps demeurèrent, d'inspiration étrangère. Pendant longtemps, le seul écho dans les pays islamiques vint des minorités non musulmanes, principalement chrétiennes.

II. LES PRÉCURSEURS

La première phase, dans l'apparition et le développement du panarabisme, commence autour de 1875 et se termine en 1914 avec le déclenchement de la Première Guerre mondiale. Durant cette période, le mouvement

fut presque exclusivement syrien ; en fait, un historien a
été jusqu'à dire que le mot « arabe » voulait dire
« syrien » dans les documents et même les études de ce
temps. Il trouva sa principale expression dans les sociétés
secrètes et conduisit à la tenue du premier congrès arabe à
Paris, en 1913.

Plusieurs facteurs contribuèrent à ces débuts du développement du panarabisme. Le premier fut une influence
extérieure, c'est-à-dire européenne, laquelle prit plusieurs
formes. Il y eut la pression exercée par les idées européennes, en particulier les idées de patriotisme libéral et
de nationalisme, telles qu'elles se développèrent au cours
du XIXᵉ siècle. Celles-ci venaient principalement de
France, d'Italie et d'Angleterre, et se firent connaître en
arabe par des traductions et adaptations et par la transmission orale. Plus importante encore que l'influence des
idées européennes fut l'influence de l'exemple européen,
les modèles les plus appropriés étant ici offerts par les
Allemands et les Italiens dans la création d'un seul et
puissant État-nation remplaçant une mosaïque de petits
États généralement d'importance modeste. Les exemples
de l'Allemagne et de l'Italie furent, et sont demeurés, un
stimulant puissant pour les mouvements unitaires apparus chez les peuples arabes et musulmans, et il n'a pas
manqué de candidats parmi les États de ces régions pour
jouer le rôle de la Prusse ou du Piémont dans la création
d'une unité plus grande. Au début, le seul candidat
possible était l'Empire ottoman, et l'unité proposée était
islamique plutôt que nationale — c'est-à-dire que le
programme envisagé était panislamique plutôt que panarabe ou panturc. Par la suite, l'Égypte et, plus tard
encore, d'autres États aspirèrent à ce rôle.

Un autre facteur d'importance fut l'intérêt européen.
Plusieurs des puissances européennes trouvaient quelque

avantage à encourager les idées nationalistes chez les Arabes, et à diverses époques la France, la Grande-Bretagne, l'Allemagne, l'Italie et la Russie jouèrent leur rôle en influençant, cautionnant et même organisant des mouvements de ce type.

Enfin, il faut dire un mot de l'influence du romantisme occidental, qui redécouvrit les Arabes et ranima l'intérêt pour leur glorieux et lointain passé. L'influence immédiate d'écrivains comme Disraeli, Washington Irving et Lamartine dans les pays arabes fut minime ou peut-être nulle ; mais leurs écrits furent à l'origine d'une chaîne d'influences, et peu à peu ces idées romantiques commencèrent à pénétrer parmi les Turcs et les Arabes eux-mêmes. Parmi les patriotes libéraux turcs, il y eut, de temps à autre, une sorte de proarabisme romantique assez proche de l'obsession qui sévit chez les radicaux et les révolutionnaires européens : obsession de l'Antiquité d'abord, puis du Moyen Âge. Cette tendance trouva une expression politique à plusieurs reprises, par exemple dans la doctrine, dont on perçoit de lointains échos à la fin du XIXᵉ siècle, selon laquelle les sultans califes ottomans étaient des usurpateurs et devaient être remplacés par un califat arabe. Mais nous en reparlerons.

Outre les influences internationales, on vit aussi à l'œuvre d'importants facteurs locaux, ou plutôt régionaux. À l'intérieur du même monde ottoman — auquel appartenaient les Arabes —, d'autres peuples, les Grecs, les Serbes, les Bulgares et les Roumains avaient successivement obtenu leur indépendance et fondé des États nationaux modernes qui semblaient prospères, ou qui du moins montraient un progrès et une prospérité notables si on les comparait à leur état antérieur et à l'état qui continuait d'être celui des provinces demeurées sous l'autorité ottomane. Les Turcs eux-mêmes, les maîtres de l'Empire, avaient succombé au virus nationaliste, et commençaient à parler de fidélité turque plutôt qu'islamo-ottomane. Ce courant était encouragé par les exilés et les émigrés qui arrivaient en Turquie des régions turcophones assujetties au vaste empire russe. Ces hommes, qui avaient rencontré le panslavisme en Russie, avaient réagi avec un panturquisme de leur cru et l'avaient apporté en Turquie, espérant persuader les Turcs d'adopter le rôle de dirigeants politiques que cette doctrine leur assignait. Dans les provinces arabophones de l'Empire ottoman, les nouvelles idéologies turques éveillèrent une certaine désapprobation parmi les Arabes à tendances religieuses, mais peu de résistance sérieuse.

Au début, les mouvements d'opposition, à l'intérieur des terres ottomanes, furent séparatistes plutôt que nationalistes, bien qu'ils s'exprimassent souvent dans une phraséologie nationaliste empruntée à l'Europe. Le plus important de ces mouvements fut de loin celui que soutinrent les khédives d'Égypte. Jusqu'en 1914, l'Égypte demeura nominalement une partie de l'Empire ottoman et resta sous la suzeraineté ottomane. En fait, elle était gouvernée par une dynastie virtuellement indépendante qui se maintint en place et continua d'agir même après l'occupation britannique du pays, en 1882. Les aspirations politiques des khédives contribuèrent à encourager le patriotisme égyptien plutôt que le nationalisme arabe : idée qui leur était presque aussi étrangère en ce temps-là, mais plutôt mieux adaptée à leurs buts. Cependant ils la jugèrent utile aussi pour trouver des appuis dans les territoires qui demeuraient encore sous la domination ottomane. Ils y furent grandement aidés par les immigrants venus en nombre croissant de la Syrie ottomane et du Liban, attirés par la liberté relative et les perspectives que l'Égypte khédivale leur offrait, surtout depuis l'occupation britannique.

Un mouvement parallèle, mais d'échelle beaucoup plus réduite, s'amorça dans la Syrie ottomane. Il semble que sa base principale se soit trouvée chez les chrétiens arabophones de l'aire aujourd'hui comprise dans la république du Liban. Ceux-ci, naturellement beaucoup plus ouverts à l'influence des idées européennes que leurs compatriotes musulmans, paraissent avoir pensé à un État séparé, syrien ou libanais, à l'intérieur de l'Empire ottoman. Comme en Égypte, les conditions voulues existaient déjà, c'est-à-dire la structure administrative et le sentiment d'une identité distincte. Toutefois ces idées n'avaient qu'une portée locale ; elles trouvèrent peu de soutien à l'intérieur de la communauté chrétienne et aucun à l'extérieur.

Ces deux mouvements étaient strictement régionaux, c'est-à-dire limités à un pays. Tout en reflétant l'influence de l'idée de nationalité importée d'Europe, ils s'exprimaient dans la forme non du nationalisme mais plutôt de l'idée, apparentée mais distincte, de patriotisme — c'est-à-dire d'une identité fondée sur le pays plutôt que sur la nation, et sur la fidélité à l'État gouvernant ce pays, plutôt qu'à une entité abstraite.

Néanmoins, ils ont tous deux contribué de façon différente à l'émergence et au développement de l'idée arabe. Celle-ci trouva d'abord son expression dans la notion plutôt vague d'un califat arabe, qui semble avoir été courante dans quelques cercles radicaux turcs. Elle apparaît sous la forme d'une proposition de rejeter le califat ottoman et de le remplacer par un nouveau califat, confié au chérif de La Mecque qui, selon une croyance romantique, restaurerait la grandeur parfaite et la gloire de l'Islam dans sa phase arabe première. On en trouvait une variante : l'idée que l'Empire pouvait être transformé en une république où le chérif exercerait une sorte d'autorité spirituelle, mais non pas réellement politique. Ces idées apparaissent surtout dans les milieux turcs, mais il ne fait pas de doute qu'elles aient touché certains Arabes.

Le premier exposé explicite de l'idée que le califat devait être transféré des Turcs aux Arabes, et avec lui le premier exposé théorique du panarabisme, est l'œuvre d'un certain 'Abd al-Raḥmān al-Kawākibī (1849-1902), tenu généralement, de nos jours, pour le pionnier idéologique du panarabisme. Kawākibī était né à Alep, d'une famille distinguée de chérifs, et eut une période de double activité, comme fonctionnaire du gouvernement et comme journaliste. Il semble avoir mécontenté le gouvernement et passé un certain temps en prison. En 1898, comme bien des Syriens, il alla s'établir en Égypte, où un champ plus large s'offrait à ses activités. Il semble être entré, à un certain moment, au service du khédive et avoir entrepris pour le compte de ce dernier un long voyage autour de l'Afrique et en Asie. Son souvenir demeure principalement attaché à deux livres, dans lesquels il s'en prend au sultanat ottoman en général et au sultan régnant, 'Abd al-Ḥamīd II, en particulier. On a émis l'idée, fort crédible, que ces deux publications faisaient partie d'une campagne bien organisée commandée par le khédive contre son suzerain. Le premier de ces livres, *Les Caractéristiques du despotisme*, publié en 1900, s'appuie très largement sur *Della Tirannide*, le célèbre traité de Vittorio Alfieri, publié pour la première fois en 1800 ; une traduction turque avait été imprimée à Genève en 1898. Le second, intitulé *Umm al-Qurā* (*La Mère des Cités*, c'est-à-dire La Mecque), fut d'abord rendu public sous la forme d'une série d'articles dans le périodique *al-*

Manār, entre avril 1902 et février 1903. Il fut publié en volume après la mort de Kawākibī. Récemment, un exemplaire, sous forme de livre, a été retrouvé, daté de 1316 H. — c'est-à-dire 1898-1899 —, avec Port-Saïd indiqué comme lieu de publication. On peut présumer qu'il s'agissait d'une édition limitée, destinée à une distribution clandestine dans l'Empire ottoman. Ce travail est à peine plus original que l'autre ; c'est dans une large mesure un reflet des vues exprimées par le romantique anglais Wilfrid Scawen Blunt dans son livre *The Future of Islam* (1881), où était proposée l'idée d'un califat arabe. Kawākibī, dans ce livre, était le premier écrivain arabe à se déclarer ouvertement pour les Arabes en tant qu'entité politique, par opposition aux Turcs.

Le thème du livre, comme celui de beaucoup d'autres de l'époque, est la faiblesse et l'état arriéré de l'Islam, et les moyens d'y remédier. Son analyse suit les voies familières des réformateurs musulmans, et surtout turcs, du XIXᵉ siècle. La communauté islamique était moribonde, ayant perdu le sentiment d'une commune appartenance et d'une seule fidélité. Ce recul résultait de la tyrannie, du déclin de la civilisation musulmane et du manque d'authentiques liens raciaux et linguistiques entre musulmans. Les Ottomans, en particulier, s'étaient rendus coupables d'avoir corrompu l'islam en introduisant, sous l'influence du césaro-papisme byzantin, un système de hiérarchie religieuse, ayant à sa tête le sultan lui-même, et totalement étranger au véritable esprit de l'islam. Pour ces raisons, entre autres, le sultanat ottoman était incapable de remplir son devoir de défense et de préservation de l'islam. L'Empire ottoman, fait de pays différents, de religions et de sectes différentes, et gouverné par une équipe ministérielle polyglotte, ne pouvait accomplir la régénération nécessaire. Celle-ci ne pouvait être l'œuvre que des Arabes, fondateurs et créateurs de la civilisation islamique. Un calife arabe résidant à La Mecque fournirait la direction spirituelle de la grande union islamique. Son autorité, soulignait Kawākibī, serait religieuse et non politique, et il se dresserait comme le symbole de l'unité islamique. Kawākibī énumère les raisons de la supériorité des Arabes et de leur droit au califat.

Les motifs de Kawākibī peuvent être et ont été mis en question. Son départ de son lieu de naissance après d'obscures querelles à Alep, son service sous les khédives ont jeté des doutes sur son intégrité. On a aussi contesté son originalité et l'on a démontré sa dette envers Alfieri et Blunt. Néanmoins, tout cela ne diminue pas son importance, ni même l'originalité et la nouveauté des idées qu'il exprimait — dans le milieu où il les exprimait. Les éléments nouveaux et significatifs des écrits de Kawākibī sont : 1. son rejet clair et explicite du califat ottoman ; 2. son insistance sur les peuples arabophones, entité organique avec des droits politiques propres ; 3. et plus radicale que tout le reste, son idée d'un califat spirituel qui laisserait vraisemblablement la politique et le gouvernement à une autorité laïque distincte de l'autorité et du droit religieux, et entièrement confinée au domaine de la décision et de l'action humaines. C'est là un premier pas important vers le nationalisme laïque. Que la théorie d'un chérif arabe spirituel à La Mecque puisse avoir été conçue pour laisser la voie ouverte à un souverain temporel égyptien ne diminue pas son importance.

Le second précurseur intellectuel du panarabisme fut un autre Syrien, cette fois un chrétien, Negib (Nadjīb) Azoury (date de naissance inconnue — mort en 1916). Azoury était un maronite ou chrétien catholique uniate, qui étudia à Istamboul et à Paris et plus tard devint

fonctionnaire provincial à Jérusalem. Il quitta son poste
dans des circonstances inconnues et semble avoir été
condamné à mort par contumace en 1904, année où il se
réfugia à Paris. En 1905, il publia un livre, *Le Réveil de la
nation arabe*. Il passa presque tout le reste de sa vie à
Paris, où il forma une organisation — qui ne comptait
probablement qu'un seul membre — appelée la *Ligue de
la patrie arabe*, et publia une revue mensuelle, dont dix-
huit numéros parurent, *L'Indépendance arabe*. On a
remarqué que le nom évoquait la *Ligue de la patrie
française*, de tendance antidreyfusarde, qui prospérait à la
fin des années 1890. Ses écrits reflètent les obsessions
antisémites, répandues dans les milieux antidreyfusards,
d'une puissance juive mondiale. Et pourtant, il accorde
une attention relativement limitée aux débuts de la
colonisation sioniste en Palestine. Quelques Français
collaborèrent à sa revue ; il fit des efforts répétés pour
obtenir de l'argent du gouvernement français, mais sans
succès.

Les idées d'Azoury étaient encore plus radicales que
celles de Kawākibī. Alors que Kawākibī avait cherché un
transfert du califat des Turcs aux Arabes, mais vraisemblablement sans aucune rupture de l'Empire islamique
ottoman, le chrétien Azoury parlait ouvertement de
sécession. Son plan ne prévoyait pas seulement un califat
arabe, mais un royaume arabe comprenant la péninsule
arabe et le Croissant fertile. L'Égypte était explicitement
exclue, parce que les Égyptiens n'étaient pas Arabes par
la race ; et pourtant, chose singulière, il proposait que le
souverain de ce royaume arabe fût un prince khédival. Ses
limites auraient été les vallées du Tigre et de l'Euphrate, la
Méditerranée, l'océan Indien et le canal de Suez. Il adopte
l'idée de Kawākibī, celle d'un califat spirituel et d'une
séparation des autorités religieuse et laïque. En tant que

membre de la minorité chrétienne, il s'intéressait naturellement à la liberté religieuse et à l'égalité civique, qu'il
espérait réaliser dans un tel État.

Un personnage très différent, et qui eut beaucoup plus
d'influence en son temps que les deux précités, fut un
troisième émigrant syrien, Rashīd Riḍā (1865-1935). Né
près de Tripoli (au Liban), Rashīd Riḍā alla en Égypte en
1897 et y passa le reste de ses jours. Il était l'élève du
célèbre théologien égyptien Mohammed 'Abduh et fut
l'éditeur du périodique qu'il fonda, *al-Manār*, très lu
dans le monde islamique.

Rashīd Riḍā était, à la base, un théologien, non un
politicien, et sa loyauté fondamentale était islamique, non
arabe. Cependant, dès 1900, il écrivit une série d'articles
dans *al-Manār*, où il discutait des Turcs et des Arabes,
comparant les caractères et les réalisations des uns et des
autres, au très net avantage des Arabes. Tout en concédant de grandes qualités aux Turcs et en reconnaissant
leur fonction importante dans l'Islam, il insiste sur la
supériorité des Arabes et sur la plus grande portée de leur
rôle dans le soulèvement et l'expansion de l'islam dans le
genre humain. Toutefois, c'est à cause des services rendus
à l'islam que Rashīd Riḍā fait l'éloge des Arabes, et cela à
la différence des théoriciens nationalistes plus tardifs
(parmi lesquels on trouve même quelques chrétiens) qui
font l'éloge de l'islam en tant que manifestation du génie
arabe. Il n'y a pas trace de soutien au séparatisme dans ses
écrits, où s'exprime l'attitude d'un musulman loyal
envers l'État musulman, à cette époque encore confondu
avec l'Empire ottoman. Rashīd Riḍā soutint d'abord la
Révolution des Jeunes Turcs de 1908, et en fait encourut
quelque opprobre pour avoir fait l'éloge du nouveau
régime dans la cité fortement pro-hamidienne de Damas.
Mais, plus tard, il allait les désapprouver, considérant

leurs façons d'agir comme irréligieuses et anti-islamiques, et il se tourna contre eux de façon catégorique après le coup militaire d'Istamboul, conduit par Enver Pasha, le 23 janvier 1913. Par la suite, il joua un rôle actif dans la politique arabe nationaliste.

En général, la révolution de 1908 amena des changements considérables dans la position arabe. Jusque-là, les mouvements et les comités arabes ne trouvaient qu'un soutien insignifiant. Les comités qui furent formés en Syrie et ailleurs suscitèrent un très faible intérêt dans la population. Au contraire, les Arabes ottomans, dans leur immense majorité, restaient des sujets loyaux du sultan ottoman et, sous le règne de ʿAbd al-Ḥamīd, semblent même avoir joui d'une position privilégiée. Le sultan lui-même avait un petit groupe de favoris et d'intimes arabes, où l'on trouvait des chefs religieux et autres, par l'entremise desquels il pouvait maintenir des liens étroits et directs avec les provinces arabes. Le gouvernement ottoman manifesta l'intérêt toujours plus puissant qu'il portait aux centres historiques de l'arabisme en faisant construire le chemin de fer du Hedjaz, de Damas à Médine, qui fut, par l'ironie du sort, achevé en 1908. Le mouvement des Jeunes Turcs bénéficiait d'un soutien arabe aussi bien que turc, et plusieurs personnalités des provinces arabes figuraient en bonne place parmi ses chefs, notamment le Bagdadien Maḥmūd Shekvet Pasha, général qui joua un grand rôle en écrasant la mutinerie contre-révolutionnaire de 1909, et devint plus tard Grand vizir. Les Arabes d'Istamboul fondèrent une société pour la fraternité ottomano-arabe, consacrée aux idéaux des Jeunes Turcs en général, et, incidemment, au bien-être des provinces arabes de l'Empire.

Toutefois, les rapports entre Turcs et Arabes se détériorèrent rapidement. La loyauté même des Arabes

envers ʿAbd al-Ḥamīd et la prépondérance des Arabes
parmi ses plus proches partisans, parmi ses familiers,
devaient y contribuer. D'une part, les Arabes se sentirent
privés des positions de pouvoir et d'influence qu'ils
avaient occupées jadis ; de l'autre, de nombreux Turcs
éprouvaient de l'animosité envers les compagnons du
sultan déposé. Les Arabes, comme les membres d'autres
provinces de l'Empire ottoman, ressentaient désormais la
pression de plus en plus forte du turquisme, la montée
d'un sentiment distinct d'identité turque au sein du
groupe qui gouvernait l'Empire ottoman. Il s'ensuivit
inévitablement une réaction chez ceux qui n'étaient pas
eux-mêmes Turcs. Tant que l'Empire ottoman avait été
conçu et présenté comme une monarchie islamique, il
pouvait se heurter, et ce fut en effet le cas, à des difficultés
chez ses sujets chrétiens ; mais il bénéficia de la fidélité
sans faille de ses sujets musulmans, quelle que fût leur
langue, turque, arabe, kurde, albanaise, serbe ou autre.
Mais quand l'État ottoman évolua pour devenir un État
turc, et quand les Jeunes Turcs insistèrent de plus en plus,
dans leurs déclarations et même dans leurs actions, sur la
spécificité turque, les musulmans albanais, puis d'autres
musulmans non turcs, commencèrent à se sentir séparés.
Cette réaction fut vigoureuse surtout chez les musulmans
des Balkans, les plus proches des centres du pouvoir et les
plus ouverts aux influences des idées européennes par
l'intermédiaire de leurs compatriotes et voisins chrétiens.
Elle fut plus lente et plus tardive dans les pays arabes —
plus éloignés de la capitale et de ses affaires, et où les
attitudes étaient restées quasi unanimement musulmanes
et conservatrices. Le sentiment arabe se développa néanmoins dans la nouvelle atmosphère, et trouva à s'exprimer dans la formation de toute une série de cercles, de
sociétés et d'organisations arabes — les unes culturelles,

certaines littéraires, certaines ouvertes, certaines secrètes, et la plupart d'entre elles plus ou moins politiques. Même à ce stade, il semble qu'on n'ait guère aspiré à une séparation de fait d'avec l'État ottoman, et apparemment ces groupes se préoccupaient plus souvent de la politique menée dans la capitale que des affaires de leurs provinces. Les membres arabes du parlement d'Istamboul formaient un groupe substantiel et, dans la lutte pour le pouvoir entre courants et factions des Jeunes Turcs, ils étaient parfois en mesure de jouer un rôle d'une certaine importance. À l'égard des problèmes spécifiquement arabes, ils s'orientaient en général, semble-t-il, vers la décentralisation et vers une certaine forme d'autogouvernement local dans les provinces arabes, grâce à quoi ils pourraient atteindre leurs objectifs limités, politiques et culturels. Certains allaient un peu plus loin et parlaient d'une sorte de monarchie bicéphale turco-arabe sur le modèle austro-hongrois. En général, leur but était de résister à la politique de centralisation et de turquification poursuivie par quelques-uns des Jeunes Turcs, et cela les conduisit souvent à une alliance avec la prétendue *Entente libérale* — le parti connu en Turquie sous l'appellation de *Ḥürriyet ve Itilâf* (Liberté et Association), en contraste délibéré avec le nom et la doctrine d'Union et Progrès, adoptés par le groupe dirigeant. L'*Entente libérale*, fondée le 21 novembre 1911, trouva beaucoup de partisans arabes, dont l'un des plus notables fut Sayyid Ṭālib, descendant d'une famille de notables de Bassora, qui représenta cette ville au parlement ottoman de 1908 à 1914 et fut un chef reconnu du groupe des députés arabes. Figure dominante dans sa Bassora natale, il fut impliqué en 1912-1913 dans une affaire qui fut en pratique une tentative de créer un émirat autonome dans le sud de l'Irak.

Les participants aux mouvements politiques arabes étaient encore syriens dans leur immense majorité, même si, vers la fin, nombre d'Irakiens s'y engagèrent. L'adhésion de ces derniers présentait une importance particulière du fait que beaucoup d'officiers d'origine irakienne servaient dans l'armée ottomane.

L'activité publique la plus importante des nationalistes arabes, avant le déclenchement de la guerre, fut la tenue d'un congrès arabe à Paris, en juin 1913. Y assistèrent vingt-cinq personnes, dont toutes, sauf deux étudiants irakiens qui se trouvaient alors à Paris, étaient originaires de la Syrie et du Liban et comprenaient nombre de notables éminents. Les demandes formulées concernaient l'autonomie administrative pour les provinces arabes, un degré plus élevé de la participation arabe au gouvernement central, et la reconnaissance de l'arabe au même titre que le turc comme langue officielle de l'Empire. Des divergences se firent jour entre les différents groupes participants. La plus importante séparait les chrétiens de Beyrouth, d'inspiration française, dont les buts étaient locaux et fondamentalement séparatistes (certains préconisaient l'annexion à la France) et ceux qui pensaient à la constitution d'une entité arabe plus vaste. La discussion porta sur des visées aussi différentes que la réforme, l'autonomie et le séparatisme.

Le congrès ne donna pas de résultats tangibles. Le gouvernement ottoman, qui avait envoyé quelqu'un pour observer le congrès et maintenir le contact avec les participants, ne fit que des concessions mineures, et, entre-temps, des désaccords sérieux se développèrent entre les Arabes eux-mêmes. C'est alors qu'on assista au début d'une mutation — des intellectuels semi-occidentalisés de Syrie aux officiers militaires de l'Irak, des attitudes modérées à de plus extrêmes, de la protestation à la conspiration. On continuait de situer l'Égypte hors de la sphère du nationalisme arabe, et parmi les premiers pionniers de la politique nationaliste arabe, il n'y eut qu'un seul Égyptien. C'était ʿAzīz Alī al-Maṣrī, qui quitta l'Égypte pour servir dans l'armée ottomane. En 1914, il organisa une nouvelle société, cette fois secrète et composée en grande partie d'officiers de l'armée. Il fut découvert, arrêté, jugé et condamné à mort. Heureusement pour lui, son beau-frère, qui était le gouverneur du Caire, put convaincre le gouvernement britannique d'intervenir en sa faveur, comme sujet égyptien protégé par la Grande-Bretagne, et obtenir sa libération et son retour en Égypte.

III. 1916-1948

Les premiers pas importants vers l'indépendance et l'unité arabe furent accomplis durant la Première Guerre mondiale. Chose curieuse, leur inspiration était étrangère, non arabe, et leur première expression idéologique fut religieuse, non nationaliste.

L'impulsion immédiate donnée à l'essor du mouvement arabe pendant la Première Guerre mondiale vint des Britanniques. En 1915, le gouvernement britannique entra en pourparlers avec Hussein, le chérif de La Mecque, cherchant à le persuader de prendre la tête d'une révolte contre son suzerain ottoman. La Grande-Bretagne avait un double objectif dans cette entreprise. L'un était d'affaiblir l'Empire ottoman et, en particulier, de soulager la pression sur l'Égypte en détournant l'attention sur une révolte arabe. Le second but était de contrarier le danger que faisait craindre le *djihād* ottoman. Après le déclenchement de la guerre, le gouverne-

ment ottoman avait proclamé un *djihād,* une guerre
sainte, contre les puissances alliées et leurs associés. On
craignait que cet appel n'eût des effets dangereux parmi
les musulmans britanniques, surtout dans l'Inde et en
Égypte, aussi bien que sur les sujets musulmans des
empires français et russe. En fait, il se révéla que ces
craintes n'étaient guère fondées, mais l'idée de répondre à
l'appel du sultan ottoman par un contre-appel du chérif
de La Mecque offrait des attraits évidents. Un autre but,
présent dans l'esprit d'au moins quelques responsables
britanniques, était d'étendre l'influence britannique en
Palestine et en Syrie, d'évincer ainsi les Français et de
consolider la position britannique en Égypte. Le chérif
montra de l'intérêt pour les propositions qui lui furent
soumises, d'un califat arabe, et d'un royaume arabe qui
serait taillé dans quelques provinces ottomanes et placé
sous son contrôle.

Or, fondamentalement, ce programme était dynastique
et séparatiste plutôt que nationaliste. Les transactions
entre le chérif de La Mecque et les sociétés nationalistes
arabes n'allèrent pas sans à-coups. Il est significatif que,
quand il se souleva contre les Ottomans, il lança un
manifeste dont le langage était celui de la religion
traditionnelle plutôt que celui d'une nation arabe. Il y
dénonçait les Jeunes Turcs comme des innovateurs
infidèles qui mettaient l'islam en danger, et il présentait sa
propre action comme une intervention pour la défense de
la foi. L'idée que le califat ottoman était devenu corrompu et infidèle et qu'un islam véritable, régénéré, se
lèverait dans la péninsule arabe, dans la terre du Prophète
et de ses Compagnons, n'était pas nouvelle. C'étaient là
des notions propagées dès le XVIIIᵉ siècle par le mystique
indien Shāh Walīullāh, qui vécut un temps au Hedjaz, et
plus activement par les Wahhābīs, un mouvement réfor-

miste religieux puissant qui, pour un temps, réussit à dominer de grandes parties de l'Arabie du Nord et du Centre. Naturellement, des idées de ce genre avaient occupé une place prépondérante, sous une forme plus ouvertement politique, dans les écrits de Blunt, de Kawākibī, et d'Azoury.

Plusieurs versions ont été publiées des textes des manifestes de Hussein, parus pendant sa révolte, et l'on a quelque peu débattu de ce qu'il a vraiment dit. Il est, toutefois, remarquable que dans les premiers textes disponibles, et les plus sûrs, il ne soit fait à peu près nulle mention du nationalisme arabe, l'accent principal étant mis sur l'islam.

Quelques-unes des lettres semblent avoir été rédigées par Rashīd Riḍā, qui offrit ses conseils aux autorités britanniques en Égypte durant leurs négociations avec Hussein. Ces premiers jets reflètent son propre point de vue — fortement islamique, et, par moments même, anti-occidental et antichrétien. Ce fut cet élément, particulièrement notable après que Rashīd Riḍā fut allé en pèlerinage au Hedjaz, qui assurément amena les Britanniques à se passer de ses conseils.

Tout le problème de la révolte arabe — son utilité militaire et sa signification politique — s'est appesanti de mythe et de propagande, et c'est seulement aujourd'hui que, grâce à l'ouverture des archives et à une étude plus critique des documents, on perçoit les faits dans leurs proportions véritables. On voit maintenant que la contribution militaire des forces chérifiennes à la victoire alliée en Syrie fut relativement faible, alors que le soutien politique que Hussein trouva parmi les sujets arabes du sultan ottoman a été grandement exagéré.

Néanmoins, tout l'épisode a été d'une importance très considérable : ce fut en quelque sorte un mythe de fondation à la fois de la politique britannique et du nationalisme arabe dans cette région.

Une nouvelle phase commença avec l'armistice en 1918 et continua jusqu'à la montée du nazisme en Allemagne, en 1933. Durant cette période, les anciennes provinces arabes de l'Empire ottoman dans le sud-ouest de l'Asie furent constituées en États séparés et placées sous mandat, britannique ou français. Ces États furent dotés d'institutions plus ou moins libérales, chacune des puissances mandataires établissant des régimes à sa propre image — républiques dans les territoires français, monarchies constitutionnelles dans ceux sous mandat britannique.

L'évolution politique des populations de ces pays passa par plusieurs phases. Pour commencer, il y eut un certain renouveau du sentiment de sympathie et d'affinité avec les Turcs, en tant que frères musulmans et représentants du sultanat et du califat musulmans. Ce sentiment trouva prise même chez les chefs de la révolte arabe. Dans la seconde moitié d'août 1918, Djamāl Pasha, commandant de la quatrième armée turque, informa le général allemand Liman von Sanders qu'il avait reçu un message secret de l'émir Fayçal, offrant de prendre la relève de la quatrième armée turque sur le front du Jourdain, s'il recevait certaines garanties du gouvernement turc pour la formation d'un État arabe. L'émir Fayçal aurait dit — sans mentir — qu'une grande attaque britannique se préparait dans la zone côtière et que les troupes de la quatrième armée pourraient ainsi servir à renforcer le front entre la mer et le Jourdain. Liman von Sanders essaya, sans y réussir, de s'assurer les garanties désirées des Turcs qui semblent s'être méfiés de l'offre et l'avoir tenue — à tort — pour une *ruse de guerre* britannique (Liman von Sanders, *Fünf Jahre Türkei*, Berlin, 1920, pp. 330-331 ; traduction anglaise, *Five Years in Turkey*, Annapolis, 1928, p. 212). Des soupçons semblables amenèrent le général turc Ali Fuat Cebesoy à rejeter, en octobre 1918, une offre de Nūrī al-Saʿīd, servant alors comme officier dans les troupes chérifiennes, de se joindre aux Turcs contre les Britanniques (Ali Fuat Cebesoy, *Millî Mücadele hâtiralari*, Istamboul, 1953, pp. 28-29).

Le mouvement kemaliste, en Turquie, amena un renouveau de sympathie et d'intérêt chez les Arabes, et des délégués arabes semblent avoir joué un certain rôle dans les congrès tenus par les nationalistes turcs en Anatolie. Par la suite, toutefois, devant la vigoureuse aspiration des kemalistes à un État national turc, et devant leur reniement d'une tradition islamique ou ottomane plus large, d'un ensemble de droits et de souvenirs, les Arabes retirèrent leurs sympathies et leur soutien — bien que la république kemaliste restât pour beaucoup d'entre eux un modèle de nationalisme réussi. Sāṭiʿ al-Ḥuṣrī, qui devait plus tard jouer un grand rôle comme théoricien du nationalisme arabe, était en Turquie à cette époque, et ses écrits reflètent l'influence à la fois de l'expérience turque et de l'idéologie turque.

Une autre influence, puissante dans la période qui suivit immédiatement la guerre, fut celle des mouvements révolutionnaires de gauche, la plupart cautionnés par l'Union soviétique, mais souvent avec une forte teinte islamique. Ces mouvements trouvèrent en somme plus de soutien parmi les Turcs que parmi les Arabes, et moururent au début des années vingt, laissant peu de résultats.

Durant la période des mandats français et britannique, la force principale de l'activité nationaliste tendit à se concentrer sur les entités politiques individuelles telles que les pouvoirs mandataires les avaient constituées —

c'est-à-dire sur la Syrie, le Liban, l'Irak, la Palestine et la Transjordanie. L'exigence principale était celle de l'indépendance plutôt que celle de la liberté. Sous les régimes de mandat, la liberté politique personnelle — la liberté d'expression — a été assez imparfaite, souvent limitée et parfois suspendue, et néanmoins elle a été plus grande qu'à aucune autre époque, avant ou après. Puisque la liberté était plus ou moins concédée et l'indépendance refusée, il était naturel que le mouvement politique se concentrât sur l'indépendance et négligeât peut-être un peu la liberté. L'indépendance, dans les circonstances de l'époque, impliquait nécessairement les unités politiques telles qu'elles existaient alors, et signifiait, comme premier objectif de la lutte, l'indépendance pour la Syrie, l'indépendance pour le Liban, l'indépendance pour l'Irak, et ainsi de suite. Pour l'idée d'un regroupement politique plus large, dont tous feraient partie, elle existait, mais elle était d'importance relativement mineure à ce stade. Là où les peuples de ces pays se pensaient comme partie de quelque chose de plus grand que leurs États stricts, ils le faisaient dans une perspective islamique plutôt qu'arabe — dans une vision d'unité panislamique plutôt que panarabe.

Une nouvelle période commença en 1933, avec l'arrivée au pouvoir de Hitler, en Allemagne, suivie par l'invasion italienne de l'Éthiopie, la guerre civile espagnole, et la formation de l'Axe. Tous ces événements eurent des conséquences considérables dans les terres arabes. Trois de ces faits, en particulier, influèrent dans la croissance du panarabisme.

Le premier fut la persécution des juifs en Allemagne et plus tard en d'autres pays, sous l'autorité ou l'influence allemande. La colonisation sioniste en Palestine et la promesse britannique aux juifs contenue dans la Déclaration Balfour avaient déjà donné une intensité spéciale au combat arabe contre le mandat britannique et sa politique en Palestine. Toutefois, ce problème demeurait essentiellement local ; si la cause des Arabes palestiniens avait éveillé quelque sympathie et quelque intérêt, les pays voisins ne s'en préoccupaient pas vraiment ni ne la soutenaient, car ils étaient beaucoup trop absorbés par leurs propres affaires. L'éveil et l'expansion d'un antisémitisme militant en Europe intensifièrent et dramatisèrent cet aspect du problème. Dans la période pré-nazie, l'immigration juive en Palestine avait diminué jusqu'à n'être plus qu'un simple filet et, à un certain moment, fut même dépassée par l'émigration juive. Les persécutions nazies amenèrent aussitôt une hausse immédiate et considérable du taux de l'immigration juive, et donnèrent un nouvel intérêt et une nouvelle urgence à l'analyse sioniste du problème juif et à la formule sioniste de sa solution. À partir de ce moment, le combat pour la Palestine s'accrut en portée et en intensité. Alors que les juifs de Palestine jouissaient de l'appui des juifs et des sympathisants d'autres parties du monde, les Arabes, eux aussi, s'efforcèrent avec un succès croissant de mobiliser leur propre communauté internationale, arabe ou islamique. Par une ironie du sort, ce fut le gouvernement britannique qui joua ici le rôle principal.

Les nazis profitèrent de cette situation de deux façons. D'un côté, par leurs persécutions, ils créaient eux-mêmes le problème ; de l'autre, ils étaient en mesure, en prêchant la haine des juifs à des auditeurs bien disposés, de l'exploiter à leur propre avantage. L'Allemagne nazie, précédée en cela par l'Italie fasciste, fit un immense effort de propagande en direction des pays arabes afin d'y répandre sa propre forme d'idéologie nationaliste, de miner la position des puissances occidentales et, ce faisant, d'étendre sa propre influence et sa domination ultime. Les graines tombèrent sur un sol fertile, et des résultats impressionnants furent obtenus pour des efforts parfois assez faibles. Le nationalisme arabe fut profondément influencé, durant cette période, par l'idéologie nazie et fasciste ; les intellectuels arabes, et en fait musulmans, gardaient déjà bien présents à l'esprit les exemples italiens et allemands, qui semblaient fournir un modèle à leur propre unification. Désormais, pour la première fois, ces deux pays menaient une propagande active. L'Italie fut la première sur place avec des émissions à la radio de Bari — les premières hors du monde arabe — à partir de 1935. Des organisations culturelles italiennes et même quelques ordres religieux jouèrent un rôle dans cette campagne de propagande, pour laquelle on dépensa beaucoup d'argent. Les colonnes de marbre dont Mussolini fit don à la mosquée d'Aqṣā à Jérusalem restèrent comme un monument définitif de sa politique arabe.

Les Allemands entrèrent en scène un peu plus tard — les émissions allemandes en arabe ne commencèrent pas avant 1938 —, mais, quand ils le firent, ce fut avec des résultats immenses. C'est la première grande époque de l'idéologie panarabe, où de nombreux écrivains, la plupart d'entre eux Syriens ou Irakiens, établirent les principes de base du programme panarabe. Dans leur formulation, dans leur esprit, dans leur conception, ces principes sont évidemment profondément influencés par le nationalisme italien et allemand.

Pour un tel processus d'unification, l'idéologie en soi est naturellement insuffisante. Il faut aussi un État — une Prusse ou un Piémont — pour amorcer et accomplir l'action voulue, politique et peut-être militaire. Parmi les États arabes, il y avait plusieurs candidats concurrents. Le premier fut l'Irak, qui obtint l'indépendance formelle en

1932, et avec elle une certaine mesure de liberté et d'action. La même année, le roi Fayçal projeta une conférence arabe à Bagdad ; un éminent homme politique iranien, Yāsīn al-Hāshimī, essaya sans grand succès de monter une organisation et des réunions panarabes.

Un seul des États arabes, toutefois, pouvait aspirer sérieusement à la direction du monde arabe : c'était l'Égypte. Par sa position centrale, sa prépondérance technologique, démographique, économique et culturelle, l'Égypte était le chef naturel de tout regroupement plus vaste des pays arabophones. Après l'Irak, et à part les royaumes désertiques de l'Arabie, trop éloignés et trop en retard pour jouer un tel rôle, l'Égypte était, de plus, le premier des États arabes à avoir acquis une liberté d'action suffisante pour être en mesure de poursuivre une politique étrangère indépendante. La menace dirigée contre les intérêts égyptiens et britanniques par l'occupation italienne de l'Éthiopie amena un changement de politique dans les deux pays, et la conclusion du traité anglo-égyptien de 1936. Après cela, l'Égypte put suivre une ligne plus indépendante et plus active, et commença à s'intéresser elle-même aux affaires arabes. Pour commencer, cet intérêt ne fut qu'un aspect de la politique étrangère égyptienne ; par la suite, il devint quelque chose de plus, un véritable engagement envers l'arabisme.

Jusqu'en 1936, les parties en cause dans le conflit palestinien étaient le Royaume-Uni comme puissance mandatrice, la direction arabe palestinienne et l'agence juive. Mais à partir de cette année-là, le conflit s'étendit graduellement à d'autres pays arabes. Les souverains de la Transjordanie, de l'Irak, de l'Arabie Saoudite et du Yémen firent une démarche commune auprès de la Grande-Bretagne en faveur de la cause palestinienne ; il est à noter que le roi d'Égypte ne se joignit pas à cette initiative des monarques arabes. C'est seulement après cet épisode que l'Égypte joua un rôle et, finalement, assuma la direction du mouvement.

Au début, l'action inter-arabe sur la Palestine se situa à un niveau non gouvernemental — celui des personnes privées, des partis d'opposition et d'autres organismes non officiels. Des comités pro-palestiniens se formèrent dans un certain nombre de pays arabes, et, en septembre 1937, le comité de Damas organisa une conférence de ces groupes, qui eut lieu à Bluden, en Syrie, et à laquelle assistèrent plus de trois cents délégués de différents pays arabes. La conférence émit des résolutions refusant « le partage de la Palestine et l'établissement dans ces lieux d'un État juif ».

La première conférence inter-arabe au niveau gouvernemental eut lieu au Caire en octobre 1938. Ce fut le « Congrès mondial interparlementaire des pays arabes et musulmans » pour la défense de la cause des Arabes palestiniens. Il fut inauguré par le roi Farouk, et les participants étaient des représentants officiels. La combinaison « Arabes et musulmans » indique qu'à ce stade le roi Farouk gardait encore ouvertes ses deux options — le califat et la direction panarabe.

Cette réunion servit à préparer la conférence convoquée par le gouvernement britannique pour discuter de la question palestinienne, qui se tint au Palais St James, à Londres, en février 1939. Les délégations des gouvernements arabes, en accord avec la décision adoptée précédemment par le Haut Comité arabe de Palestine, refusèrent officiellement de rencontrer les délégués juifs pour des négociations directes. La conférence consista donc en deux séries de discussions parallèles, l'une entre les représentants britanniques et juifs, l'autre entre représentants britanniques et arabes. Par souci du protocole, le ministère des Colonies britanniques désigna les réunions comme « conférences sur la Palestine » — au pluriel.

On apprendra sans surprise que ces discussions n'aboutirent à aucun accord. Dans les mois qui suivirent, la situation internationale se détériora rapidement. L'annexion par l'Allemagne de la Bohême et de la Moravie, en mars, et l'invasion italienne de l'Albanie, en avril, furent suivies de la formation de l'Axe Berlin-Rome, le 7 mai. Dès lors la propagande de l'Axe dans les populations arabes s'intensifia ; le déclenchement de la guerre, plus tard dans l'année, en gêna le développement mais ne l'arrêta nullement.

Ces activités produisirent bientôt des résultats. Dès le début, quelques groupes arabes entretinrent des relations avec les gouvernements de l'Axe. Les événements dramatiques de l'été 1940 portèrent ces contacts au niveau gouvernemental. En juin 1940, une « Commission pour la coopération entre les pays arabes » se constitua sous la direction du Grand mufti de Jérusalem, Hadj Amīn al-Ḥusaynī ; elle comprenait des hommes politiques de premier plan d'Irak, de Syrie et d'Arabie Saoudite, et prenait divers contacts avec des nationalistes égyptiens. Il y avait parmi les représentants des personnalités bien connues comme Rashīd ʿAlī, Nājī Shawqat et Nājī al-Suwaydī, Irakiens, Shukrī al-Quwwatlī et ʿAdil Arslān, Syriens, tandis que l'Arabie Saoudite était représentée par Yūsuf Yāsīn, le secrétaire privé (syrien) du roi Ibn Saʿūd, et par le conseiller royal, Khālid al-Hūd.

Cette commission décida d'entrer en contact avec les puissances de l'Axe. Après quelques préliminaires, un envoyé quitta Bagdad, en juillet 1940, et, voyageant via Istamboul, atteignit Berlin le 26 août. Une autre mission fut envoyée en février 1941. Les deux fois, les chefs arabes offrirent de reconnaître les aspirations allemandes et italiennes, à condition que les puissances de l'Axe fissent une déclaration reconnaissant et confirmant les droits et les revendications des Arabes.

Les Allemands ne s'engagèrent jamais publiquement à accepter les prétentions panarabiques, qu'ils considéraient avec quelque méfiance, mais ils n'en trouvèrent pas moins de vastes appuis parmi les Arabes. En Irak, sous Rashīd ʿAlī, et en France, sous le régime de Vichy, les chefs arabes identifièrent ouvertement leur cause avec celle de l'Axe. Le fait est d'autant plus remarquable que les chefs arabes savaient fort bien que l'Allemagne avait accordé la primauté aux intérêts italiens dans cette région, et que les Italiens étaient déterminés à ne se lier eux-mêmes par aucune promesse ni engagement. En d'autres pays arabes demeurés sous l'occupation alliée, cette activité fut nécessairement clandestine, mais elle fut importante et impliqua quelques figures dominantes de l'après-guerre. Même Nūrī al-Saʿīd, tenu pour l'ami fidèle et l'allié de la Grande-Bretagne, offrit ses services aux Allemands, mais il se passa ce qu'on avait déjà vu quand il avait pressenti les Turcs en 1918 : les Allemands refusèrent ses avances parce qu'ils croyaient, bien à tort, qu'elles étaient inspirées par une ruse britannique.

Rashīd ʿAlī et ses associés, vaincus et renversés, s'enfuirent en Allemagne, avec le mufti de Jérusalem et d'autres Arabes qui leur étaient associés. Toutefois, le gouvernement britannique jugea opportun d'attiser son propre brandon de panarabisme, craignant une collision avec le nationalisme arabe durant la guerre. Ce qui l'avait conduit, d'une part, à adopter une politique restreignant la croissance de l'installation juive en Palestine, même au prix de refuser d'admettre des réfugiés de l'Europe occupée par Hitler ; d'autre part, à entrer en conflit avec les intérêts français en Syrie et au Liban.

Cependant, la démarche la plus importante dans cette direction fut la formation d'une ligue des États arabes, résultat d'une réunion tenue à Alexandrie, en octobre 1944. Cet organisme, formé sous la caution et avec le soutien des Britanniques, était probablement destiné à servir comme une sorte de contrepartie politique au Middle East Supply Centre, qui coordonnait les problèmes de ravitaillement des Alliés. Ce qui n'empêcha pas la Ligue de prendre rapidement un caractère propre. Par la suite, elle devint plus ou moins un instrument de la politique égyptienne.

La participation égyptienne au panarabisme fut au début un processus lent et graduel. Dans les premiers stades du nationalisme arabe, ni les Égyptiens, ni leurs voisins arabes de l'Asie du Sud-Ouest ne considéraient l'Égypte comme faisant partie du monde arabe. Le panarabisme à ses débuts se limitait, dans les aspirations comme dans les influences, au Croissant fertile et à la péninsule arabe, dont les habitants étaient tenus pour « les vrais Arabes ». Cette définition excluait l'Égypte et les autres pays arabophones du continent africain. Il est vrai que les Égyptiens parlaient et écrivaient l'arabe, mais cela, soutenait-on, n'en faisait pas plus des Arabes que les Américains n'étaient des Anglais ni les Mexicains des Espagnols. Le mouvement nationaliste égyptien du XIXe et du début du XXe siècle était concentré totalement sur les aspirations patriotiques et nationales égyptiennes, l'Égypte s'y affirmant comme nation territoriale. Dans la mesure où l'on considérait l'Égypte comme faisant partie d'une entité plus vaste, il s'agissait alors de l'entité islamique, et même ottomane, en ce sens que les musulmans égyptiens loyalistes, sous l'occupation britannique, estimaient que leur suzerain légitime était le sultan ottoman. Pendant la crise de ʿAqaba, en 1906, quand la

Grande-Bretagne, puissance occupante, se heurta aux
Ottomans pour la délimitation de la frontière du Sinaï,
nombre de nationalistes égyptiens soutinrent les Turcs,
bien que ce fût au désavantage territorial de l'Égypte.
Pendant la guerre de 1914-1918, beaucoup de garçons
égyptiens reçurent les noms de pashas des Jeunes Turcs :
Enver (Anouar), Tal'at, et Djamal (Gamal). La révolte
arabe contre les Turcs, conduite par le chérif Hussein, fut
accueillie en Égypte avec beaucoup d'hostilité, tant au
niveau officiel qu'au niveau populaire.

Les fidélités égyptiennes allaient, selon les niveaux, à
l'Égypte, à l'Empire ottoman, à l'islam, mais non pas à
l'arabisme. En Égypte, on considérait les Arabes comme
différents, et il arrivait même — par exemple, lorsque
leurs activités d'immigrés provoquaient des réactions —
qu'on les traitât avec une certaine hostilité. Mais, généralement parlant, l'attitude égyptienne à l'égard des Arabes
du sud-ouest de l'Asie était empreinte de sympathie et
d'amitié ; on leur souhaitait tout le bien possible en tant
que musulmans et co-héritiers d'une même tradition,
mais on ne les considérait pas comme membres de la
même nation. Même lorsque la politique khédivale
encouragea et soutint les activités panarabes, elle le fit
pour atteindre des buts spécifiquement égyptiens et
dynastiques, plutôt que pour participer à un mouvement
panarabe. Cela demeura vrai des activités égyptiennes de
la période commençant en 1936, qui semblent orientées
vers les objectifs d'une politique dynastique égyptienne
plutôt que vers ceux du nationalisme panarabe.

La croissance de l'intérêt pour l'arabisme fut graduelle.
En 1936, des comités pro-palestiniens se constituèrent en
Égypte comme dans d'autres pays arabophones, et des
délégués égyptiens non officiels participèrent à la première conférence pro-palestinienne panarabe, à Bluden,

en 1937. L'année suivante, 1938, on ne tint pas moins de trois conférences panarabes de ce genre en Égypte : d'étudiants, de femmes et de parlementaires. Et l'Égypte participa aussi à la conférence du Palais St James, en 1939. Toutefois, les principaux centres du panarabisme se trouvaient toujours en Syrie, en Palestine et en Irak, et cela devait rester vrai jusqu'après la guerre. L'identification égyptienne avec le panarabisme n'advint que beaucoup plus tard, bien qu'on puisse en discerner des signes à une date relativement précoce. Le conspirateur égyptien ʿAzīz ʿAlī al-Masrī demeura une figure isolée sans influence réelle en Égypte. Pendant les années vingt et trente, les Égyptiens politiquement conscients se faisaient d'eux-mêmes une image pharaonique et méditerranéenne ; ils trouvaient leur identité dans les souvenirs glorieux de l'Égypte ancienne, ou même hellénistique, plutôt que dans le passé arabe. Les premiers périodiques et clubs panarabes d'Égypte datent du début des années trente ; leur influence était encore très limitée et, pour la plupart, ils étaient aux mains d'émigrés syriens. Dans les années quarante, encouragé d'abord par les Allemands puis par les Britanniques, le panarabisme s'affermit plutôt en Égypte, où une « union arabe », soutenue officiellement, fut fondée le 25 mai 1942 dans le but de le promouvoir. La création de la Ligue arabe en Égypte, et le rôle inévitablement important que des Égyptiens jouèrent dans son fonctionnement, accrurent fortement l'intérêt des citoyens de ce pays pour le panarabisme et ils furent nombreux à voir là une grande tâche assignée à l'Égypte — et aux Égyptiens.

Il y eut un facteur d'une certaine importance dans le développement de ces idées : ce furent les écrits de Sāṭi ʿal-Ḥuṣrī, un Syrien d'Alep et un ancien fonctionnaire ottoman, qui publia abondamment durant les années quarante pour proposer une idéologie panarabe. Sāṭi ʿal-Ḥuṣrī, qui avait été associé avec Rashīd ʿAlī en Irak et banni de ce pays après l'effondrement du régime de Rashīd ʿAlī, était avant tout soucieux de défendre trois thèses : premièrement, que l'individu ne peut obtenir la liberté que dans le cadre de la nation et non en dehors d'elle ; deuxièmement, que l'Égypte est partie intégrante de la grande nation arabe ; et troisièmement, que le panarabisme est compatible avec l'islam et ne lui est pas contraire. Alors que les politiques militants, y compris même Nūrī al-Saʿīd (dont le plan pour l'unité arabe soumis au gouvernement britannique en 1942 excluait l'Égypte), pensaient encore à un panarabisme purement asiatique, Sāṭi ʿal-Ḥuṣrī soutenait vigoureusement que l'Égypte faisait partie de la nation arabe, et il consacra toutes ses énergies à en convaincre les Égyptiens.

La résistance égyptienne à cette idée avait été forte au début. En fait, beaucoup d'Égyptiens, notablement le chef nationaliste Muṣṭafā Kāmil [Kemal], avaient vu dans le plan pour un califat panarabe un complot britannique dirigé contre les Ottomans ; Muṣṭafā Kāmil avait reproché aux émigrants syriens en Égypte leurs attaques contre l'Empire ottoman : selon lui, ils jouaient là le jeu britannique. Le distingué écrivain égyptien Luṭfī al-Sayyid, en 1938, alla jusqu'à présenter l'idée panarabe comme « pure imagination ». Le cheikh d'al-Azhar, et d'autres notables exprimèrent des opinions analogues. Cette manière de voir était encouragée par le roi Farouk, dont les visées s'orientaient alors, semble-t-il, vers un califat islamique, objectif qui aurait bien pu sembler incompatible avec un programme et une direction nationalistes arabes.

La guerre éclata. Cet événement et ceux qui suivirent semblent avoir amené un changement dans la politique.

La restauration du califat n'avait évidemment pas l'ombre d'une chance, alors que l'idée nationaliste arabe, encouragée aussi bien par l'Axe que par les Britanniques, semblait offrir de bien meilleures perspectives. Il semble que Farouk ait alors pensé, pour la première fois, à une direction arabe, conception adoptée par les gouvernements égyptiens qui lui succédèrent. L'Union arabe, formée en 1942, reçut l'encouragement officiel et des personnalités officielles bien connues s'y engagèrent. Il est significatif que cela se soit passé après la déclaration qu'Anthony Eden, ministre britannique des Affaires étrangères, fit en mai 1941 en faveur de l'unité arabe.Un mémorandum présenté au chef du Cabinet royal, en mars 1942, où la Société s'expliquait sur ses buts, faisait allusion à cette déclaration et fixait les limites de l'Union arabe proposée. Elle aurait compris l'Égypte et le Soudan, la péninsule arabe, l'Irak, la Syrie, le Liban, la Palestine, la Transjordanie, et aussi l'Afrique du Nord et tous les autres pays arabophones. Elle aurait exclu, poursuivait le mémorandum, les musulmans non arabophones et donc aussi l'idée d'un califat, « dont aucun pays arabe ne peut aujourd'hui supporter les lourds fardeaux, assumer les responsabilités considérables, ni payer le prix exorbitant » (Haim, p. 51). Ces idées furent approuvées par le roi et conduisirent directement aux conversations préliminaires dont le résultat fut la fondation de la Ligue arabe.

La déclaration d'Anthony Eden, prononcée à la résidence officielle du Lord-Maire de Londres, le 29 mai 1941, mérite d'être citée longuement. « Le monde arabe a fait de grands progrès depuis l'accord conclu à la fin de la dernière guerre, et beaucoup de penseurs arabes désirent pour les peuples arabes un degré d'unité plus grand que celui qu'ils connaissent présentement. Pour atteindre à cette unité, ils espèrent notre soutien. Aucun appel de nos amis ne doit rester sans réponse. Il me semble à la fois naturel et juste que les liens économiques et culturels entre les pays arabes, et aussi les liens politiques, soient renforcés. Le gouvernement de Sa Majesté, pour sa part, donnera son plein appui à tout projet qui recueillera l'approbation générale » (*The Times*, 30 mai 1941). D'autres expressions de soutien suivirent, notamment une déclaration d'Eden à la Chambre des communes, le 26 février 1943.

Malgré un tel encouragement, les États arabes furent plutôt désavantagés dans les années 1945-1948, quand, pour la première fois, l'unité et la coopération panarabes durent subir une décisive épreuve d'efficacité. En ce qui concerne le problème de la Palestine, la situation avait changé, à deux égards, à leur désavantage. Les découvertes effroyables faites dans les camps nazis avaient éveillé une sympathie universelle pour les efforts de la communauté juive en Palestine, qui voulait fournir un pays et un refuge aux survivants ruinés. La chute de l'Axe avait privé les Arabes de leur principal soutien et, en fait, laissa beaucoup de chefs arabes inquiets à la pensée que l'on pourrait découvrir leur complicité avec les nazis et qu'ils en pâtiraient.

Or, peu de temps après, la situation allait encore changer. Le nouveau gouvernement britannique montra qu'il ne céderait pas à la sympathie ni aux pressions en faveur de l'émigration juive en Palestine et que, bien que la menace de la concurrence allemande eût disparu pour le moment, il avait l'intention de continuer sa politique de soutien au panarabisme comme la meilleure garantie des intérêts britanniques dans le Moyen-Orient. Ce qui fut confirmé dans l'automne 1945, quand le gouvernement britannique soutint les nationalistes en Syrie contre

les Français, comme le gouvernement du temps de guerre
l'avait fait au Liban, en 1943. Alors que l'épreuve de force
sur le sort de la Palestine approchait sous forme d'une
collision directe entre Britanniques et juifs, les chefs de la
Palestine arabe se sentirent épaulés par les gouvernements
arabes, ce qui leur permit d'espérer, pour le moins, un
certain appui britannique.

Pour commencer, leur action fut diplomatique, elle se
traduisit par des approches et des démarches auprès du
gouvernement britannique et des autres gouvernements
intéressés, et notamment par une nouvelle conférence,
tenue à Londres en 1946, qui s'avéra aussi inutile que la
précédente. L'échec diplomatique fut suivi d'un échec
militaire encore plus désastreux. La première guerre
palestinienne commença par des conflits locaux entre des
forces irrégulières juives et arabes à l'intérieur de la
Palestine sous mandat. Suivit une invasion du pays par les
armées régulières des États arabes voisins, avec pour
objectif déclaré de conquérir la zone assignée aux Juifs,
selon la résolution de partage des Nations unies, et
d'établir l'autorité arabe sur l'ensemble de la Palestine.
De « quelle » autorité arabe il s'agissait au juste, ce n'était
pas clair, et l'un des grands facteurs de la défaite arabe se
trouve dans la désunion des États arabes et, en particulier,
dans les ambitions rivales du roi Abdallah de Transjordanie et du roi Farouk d'Égypte, chacun envisageant un
agrandissement de son propre royaume.

IV. TRIOMPHE IDÉOLOGIQUE
ET ÉCHEC POLITIQUE

La défaite militaire arabe, en 1948, et l'humiliation qui
en résulta ouvrirent une nouvelle phase qui continua
jusqu'à la troisième guerre arabo-israélienne en 1967.

Le trait principal de cette période fut la croissance et le développement de toute une série d'États arabes indépendants. Au groupe originel du Proche-Orient, beaucoup d'autres vinrent s'ajouter à mesure que les anciennes dépendances et possessions britanniques et françaises en Asie et en Afrique, l'une après l'autre, obtenaient leur souveraineté politique.

Pendant les années 1948-1967, les idéologies panarabes jouirent d'une popularité grande et incontestée ; mais les politiques panarabes souffrirent quelques-unes de leurs plus grandes défaites.

Dans la vaste littérature sur l'idéologie panarabe produite en ces années, on peut détecter plusieurs courants qui peuvent être divisés, en gros et généralement parlant, en conservateurs et radicaux. Les premiers, musulmans dans leur grande majorité, insistent beaucoup sur l'islam — comme religion universelle mais aussi comme manifestation du génie arabe, et identifient virtuellement l'arabisme avec l'islam. Les écrivains de cette école appellent parfois les Arabes chrétiens (les Arabes juifs, dont l'existence théorique est souvent affirmée dans la polémique antisioniste, ne sont jamais mentionnés dans ce contexte, ou fort rarement) à se joindre, en tant qu'Arabes, à la vénération de Mohammed, ce grand héros arabe dont la carrière et les accomplissements ont donné aux Arabes la place qui leur revient dans l'histoire mondiale. Pendant un temps, il y eut des écrivains arabes chrétiens disposés à accepter cette idée et à l'étudier dans ses détails, mais cela s'est vu beaucoup moins ces dernières années. L'un des porte-parole les plus convaincants et les plus intelligents de ce type de panarabisme islamique plutôt conservateur, le chef d'État irakien 'Abd al-Raḥmān al-Bazzāz, comparait la position des Arabes dans l'islam à celle des Russes dans le communisme mondial.

Dans l'ensemble, les radicaux furent longtemps beaucoup plus influents que les conservateurs, du moins dans le domaine de l'expression idéologique. Si certains d'entre eux — y compris certains des plus extrêmes — étaient musulmans, ils étaient nombreux à être chrétiens, de diverses dénominations. On notera en passant que, parmi les organisations palestiniennes, *al-Fath*, dont la base connaît un large soutien populaire et dont l'accent est relativement modéré, est à prédominance musulmane, alors que les chefs des groupes extrémistes sont chrétiens pour la plupart. C'est, naturellement, un phénomène courant pour les membres de minorités mécontentes de graviter vers des mouvements révolutionnaires et millénaristes, dans l'espoir d'obtenir par là l'égalité et les occasions qui leur ont échappé dans l'ordre traditionnel.

Certainement, le plus influent de ces idéologues radicaux nés chrétiens est Michel Aflaq, né à Damas en 1912, le cofondateur, avec le musulman Ṣalāḥ al-Dīn Bīṭār, du parti *Baath* (Renaissance). Ce parti semble avoir été fondé en 1940, et son activité publique commença en 1943. En 1953, il s'unit avec le parti socialiste arabe conduit par un musulman syrien, Akram Hawrānī, et depuis lors il est connu comme le parti Baath socialiste arabe. Il remporta des succès considérables, devenant le seul parti panarabe organisé, avec des ramifications et des adeptes dans la plupart des terres arabes. À plusieurs reprises, il parvint à gagner le pouvoir ou à le partager en Syrie et en Irak, mais se trouva affaibli par une tendance périodique aux conflits internes. Ce fut, en grande partie, la direction baathiste, en Syrie, qui obtint l'union avec l'Égypte en 1958. Mais des récriminations s'ensuivirent, et ce furent encore les baathistes qui firent beaucoup pour miner l'union et provoquer sa rupture. Leurs actions politiques par la suite en Syrie et en Irak leur valurent le pouvoir, mais ne les ont pas amenés plus près de l'unité.

Les baathistes disent de leur idéologie qu'elle est de gauche, révolutionnaire et socialiste, mais il n'est certes pas facile de démêler ce qu'ils veulent dire par là, à partir de leur très abondante littérature programmatique. Des termes européens aussi paroissiaux que gauche et droite ont des sens très différents quand ils s'appliquent à la politique arabe, et même le mot socialiste — comme l'Europe elle-même le démontre — peut avoir des sens divers, allant des sociaux-démocrates scandinaves ou britanniques au prétendu bloc socialiste de l'actuelle Europe de l'Est et au parti allemand national-socialiste (N.S.D.A.P.) d'Adolf Hitler. Différentes déclarations baathistes ont, à un moment ou à un autre, fait penser à tous ces sens-là ; même le dernier nommé se rappelle à nous par le nationalisme extrême, souvent chauvin, que ces déclarations expriment.

Néanmoins, les longues discussions entre baathistes, nassériens et autres sur le nationalisme arabe et le socialisme arabe sont moins importantes que les grands événements de la vie politique arabe.

Il faut considérer ces événements dans la perspective du combat poursuivi pour la Palestine, et dans la série de défaites militaires subies par les Arabes. La défaite dans une guerre a souvent amené un changement radical. Parfois, comme en Allemagne et en Russie après la Première Guerre mondiale, elle peut conduire à des aventures économiques et politiques aux conséquences lointaines. Parfois, en revanche, elle peut provoquer un climat de renonciation morose et de ressentiment, comme en ont connu les Sudistes, après la guerre civile américaine, et l'Espagne, après la défaite à Cuba en 1898. Le choc de la défaite, en 1948, fut particulièrement humiliant du fait que les vainqueurs n'étaient pas les grandes puissances impériales, mais les juifs en qui l'on était habitué à voir une minorité tolérée. La défaite, infligée par eux, était particulièrement cuisante et elle conduisit au renversement violent de la plupart des régimes tenus pour coupables de l'avoir laissée se produire.

D'où le deuxième grand événement de la période : la chute des régimes existants dans la plupart des pays du Proche-Orient et leur remplacement par de soi-disant révolutionnaires, la plupart d'origine militaire, qui établirent par coup d'État des régimes autocratiques. Ces nouveaux dirigeants annoncèrent leurs programmes : le changement révolutionnaire, plus tard désigné du terme de socialisme, et le nationalisme arabe.

Sur le plan international, les nouveaux dirigeants radicaux étaient fortement anti-occidentaux, et comme leurs prédécesseurs des années trente — parfois, en fait, c'étaient les mêmes personnes —, ils cherchèrent des alliés contre l'Occident. Les nazis avaient disparu, mais d'autres étaient là pour prendre leur place. L'Union soviétique était maintenant en mesure de se présenter aux Arabes comme leur champion — et contre les mêmes ennemis, l'Occident, les juifs, et la démocratie libérale ou capitaliste. Il y avait des ressemblances remarquables : la façon de lancer cet appel, les espérances et les craintes qu'il cherchait à remuer, la nature et l'identité de la réponse et des répondants.

Au premier abord, tout semblait favoriser le développement du panarabisme. Les États arabes avaient désormais rejeté leurs liens occidentaux. Il n'y avait pas de traités avec les puissances occidentales, pas de bases, pas de troupes ni d'experts basés sur leur sol pour conseiller et donc contenir leurs gouvernements et leurs forces armées. Aucun pouvoir impérialiste ne pouvait désormais influencer les gouvernements arabes ou les empêcher de choisir librement l'unité, si tel était leur désir. La propagande panarabe ne connaissait plus de frein. La littérature panarabe, idéologique et polémique, se répandit en grandes quantités dans tous les pays arabophones. Le panarabisme devint virtuellement la doctrine officielle dans la plupart de ces pays, et les dirigeants et ministres arabes sans exception rendirent hommage pour la forme aux idées et aux objectifs panarabes, et, se pliant à la mode du moment, dénoncèrent les fidélités envers une faction, une section ou une région, entendant par là les intérêts et les allégeances spécifiques des différents États arabes.

Les circonstances, elles aussi, semblaient favoriser la cause panarabe. Il y avait notamment la langue. Dans le passé, l'unité linguistique des pays arabes avait été beaucoup plus théorique que réelle. Bien que leur langue écrite fût commune, les langues parlées de ces différents pays différaient grandement l'une de l'autre — à peu près comme si la France, l'Italie, l'Espagne et le Portugal parlaient chacun sa langue différente mais avaient continué de lire et d'écrire en latin, avec un niveau médiéval d'alphabétisation. Toutefois, le développement de l'éducation et la croissance de l'alphabétisation arabe ont récemment donné plus d'efficacité à la langue écrite commune comme moyen d'unité. Effet encore accentué par la croissance rapide des mass media — cinéma, radio, télévision, journaux, auxquels on peut ajouter les livres. Des publications émanant des deux principaux centres culturels, Le Caire et Beyrouth, circulent par tout le monde arabe et les films égyptiens ont porté la connaissance de l'arabe égyptien quasiment dans tous les pays arabes. La cause a encore été aidée par des incitations officielles et juridiques et par l'adoption du panarabisme comme programme officiel d'au moins un grand parti, le Baath, tandis que d'autres l'encouragent. L'acceptation formelle et publique du panarabisme a, en fait, été poussée si loin qu'il est même enchâssé, ou plutôt embaumé, dans les constitutions de nombreux pays arabes. Déjà, en 1956, la constitution égyptienne révisée, promulguée cette année-là, proclamait l'Égypte pays arabe. Suivirent des clauses équivalentes dans les constitutions de l'Irak, de la Syrie, de la Jordanie, du Soudan, de l'Algérie, du Koweit, et d'autres États arabes, et dans la charte de l'O.L.P.

L'inclusion du panarabisme dans les constitutions des États arabes, avec les garanties de liberté personnelle, de liberté d'expression, etc., qu'il comporte, est peut-être un signe de son déclin, car dans cette tradition constitutionnelle, l'énoncé des principes politiques est un substitut de leur application, non un moyen de l'assurer. En fait, toutes les tentatives de créer des unités plus vastes en réunissant des États arabes existants ont échoué. Le plus ambitieux de ces essais fut l'union de la Syrie et de l'Égypte dans la République arabe unie. Elle s'opéra en 1958, au milieu de grandes réjouissances dans le camp panarabe. L'association se révéla difficile, et se termina, en 1961, par la séparation des deux États, la Syrie reprenant une existence séparée. D'autres tentatives de créer des unités plus grandes, en joignant la Jordanie et l'Irak, le Yémen du Nord et celui du Sud, ou l'Égypte et la Libye, ont échoué ou rencontrent de grandes difficultés. En rendant hommage, pour la forme, aux idéaux panarabes, les chefs des gouvernements arabes continuent de poursuivre leurs différents intérêts de classe ou de groupe, lesquels excluent la subordination de leurs propres États à des unités plus vastes, centralisées et situées ailleurs.

Plusieurs raisons peuvent expliquer ce processus. L'une est le conflit arabo-israélien lui-même. Quand la Ligue arabe et les États arabes sont impuissants à empêcher la formation d'Israël ou à en assurer la dissolution, c'est un échec du panarabisme : on n'a pas pu concerter une action efficace contre Israël, ou l'on n'a pas pu fournir une aide efficace aux Arabes palestiniens, que ce soit par la reconquête ou par la réinstallation. Les porte-parole arabes prenaient aussi conscience d'une faiblesse théorique : leur position panarabe affectait leur résistance à Israël. Si les Arabes étaient vraiment une seule nation et les terres arabes un seul pays, alors ils avaient supporté la perte d'une simple province, d'ailleurs très petite, si on la comparait à l'étendue énorme de la grande patrie arabe. La perte du territoire et le déplacement de population étaient beaucoup plus petits et moins importants que ceux endurés par les Polonais, les Allemands, les Indiens et les Pakistanais, entre 1945 et 1947 — c'est-à-dire dans les séquelles brutales de la Seconde Guerre mondiale et dans les années qui ont immédiatement précédé le premier conflit arabo-israélien. Si, d'autre part, les Palestiniens étaient une nation, et non pas simplement une petite partie d'une nation, alors leur position vis-à-vis d'Israël était considérablement différente. Jusqu'en 1967, les gouvernements arabes adoptèrent la position panarabe, qui leur permettait de faire leur la cause des Arabes de Palestine et aussi, en ce qui concerne la Jordanie, l'Égypte et la Syrie, de rester en possession des parties de la Palestine sous mandat qui n'étaient pas comprises dans Israël. En Jordanie, les Arabes de Palestine étaient traités comme des citoyens et recevaient des droits égaux. Dans les autres pays arabes, toutefois, ils restaient des étrangers et étaient habituellement traités comme tels.

Le facteur principal, dans cette période, fut la solidité croissante et la réalité des États individuels. Dans les commencements, la plupart d'entre eux étaient assez artificiels : on les avait taillés dans d'anciennes provinces de l'Empire ottoman ou des empires occidentaux, et leurs frontières étaient des lignes tracées sur des cartes par des hommes d'État européens. À l'exception de l'Égypte, et à un moindre degré du Liban, ils n'avaient pas de tradition d'existence indépendante ni même d'autonomie régionale. Même leurs noms révèlent leur manque de naturel — le Jourdain est une rivière, le Liban une montagne, l'Irak une province médiévale, dont les frontières ne coïncident pas avec celles de l'Irak actuel ; Syrie et Libye sont des noms grecs, entrés pour la première fois et par emprunt dans l'arabe moderne. Même la Palestine était un nom qui n'était plus usité depuis le début du Moyen Âge parmi les habitants musulmans de ce pays, jusqu'à ce qu'il fût adopté pour désigner les parties méridionales des provinces ottomanes de Damas et de Beyrouth, avec le district séparé de Jérusalem mis sous mandat britannique.

Néanmoins, ces États, pour artificiels et étrangers qu'ils puissent avoir été, ont acquis une réalité. Autour de chacun d'eux s'est développé un foyer d'intérêts, de carrières et de loyalisme. Et, ce qui est plus important que tout, une élite administrative et gouvernante a fait de l'État une unité effective — refusant d'abdiquer le pouvoir ou de partager l'autorité, et de plus en plus consciente d'une identité et d'un but indépendants. Cela se voyait déjà au manque d'unité des États arabes envahissant la Palestine, en 1948, même au moment du danger. C'est devenu beaucoup plus évident au cours des années, en particulier depuis les transformations politiques et sociales de certains de ces pays, qui ont intensifié entre eux les conflits d'intérêt.

Le rôle de l'Égypte a été d'une importance particulière dans ce processus. L'Égypte était venue tard au panarabisme, et pendant quelque temps ne s'y était intéressée que comme à un complément possible de sa propre politique étrangère. Cette politique n'avait pas réussi à l'Égypte. Elle l'avait entraînée dans une guerre désastreuse au Yémen, dans une union malencontreuse avec la Syrie qui se termina dans l'hostilité et la récrimination, et surtout dans la défaite infligée par les Israéliens. En résultat, le panarabisme de l'Egypte a été attaqué des deux côtés. D'une part, beaucoup d'Arabes ont regardé la politique égyptienne comme une tentative d'exploiter les sentiments et les aspirations panarabes à des fins impérialistes égyptiennes ; de l'autre, beaucoup d'Égyptiens ont vu dans cette politique une subordination des intérêts nationaux égyptiens à des fantasmes panarabiques, et un gaspillage du sang et du trésor égyptiens pour une cause qui n'était pas celle du pays.

Le panarabisme a subi aussi les répercussions défavorables de la croissance et l'extension de l'influence soviétique dans les pays arabes. Cela s'est produit de deux façons différentes. Les Soviets eux-mêmes détestaient les idéologies supranationales qu'ils ne contrôlaient pas, et ils ont découragé le panarabisme parmi leurs propres partisans, préférant traiter séparément avec chacun des États arabes. Au même moment, ceux qui s'opposaient à l'influence soviétique et qui considéraient comme un nouvel impérialisme la présence russe, avec ses traités, ses troupes, ses experts et ses conseillers, s'éloignaient aussi du panarabisme, en partie parce que c'étaient des chefs panarabes qui amenaient les Russes au Proche-Orient et aussi, motif plus important, parce que dans un combat contre la pénétration étrangère, c'est inévitablement la libération de la patrie qui est la première préoccupation.

Enfin, il faut faire état du développement régulier des sentiments religieux et plus spécifiquement communautaires, qui marque un retour partiel à des fidélités plus traditionnelles. Ce courant a gagné en intensité, du fait de la guerre civile libanaise de 1975-1976, et parce que la direction saoudienne prenait de plus en plus de poids dans le monde arabe.

La troisième défaite militaire arabe, en 1967, a accentué cette évolution. L'Égypte, la Jordanie et la Syrie ont perdu les territoires palestiniens qu'elles avaient occupés ou annexés antérieurement. En conséquence, elles n'avaient plus intérêt à nier l'existence d'une entité palestinienne. Au contraire, la formation d'organisations palestiniennes militantes leur permettait de se décharger sur les Palestiniens eux-mêmes de la principale responsabilité dans le combat contre Israël ; autrement dit, de diminuer dans une certaine mesure leur propre engagement.

Cette évolution s'est poursuivie après la guerre d'octobre 1973 qui, quelle qu'ait été son issue militaire, a été une victoire politique évidente pour les États arabes. Les avantages obtenus par la guerre ont été confirmés et étendus par le pouvoir du pétrole et de l'argent qu'apportait le pétrole. Mais la répartition inégale de cette nouvelle richesse parmi les États arabes et leur participation inégale dans le conflit avec Israël ont engendré de nouvelles tensions dans les relations inter-arabes. De plus en plus, les gouvernements ont recherché leur propre intérêt et se sont proposé des buts distincts, au point d'entrer parfois en conflit ouvert et même armé.

L'instauration d'un dialogue direct entre l'Égypte et Israël, et le voyage du président égyptien Anouar el-Sadate à Jérusalem, en novembre 1977, ont été cause de nouvelles discordes dans le camp arabe. Certains États,

avec plus ou moins d'enthousiasme, ont appuyé la politique de Sadate ; d'autres, au contraire, s'y sont opposés, et
avec une violence qui a par la suite favorisé en Égypte le
développement d'une identité égyptienne plutôt qu'a-
rabe. La signature d'un traité de paix entre l'Égypte et
Israël est venue accuser le contraste ; la situation s'est
modifiée par la suite — mais d'une façon qui n'est
nullement définitive — quand l'Égypte est rentrée, peu à
peu, dans le bercail arabe.

Le plus significatif, à cet égard, est le changement
d'attitude des Palestiniens eux-mêmes. Dans le passé, ils
avaient été, pour des raisons évidentes, les soutiens les
plus enthousiastes de la cause panarabe et les interprètes
les plus en vue de l'idéologie panarabe. Or, ils se sont
heurtés à d'amères déceptions. Au niveau le plus bas, on
les a traités en étrangers dans presque tous les pays
arabes, sauf en Jordanie ; même dans la bande de Gaza,
occupée par l'Égypte, de 1948 à 1967 (sauf une brève
période en 1956-1957), on ne leur a pas accordé la
nationalité égyptienne et on ne leur a pas permis de
circuler ni de travailler sur le territoire égyptien. Les
États arabes ont refusé ou se sont montrés incapables de
les aider dans leur lutte contre Israël, ou de les accepter
comme des compagnons arabes dans leurs propres pays.

Il y avait bien pis : le sentiment d'une nationalité
distincte se fortifiait dans ces pays à mesure qu'une élite
s'y développait et mûrissait politiquement. Les membres
de l'élite palestinienne voyaient les autres élites arabes
goûter les fruits du pouvoir, lesquels leur étaient refusés
parce qu'il leur manquait un État à eux et qu'ils n'étaient
pas admis à la pleine citoyenneté dans les pays où ils
avaient trouvé refuge. Dans ces conditions, les Palestiniens commencèrent à penser moins au panarabisme et
plus à constituer une entité qui leur serait propre, où ils

seraient les maîtres, et où ils pourraient saisir les mêmes occasions politiques que leurs contemporains en Syrie, en Irak et ailleurs.

Pendant un temps, les dirigeants arabes continuèrent à rendre hommage au panarabisme, pour la forme, mais tout en poursuivant des objectifs nationaux. Ces dernières années, on a vu disparaître même cette attitude-là, et certains dirigeants arabes se sont mis à parler ouvertement de leurs buts véritables. Mais cette nouvelle franchise n'a pas encore pénétré la littérature idéologique, où le panarabisme demeure la seule orthodoxie.

Ce qui se passe à présent dans le monde arabe suggère un parallèle avec l'Amérique du Sud après la fin de la domination espagnole. Là aussi, il y avait une série de pays proches par la langue, la culture, la religion et le mode de vie qui auraient pu se réunir, comme le firent les colonies anglophones de l'Amérique du Nord, pour former un ou deux États de grande importance. En fait, il n'en fut rien et l'occasion, une fois perdue, ne se retrouva pas. Les États arabes, eux aussi, semblent aller dans la même direction : ils sont en communauté de langue, de culture, de religion et, dans une certaine mesure, d'institutions et de mode de vie, avec un « arabisme » commun qui peut être l'équivalent de l'*hispanismo* du monde de langue espagnole ; mais il n'y a rien de plus. On pourrait au moins concevoir la formation de groupements régionaux, d'un modèle de plus en plus courant dans le monde d'aujourd'hui, fondé sur des considérations pratiques plutôt qu'idéologiques. Pour un temps, il sembla que l'arrangement mis sur pied entre le Maroc, l'Algérie et la Tunisie pouvait servir d'exemple ; et que des relations entre l'Égypte, la Libye et peut-être aussi le Soudan pourraient aller dans le même sens ; mais de nombreuses difficultés ont surgi, qui ont enrayé cette évolution.

Il est fort possible qu'à un moment donné, avec le resserrement des liens culturels, avec le développement des communications, et la tendance à constituer des entités plus étendues, les pays arabes se réunissent en formations politiques plus vastes. Mais pour l'instant le courant va dans le sens opposé.

Le retour de l'islam

Dans *La Chanson de Roland*, le poète s'efforce de fournir à ses lecteurs, ou plutôt à ses auditeurs, quelques notions de la religion sarrasine. Selon la vision qu'il en donne, les Sarrasins révèrent une trinité constituée par trois personnes : Mahomet, le fondateur de la religion, et deux autres individus, Apollin et Tergavant, des démons tous deux. Cela est comique pour nous, qui trouvons bien plaisante cette incapacité de l'homme médiéval à concevoir les choses de la religion — et toutes choses d'ailleurs — sinon à sa propre image. Or la chrétienté adorant son fondateur en conjonction avec deux autres entités, il convenait que les Sarrasins adorassent pareillement leur fondateur, lequel devait figurer, lui aussi, une personne au sein d'une trinité, avec deux démons adjoints pour faire le compte. C'est dans le même esprit qu'on voit des correspondants spéciaux du *New York Times* ou d'autres journaux occidentaux rendre compte des conflits actuels au Liban, en termes de lutte entre factions adverses, de droite et de gauche. Car de même que le chrétien du Moyen Âge ne pouvait concevoir la religion

« The Return of Islam », *Commentary*, janvier 1976, pp. 39-49.
Traduit par Tina Jolas, *Le Débat*, n° 14, juillet-août 1981.

qu'en termes d'une trinité, de même son descendant de
l'époque moderne ne peut appréhender une réalité politique qu'en termes d'une théologie ou, comme on dit
maintenant, d'une idéologie : un affrontement entre des
forces et des factions de droite et de gauche.

Ce refus réitéré de reconnaître la nature de l'islam et
jusqu'au fait islamique en tant que phénomène religieux
autonome, indépendant et différent, persiste et se répète
depuis le Moyen Âge jusqu'à nous. Et nous le retrouvons, par exemple, dans la terminologie adoptée pour
désigner les musulmans. Pendant longtemps, la chrétienté
n'a même pas jugé bon de leur attribuer un nom à
signification religieuse. Des siècles durant, la chrétienté,
tant orientale qu'occidentale, a appelé Sarrasins les disciples du Prophète, une dénomination douteuse quant à
l'étymologie, mais de connotation indubitablement ethnique et non pas religieuse, le terme étant à la fois
préislamique et préchrétien. Dans la péninsule ibérique,
où les musulmans que l'on rencontrait venaient du
Maroc, on les appela Maures, et les gens de culture ou
d'influence ibérique continuèrent à appeler Maures les
musulmans, alors même qu'ils les côtoyaient à Ceylan ou
aux Philippines. Dans la majeure partie de l'Europe, les
musulmans passaient pour turcs, du nom des principaux
envahisseurs musulmans, et quiconque se convertissait à
l'islam était réputé s'être « fait turc », même si la conversion survenait à Marrakech ou à La Nouvelle-Delhi. Plus
à l'est, les musulmans étaient des Tartares, autre dénomination ethnique appliquée abusivement aux peuplades
islamisées des steppes qui, un temps, tinrent la Russie en
leur pouvoir.

Même lorsque l'Europe commença à discerner dans
l'islam une communauté non pas ethnique mais religieuse, elle formula cette reconnaissance à travers toute

une série de fausses analogies, à commencer par les noms mêmes donnés à la religion et à ses sectateurs : mahométisme et mahométans. Les musulmans ne s'intitulent pas, et ne se sont jamais intitulés, mahométans, et ils ne nomment pas leur religion mahométisme, Mahomet n'occupant pas, dans l'islam, une place comparable à celle du Christ dans le christianisme. Cette interprétation fautive de l'islam, comme une sorte d'image en miroir du christianisme, trouva à s'exprimer de multiples façons — par exemple dans l'équivalence erronée entre le vendredi musulman et le dimanche chrétien, dans la référence au Qur'an[1] comme à la Bible musulmane, dans les analogies fallacieuses entre la mosquée et l'église, l'ouléma et le prêtre, et, intéressant plus directement notre propos, dans la transposition des notions purement occidentales de pays et de nation — et de tout ce qu'il advient dans ce cadre — à l'histoire et aux institutions musulmanes. Ainsi Gibbon, par exemple, dans son fascinant récit de la carrière du Prophète, nous montre Mahomet et ses contemporains enflammés par le patriotisme et l'amour de la liberté, deux concepts qui paraissent pour le moins saugrenus dans le contexte de l'Arabie du VIIᵉ siècle. Pendant des siècles, l'Europe a appelé les terres de l'Empire ottoman Turquie, nom que les habitants de ces régions n'ont appliqué à leur propre pays qu'en 1923, lors de la proclamation de la République, qui a marqué le triomphe final, parmi eux, des idées politiques européennes.

En Occident, l'homme moderne, incapable généralement d'assigner à la religion un rôle central et prééminent dans ses propres affaires, s'est révélé tout aussi incapable

---

1. Ou *Coran,* selon la translittération la plus généralement admise en Occident.

de concevoir que d'autres peuples, en d'autres lieux, aient pu le faire ; d'où la nécessité où il s'est trouvé d'inventer des explications pour ce qu'il jugeait être des phénomènes religieux d'ordre purement superficiel. Ainsi voyons-nous, par exemple, la pensée savante se donner beaucoup de peine pour élucider des questions aussi dénuées de sens que : « Mahomet était-il sincère ? » ou : « Mahomet était-il un exalté ou un imposteur ? » ; et des historiens se livrer à des développements prolixes quant à la signification sous-jacente « réelle » des grands conflits religieux qui, par le passé, ont opposé les sectes et les écoles différentes au sein de l'islam ; et d'autres enfin, mus d'une détermination analogue, chercher à pénétrer le sens « réel » des luttes sectaires et communautaires de l'islam actuel. Car pour un esprit occidental moderne, il n'est pas concevable que des hommes luttent et meurent si profusément pour de simples divergences religieuses : sous le voile religieux, il ne peut manquer d'y avoir d'autres raisons qui sont les « vraies ». Nous voulons bien reconnaître à des excentriques à réputation bien établie, tels les Irlandais, le droit de s'entre-tuer pour des dogmes religieux, mais admettre qu'une civilisation tout entière puisse, en matière de loyalisme, accorder le primat à la religion, c'est trop demander. Rien qu'à suggérer la chose, on s'attire les foudres de la pensée libérale toujours prompte à prendre ombrage, même à titre préventif, en faveur de ceux qu'elle considère comme ses protégés. Une attitude qui se reflète dans l'actuelle incapacité, tant politique que journalistique et savante, de reconnaître l'importance du facteur religieux dans les affaires courantes du monde musulman ; et dans le recours consécutif à un langage où il est question de gauche et de droite, de progressistes et de conservateurs, et à toute une terminologie occidentale dont l'usage, aux fins d'expliquer le phénomène politique musulman, est à peu près aussi approprié et éclairant que le compte rendu d'un match de tennis par un spécialiste du rugby.

Jusqu'à la crise iranienne, on constatait un ferme refus, de la part des media occidentaux, d'admettre que la religion puisse encore constituer une force au sein du monde musulman. La tendance, depuis lors, est de passer à l'autre extrême, et tel qui ne pouvait rien entrevoir de l'islam paraît aujourd'hui avoir quelque difficulté à en détacher les yeux. Deux positions également fallacieuses. L'islam est un fait et son importance en tant que facteur politique est immense. Mais ayant reçu l'islam au nombre des réalités politiques, il nous faut garder en mémoire l'existence d'autres réalités. Les musulmans, tout comme d'autres peuples, agiront et réagiront selon les modèles qui sont les leurs. Quelle que soit la cause — politique, sociale, économique —, la forme d'expression qui vient le plus naturellement aux musulmans pour donner voix à leurs critiques et à leurs aspirations, cette forme est islamique. Les mots d'ordre, les programmes et, dans une large mesure, les hommes de pouvoir, sont islamiques. À travers les siècles, l'opposition islamique a parlé le langage de la théologie, aussi naturellement et spontanément que son homologue occidental, celui de l'idéologie. L'un n'est ni plus ni moins un « masque », une « feinte », que l'autre.

Si donc nous souhaitons comprendre tant soit peu ce qui se passe à l'heure actuelle dans le monde musulman, et ce qui s'est passé autrefois, il nous faut prendre en compte deux points essentiels : le premier point est celui de l'universalité du facteur religieux dans la vie des peuples musulmans, et le second son caractère focal.

« Rendez à César ce qui est à César, et à Dieu ce qui est à Dieu. » Voilà qui est certes de bonne doctrine et pratique chrétiennes ; mais rien n'est plus étranger à l'islam. Les trois grandes religions du Proche-Orient présentent des différences significatives dans leur rapport avec l'État, et leur attitude envers le pouvoir politique. Le judaïsme, associé originairement à l'État, s'en est dégagé par la suite ; son récent face-à-face avec l'État, dans les circonstances présentes, soulève des problèmes qui ne sont pas encore résolus. Le christianisme, lors de ses siècles de formation, est demeuré distinct de l'État, voire dressé contre lui, et il ne devait s'y intégrer que bien plus tard. Quant à l'islam, déjà du vivant de son fondateur, il *était* l'État, et l'identification de la religion et du pouvoir est inscrite de manière indélébile dans la mémoire et la conscience des fidèles, sur la foi de leurs propres textes sacrés, de leur histoire et de leur vécu. Le fondateur du christianisme est mort sur la croix, et ses disciples ont souffert la persécution en tant que minorité ; des siècles durant, ils ont constitué leur propre société et leur propre hiérarchie, se forgeant leurs propres lois dans le cadre d'une institution connue sous le nom d'Église — et ainsi jusqu'à ce que la conversion de l'empereur Constantin amorçât un processus réciproque de christianisation de Rome et de romanisation du Christ.

Pour l'islam, le processus fut tout autre. Mohammed n'a pas péri sur la croix. Il était prophète, certes, mais aussi homme d'État, chef de gouvernement et fondateur d'un empire ; ses disciples étaient fortifiés dans leur foi par la croyance en l'approbation divine manifestée par les succès et les victoires. Dès ses débuts, l'islam fut associé au pouvoir, et ce depuis les années d'apprentissage du Prophète et de ses successeurs immédiats. Cette association entre la religion et le pouvoir, le fait communautaire et le fait politique, est déjà en évidence dans le Coran lui-même et dans les autres textes religieux anciens sur lesquels les musulmans fondent leur foi. Il s'ensuit, entre autres, que dans l'islam la religion n'est pas, comme c'est le cas dans le christianisme, un secteur ou une province de la vie, réglementant certains domaines, tandis que d'autres échappent à son emprise ; la religion islamique intéresse la vie tout entière — exerçant une juridiction non point limitée, mais globale. Dans une société de ce type, l'idée même d'une séparation de l'Église et de l'État est dénuée de sens, pour autant qu'il n'y a pas deux entités susceptibles d'être disjointes, l'Église et l'État, le pouvoir religieux et le pouvoir politique, ne font qu'un. L'arabe classique, tout comme les autres langues classiques de l'islam, ne possède pas de couple d'opposition sémantique recouvrant la dichotomie chrétienne entre le laïque et l'ecclésiastique, le temporel et le spirituel, le séculier et le religieux ; la raison en est que ces couples d'opposition connotent une dichotomie propre au christianisme, laquelle n'a pas d'équivalence dans le monde de l'islam[1]. C'est seulement à l'époque moderne et sous l'influence chrétienne que ces concepts ont commencé à émerger, et que des mots ont été forgés pour les exprimer. Des mots dont le sens est encore mal compris, comme est mal établie leur portée en regard des institutions musulmanes.

Pour les musulmans, la religion traditionnelle n'était pas seulement à vocation universelle, elle était aussi centrale, car constituant le fondement essentiel et le foyer

---

1. En arabe moderne, le mot pour « séculier » est ʿālamānī, littéralement « profane », ou encore « mondain », « de ce monde ». Il s'agit vraisemblablement d'un mot formé chez les Arabes de religion chrétienne, et qui est passé dans l'usage courant au XIXe siècle.

de convergence des sentiments d'identité et d'allégeance. C'est la religion qui désignait ceux qui appartenaient au groupe, et c'est elle qui les distinguait de ceux qui n'en faisaient pas partie. Un musulman irakien se sentira plus proche d'un musulman non irakien que d'un Irakien non musulman. Les musulmans de pays différents, parlant des langues différentes, partagent la mémoire collective d'un passé sacré commun à tous, la conscience commune d'une identité collective, le sentiment commun d'une situation et d'un destin collectifs. Ce n'est pas la nation ou le pays qui, comme c'est le cas en Occident, fournit les fondements historiques de l'identité, mais la communauté politico-religieuse ; et l'idée, importée de l'Occident, d'une nationalité ethnique et territoriale, demeure, de même que la laïcité, une idée étrangère, imparfaitement assimilée. C'est ce qu'affirma avec une force et une clarté remarquables le Grand vizir de l'Empire ottoman, lorsqu'à ceux qui prônaient un patriotisme nouveau style il répliqua : « La patrie d'un musulman est le lieu où s'applique la Loi sainte de l'islam. » Et cela se passait en 1917.

Au XVIIIᵉ siècle, lorsque sous les coups des victoires autrichiennes et russes contre les Turcs, et des succès anglais aux Indes, les musulmans s'avisèrent qu'ils n'étaient plus le groupe dominant à la surface du globe, mais, tout au contraire, qu'ils se trouvaient menacés sur leurs propres terres d'origine par une Europe en expansion à ses deux extrémités, les seules réactions de caractère vital furent les mouvements de réforme religieux, tel celui des Wahhabites en Arabie, et l'ordre réformé des Naqchbandites qui, parti des Indes, devait s'étendre à d'autres pays musulmans.

Au début du XIXᵉ siècle, lorsque les trois principaux empires européens qui exerçaient leur domination sur des musulmans, ceux de l'Angleterre, de la France et de la Russie, progressaient aux Indes, en Afrique du Nord et en Asie centrale, les mouvements de résistance les plus marquants furent à nouveau d'inspiration religieuse : lutte des Wahhabites indiens sous la conduite de Sayyid Ahmed Brelwi de 1826 à 1831, combats d'Abd el-Kader en Afrique du Nord de 1832 à 1847, résistance acharnée de Chamil aux Russes, dans le Daghestan et le Caucase du Nord de 1830 à 1859 — autant de mouvements qui, tous, furent écrasés mais qui, à l'époque, eurent une portée considérable.

Il se trouva alors que, pour un temps, les musulmans furent suffisamment impressionnés par la puissance, la richesse et le succès de l'Europe, pour désirer imiter les manières européennes. Mais à partir du milieu du XIXe siècle, l'impérialisme européen se lança dans une nouvelle vague d'expansionnisme, et ce fut l'écrasement de la révolte indienne suivi de l'anéantissement des derniers vestiges de la dynastie mogole aux Indes et la consolidation de l'Empire britannique dans ce royaume autrefois musulman, l'avance rapide des Russes en Asie centrale, la pénétration des Français en Tunisie et des Anglais en Égypte, et les menaces croissantes sur l'Empire ottoman lui-même — série d'événements qui tous suscitèrent des mouvements de réaction à composantes panislamiques.

Car l'unification de l'Allemagne et de l'Italie avait été source d'inspiration en pays musulman, et tout particulièrement en Turquie où de nombreux dirigeants turcs pensaient que leur pays était susceptible de jouer un rôle similaire à celui de la Prusse et du Piémont dans l'unification de l'Allemagne et de l'Italie, en servant de noyau de réunification d'une entité beaucoup plus vaste. Mais cette entité plus vaste, que serait-elle ? Non point une entité panturque. Les idées de cet ordre étaient encore trop éloignées et, à l'époque, on n'en discutait même pas. L'identité et les aspirations politiques premières étaient islamiques, et le panislamisme se trouva être la réaction initiale et naturelle au pangermanisme et au panslavisme. Ce n'est que beaucoup plus tard que le panturquisme et le panarabisme émergèrent à l'horizon politique, et même alors, on ne voit pas très bien ce qu'ils recouvraient en réalité.

La fin de la Première Guerre mondiale, l'éclatement de l'Empire ottoman avec les tensions et ruptures qui s'ensuivirent, et les occasions que le tsarisme, sombrant dans la révolution et la guerre civile, semblait offrir, furent également à l'origine d'une série de mouvements d'inspiration religieuse — Enver Pasha, dans une ultime tentative, forma son Armée de l'Islam, au nom ambitieux, dont l'objectif était de libérer les peuples musulmans sujets de l'Empire russe en déroute. Certains de ces mouvements étaient d'obédience communiste, ou pris en main par les communistes, à une époque où l'on ne discernait pas encore clairement la nature foncièrement anti-islamique du communisme. Presque tous, ils s'exprimaient en termes religieux, plutôt que nationaux ou même sociaux. Le plus marquant fut celui venu à être connu depuis sous le nom de Mouvement nationaliste turc. Pourtant, de par son inspiration première, la révolte des kemalistes en Anatolie fut islamique autant que turque. Parmi ses premiers chefs et militants, on trouve une proportion considérable de religieux islamiques. Dans le langage utilisé à l'époque, cette rhétorique des kemalistes première manière, il est question de musulmans ottomans, plutôt que de Turcs, et le mouvement obtint un soutien considérable au sein du monde islamique. Ce n'est qu'après leur victoire et l'établissement de la République que, sous l'action de facteurs multiples, les kemalistes commencèrent à mettre l'accent sur les aspirations essentiellement nationales et laïques.

Durant le XXᵉ siècle, du moins au cours des premières décennies, ce type de mouvement de résistance a assumé plus communément la forme, alors en vogue, du parti politique, et a parlé le langage à la mode d'un nationalisme politique plus ou moins laïque. Mais ni l'organisation partisane ni l'idéologie nationaliste ne correspondaient vraiment aux instincts profonds des masses musulmanes qui trouvaient à s'exprimer dans des programmes et des organisations d'un tout autre ordre : placés sous l'égide de chefs religieux et formulés dans une perspective et un langage religieux.

Le plus important de ces mouvements au XXᵉ siècle est l'organisation désignée sous le nom des Frères musulmans, *al-Ikhwān al-Muslimūn,* fondée en Égypte par un professeur de religion nommé Ḥasan al-Banna. Les débuts du mouvement sont mal connus, mais il aurait pris corps, semble-t-il, vers la fin des années vingt et le début des années trente, et se serait consacré à une activité essentiellement religieuse et sociale. Le fondateur, dit « Guide suprême », envoyait des missionnaires prêcher dans les mosquées et autres lieux publics, un peu partout en Égypte. Les Frères engagèrent une action éducative, sociale et charitable sur une grande échelle, en ville comme à la campagne, et ils se lancèrent même dans des entreprises économiques. C'est en 1936, à la suite du traité anglo-égyptien signé cette même année, qu'ils amorcèrent leur action politique et, en prenant fait et cause pour les Arabes palestiniens contre le sionisme et la présence anglaise, parvinrent à étendre le champ de leurs activités à d'autres pays arabes. Ils envoyèrent des volontaires se battre dans les rangs des armées arabes lors de la guerre de 1948, à la suite de quoi ils semblent avoir disposé d'une force armée capable de peser d'un certain poids dans le cours des événements. Là-dessus, le Premier ministre égyptien, Nokrachi Pasha, ordonna la dissolution de l'organisation, confisqua ses biens, et fit arrêter un grand nombre de ses membres. Il fut assassiné en 1948, par l'un des Frères, et peu après, le Guide suprême fut assassiné à son tour, dans des circonstances qui n'ont jamais été tirées au clair. Organisation déclarée illégale, les Frères n'en continuèrent pas moins à fonctionner mais dans la clandestinité. En avril 1951, ils reçurent de nouveau statut légal en Égypte, bien qu'interdiction leur fût signifiée de se livrer à toute activité secrète ou militaire. Ils prirent part à des engagements contre les troupes anglaises dans la zone du canal de Suez et auraient, semble-t-il, joué un certain rôle — de quelle nature, on l'ignore encore — dans l'incendie du Caire, le 26 janvier 1952. Ils avaient des liens étroits, remontant aux années de guerre, avec certains membres du comité secret des « Officiers libres » qui, en 1952, prirent le pouvoir en Égypte. Outre certaines identités de vues en matière d'idéologie et d'aspirations, nombre des officiers qui participèrent au coup d'État étaient membres, ou du moins sympathisants, des Frères musulmans.

Au début, les relations entre les Frères et les officiers furent toutes d'intimité et d'amitié, au point que lorsque le régime militaire décréta, en janvier 1953, la dissolution de tous les partis politiques, les Frères furent exemptés sous prétexte qu'ils étaient une organisation non politique. Toutefois les relations entre le nouveau Guide suprême et les Officiers libres se détériorèrent, et bientôt, les Frères se mirent à critiquer le nouveau régime, l'accusant de faillir aux idéaux religieux de l'islam. Une période de conflit discret mais aigu s'ensuivit, durant laquelle les Frères déployèrent une grande activité, plus particulièrement en milieu ouvrier et étudiant, et même parmi les membres des Services secrets. En janvier 1954, le gouvernement prononça à nouveau la dissolution de l'Ordre et l'arrestation d'un grand nombre de ses dirigeants et militants. Par la suite une amorce de réconciliation devait survenir, qui amena la libération des Frères emprisonnés, et l'autorisation, accordée au mouvement, de fonctionner sur une base non politique. L'accord anglo-égyptien d'octobre 1954 attisa à nouveau les tensions, et souleva une opposition acharnée de la part des Frères qui soutenaient que seule la lutte armée permettrait d'atteindre les objectifs poursuivis. Le 26 octobre 1954, l'un des Frères échoua de justesse dans sa tentative d'assassiner le président Nasser, qui prit de sévères mesures de représailles. Plus d'un millier de membres furent arrêtés et jugés ; six d'entre eux, y compris quelques-uns des dirigeants intellectuels du mouvement, furent condamnés à mort et exécutés. La Fraternité n'avait plus d'existence légale, mais elle n'en continua pas moins d'agir et semble, de temps à autre, avoir fomenté des complots visant à renverser le régime. De nombreuses arrestations eurent lieu, et en août 1966, il y eut trois autres exécutions capitales, dont celle de Sayyid Qutb, un des idéologues les plus marquants du Mouvement. L'Ordre a néanmoins poursuivi son activité dans les pays arabes, ici clandestinement, ailleurs dans une semi-légalité. Il demeure à ce jour une force puissante bien qu'occulte, et des signes récents attestent son retour en Égypte. Durant les quelques dernières années, les Frères musulmans ont multiplié leur action et ils apparaissent aujourd'hui comme le fer de lance de toute opposition

aux régimes laïques et gauchisants, et plus particulièrement à celui de Syrie.

Le Mouvement égyptien des Officiers libres, qui date
de 1952, n'est pas le seul mouvement politique lié aux
Frères musulmans. Le *Fath* en est un autre, la plus vaste
et la plus importante des organisations de la guérilla
palestinienne. Ici aussi, pour des raisons évidentes, il y a
quelques incertitudes quant à l'histoire initiale du mouvement, mais ses liens passés avec les Frères musulmans
paraissent avérés. L'imagerie et le symbolisme du *Fath* est
fortement islamique de caractère. Ainsi le nom de guerre
de Yasser Arafat, Abū ʿAmmar, le père de ʿAmmar, est-il
une allusion au personnage historique dénommé ʿAmmar
ibn Yasser, le fils de Yasser, un compagnon du Prophète
et son vaillant frère d'armes dans toutes les batailles.
Fath [1] est un terme technique qui désigne la conquête, par
la Guerre sainte, pour le compte de l'islam. C'est dans ce
sens que le sultan Mehemet II, qui conquit Constantinople pour l'islam, est connu sous le nom de *Fatih*, le
Conquérant. La même imagerie se retrouve d'ailleurs
dans la nomenclature de l'Armée de libération palestinienne, dont les brigades sont nommées d'après les
grandes victoires remportées par les armées musulmanes
lors des batailles de Qādisiyya, de Ḥaṭṭīn et d'ʿAyn
Djalūt. Attribuer des noms de victoires à des unités
militaires n'a rien d'exceptionnel. Ce qui importe ici,
c'est le fait que ces batailles furent gagnées, toutes les
trois, au cours des Guerres saintes menées par l'islam
contre des non-musulmans : Qādisiyya contre les Perses
zoroastres, Ḥaṭṭīn contre les Croisés, et ʿAyn Djalūt

---

1. Selon une autre interprétation du nom *Fath*, il s'agirait de
l'acronyme inversé de *Ḥarakāt Ṭāhir Falasṭīn*, Mouvement de Libération de la Palestine.

contre les Mongols. Dans le deuxième et troisième cas, les armées victorieuses n'étaient même pas arabes, mais elles étaient musulmanes, et manifestement, c'est ça qui compte. Rien donc de surprenant à ce que les communiqués militaires du *Fath* s'ouvrent sur l'invocation musulmane : « Au nom de Dieu clément et miséricordieux. » Un même processus d'identification islamique s'observe dans les liens singulièrement étroits qui se sont établis entre l'O.L.P. et la révolution islamique d'Iran — liens illustrés avec éclat par l'accolade de Yasser Arafat à Khomeini, lorsqu'il visita l'Iran pour féliciter ses nouveaux gouvernants, et par sa promesse de « planter le drapeau de l'islam sur les murs de Jérusalem ».

Les Frères musulmans et leurs épigones ont limité, pour l'essentiel, leur action aux pays de langue arabe. Mais des mouvements parallèles existaient ailleurs. En Iran, cette tendance est représentée par une organisation appelée *Fidayan-e Islam,* les Sectateurs de l'Islam, un groupe terroriste qui a exercé son activité à Téhéran principalement entre 1943 et 1955, et qui perpétra un certain nombre d'assassinats politiques dont le plus marquant fut celui du Premier ministre, le général Ali Razmara, en mars 1951. Quelque temps, ils jouèrent un certain rôle dans la politique persane, et ce jusqu'à ce qu'une tentative d'assassinat, cette fois non couronnée de succès, sur la personne du Premier ministre Hossein Ala, en octobre 1955, leur eût valu la dissolution, des poursuites judiciaires et l'exécution de certains de leurs chefs. Les *Fidayan* entretenaient des liens avec les Frères musulmans en Égypte et ailleurs, et exerçaient une influence considérable parmi les masses populaires, et, par la terreur, sur les hommes politiques. Ils paraissent même avoir joui du soutien limité des dirigeants religieux semi-officiels. Depuis lors, les groupes de militants islamiques ont remporté un triomphe, et assuré la victoire de la première révolution islamique des temps modernes.

Outre les groupes évoqués ci-dessus, on compte nombre d'autres mouvements d'inspiration religieuse dans divers pays islamiques : l'Organisation des Oulémas algériens, la Fraternité Tidjaniyya, et plus récemment, le parti du Salut national en Turquie ; enfin, l'un des plus intéressants, le mouvement Basmachi, en Asie centrale soviétique. Le mot _basmachi_, qui en uzbeck signifie brigand ou maraudeur, est appliqué par les autorités soviétiques à une série de révoltes d'inspiration religieuse contre le pouvoir russe ou soviétique, qui commencèrent en janvier 1919 et se poursuivirent jusqu'en 1923, date à laquelle le mouvement subit une défaite décisive, bien que de petits groupes de rebelles aient soutenu la lutte des années durant. En 1926, le dernier chef basmachi, Ibrahim Beg, se retira en Afghanistan d'où il continua ses incursions en territoire soviétique. Il fut fait prisonnier par les troupes soviétiques et exécuté en 1931. Bien typique de l'attitude occidentale est le fait que l'on puisse compulser une demi-douzaine de grandes encyclopédies sans y découvrir le moindre article sur les Basmachis, probablement le plus important des mouvements de résistance au gouvernement soviétique, en Asie centrale [1].

---

1. La Grande Encyclopédie soviétique leur consacre, en revanche, un long article tendant à les déconsidérer. Récemment un chercheur français, Remy Dor, a donné la publication d'un poème remarquable qu'il a recueilli chez les Turcs Kirghiz émigrés en Afghanistan, mais originaires de la République soviétique de Kirghizie. Dans le plus pur style héroïque, ce poème célèbre l'âpre combat sans espoir mené par les Kirghiz contre l'Armée rouge, et leur défaite finale au début des années trente (_Turcica_, vol. VIII, 1976, pp. 87-116).

Toutefois, ce n'est pas seulement dans les mouvements d'opposition extrémistes et militants que se retrouve cette sorte de volonté d'identification et de conformisme religieux. Les gouvernements eux-mêmes — y compris ceux qui s'affirment ouvertement d'orientation laïque et radicale — obéissent en temps de crise à des instincts similaires. Au lendemain du traité de Lausanne, un accord portant sur un échange de populations fut passé entre la Turquie et la Grèce, aux termes duquel les membres de la minorité grecque en Turquie devaient être rapatriés en Grèce, tandis que seraient rapatriés en Turquie les membres de la minorité turque en Grèce. Entre 1923 et 1930, un million et quart de « Grecs » furent ainsi renvoyés de Turquie en Grèce, et un nombre légèrement inférieur de « Turcs » de Grèce en Turquie.

Au premier abord, on serait tenté de voir dans cette opération une application nette et claire, voire exemplaire, du principe européen des nationalités : les Grecs et les Turcs en question ne souhaitant pas, ou ne le pouvant, vivre en tant que minorité nationale parmi des étrangers, revenaient en Grèce et en Turquie, c'est-à-dire dans leur propre patrie et parmi leur propre peuple. Considéré de plus près, cet échange revêt un caractère quelque peu différent. Il s'agit bien, aux termes de l'accord, de Turcs et de Grecs — mais que recouvrent, à cette époque et en ces lieux, de telles dénominations ? Dans les églises chrétiennes abandonnées par les Grecs de Karaman, en Turquie méridionale, les inscriptions funéraires sont formulées en langue turque, mais calligraphiées en caractères grecs. Parmi les familles des soi-disant rapatriés, la grande majorité savait à peine, ou pas du tout, le grec, mais, entre eux, ils parlaient le turc qu'ils écrivaient en caractères grecs — tout comme les juifs et les chrétiens, dans les pays de langue arabe, ont longtemps écrit l'arabe courant en caractères hébreux ou syriaques, et non en caractères arabes. L'écriture, dans tout le Proche-Orient, est étroitement liée à la religion. De même, nombre des soi-disant Turcs expédiés en Turquie, originaires de la Crète et d'autres lieux de la Grèce, ne savaient pas le turc, ou si peu, mais ils parlaient couramment grec entre eux, et souvent écrivaient leur dialecte grec en caractères turco-arabes. Selon la définition du concept de nationalité normalement reçue en Occident, les Grecs de Turquie n'étaient nullement des Grecs, mais des Turcs de religion chrétienne, tandis que les soi-disant Turcs de Grèce se trouvaient être, pour la plupart, des Grecs musulmans. Si nous prenons les dénominations « Grec » et « Turc » dans leur acception occidentale, et non plus dans celle qui prévaut au Proche-Orient, le fameux échange de populations entre la Grèce et la Turquie en vient à représenter non plus un rapatriement de Grecs en Grèce, et de Turcs en Turquie, mais bien une déportation de Turcs chrétiens, de Turquie en Grèce, et de Grecs musulmans, de Grèce en Turquie. C'est seulement à leur arrivée dans leur patrie putative que la plupart d'entre eux se sont mis à l'apprentissage de la langue présumée être leur langue maternelle.

Tout cela s'est déroulé entre deux peuples dont l'un est chrétien bien qu'ayant été longtemps soumis à l'influence musulmane, et l'autre, quoique musulman, se trouve être, de tous les peuples musulmans, celui qui a poussé le plus loin le processus de laïcisation. Or même aujourd'hui, dans la République laïque de Turquie, le mot Turc est, selon une convention communément admise, appliqué aux seuls musulmans. Les citoyens non musulmans de la République sont réputés citoyens turcs et jouissent des

droits de citoyenneté, mais ils ne se dénomment pas eux-
mêmes Turcs, et leurs voisins ne les désignent pas sous ce
vocable. L'identification entre Turc et musulman
demeure donc totale. À ce propos, on notera que, si le
résident non musulman n'est pas tenu pour turc, l'immi-
grant non turc mais musulman, qu'il vienne des anciennes
provinces de l'Empire ottoman ou d'ailleurs, acquiert,
lui, très rapidement une identité turque.

La situation en ce qui concerne les Arabes est un peu
plus compliquée. Dans les pays de langue arabe, vivent
depuis fort longtemps d'assez fortes minorités de chrétiens et de juifs parlant la même langue, l'arabe, bien
qu'ils l'aient écrite, par le passé, avec des caractères
différents et se soient souvent exprimés dans des dialectes
légèrement différents. Lorsque fut lancée l'idée de l'arabisme en tant que nationalité, vers la fin du XIXᵉ siècle et
le début du XXᵉ, les chrétiens de langue arabe jouèrent un
rôle prépondérant dans le mouvement. Qu'ils fussent
attirés par une identité nationale définie en fonction de la
nationalité plutôt que de la religion n'avait rien que de
naturel, car cette première éventualité leur offrait la
possibilité de revendiquer une citoyenneté à part entière,
à laquelle ils ne pouvaient prétendre dans le cadre de la
seconde. Selon cette conception, les Arabes constituaient
une seule nation réunissant plusieurs religions, une
nation au sein de laquelle les chrétiens, et même par
moments les juifs, pouvaient espérer participer à l'arabisme, aux côtés de la majorité musulmane.

En tant qu'exégètes, théoriciens et dirigeants d'un
nationalisme laïque, les chrétiens se retrouvèrent
d'emblée au premier plan. Comme membres de communautés non musulmanes dans un État musulman, ils

occupaient une position d'indéniable infériorité, bien que stable et parfois même privilégiée, et dans une époque grosse d'incertitudes et de changements, les droits mêmes que leur assurait ce statut risquaient d'être remis en question. En revanche, dans un État où les fondements de l'identité nationale seraient non pas la religion et la communauté, mais la langue et la culture, ils pourraient revendiquer la qualité de membres de plein droit et l'égalité, lesquelles leur étaient déniées selon les anciennes dispositions. Chrétiens, ils étaient plus ouverts aux idées de l'Occident, et plus portés à définir leur identité en fonction de la nationalité. L'éducation supérieure à laquelle ils avaient eu accès leur avait permis de jouer un rôle marquant dans les domaines tant intellectuel que commercial. Les chrétiens, et plus particulièrement les chrétiens du Liban, ont tenu une place exagérément prépondérante dans la fondation et le développement de la presse, journaux et revues, en Égypte et dans d'autres pays arabes, et les patronymes chrétiens sont singulièrement nombreux parmi les romanciers, poètes et publicistes des premiers temps de la littérature arabe moderne. Même dans les mouvements nationalistes, nombre de dirigeants et de porte-parole étaient membres des minorités chrétiennes. Leur prééminence dans la vie culturelle et politique se doublait, en outre, d'une accession rapide à la richesse matérielle.

Durant les dernières décennies, cette supériorité a cessé d'être acceptée. À la suite des mesures de nationalisation adoptées par les gouvernements socialistes, mais aussi en raison d'interventions plus directes, le pouvoir économique des communautés chrétiennes s'est amenuisé dans tel pays arabe puis dans tel autre jusqu'à être contesté aujourd'hui dans son dernier bastion, le Liban. La prééminence des chrétiens dans la vie intellectuelle a depuis longtemps pris fin et une nouvelle génération d'écrivains s'est révélée, musulmans en leur très grande majorité. Il y a encore des hommes politiques et des théoriciens chrétiens, mais leur rôle est singulièrement circonscrit dans une société toujours plus consciente de son identité, de ses origines et de ses aspirations musulmanes. Parmi les diverses formations qui constituent l'O.L.P., le *Fath* est très largement, sinon exclusivement, musulman. En revanche, les chrétiens tendent à s'organiser en factions extrémistes, car en professant un extrémisme radical, ils peuvent encore espérer gagner le droit de cité et le statut égalitaire qui leur sont déniés dans la perspective nationaliste. Une situation dont un proche parallèle nous est fourni par les motivations et probablement le destin ultime des révolutionnaires juifs dans la Russie tsariste.

À mesure que le mouvement nationaliste est devenu authentiquement populaire, il s'est fait moins national et plus religieux — en d'autres termes, moins arabe et plus islamique. En temps de crise — et elles furent nombreuses au cours des dernières décennies — c'est l'instinct de loyalisme communautaire qui l'emporte. Quelques exemples suffiront. Le 2 novembre 1945, il y eut des manifestations en Égypte, marquant l'anniversaire de la proclamation du gouvernement britannique, dite Déclaration Balfour. Bien que les dirigeants politiques ayant appelé à manifester n'aient certainement pas voulu cela, la démonstration se mua rapidement en une émeute antijuive, et l'émeute antijuive en un soulèvement plus général au cours duquel plusieurs églises — catholiques, arméniennes et grecques orthodoxes — furent prises d'assaut et saccagées. Peu de temps après, les 4-5 janvier

1952, des manifestations eurent lieu à Suez, cette fois contre les Anglais, en rapport avec la poursuite de l'occupation de la zone du Canal. Les manifestants pillèrent et incendièrent une église copte et tuèrent un certain nombre de coptes. Les chrétiens — catholiques, arméniens ou grecs orthodoxes — n'avaient rien à voir avec la Déclaration Balfour, et les coptes ne sont pas anglais ; de fait, il n'y a pas plus égyptiens qu'eux. On peut aller plus loin encore et dire que les chefs nationalistes ni ne projetaient ni ne souhaitaient s'attaquer aux coptes, ou leur nuire. Cependant, en cet instant de vérité, la foule furieuse a réagi instinctivement au sentiment que les coptes — égyptiens de naissance, de langue arabe, et néanmoins chrétiens — étaient de l'autre côté de la barrière ; et elle les a traités en conséquence.

Lors d'incidents de ce genre, nul doute que les circonstances locales pourraient contribuer à expliquer les actions de la populace [1]. Mais dans les deux cas, et dans d'autres qu'il serait possible d'invoquer, de tels incidents reflètent une attitude fondamentale, illustrée par la formule traditionnelle attribuée — sans doute à tort, mais cela revient au même — au Prophète, « *al-kufru millatun wāhida* », « L'incroyance est une seule nation » (ou une seule communauté politico-religieuse). Le monde est fatalement divisé en deux. D'un côté, la communauté que forment les musulmans, de l'autre, celle des non-croyants — et les subdivisions internes de cette dernière sont négligeables.

---

1. D'après l'enquête officielle des autorités locales, ce déchaînement serait survenu à l'instigation d'« agents de l'étranger ». Cela se peut, mais il faudrait alors admettre que les agents en question savaient bien quel thème évoquer, et vers quoi orienter les réactions populaires.

La guerre civile au Liban, en 1958, et la lutte en Irak, entre nationalistes et communistes au printemps 1958, ont revêtu elles aussi un caractère foncièrement religieux. Le 17 mars 1959, une prière fut récitée dans les mosquées égyptiennes et publiée en première page des journaux égyptiens, en l'honneur de ceux qui avaient trouvé la mort à Mossoul : « Dieu est grand ! Dieu est grand ! Il n'est nulle force et nulle puissance sinon en Dieu ! Qu'en Sa Grâce il fortifie les martyrs, et en Sa Clémence leur accorde la vie éternelle, et qu'il précipite leurs ennemis dans l'opprobre et l'ignominie ! Dieu est grand ! Dieu est grand ! Il n'est pas de victoire sinon en Dieu ! Qui l'offense, Dieu le terrassera ; quiconque s'exalte à faire le mal, Dieu le mortifiera ! Tenez ceux qui périssent pour la cause de Dieu, non point pour morts, mais pour vivants aux côtés de leur Seigneur qui les soutient !

« Dieu, Très-Haut, Tout-Puissant ! Vaincs ton ennemi par Ton omnipotence afin qu'il revienne à Toi ! Ô Dieu Très-Haut, Tout-Puissant, fortifie la communauté de ton Prophète par ta faveur, et décrète la défaite de ses ennemis... par la foi, nous T'adorons, dans la sincérité de notre cœur, nous faisons appel à Toi, ô Toi ! clément et miséricordieux, Qui réponds aux prières de celui qui prie — nos martyrs innocents et nos pures victimes tombées pour la cause de Ta religion. Pour la gloire de Ta religion, ils ont versé leur sang et sont morts en martyrs ; croyants en Toi, ils ont accueilli le jour du sacrifice avec joie. Ainsi, ô Dieu, " ceux-là sont avec les Prophètes, les Justes (*Ṣiddīq*), les Témoins et les Saints qu'Allah a comblés de bienfaits. Combien ceux-là sont bons comme compagnons ! " » (Coran, IV, 71).

Tant de passion et de ferveur religieuses ne trompent pas, et elles n'ont pas manqué d'inquiéter les minorités chrétiennes au Liban et ailleurs, comme témoignant d'une résurgence du sentiment islamique.

Depuis lors, les régimes des divers États musulmans sont devenus, non pas moins, mais plus islamiques et de manière plus délibérée, tant par le respect qu'ils accordent à leur propre religion que par leur attitude à l'égard des autres. Cela s'observe plus particulièrement dans les États soi-disant radicaux et révolutionnaires qui sont, intellectuellement et socialement, beaucoup plus conservateurs que les États conservateurs du point de vue politique, lesquels sont contraints de tenir un compte bien plus grand du sentiment populaire. C'est ainsi que la révolution la plus authentiquement populaire de tout le monde de l'Islam, celle d'Iran, est aussi celle qui a poussé le plus loin la restauration des normes islamiques traditionnelles dans les domaines du droit pénal, de la pratique religieuse obligatoire, de la position assignée aux femmes à la maison comme dans la société, et du statut des minorités non islamiques. Le traitement accordé aux chrétiens, bien qu'encore loin de la persécution, s'est modifié dans un sens défavorable, au point d'inciter un nombre croissant d'entre eux à émigrer, certains au Liban, d'autres outre-mer. Un écrivain arabe de religion chrétienne décrit comme suit les sentiments de ces émigrants : « Les chrétiens [pensent] qu'ils n'ont pas d'avenir dans un pays qui devient toujours plus socialiste et totalitaire. Leurs enfants sont endoctrinés dans des écoles où le programme fait la part toujours plus belle à l'islam, et où leur foi est en danger. Écartés de plus en plus systématiquement des fonctions publiques et des sociétés nationalisées [l'auteur désigne sans doute par là les compagnies et corporations], dépouillés des biens de leurs parents, et placés dans l'impossibilité de se livrer à une activité productive dans une société où tout est sous le contrôle de l'État, comment peuvent-ils survivre [1] ? »

Les inquiétudes des minorités non musulmanes au Proche-Orient ont été avivées par la révolution iranienne et par ses suites. Ces inquiétudes sont provoquées, dans une certaine mesure, par cette exaltation très générale du loyalisme communautaire et de la ferveur religieuse, qui place inévitablement ceux qui ne partagent pas la croyance prédominante dans une position assez délicate. Mais il y a des raisons d'anxiété plus précises. L'ayatollah Khomeini, dans son livre sur le gouvernement islamique, publié il y a plus d'une dizaine d'années, et manifestement destiné à servir d'épure idéologique à la révolution islamique en Iran, traite explicitement de la position des citoyens non musulmans au sein d'un État musulman. En cela, comme dans les autres domaines, Khomeini prescrit un retour non seulement aux lois, mais même aux principes et aux attitudes du passé. On tolérera que les non-musulmans pratiquent leur religion, à condition qu'ils reconnaissent la suprématie de l'islam, qu'ils acquittent l'impôt (*djizya*) et s'abstiennent de se mêler des affaires des musulmans. Khomeini se montre indigné au plus haut degré par le pluralisme religieux du gouvernement du shah, et par l'éventualité, ne serait-ce que théorique (et qui apparemment ne s'est jamais traduite dans les faits), que des non-musulmans puissent être nommés à la fonction de juge, et soient amenés à juger des musulmans. Khomeini tenait pour abominable et ignominieuse la simple suggestion d'une nomination de ce genre. Après une longue période de programmes et d'idéologies laïques, radicales et nationalistes, les mino-

---

1. In *Religion in the Middle East*, textes rassemblés par A. J. Arberry, Cambridge, 1969, vol. I, p. 415.

rités non musulmanes ne sont plus disposées à supporter une telle situation.

L'évolution des mentalités de ceux qu'on appelle les Arabes américains offre un intéressant commentaire sur ces changements. Ces groupes sont formés en majeure partie de chrétiens d'origine syrienne ou libanaise. À l'époque de leur arrivée aux États-Unis, en dehors d'un cercle très restreint d'intellectuels, ils n'avaient pas été touchés par le nationalisme arabe, qui n'en était d'ailleurs qu'à ses balbutiements, même dans les pays qu'ils venaient de quitter. Lorsqu'ils abandonnèrent leur patrie d'origine et franchirent l'océan, ces gens pensaient encore nettement, tout comme leurs voisins, en termes de communauté. Ils étaient, d'abord et surtout, des chrétiens, et leurs sentiments à l'égard de leurs anciennes patries ressemblaient non pas à ceux des juifs américains envers Israël, mais à ceux de ces mêmes juifs envers les pays d'Europe centrale et orientale d'où ils avaient émigré vers l'Amérique, en quête d'une vie meilleure et de plus de liberté. Longtemps, le développement du conflit palestinien laissa indifférents les chrétiens arabes d'Amérique. Or, leurs récentes prises de position reflètent, en fait, non pas leur arabisme, mais bien leur américanisme, car en réagissant ainsi, ils se conforment au modèle américain courant d'identification à un groupe ethnique, et de loyalisme, voire de militantisme, au sein de ce groupe. Les développements récents, telles la suppression et l'expropriation des écoles chrétiennes en Syrie, la persécution des communautés chrétiennes, et surtout les combats qui font rage actuellement au Liban, paraissent inciter d'ores et déjà les Arabes américains à un réexamen de leurs positions, et, pour certains, au retour à des attitudes antérieures.

L'accroissement de l'impact politique de l'islam s'observe dans deux domaines : celui de la politique internationale, et celui des affaires intérieures. La tentative visant à exploiter le sentiment de fraternité islamique à des fins de politique internationale date des années 1870, lorsque le gouvernement ottoman, sous le sultan ʿAbd al-ʿAzīz, et plus activement encore sous le sultan ʿAbd al-Ḥamīd, s'efforça de mobiliser l'opinion dans l'ensemble du monde musulman, pour renforcer l'État ottoman chancelant, et lui procurer les alliances dont il avait grand besoin en ces temps d'épuisement et d'appauvrissement. Cette politique vint à être connue sous le nom de panislamisme — une transposition en termes islamiques, ainsi que nous l'avons noté plus haut, des mouvements européens, tels le pangermanisme et le panslavisme.

Dès le début, il y eut deux sortes de panislamisme — un panislamisme officiel, promu par l'un ou l'autre des gouvernements islamiques, à ses fins propres ; et un autre, de tendance radicale, souvent associé à une doctrine sociale révolutionnaire, et sous la conduite d'une personnalité religieuse plus ou moins charismatique, avec ou sans l'appui d'un gouvernement. L'homologue populaire d'ʿAbd al-Ḥamīd était l'activiste Djamāl al-Dīn, connu sous le nom de al-Afghanī. Le panislamisme officiel d'ʿAbd al-Ḥamīd, comme celui, radical, de Djamāl al-Dīn, n'eurent guère de résultats politiques, mais nul doute qu'ils contribuèrent à aviver, chez l'homme de la rue, le sentiment de son identité musulmane. Le développement rapide des communications, de la presse, du télégraphe et, plus récemment, de la radio et de la télévision, devait jouer dans le même sens.

La période entre les deux guerres a vu surgir diverses

formes d'extrémismes panislamiques : tout d'abord un panislamisme de gauche, souvent même d'origine communiste, et un autre de droite, issu de sources nationalistes et parfois fascistes. L'exemple le plus marquant de cette dernière tendance fut l'activité panislamique du mufti de Jérusalem, Hadj Amīn al-Husaynī, qui reçut le soutien des nazis et, par la suite, séjourna dans l'Allemagne de Hitler durant les années de guerre. On discerne encore des traces de l'influence nazie au Proche-Orient, par exemple dans l'iconographie stéréotypée des caricaturistes qui, prétendant stigmatiser les sionistes, attribuent à leurs personnages des traits raciaux affectés d'une déformation bien reconnaissable ; et, plus grave, dans l'utilisation très répandue, tant par les gouvernements que par les organismes privés, de ce faux antisémite notoire dit *Les Protocoles des Sages de Sion*. On compte actuellement un plus grand nombre d'éditions de cet ouvrage en arabe que dans toute autre langue et il figure même au programme de certaines universités.

L'après-guerre devait susciter de nouvelles formes d'activisme panislamique dont aucune ne donna grand-chose jusqu'à la convocation du Congrès islamique de La Mecque, en 1954. D'emblée, l'initiative la plus importante au cours du Congrès fut celle des Égyptiens, dont les intentions se trouvent déjà formulées dans la brochure de Nasser, *La Philosophie de la Révolution*.

« Reste le Troisième Cercle [les deux premiers étant les cercles arabe et africain], le cercle englobant les continents et les océans, celui, comme je l'ai dit, de nos Frères-en-l'islam, qui, quelle que soit leur place sous le soleil, se tournent avec nous, vers le même Qïbla, leurs lèvres murmurant solennellement les mêmes prières.

« Ma foi en la grandiose action positive qui pourrait résulter d'un renforcement du lien islamique conjoignant tous les musulmans s'est accrue comme j'accompagnais en Arabie Saoudite la mission égyptienne chargée de présenter les condoléances de l'Égypte, à l'occasion du décès de son grand roi.

« Tandis que je me tenais devant la Kaaba, parcourant en pensée toutes les parties du monde touchées par l'islam, il m'est apparu à l'évidence la nécessité d'un changement radical dans notre conception du Pèlerinage.

« Et en mon for intérieur, je me suis dit : Il faut cesser d'envisager le voyage à la Kaaba comme une carte d'admission au paradis, ou une tentative grossière de racheter le pardon des fautes commises durant une vie de dissipation.

« Le Pèlerinage devrait être chargé de tout un potentiel politique. La presse mondiale devrait se hâter de couvrir l'événement et de le décrire non pas à travers l'évocation pittoresque de ses rites et rituels pour le plus grand divertissement des lecteurs, mais sous l'aspect d'une conférence politique périodique où se rassemblent les chefs d'État islamiques, les dirigeants de l'opinion, les savants et les industriels éminents, les grands hommes d'affaires, afin d'élaborer en commun, au sein de ce Parlement islamique mondial, les grandes lignes de la politique à adopter dans leurs pays respectifs, et énoncer les principes qui assureront leur étroite coopération jusqu'à ce qu'ils se trouvent à nouveau réunis lors d'une session ultérieure.

« Les voilà qui s'assemblent, graves et pieux, mais tout-puissants ; ils n'ambitionnent pas le pouvoir, mais sont actifs et pleins d'énergie ; soumis au Vouloir Divin, mais fermes dans les épreuves et implacables envers leurs ennemis.

« Ils s'assemblent, fortifiés dans leur croyance en une Vie à Venir, mais convaincus également qu'ils ont une place sous le soleil qu'ils se doivent d'occuper dans cette vie-ci.

« Je me souviens d'avoir exprimé certaines de ces idées à Sa Majesté le roi Seoud.

« Sa Majesté acquiesça, disant : " Tel est, assurément, le but réel du Pèlerinage. "

Pour dire vrai, je ne puis, quant à moi, songer à le concevoir autrement.

« Lorsque je contemple les quatre-vingts millions de musulmans en Indonésie, les cinquante millions en Chine, les quelques millions en Malaisie, en Thaïlande et en Birmanie, les cent millions au Pakistan, les cent millions ou presque au Proche-Orient, les quarante millions en Union soviétique et les millions d'autres épars de par le monde aux quatre coins de l'univers — et lorsque je me prends à réfléchir sur ces centaines de millions de musulmans, tous fondus en un tout homogène par la vertu d'une même Foi, je m'en retourne, de plus en plus conscient des réalisations inouïes que la coopération entre ces millions d'hommes serait susceptible d'accomplir — une coopération qui, certes, n'outrepasserait jamais le loyalisme de chacun envers son pays d'origine, mais qui lui assurerait, à lui et à tous nos Frères-en-l'islam, un pouvoir illimité[1]. »

Sous l'autorité habile et énergique d'Anouar el-Sadate qui fut nommé secrétaire général, le Congrès islamique, ainsi conçu, devint un utile complément de la politique étrangère égyptienne, venant s'ajouter aux autres organisations de même type, telles la Conférence de la Solidarité afro-asiatique et la Ligue arabe. Mais à n'en point douter, ce fut aussi ce type d'utilisation qui précipita son échec.

---

1. Gamal Abdel NASSER, *The Philosophy of the Revolution*, Le Caire, s.d., pp. 67-68.

Tout comme les tentatives précédentes d'autres gouvernements musulmans, ce nouveau panislamisme placé sous l'égide égyptienne avait des liens trop étroits et trop voyants avec la raison d'État, et il ne parvint pas à susciter, dans le reste du monde, l'enthousiasme voulu.

Mais peut-être y a-t-il une raison plus profonde à la faiblesse persistante du panislamisme officiel. Dans le premier siècle et demi du califat, l'Islam était effectivement un État unique, de dimension mondiale. Mais c'est à cette date lointaine qu'il cessa de l'être, et il ne devait jamais retrouver son unité. Or, si les expériences politiques des musulmans et leur commune mémoire d'un passé qu'ils chérissent les conditionnent à éprouver le sentiment d'une identité sociale et culturelle commune, ils n'y puisent aucune tradition d'un État islamique unitaire, mais bien plutôt celle de la conjonction entre le pluralisme politique et l'unité socioculturelle.

Les projets visant à instaurer un panislamisme international n'ont produit que des résultats limités. Néanmoins ils ont déjà accompli infiniment plus que tout ce qui a été tenté de comparable au sein du monde chrétien et, à l'occasion, ils ont eu certaines conséquences d'ordre diplomatique ; ainsi, par exemple, lorsque les États arabes votèrent en bloc pour le Pakistan et contre la candidature de l'Inde au Conseil de Sécurité — et ce en dépit des services dévoués et désintéressés rendus par l'Inde à la cause arabe. On subsume des choix analogues dans le soutien apporté aux musulmans des Philippines, de l'Érythrée et de certains pays africains, à des moments où ils se trouvaient en butte à des majorités ou à des gouvernements non musulmans. Mais jusqu'ici la prudence a prévalu en ce qui concerne la position des

musulmans en Union soviétique, dans les pays de l'Est
européen et en Chine[1].

Cette attitude de prudence dans les relations soviéto-
islamiques, loin de se dissiper, s'est plutôt accentuée
depuis l'invasion de l'Afghanistan. À la fin de 1979,
l'Union soviétique qui avait déjà, par l'entremise d'une
série de subversions provoquées en sous-main, obtenu
une position prépondérante en Afghanistan, décida que,
pour soutenir cette position, il fallait faire donner les
armes. Et c'est ainsi que l'armée et l'aviation déclen-
chèrent une invasion générale du pays, au cours de
laquelle les Soviétiques violèrent une frontière internationale, arrêtèrent et firent exécuter le gouvernement du
pays, gouvernement, soit dit en passant, qu'ils avaient
fortement contribué à mettre en place, et, pour assurer
leur position, eurent recours, depuis lors, à la répression
la plus brutale à l'encontre de la population civile
afghane. On pourrait penser qu'il s'agit là d'un cas
d'agression net et clair. Or s'il y a agression caractérisée,
il y a, plus caractérisée encore, menace, et les réactions en
furent atténuées d'autant. À l'assemblée générale des
Nations unies, aux réunions des pays du Tiers monde ou
des États non alignés, même aux conférences au sommet
des pays de l'Islam, il s'est révélé quasiment impossible
de rassembler une majorité assez forte pour condamner
de manière explicite l'agression et l'occupation soviétiques. Au mieux est-on parvenu à se mettre d'accord sur

---

1. Un autre cas d'abstention de type différent serait illustré par le
refus de certains pays arabes ou musulmans de soutenir la Turquie dans
la question de Chypre, abstention motivée soit par un reste de rancune
envers d'anciens maîtres, soit pour exprimer une désapprobation envers
la politique d'occidentalisation et de sécularisation mise en œuvre par la
République turque depuis son avènement.

des blâmes formulés en termes très modérés, et écartant toute expression tant soi peu choquante telle que « agression » et « occupation », et allant même jusqu'à éviter de mentionner nommément l'Union soviétique pour se borner à « demander » ou à « recommander » que les « troupes étrangères » soient retirées d'Afghanistan. À noter, au cours des discussions qui ont abouti à ces résolutions, les interventions et pressions caractérisées de la Syrie, du Yémen du Sud, de l'O.L.P., et même parfois de l'Algérie et de la Libye, en faveur de l'Union soviétique. Le panislamisme, avec son mini-*djihād* contre un mini-ennemi, et son extrême prudence partout ailleurs, n'est guère convaincant en tant que force authentique dans le domaine de la politique internationale.

L'islam a manifesté sa force de manière infiniment plus probante dans la politique intérieure des pays musulmans. Ici on invoquera deux exemples, tout deux concernant des pays soumis à des régimes autocratiques. Le premier se passe en Tunisie où, en février 1960, le président Bourguiba fit une suggestion intéressante, à savoir que le jeûne d'une durée d'un mois, lors de la fête du Ramadan, avec perte concomitante de travail et de production, était un luxe qu'un pays pauvre et en voie de développement ne pouvait guère se permettre. Pour un gouvernement musulman, abolir ou interdire purement et simplement ce qui fait l'objet d'une prescription majeure de la loi coranique est chose impensable. Aussi le président Bourguiba tenta-t-il de justifier l'abolition dans les termes mêmes de la Loi sainte ; en effet, cette loi autorise un musulman à rompre le jeûne s'il mène campagne pour la Guerre sainte ou *djihād*. Bourguiba soutint qu'un pays en voie de développement est en état de *djihād*, et que la lutte pour obtenir l'indépendance économique par la voie du développement était assimilable à une guerre défensive pour l'indépendance nationale. En conséquence de quoi, il proposa d'abroger les lois selon lesquelles les restaurants, cafés et autres lieux publics demeuraient ouverts la nuit pendant le mois du Ramadan, et de les obliger à se conformer aux heures normales d'ouverture. À l'appui de cette nouvelle interprétation de la loi, il s'efforça d'obtenir une *fatwa,* une ordonnance du mufti de Tunis et des autres autorités religieuses. Mais la hiérarchie religieuse refusa de lui accorder ce qu'il demandait. La grande masse des gens observèrent le jeûne malgré la dispense présidentielle, et Bourguiba fut contraint de battre plus ou moins élégamment en retraite. Même un autocrate socialiste, fort de sa qualité de chef d'État et dans un but aussi louable que le développement économique du pays, a échoué dans sa tentative de limiter les effets d'une prescription impérative de la Loi sainte.

Une illustration encore plus frappante des limites religieuses de l'autocratie nous est offerte par ce qui s'est passé en Syrie, au printemps de 1967. Le 25 avril de cette année, la revue officielle de l'armée syrienne *Djaych al-Shaʿb (L'Armée du Peuple),* publia un article d'un jeune officier nommé Ibrahim Khalam intitulé « Les moyens de créer un nouvel homme arabe ». À en croire cet article, la seule manière de favoriser l'avènement de la société et de la civilisation arabes est de susciter « un nouvel homme, Arabe et socialiste, qui croit que Dieu, la religion, la féodalité, le capitalisme, et toutes les valeurs qui ont eu cours dans les sociétés préexistantes ne sont plus que des momies dans les musées de l'Histoire... Il n'y a qu'une seule valeur : la foi absolue dans le nouvel homme du destin... qui ne s'appuie que sur lui-même et sur sa propre contribution à l'humanité... parce qu'il sait que sa fin inévitable est la mort, et au-delà de la mort, rien... aucun paradis, aucun enfer... nous n'avons nul besoin d'hommes qui s'agenouillent et mendient la clémence et la miséricorde ».

C'était la première fois que de telles idées étaient exprimées et imprimées dans l'un quelconque des États arabes révolutionnaires, et la réaction fut immédiate et violente. Jusque-là, une population apparemment domptée avait acquiescé passivement à une série de changements, tant politiques qu'économiques. La suppression de la liberté de parole, les expropriations autoritaires n'avaient provoqué aucune réaction — mais bafouer Dieu et la religion dans une revue à caractère officiel révéla les bornes de la soumission, et le point où un peuple musulman se lève en armes.

Face à la violence et aux tensions qui brutalement s'exaspérèrent, le gouvernement prit des mesures diverses : l'une d'elles fut d'arrêter un certain nombre de dirigeants religieux, une autre de faire saisir les exemplaires de la revue contenant l'article incriminé et d'arrêter l'auteur et les membres de la rédaction. Le 5 mai, l'auteur et les rédacteurs furent emprisonnés et le jour suivant, le journal semi-officiel *Al-Thawra* (*La Révolution*) proclama le respect du régime syrien envers Dieu et la Religion. Le 7 mai, Radio-Damas annonça que : « L'article coupable et insidieux publié par la revue *Djaych al-Sha'b* constitue un simple maillon dans la chaîne d'une conspiration réactionnaire américano-israélienne... l'enquête menée par les autorités a révélé que l'article et son auteur n'étaient que des outils entre les mains de la C.I.A., laquelle a pu infiltrer ses agents d'une manière particulièrement sordide et ignoble, et a atteint ainsi ses coupables objectifs, qui étaient de créer le trouble parmi les rangs des citoyens. »

Cette résistance, devait-on annoncer par la suite, avait été le produit d'une action concertée des auteurs, avec les Américains, les Anglais, les Jordaniens, les Arabes Saoudiens, les sionistes et Selim Hatum (un opposant druze). Le 11 mai, un tribunal militaire condamna l'auteur et les rédacteurs à la prison à vie.

Même dans l'Égypte de Nasser, l'islam n'a cessé de fournir la source première du loyalisme et de la morale. Ainsi dans le manuel d'orientation à l'usage de Haut Commandement des forces armées égyptiennes, édité en 1965, les guerres au Yémen et contre Israël sont présentées en termes de *djihād,* ou Guerre sainte, à la Gloire de Dieu contre les infidèles. Aux questions des soldats, cherchant à savoir si l'obligation islamique classique du *djihād* demeurait en vigueur ou si elle avait été abrogée, les officiers d'orientation avaient mission de répondre que le *djihād* pour la gloire de Dieu est encore et toujours en vigueur, et qu'il convient de le réinterpréter en termes de notre propre époque, comme une aspiration à la justice sociale et à l'amélioration du genre humain. Les ennemis contre lesquels le *djihād* doit être mené sont ceux qui s'opposent ou qui résistent à l'accomplissement de ces vues, c'est-à-dire l'impérialisme, le sionisme et les régimes réactionnaires arabes. « Selon cette manière de concevoir la mission de l'islam et cette manière de comprendre le *djihād,* nous devons constamment réaffirmer que notre devoir militaire au Yémen est un *djihād* pour Dieu, et que notre devoir militaire contre Israël est un *djihād* pour Dieu ; et que pour tous ceux qui combattent dans cette guerre, il y a la récompense des combattants dans la guerre sainte pour Dieu... Notre devoir est la guerre sainte pour Dieu... " Tuez-les partout où vous les atteindrez ! Expulsez-les d'où ils vous ont expulsés ! " (Coran, II, 187). »

C'est dire que la guerre est une guerre sainte et que les récompenses du martyre spécifiées dans les Écritures demeurent promises à ceux qui périssent au combat. Des idées analogues se retrouvent dans les manuels d'orientation distribués aux troupes égyptiennes en juin 1973, et on notera avec intérêt que le nom de code opérationnel pour le passage du Canal est Badr, nom d'une victoire remportée par le Prophète sur les infidèles. Incidemment, l'ennemi nommé dans le manuel n'est pas le sionisme, ni même Israël, mais simplement « les juifs ». L'une des différences majeures entre les littératures de propagande égyptienne et syrienne tient à l'inflexion religieuse, beaucoup plus accusée chez les Égyptiens, au regard de l'approche plus idéologique des Syriens.

La guerre actuelle entre l'Irak et l'Iran a fait émerger, outre des divergences, d'intéressantes similitudes entre les buts avoués et la propagande de guerre des deux protagonistes. Les Iraniens, comme on peut s'y attendre, choisissent de présenter la lutte en cours en termes religieux, et leur propre cause, du moins dans les premières phases de la lutte, ne fait guère référence à l'Iran. Ils préfèrent se voir en défenseurs de l'islam, ou au moins de la révolution et de la république islamiques, contre un régime d'apostats, d'athées, de relaps et de renégats. C'est au Baath qu'ils font la guerre, et non aux Irakiens et aux Arabes qu'ils cherchent à libérer de ce régime anti-islamique. Le régime irakien, quant à lui, tout en se défendant d'être de quelque manière que ce soit anti-islamique, poursuit une idéologie laïque et nationaliste. C'est pourquoi les Irakiens parlent d'une lutte contre les « Persans », utilisant le terme *Furs* qui en arabe classique était appliqué par les conquérants arabes aux

peuples conquis de l'Iran. Ils vont même parfois plus loin
et qualifient lesdits Persans de *Majus* ou *Magiens,* terme
utilisé par les premiers musulmans pour désigner les
prêtres de Zoroastre qu'ils tenaient pour idolâtres. Avec
les victoires de Nabuchodonosor promu récemment au
rang de héros national, les Irakiens célèbrent la grande
bataille de Qadisiyya au cours de laquelle l'armée des
Arabes musulmans détruisit la puissance de l'antique
empire d'Iran. Pour le moment, les thèmes, tant religieux
que patriotiques, affleurent de part et d'autre, les Irakiens
invoquant la mémoire du premier grand *djihād* islamique contre l'Iran impérial et païen, et les Iraniens —
comme tant de fois par le passé — réaffirmant la pureté
religieuse et le dynamisme révolutionnaire de l'islam
authentique contre ceux qui l'ont corrompu. À mesure
que la guerre se poursuit, les Irakiens, sans pour autant
renoncer à leur idéologie radicale et nationaliste, commencent à faire plus ample usage des thèmes religieux ;
quant aux Iraniens, sans rien abandonner en apparence de
leurs engagements religieux, ils viennent à redécouvrir les
vertus du patriotisme territorial qu'ils condamnaient chez
le shah. Si les deux adversaires persistent à brandir la
bannière de l'Islam, un autre élément — la différence
sectaire entre le sunnisme, la religion de la classe dominante en Irak, et le chi'isme, la religion de l'Iran —
recouvrera inévitablement un peu de son importance
passée.

Lors de deux guerres récentes, on a pu voir des
musulmans aux prises avec des non-musulmans : ce fut le
cas lorsque les Turcs débarquèrent à Chypre et au cours
des luttes qui s'ensuivirent, et aussi lorsque l'Égypte et la
Syrie firent la guerre à Israël, en octobre 1973. Tant en
Égypte qu'en Turquie, le discours et toute la rhétorique
qui ont accompagné ces offensives étaient baignés de

religiosité. Le légendaire populaire, du type de celui qui fleurit en temps de guerre dans toutes les sociétés, a assumé un caractère fortement religieux lui aussi, donnant naissance à des histoires où l'on voyait le Prophète et les anges d'Allah intervenir aux côtés des musulmans, c'est-à-dire des Égyptiens, contre leurs ennemis. Un écrivain, qui, dans un article de presse, avait déploré cet état de choses, faisant observer qu'on dévalorisait d'autant les exploits des forces armées égyptiennes, fut vertement pris à partie. Or les Égyptiens ne sont pas tous musulmans. Une minorité assez considérable est chrétienne ; ces chrétiens combattirent eux aussi dans l'armée, et on compte d'ailleurs parmi eux un certain nombre d'officiers supérieurs. Les manuels d'orientation militaire tiennent compte de cette réalité évoquant les croyances religieuses de l'un et de l'autre groupe. Reste que lorsque parvint la nouvelle de l'occupation, par les Israéliens, de la rive occidentale du Canal, une rumeur circula immédiatement, imputant cette pénétration ennemie à la trahison d'un officier copte. Bien entendu il n'y avait pas ombre de vérité dans cette histoire que le gouvernement égyptien se hâta de démentir et de réfuter. Mais sans doute la promotion, à ce moment précis, d'un général copte au commandement d'un corps d'armée ne fut-elle pas une simple coïncidence. Plus surprenante encore est l'apparition d'un langage à consonance religieuse chez les Turcs laïques qui, lors des combats de Chypre, eurent recours à de nombreux termes islamiques pour se représenter eux-mêmes et pour caractériser leurs adversaires et la lutte qu'ils menaient.

S'il importe de reconnaître à quel point le loyalisme communautaire demeure, en pays musulman, une force avec laquelle il faut compter, on ne doit pas tomber dans l'erreur inverse consistant à sous-estimer le degré de laïcisation effective. En particulier dans les pays plus développés, des changements sans doute irréversibles ont d'ores et déjà eu lieu, affectant, singulièrement, la vie sociale et économique et l'organisation légale et juridique. En ce qui concerne certains pays, tels la Turquie, l'Iran ou l'Égypte, la géographie et l'histoire se sont conjuguées de manière à donner aux habitants le sentiment bien affirmé d'une identité et d'un destin distincts, et les ont fait progresser dans la voie d'une citoyenneté nationale laïque. Mais même dans ces pays, l'islam demeure une force significative toujours, et parfois la force prédominante. En général, on s'aperçoit que la laïcisation a une portée plus restreinte qu'il n'apparaît au premier abord. Dans le domaine de l'éducation par exemple, des écoles et des universités ostensiblement laïques sont, en fait, soumises à des influences religieuses de plus en plus envahissantes. Même dans les États qui professent une idéologie extrémiste, comme la Syrie, le processus de laïcisation semble avoir été dirigé contre les minorités religieuses, et non contre l'islam en tant que tel. Un rapport du gouvernement syrien, publié en octobre 1967, déclare que les écoles privées — et on entend par là principalement les écoles chrétiennes, filiales d'institutions étrangères — seront mises en demeure d'utiliser les manuels du ministère de l'Éducation, sur le christianisme et l'islam, dans lesquels l'enseignement des deux religions a été unifié « de manière à ne pas laisser de place pour le confessionnalisme... incompatible avec les mentalités de notre époque ».

De ce qui précède, se dégagent certaines conclusions d'ordre général. L'islam est toujours la forme la plus efficace de consensus en pays musulman, et, parmi les masses, la forme fondamentale de l'identité collective. Un processus qui ne peut manquer de s'accentuer dans la mesure même où les régimes deviendront plus authentiquement populaires. On peut déjà entrevoir le fossé qui se creuse entre les présents régimes, et les petites élites, éduquées en Occident, aliénées de leur peuple, qui ont exercé le pouvoir jusqu'à ces dernières décennies. Plus les régimes se rapprochent de la populace, même si leur verbiage est gauchisant et idéologique, plus ils s'islamisent. Sous le régime du Baath, en Syrie, on a édifié plus de mosquées dans les trois années qui ont suivi l'incident de la revue *Djaych al-Sha'b*, que dans les trente années précédentes.

L'islam est une force très puissante mais encore dépourvue de direction politique. Comme facteur exerçant une possible action dans la politique internationale, le pronostic actuel n'est pas très favorable. Il y a eu nombre de tentatives de mettre en œuvre une politique panislamique, et elles n'ont guère abouti. Une des raisons de leur manque d'impact tient à la personnalité peu convaincante de ceux qui ont tenté l'aventure. Reste donc la possibilité de la venue au pouvoir d'une classe politique plus responsable, et il y a toutes raisons de penser que pratiquement partout dans les pays musulmans, les populations appellent de tous leurs vœux l'émergence d'une autorité de cette nature et sont prêtes à lui apporter leur soutien. L'absence d'un personnel politique moderne et éduqué a considérablement restreint, jusqu'à présent, le champ d'action de l'islam et a empêché les mouvements religieux de postuler sérieusement le pouvoir. Mais l'islam, déjà très efficace comme facteur restrictif, peut devenir une force en politique intérieure d'une portée considérable, pour peu qu'apparaisse un pouvoir d'un type adéquat.

Il est clair qu'en Iran, une forme de pouvoir adéquat a

bel et bien émergé, adéquat pour autant qu'il s'est révélé capable de susciter et de canaliser un formidable déchaînement de ferveur populaire et révolutionnaire, visant à renverser et à détruire de fond en comble l'ancien régime, et à instituer à sa place un nouvel ordre islamique. Reste à voir ce qu'il adviendra de ce nouveau gouvernement religieux, dans l'exercice et le maintien du pouvoir.

Dans la période qui a précédé immédiatement le déclenchement de la guerre des Six Jours, en 1967, on entendait parfois une petite phrase de sinistre aloi : « D'abord les gens du samedi, puis les gens du dimanche. » Les gens du samedi se sont montrés singulièrement récalcitrants, et les événements récents au Liban pourraient bien signaler un renversement des priorités. Fondamentalement, en Palestine comme au Liban, ce sont les mêmes questions qui se posent, bien que les circonstances qui viennent compliquer les deux situations soient, elles, très différentes. La fascination que l'histoire des Croisades exerce actuellement sur les musulmans, l'abondante littérature sur le sujet, tant savante que populaire, et l'insistance sur les conclusions à tirer de l'extinction finale des Royaumes francs, sont autant d'indices qui jettent quelque lumière sur les attitudes en la matière. L'islam est, dans son principe, une religion de pouvoir, et dans la conception musulmane du monde, il est juste et normal que le pouvoir soit détenu par des musulmans, et seulement par des musulmans [1]. D'autres

---

1. Le même concept trouve à s'exprimer dans la Loi musulmane sur le mariage, autorisant un musulman à épouser une non-musulmane, mais interdisant catégoriquement le mariage entre un non-musulman et une musulmane. La raison est que, dans le mariage, l'homme est le partenaire dominant, la femme lui étant subordonnée — et qu'il convient que l'islam l'emporte.

peuvent être les bénéficiaires de la tolérance et même de la clémence de l'Etat musulman, pourvu qu'ils reconnaissent clairement la prééminence de l'islam. Que des non-musulmans gouvernent des musulmans est une offense aux Lois de Dieu et à celles de la Nature, et cela est vrai au Cachemire comme en Palestine, au Liban comme à Chypre. Ici encore, il nous faut garder en mémoire que l'islam n'est pas une religion au sens restrictif où l'entend l'Occident, mais une communauté, une allégeance et un mode de vie — et que la communauté islamique en est encore à se remettre de cette époque traumatisante où les gouvernements et les empires musulmans furent renversés, et les peuples de l'islam soumis de force à l'autorité d'étrangers impies. Les gens du samedi, comme ceux du dimanche, en subissent à ce jour les conséquences.

La révolte de l'islam

Jusqu'à la fin de 1978, l'étude de l'islam en tant qu'élément politique était soumise à certains tabous dans le monde occidental. Point de tabou au Proche-Orient, et d'une façon générale dans le monde musulman, où l'essor du nationalisme avait fait exploser un débat toujours actuel sur le rapport entre les fidélités patriotiques ou nationales et religieuses, et sur le rôle de l'islam dans l'idéologie, la fidélité et le gouvernement.

Ce débat n'attira guère l'attention dans le monde occidental, où l'on imite, en ceci comme en d'autres matières, le Dieu de la Bible : où l'on fait l'homme à son image et où chacun tend à voir les autres sociétés sur le modèle de la sienne. D'une part, les spécialistes des sciences sociales s'accordaient de plus en plus à dire que la religion n'était plus un critère suffisant pour classer les

---

« Islamic Revolution », *The New York Review of Books*, 30 juin 1983.

À propos de : *L'Islam et l'État dans le monde d'aujourd'hui*, éd. par Olivier CARRÉ, Paris, Presses Universitaires de France ; Edward MORTIMER, *Faith and Power : The Politics of Islam*, New York, Random House ; Fazlur RAHMAN, *Islam and Modernity : Transformation of an Intellectual Tradition*, Chicago, University of Chicago Press ; Mohammed ARKOUN, *Lectures du Coran*, Paris, Maisonneuve et Larose ; Hamid ERAYAT, *Modern Islamic Political Thought*, Austin, University of Texas Press.

peuples et les sociétés, et qu'en y recourant on pouvait s'exposer à de graves distorsions. En second lieu, et peut-être était-ce plus important, on estimait plus ou moins insultant d'émettre l'idée que les peuples, particulière ment les autres peuples, sont influencés ou, pis encore, déterminés par la religion dans leurs choix politiques. C'était particulièrement vrai de ceux qui professaient la religion de l'islam, dont la grande majorité était des Asiatiques, et des Africains, et faisaient donc partie de ce qu'on appelait le Tiers monde.

Il y avait toujours des érudits, dans le premier et le deuxième monde, pour se plonger dans l'étude de l'islam, de son histoire et de sa culture. De temps en temps, certains d'entre eux se risquaient à publier leurs trou-vailles et à proposer leur opinion sur les rapports de l'islam et de la politique, dans le passé et même dans le présent. Pour la plupart, leurs études n'avaient de reten-tissement que dans les milieux professionnels. Le congrès international des orientalistes, qui avait tenu des réunions périodiques depuis 1873, avait toujours consacré l'une de ses grandes sections à l'étude de l'islam, d'autres sections s'occupant de l'Inde, de la Chine et des anciennes civilisations du Proche-Orient. Seul fit exception le vingt-troisième congrès international, qui se tint à Mos-cou. À cette occasion, le comité organisateur local raya la section d'études islamiques. Quant aux communications que cette section devait examiner, il les redistribua entre les autres sections, qui avaient à traiter d'histoire, de langues et littératures des Arabes, des Persans, des Turcs et des autres peuples à prédominance musulmane. Pour la première fois, on ajouta une section d'études afghanes.

Dans les congrès suivants, la section sur l'islam fut rétablie, mais dans certains milieux on continua à considérer avec méfiance l'optique islamiste, selon laquelle l'islam est le principe organisateur de l'étude. Un polémiste en colère en vint même à laisser entendre, ou peu s'en fallait, que l'islam lui-même était une invention d'orientalistes malveillants, qui n'avaient pas seulement fabriqué l'Orient, mais avaient aussi inventé ses éléments constitutifs.

Chose paradoxale, cette curieuse répugnance à assigner une signification politique à l'islam était issue d'une arrogance culturelle profondément ancrée, laquelle était devenue rare à cette époque dans la plupart des autres milieux occidentaux. Ses jugements reposent sur l'hypothèse fondamentale que nous autres, gens de l'Occident libéral, nous sommes le modèle du progrès et des lumières, la norme par laquelle les autres doivent être jugés. Être comme nous, c'est être bon, ne pas l'être, c'est être mauvais ; devenir plus semblable à nous, c'est s'améliorer, devenir moins semblable à nous, c'est se détériorer. Par voie de conséquence, donner à entendre que telle nation, tel peuple, telle société sont réellement différents de nous, c'est les insulter.

Dans le monde occidental, nous avons, pour la plupart, dépassé depuis longtemps cette sorte d'ethnocentrisme grossier. Au contraire, nous avons souvent tendance à tomber dans l'extrême opposé. Voilà qui rend d'autant plus surprenant, et même déconcertant, que certains non-Occidentaux se sentent encore insultés quand on émet l'idée qu'ils puissent être différents de nous : comme si être semblable à nous était chose si merveilleuse... Fut un temps où cette attitude n'était pas inhabituelle chez les vieux libéraux et dans la gauche, ancienne ou nouvelle, du monde islamique. Elle est devenue rare, et survit principalement chez des expatriés vivant en Occident et s'adressant à un public occidental.

Elle n'apparaît pas parmi les partisans d'un « réveil » musulman, parmi ces intégristes qui reconnaissent et, en fait, proclament bien haut la différence, y voyant la mesure de leur propre supériorité morale et religieuse sur les infidèles matérialistes et décadents du monde occidental. La révolution islamique actuelle — de loin le mouvement le plus puissant et le plus significatif du monde musulman depuis plus d'un siècle — n'a pas de difficulté à se définir, dans les mots de ses théoriciens et les actions de ses chefs, par la religion, qui est considérée comme la base ultime de l'identité, la source première de l'autorité, la seule vraie fidélité. Et la révolution veut dire un retour aux idéaux islamiques, au principal courant de l'histoire et de la civilisation islamiques, après une période de déviation inspirée par l'étranger et — pour emprunter cette expression à une autre religion — de recherche de dieux étrangers.

La révolution d'Iran, et l'apparition d'une figure religieuse charismatique, son chef l'imam Khomeini, a forcé les Occidentaux, même ceux qui portaient les plus grosses œillères idéologiques, à percevoir les choses autrement. Quant aux représentations populaires, comme d'habitude, elles sont passées d'un extrême à l'autre. Les mêmes qui étaient hier incapables de voir que l'islam existait, les voilà tout soudain incapables de voir autre chose que l'islam. Les deux manières de voir sont également trompeuses. L'islam est une réalité, et son importance pour les musulmans comme facteur politique est immense. Mais, ayant accepté l'islam comme un fait, nous devrions nous rappeler qu'il existe néanmoins d'autres faits. Les musulmans, comme tout le monde, sont portés à protester contre l'oppression politique et à se révolter contre les privations économiques. Les musulmans, comme tout le monde, tendent à réagir et à riposter par des moyens qu'ils connaissent familièrement.

Quelles que soient les causes — politiques, sociales, économiques —, c'est une forme d'expression islamique que la grande majorité des musulmans trouve le plus naturellement pour exprimer ses critiques de l'ordre ancien et ses aspirations à un ordre nouveau. Les slogans, les symboles et, dans une très large mesure, les programmes sont des évocations de souvenirs islamiques ou des formulations de principes religieux islamiques. La notion et la pratique de la révolution ne sont pas des nouveautés dans le monde islamique, qui a sa propre et longue tradition de protestation et d'action contre les gouvernements tyranniques. L'opposition musulmane, à travers les siècles, s'est exprimée par la théologie aussi naturellement et aussi spontanément que ses équivalents occidentaux le font par l'idéologie politique et sociale. Ici ou là, il ne s'agit ni d'un masque ni d'un voile.

En s'attaquant au vieux régime et en formulant son programme pour le nouveau, Khomeini œuvrait selon les traditions historiques et religieuses de l'islam. L'ayatollah n'est pas un simple agitateur, bien qu'il soit fort habile homme dans cette activité-là ; c'est un homme de savoir, un théologien et un juriste, et l'auteur de nombreux ouvrages savants aussi bien que d'appels au sentiment populaire. Il n'y a pas de doute possible sur les défauts qu'il trouvait au régime du shah ni sur les remèdes qu'il proposait. Dans une très large mesure, ce qu'il a accompli correspond à ses intentions déclarées.

Au début, on s'est largement mépris sur la nature du phénomène Khomeini. Ce ne sont pas seulement les observateurs occidentaux qui s'y sont trompés, mais même les membres de l'élite libérale occidentalisée d'Iran, et ils ont moins d'excuses. Il y avait un tel franc-parler, une telle véhémence dans son opposition au shah, aux États-Unis, à toute chose occidentale, que l'on ne voulait pas, semble-t-il, accorder d'importance au reste. L'essentiel, c'était qu'il se dressait contre l'ancien régime, et, fait beaucoup plus important, qu'il offrait apparemment, pour la première fois, une chance réelle de le renverser. Certains radicaux iraniens supposèrent, alors que tout prouvait le contraire, que cet homme recourait avec une mauvaise foi comparable à la leur aux thèmes populistes — ce qui, en Iran, signifiait nécessairement religieux — et qu'il les oublierait une fois la révolution victorieuse. D'autres, à peine plus réalistes, estimaient qu'ils avaient besoin de lui et de sa séduction pour soulever les masses, mais croyaient qu'ils seraient en mesure, le moment venu, de se débarrasser de lui et de ces naïfs de mollahs.

En quoi ils se trompaient fort. Les vrais naïfs, c'étaient eux ; et ce furent les mollahs qui se montrèrent experts à manier les affaires de ce monde-ci comme du monde à venir. Khomeini refusa le rôle de Kerensky qui lui avait été assigné, et les mollahs se débarrassèrent, fermement et efficacement, des alliés libéraux et de gauche qui leur avaient donné un coup de main — dont il ne faut pas exagérer l'importance — pour prendre le pouvoir.

À peu d'exceptions près, les sympathisants et partisans occidentaux réagirent avec indifférence aux conséquences de la révolution qu'à des moments critiques ils avaient encouragée et aidée : non seulement aux conséquences générales pour le peuple iranien, mais à l'emprisonnement, à la torture et à l'exécution d'un grand nombre de leurs propres amis libéraux et de gauche. Ils ne se

montrèrent pas non plus très émus quand le gouvernement révolutionnaire annula des mesures prises sous
l'ancien régime pour donner plus de droits aux femmes et
aux minorités. Aux yeux de Khomeini, ces mesures,
inspirées par la laïcité occidentale, étaient au nombre des
crimes les plus graves commis par le shah, et leur
rectification était une priorité de la révolution. La plupart
des anciens admirateurs occidentaux de Khomeini ont
choisi de se détourner et d'accorder à des sujets plus
nouveaux une attention mieux récompensée. La presse
populaire, dans les rares occasions où elle prête quelque
attention à l'Iran, préfère régaler ses lecteurs de récits
horrifiques où les dispositions du code pénal islamique
permettent de corser les effets pittoresques.

Tout cela veut-il dire que la révolution a fait fausse
route, qu'elle a été déviée de ses buts originaux, que
— comme l'a dit un participant — elle a été détournée par
les mollahs ? Pour répondre à ces questions, bien
entendu, il faudrait savoir qui étaient réellement les
auteurs de la révolution, et quelles étaient leurs intentions.

Sérieusement, on n'en saurait douter : ce qui s'est passé
en Iran au cours des quatre dernières années est une
révolution authentique — pour employer ce mot dans le
même sens que lorsque nous parlons de la Révolution
française ou de la Révolution russe. Ce n'est pas louer ou
blâmer le changement en Iran, c'est seulement dire qu'il
est grand et important. Pour le meilleur ou pour le pire
— ce qui reste encore à voir —, il y a eu des changements
véritables et radicaux, amenés par un mouvement de
masse authentique, avec une très large participation.
C'est là un changement d'un ordre très différent des

prétendues révolutions qui ont eu lieu en d'autres pays
du Proche-Orient au cours de ce siècle. Les premières
étaient largement inspirées par des modèles et des programmes européens ; les plus récentes pourraient être
désignées avec plus de précision par des termes comme
coup d'État * ou *putsch*. En Iran, un transfert du pouvoir
n'est pas intervenu simplement d'un groupe à un autre,
mais de tout un ordre social à un autre, ce qui s'est
accompagné d'un processus de transformation sociale
profonde. Et, comme on l'a vu dans d'autres grandes
révolutions, ce transfert a fait partie d'un processus plus
long, plus vaste, plus profond que le transfert de pouvoir
immédiat qui s'opéra en un instant à Paris en 1789, à
Petrograd en 1917, à Téhéran en 1979.

Dans l'Iran impérial comme dans la France et la Russie
prérévolutionnaires, une grande série de changements
était déjà en train de se produire sous l'ancien régime. Ces
changements avaient imposé de grandes tensions et de
grandes contraintes à la société iranienne traditionnelle.
Les vieilles institutions, la structure des allégeances, le
système des valeurs craquèrent et se brisèrent sous le
choc. Les institutions et les valeurs importées de l'Occident étaient encore imparfaitement assimilées ou comprises. Il n'est pas surprenant qu'elles n'aient pu répondre
aux besoins et aux aspirations du peuple en une période
de crise. La révolution iranienne, comme les autres, fut le
résultat et l'expression de ressentiments profonds, de
convictions solides et d'espoirs passionnés, et les forces
qui la lancèrent sont encore loin d'être épuisées.

Comme les révolutions française et russe en leur
temps, la révolution islamique en Iran affronte des temps
difficiles — effondrements économiques et politiques,

* En français dans le texte.

guerre étrangère, luttes internes. Quand les Iraniens eurent remporté leur première victoire militaire contre l'armée irakienne envahisseuse, il sembla qu'ils avaient accompli leur Valmy, et quelques-uns pensèrent qu'on en serait bientôt à leur Napoléon. Son apparition reste possible, bien qu'elle ne paraisse pas imminente.

Dans toute grande révolution, il y a un élément théâtral, et même de mime. Les acteurs du drame révolutionnaire sont pénétrés de leur rôle historique ; ils perçoivent ce rôle et ils essaient de le jouer selon les traditions révolutionnaires de leur société, celle où ils ont été élevés. Les radicaux anglais du XVIIe siècle et leurs successeurs de l'Amérique coloniale prirent le livre de l'Exode pour modèle : les esclaves délivrés se mettaient en route vers la Terre promise. Les Jacobins regardaient vers Rome et se considéraient comme les défenseurs de la vertu républicaine ; les bolcheviks, à leur tour, se voyaient en Jacobins et c'est en vain qu'ils essayèrent de conjurer la réaction thermidorienne.

La révolution d'Iran a été une révolution islamique. Ceux qui en ont été les inspirateurs véritables et les chefs ne se souciaient en rien de Rome, de Paris ni de Petrograd, et pour eux les idéologies européennes, de gauche et de droite, faisaient corps avec l'ennemi envahissant contre lequel ils luttaient. Leur société était différente, nourrie à des Écritures différentes, à des classiques différents, formée par des souvenirs historiques différents, parmi lesquels des souvenirs d'action révolutionnaire, tantôt victorieuse, tantôt infructueuse. Les symboles et les slogans de la révolution étaient islamiques, car eux seuls avaient le pouvoir de mobiliser les masses pour le combat. Et pour les chefs réels de la révolution, ces

symboles et ces slogans n'étaient pas de simples formules : ils étaient le reflet véritable de la nature même de
leur révolution.

On peut envisager le caractère islamique de la révolution d'Iran sous un autre aspect : celui de la fascination
puissante qu'elle a exercée sur d'autres peuples musulmans, c'est-à-dire sur des peuples partageant la même
culture historique et religieuse, le même univers du
discours. Jusqu'en Indonésie à l'est, jusqu'au Sénégal à
l'ouest, jusqu'à Sarajevo au nord, les musulmans ont réagi
devant la révolution iranienne, en grande partie, comme
les contemporains occidentaux devant les premières
républiques française et russe : avec le sentiment qu'exprimait Wordsworth dans ces vers fameux :

> *Bliss was it in that dawn to be alive,*
> *But to be young was very heaven!*

C'était bonheur que d'être vivant dans cette aube-là,
Mais être jeune, c'était le paradis même !

Par tout le monde musulman, hommes et femmes,
surtout jeunes, réagirent avec la même sorte d'enthousiasme — peut-être plus intense encore, car le monde
musulman, aujourd'hui, fait face à des problèmes de
privation économique et d'oppression politique bien plus
graves qu'aucun de ceux que le monde occidental dut
affronter en 1789 ou en 1917. De même que les Occidentaux optimistes étaient prêts à excuser ou même à
accepter la Terreur et la tyrannie bolchevique, de même
de nombreux musulmans sont prêts à excuser ce que
certains d'entre eux considèrent comme une saignée
nécessaire, et ils attendent avec impatience que soient
atteints les buts révolutionnaires islamiques. Entre-

temps, les différents *anciens régimes** du monde islamique, y compris des traditionalistes religieux comme les
Saoudiens, ont vu dans la révolution d'Iran une menace
mortelle, et ont essayé de se protéger comme on l'a fait de
tout temps lorsqu'on avait affaire à un feu de forêt.

En ce moment, l'Iran souffre encore de la guerre, des
soulèvements, du sang répandu, de la terreur, et les
perspectives semblent très sinistres. Or, instruits des
exemples de la France et de la Russie, nous ne devons pas
faire peu de cas de la persistance du processus révolutionnaire et d'un acquis sans doute fort éloigné des intentions
premières des initiateurs de cette évolution, mais qui
néanmoins sont d'une immense importance.

À présent, le lien entre l'islam et la politique est chose
reçue dans la bonne société occidentale. Il existe même
une certaine curiosité de ces forces immenses et contenues que des hommes comme Khomeini peuvent libérer
et diriger, et un désir de s'informer plus et mieux sur
l'islam, notamment sur les rapports entre la religion et
l'exercice et recherche du pouvoir dans le monde islamique.

La révolution islamique en Iran et les événements qui
ont suivi, tels que la prise de la Grande Mosquée à La
Mecque, l'assassinat de Sadate et d'autres signes de
mauvais augure de la montée des passions religieuses dans
le monde musulman, ont éveillé un nouvel intérêt pour
l'islam politique, auquel des éditeurs, des auteurs et
surtout des rédacteurs ont promptement répondu. La
tâche n'était pas facile. Bien que la production littéraire
des mouvements islamiques soit vaste et riche, elle est

---

* En français dans le texte.

surtout publiée en arabe et dans les autres langues du monde musulman. Même un vocabulaire approprié semble manquer, et les écrivains ont eu recours à des mots tels qu' « intégrisme », « fondamentalisme », *revivalism*. Or, ces mots ont des connotations spécifiquement chrétiennes, et si on les emploie pour désigner des phénomènes religieux islamiques, ce ne peut être qu'à titre d'analogie très vague. Même l'emploi courant de mots tels que « clergé » et « prêtres », pour désigner les mollahs d'Iran, obscurcit la différence importante, la différence profonde qui existe entre le clergé et le ministère chrétiens et les docteurs musulmans de la Loi sainte.

Une autre raison fait que des termes comme *revivalist* et « fondamentaliste » sont trompeurs quand on les applique à des mouvements islamiques courants. Dans l'usage occidental, ces mots ont une connotation assez spécifique, ils suggèrent un certain type de religiosité affective et même sentimentale, non pas intellectuelle, peut-être même anti-intellectuelle. L'islam moderne a son lot d'extatiques et de simples piétistes, mais ils ne sont pas le tout, ni même la partie dominante, du réveil islamique. Des écrivains comme Khomeini sont des penseurs rigoureux et disciplinés. Ce sont des savants, de profonds connaisseurs des doctrines et des lois de leur foi, dont le raisonnement, pour ceux qui partagent leurs prémisses, est sûrement convaincant et peut paraître irrésistible.

Depuis plus d'un siècle les théologiens musulmans débattent des problèmes que pose à leur foi et à leur communauté l'effet percutant produit par le monde occidental moderne sur les sociétés islamiques traditionnelles et par le remplacement, dans un pays musulman après l'autre, de la Loi sainte et de l'islam par les lois, les

normes et les valeurs de l'Occident laïque. Traditionalistes et modernistes discutent depuis longtemps de ces
questions. Le radicalisme néo-conservateur de Khomeini
et de ses disciples jaillit de cette conviction profonde :
l'expérience de la modernisation — tant dans l'action que
dans la pensée — a échoué, et le seul salut, pour les
musulmans, est de retourner aux origines divines de leur
foi. Par contraste avec les sympathisants occidentaux et
les modernistes influencés par l'Occident, qui soutiennent que l'islam n'a rien à faire avec la politique,
Khomeini observe que « le Coran contient cent fois plus
de versets concernant les problèmes sociaux que de
versets sur les sujets de dévotion. Si l'on prend cinquante
livres sur la tradition musulmane, il y en a peut-être trois
ou quatre qui traitent de la prière ou des devoirs de
l'homme envers Dieu ; quelques-uns s'occupent de
morale ; et tout le reste roule sur la société, l'économie, le
droit, la politique et l'État... ». L'islam, selon la même
autorité, « est politique ou n'est rien ». En nombre
toujours plus important, les musulmans de maints pays
sont d'accord avec lui.

Termes politiques arabes modernes

Depuis une centaine d'années, les Arabes, comme beaucoup d'autres peuples d'Asie et d'Afrique, ont dû trouver des mots nouveaux pour désigner une série d'institutions et de notions politiques étrangères à leurs propres traditions, et imposées ou importées de l'extérieur. Tiré de l'histoire européenne et exprimé dans les termes de la pensée européenne, le nouveau langage politique était étrange et difficile, et il le demeura même quand les structures elles-mêmes commencèrent à changer. L'histoire arabe n'offrait pas de précédent pour les faits nouveaux et les idées nouvelles, la richesse de la langue arabe semblait manquer de termes pour les noter ou même les décrire convenablement.

En inventant son vocabulaire de la politique moderne, l'arabe a eu recours à quatre méthodes principales — l'emprunt, le néologisme, le rajeunissement sémantique et le calque.

L'emprunt est de toutes ces méthodes la moins importante. Par contraste avec d'autres langues, tels le turc et même l'arabe parlé, l'arabe littéraire moderne a accepté

« On Modern Arabic Political Terms », Comite Pro Homenaje F.M. Pareja, *Orientalia Hispanica*, éd. J. M. Barral, I, 1974, pp. 465-471. Repris dans B. Lewis, *Islam in History*, 1973.

très peu de mots d'emprunt, et même ceux-ci, en restant étrangers du point de vue lexical, ont généralement été assimilés grammaticalement. Les mots politiques empruntés arrivaient dans l'ensemble avec des références étrangères identifiables. Celles-ci pouvaient être des institutions, comme *barlamān*, parlement, vraisemblablement du français ; des fonctions, comme *qunṣul*, consul (avec *qunṣuliyya*, consulat) ; des mouvements politiques ou des idéologies, comme *balshafī*, bolchevique, et *fāsh[ist]ī*, fasciste. Le premier est maintenant rare ; le second est employé de façon très étendue, généralement en tant qu'équivalent standardisé de *nāzī*, comme terme d'injure non spécifique pour des adversaires nationaux et politiques. Deux mots empruntés, d'application plus générale, sont *diktātūrī* (aussi *dīktātūrī*), dictatorial, et *dīmūqrāṭī*, démocratique, chacun avec son nom abstrait correspondant se terminant en *iyya*. *Diktātūrī*, terme péjoratif désignant un gouvernement autoritaire, est d'utilité limitée dans les pays arabes à l'époque actuelle. *Dīmūqrāṭī*, d'autre part, est largement employé, avec une étendue de sens très variable, comprenant des éléments dérivés de l'Europe occidentale, et de l'Amérique du Nord et du Sud, aussi bien que de la tradition indigène et de l'expérience [1].

À première vue, il peut sembler surprenant que l'arabe ait dû emprunter le mot *dīmūqrāṭī*. La notion n'était pas entièrement neuve et pouvait avoir été connue des érudits à travers les versions arabes et les adaptations des écrits politiques grecs, où « constitution politique démocratique » (*democratic polity*, en grec *politeia*) est traduit

---

1. Sur les mots d'emprunt, voir, pour plus de détails, Charles ISSAWI, « European Loan-Words in Contemporary Arabic Writing : A Case Study in Modernization », *Middle Eastern Studies*, 3, 1967, pp. 110-133.

madīna jamāʿiyya. A vrai dire, on lisait peu cette littérature au XIXe et au début du XXe siècle, et on peut excuser ceux qui la lisaient de n'avoir pas perçu le rapport entre les systèmes décrits par les philosophes anciens et médiévaux et les idées et les pratiques de leur propre temps, qu'on appelait démocratiques.

On peut faire les mêmes observations à propos de néologismes tels que *djumhūriyya*, république. En arabe classique, l'équivalent usuel du grec *politeia* ou du latin *res publica* était *madīna*, mot de provenance araméenne qui signifia à l'origine une juridiction, puis un pays ou un district, et finalement une cité. Ce mot était évidemment trop vague pour une description politique précise. Quand, à la fin du Moyen Âge, les pays parlant arabe rencontrèrent des républiques en exercice à Venise et ailleurs, ils semblent n'avoir pas éprouvé le besoin d'inventer un terme spécial pour les désigner. Ce ne fut pas avant la Révolution française que les musulmans, reconnaissant l'émergence d'un phénomène politique nouveau, forgèrent un mot nouveau pour le décrire.

Ce terme, comme beaucoup de néologismes arabes du XIXe siècle, fut une création ottomane plutôt qu'arabe. Les Turcs furent le premier groupe dirigeant musulman à affronter les faits et à lire la littérature de la politique moderne et donc à sentir le besoin d'un nouveau vocabulaire, à la fois pour la discussion et l'administration. Le turc était la langue dominante dans l'Empire ottoman, en Asie centrale et le fut même pendant un certain temps en Égypte et dans une partie de l'Afrique du Nord. Quand il céda la place, ce fut généralement à des langues européennes — le français, le russe, l'anglais ou l'italien. L'arabe moderne arriva donc relativement tard, et fut en mesure de se servir d'un important vocabulaire nouveau forgé par les savants, fonctionnaires et journalistes ottomans. Pour les Turcs instruits, l'arabe était une langue classique, une source où ils puisaient, de la même façon que les Européens occidentaux puisaient dans le grec et le latin. Du point de vue lexical, métaphysique et téléphone sont deux mots que nous avons empruntés au grec — mais la différence historique et culturelle entre les deux cas est évidente. Tous deux ont leurs équivalents parmi les mots arabes dans le turc ottoman. Beaucoup, comme métaphysique en anglais, sont des mots empruntés à une culture antérieure en même temps que les idées et les objets qu'ils désignent. D'autres, comme téléphone, sont des créations nouvelles faites pour de nouveaux référents. Quand de tels mots sont adaptés à nouveau dans leur langue d'origine étymologique, ce sont des indigènes du point de vue du lexique, mais sémantiquement des intrus. Tels sont *têlephônon* et *têlegraphima* en grec moderne ; tels aussi sont de nombreux mots nouveaux en arabe moderne.

Ces néologismes trouvés dans le passé comprennent une part importante du vocabulaire politique arabe moderne. *Djumhūriyya*, au début républicanisme puis simplement république, est une création ottomane de la fin du XVIIIᵉ siècle. Un terme arabe pour république, fabriqué pendant l'occupation française en Égypte, *mashyakha*, ne passa pas dans l'usage courant, et disparut bientôt en ce sens. De nos jours, *djumhūriyya* est le mot universellement reconnu pour république dans tous les pays arabes [1].

---

1. Voir l'*Encyclopédie de l'Islam*, 2ᵉ édition, *s.v.* « Djumhūriyya ». Le terme *mashyakha* est encore employé pour république dans une traduction arabe du *Prince* de Machiavel, faite pour Mehemet Ali Pasha, vers 1825. Ce texte, dont il existe un manuscrit à la Bibliothèque nationale égyptienne, est d'un intérêt considérable pour l'histoire de la terminologie politique arabe moderne, et mérite une édition critique.

Deux autres néologismes ottomans de grande popularité à notre époque sont *qawmiyya*, nationalisme, et *ishtirākiyya*, socialisme. Tous deux datent du XIXe siècle, et semblent être des produits du journalisme turc. *Kavim* (de l'arabe *qawm*) est employé en turc au sens de tribu ou peuple, souvent avec un sous-entendu assez dépréciatif, un peu celui du français « peuplade ». *Kavmiyet* fut employé d'abord dans un sens péjoratif, pour signifier tribalisme, et de là un nationalisme dissident, particulariste ou perturbateur. Ainsi, en 1870, Ali Suavi l'emploie en argumentant contre le nationalisme. Pour les musulmans, dit-il, seule l'identité religieuse est importante. La religion les unit ; le nationalisme les diviserait[1]. On trouve la même argumentation chez d'autres écrivains turcs antinationalistes, d'opinions aussi bien panislamiques que pro-ottomanes. En 1913, Mehmet Akif lui donna une expression poétique vigoureuse[2]. La même année, Ahmed Naim publia un livre dénonçant le nationalisme (*kavmiyet*) comme « une innovation étrangère aussi mortelle pour le corps de l'islam que le cancer pour l'homme ».[3]. Même le théoricien du nationalisme turc, Ziya Gökalp, employait *kavim* et *kavmiyet* pour désigner l'identité et la solidarité fondées sur l'affinité ethnique, donc à un niveau plus primitif que la nationalité

1. Midhat Cemal KUNTAY, *Sarikli ihtilâlci Ali Suavi*, Istamboul, 1946, pp. 58-59 ; Serif MARDIN, *The Genesis of Young Ottoman Thought*, Princeton, N.J., 1962, p. 372.
2. Mehmet Akif ERSOY, « Hakkin sesleri », in *Safahat*, 6e éd., Istamboul, 1963, pp. 205-206 ; Bernard LEWIS, *The Middle East and the West*, Londres et Bloomington, Ind., 1964, p. 89.
3. Ahmed NAIM, *Islâmda dava-yi kavmiyet*, Istamboul, 1913, cité par Niyazi BERKES, dans *The Development of Secularism in Turkey*, Montréal, 1964, pp. 374-375.

fondée sur la religion (*ümmet*) ou la culture (*millet*)[1].

En turc, *kavmiyet* resta dans l'ensemble dépréciateur et tomba peu à peu en désuétude. En arabe, toutefois, le mot entra dans une phase nouvelle d'évolution. Il apparaît dans la proclamation publiée par le chérif Hussein du Hedjaz, en 1916[2], et, par la suite, devient d'usage arabe normal. Plus récemment, on l'a spécialisé pour désigner le nationalisme panarabe, par opposition aux fidélités nationales ou plutôt patriotiques de chacun des pays arabes.

Le socialisme, dans le turc du XIXᵉ siècle, était *ishtirāk-i emvāl*, littéralement « le partage de la propriété », d'où *ishtirakji*, un socialiste, et *ishtiraki*, socialiste. En turc, le terme tomba en désuétude, et fut remplacé par *sosyalist*. Adopté en arabe, il trouva bientôt une acception universelle.

D'autres néologismes arabes ottomans comprennent des expressions savantes, comme *iqtiṣādi*, économique, et un large éventail de termes administratifs publics, tels que *khārijiyya*, affaires étrangères, *dākhiliyya*, affaires intérieures, et *baladiyya*, municipalité.

À part l'usage ottoman, les néologismes arabes viennent de deux sources principales : l'Égypte et les chrétiens arabophones, en particulier les maronites du Liban et d'ailleurs. Ils comprennent des termes comme *ʿalamānī*

---

1. U. HEYD, *Foundations of Turkish Nationalism*, Londres, 1950, p. 60 ; cf. Ziya GÖKALP, *Turkish Nationalism and Western Civilization*, trad. et éd. par Niyazi Berkes, Londres, 1959, pp. 79 et suiv., 97 et suiv., 113 et suiv., 126 et suiv.

2. Cf. Ernest DAWN, « Ideological Influences in the Arab Revolt », in *The World of Islam : Studies in Honour of Philip K. Hitti*, James Kritzeck et R. Bayly Winder ed., Londres, 1959, p. 240, citant la *Revue du Monde musulman*, 47, 1921, pp. 24-27 du texte arabe, 15-20 de la traduction.

(jadis ʿ*ālamānī*), laïque (de ʿ*ālam*, le monde, d'où mondain) ; *shuyūʿī*, communiste (de *shuyūʿ* ou *shiyāʿ*, terme juridique désignant la propriété des biens en commun) ; *duwalī*, international (dérivé, contrairement à l'usage grammatical accepté, du pluriel brisé de *dawla*, l'État) ; *iqṭāʿī*, féodal (de *iqṭāʿ*, l'octroi d'un revenu à un officier ou à un fonctionnaire dans les États islamiques médiévaux) ; *radjʿī*, réactionnaire (de *radjaʿa*, retour, ou s'en retourner) ; *diʿāya*, propagande (de *daʿā*, appeler ou convoquer, terme appliqué techniquement à la prédication des missionnaires de certaines sectes, dans l'islam médiéval). La plupart de ces mots datent de la fin du XIXe ou du début du XXe siècle.

Une autre méthode pour créer de nouveaux mots est de procéder à un rajeunissement sémantique ou à une resémantisation. Ainsi un vieux mot, désuet ou non, reçoit, de façon plus ou moins arbitraire, un sens nouveau différent de ceux qu'il exprimait jusqu'alors. Deux exemples, tous deux du XIXe siècle : *ḥukūma*, gouvernement, et *dustūr*, constitution [1]. En arabe classique, *ḥukūma* était un nom d'action et signifiait l'acte, plus tard aussi la fonction de juger, de dispenser la justice, que ce soit le fait d'un arbitre, d'un juge ou d'un dirigeant. Après quelque développement sémantique, il fut adopté par le turc du début du XIXe siècle pour exprimer la notion européenne de gouvernement, c'est-à-dire le groupe d'hommes exerçant l'autorité de l'État, comme distinct de l'abstraction de l'État, d'une part, et de la personne du souverain, de l'autre. En ce sens, il est passé en arabe, où il est devenu d'usage courant à la fin du XIXe siècle.

Dustūr vient d'un mot persan et désignait à l'origine une personne qui exerce l'autorité, plus spécialement un

---

1. Voir l'*Encyclopédie de l'Islam*, 2e éd.

membre du clergé zoroastrien. Dans l'usage arabe classique, il avait plusieurs sens, mais signifiait couramment une règle ou un ensemble de règles, surtout dans les corporations d'artisans. Son usage moderne, au sens de constitution, est sûrement un développement de ce dernier sens.

D'autres remises à neuf plus récentes de vieux mots comprennent *shuʿūbiyya*, particularisme local (c'est-à-dire non panarabe ; à l'origine, le terme désignait une faction anti-arabe des temps médiévaux) ; *fidāʾī*, guérillero ou commando (littéralement quelqu'un qui offre sa vie en rançon, employé spécialement pour les terroristes envoyés par la secte islamique médiévale connue sous le nom d'Assassins) ; *thawra*, révolution, à l'origine soulèvement, du verbe *thāra*, se soulever, d'abord dans le sens physique, par exemple — pour citer des exemples donnés par les lexicographes classiques — un chameau se levant sur ses pieds, un nuage de sauterelles se levant dans l'air, et de là, par extension, une insurrection.

Il est tentant d'inclure dans cette catégorie des mots comme *umma*, nation, et *shaʿb*, peuple, puisque de nos jours leur contenu diffère radicalement de l'usage arabe classique, ou même moderne à ses débuts. On pourrait, toutefois, les placer plus correctement dans la quatrième catégorie, celle de la traduction avec emprunt ou calque.

C'est, de nos jours, la méthode de loin la plus courante pour se procurer des mots nouveaux, et elle a produit la plus grande part du vocabulaire technique arabe moderne, en politique comme dans d'autres champs d'activité et thèmes de discussion. En bref, dans la traduction avec calque, il s'agit d'un mot arabe qui reçoit un changement de sens ou un sens plus étendu, emprunté au développement historique du mot équivalent dans une autre langue. Les traductions avec calque se rencontrent même en arabe classique — par exemple dans les termes *umm al-qurā*, « mère des villes », du grec *mêtropolis*, et *tadbīr al-manzil*, « direction de la maison », économie, du grec *oikonomia*. Dans les temps modernes, on les a jusqu'ici tirés de l'anglais ou du français. Un ou deux exemples simples peuvent suffire pour expliquer le processus. *Kahrabā'*, en arabe classique, veut dire ambre, en arabe moderne électricité : c'est là l'évolution même du mot occidental, qui vient du grec ancien *êlektros*, ambre. *Adhāʿa*, en arabe classique, veut dire répandre ou semer des nouvelles ou des informations, c'est-à-dire diffuser, au sens anglais prétechnique du mot *broadcast*. En arabe moderne, il a imité le développement du mot anglais et acquis le sens d'une transmission par la radio publique.

La traduction décalquée de termes politiques prend plusieurs formes. Les premiers exemples sont des termes politiques islamiques courants, employés avec un changement de sens dont les usagers n'étaient probablement pas conscients. Ainsi, selon les dictionnaires, *malik* signifie roi et *wazīr* signifie ministre — mais l'emploi de ces mots pour des monarques européens, ou de style européen, du XIXᵉ siècle et les membres de leurs gouvernements représentait une modification substantielle du sens appliqué jusque-là en ces termes parmi les arabophones. On peut en dire autant d'autres termes tels que *umma*, communauté politico-religieuse, nation ; *dawla*, dynastie, gouvernement, État ; *raʾīs*, tête, chef, président ; *ḥizb*, faction, groupe, parti ; *istiqlāl*, règle sans restriction, indépendance ; *zaʿīm*, garant, prétendant, guide, leader.

Le dernier de ces mots est particulièrement intéressant. Dans l'arabe classique des débuts, *zaʿīm* avait les sens de guide, porte-parole, ou garant. Dans la pratique médiévale, il désignait surtout les dirigeants ou les prétendants dont le locuteur ne reconnaissait pas la revendication. Il fut ainsi appliqué par des auteurs sunnites aux chefs des sectes ismaéliennes en Perse et en Syrie et à la tête de la communauté juive à Bagdad ; il fut aussi employé par les scribes au service du sultanat mamelouk d'Égypte pour désigner les « calises » zaydī et almohades, dans le Yémen et l'Afrique du Nord, dont le titre au califat n'était pas admis. Ce sens de « prétendant » ou de « revendicateur non fondé » (*pretender, false claimant*) est confirmé par un lexique arabe-espagnol de 1505, qui explique *za'īm* comme *hablador de sobervias, vanaglorioso*[1]. Le mot *za'īm* devint d'usage général dans les années trente, quand on eut besoin d'un équivalent pour *Duce* ou *Führer*.

Dans tous ces mots, la nouvelle signification est une extension plus qu'un remplacement du vieux contenu politique, qui demeure et peut avoir un effet sur l'emploi et la compréhension de ces termes dans la vie politique arabe, souvent pour la confusion des observateurs extérieurs. Dans un autre type de traduction avec calque, le sens politique est entièrement nouveau. Ainsi, le mot *inqilāb*, en arabe classique, veut dire révolution au sens littéral — c'est-à-dire qui tourne, en rotation. En 1870, probablement pour la première fois, l'activiste émigré turc, Mehmed Bey, employa le mot dans son sens

1. Voir Hasan al-Bāshā, *Al-Alqāb al-Islāmiyya fi'l-ta'rīkh wa'l-wathā'iq wa'l-āthār*, Le Caire, 1957, pp. 310-311 ; R. DOZY, *Supplément aux dictionnaires arabes*, 2ᵉ éd., Leyde-Paris, 1927, I, p. 593 ; autres exemples dans ABŪ SHĀMA, *Tarādjim ridjāl al-qarnayn al-sādis wa'l-sābi'*, Muh. Zāhid al-Kawtharī éd., Le Caire, 1947, p. 81 ; IBN AL-FUWATĪ, *Al-Ḥawādith al-djāmi'a*, Mustafā Djawād éd., Bagdad, 1351 H., p. 218 ; IBN AL-'ADIM, Bernard Lewis éd., in *Arabica*, 13, 1966, p. 266.

moderne[1]. En turc, *inqilāb* devint et est resté le « bon »
mot pour révolution, employé pour les révolutions que le
locuteur approuve ; d'autre part, en arabe, il a acquis un
sens péjoratif et est employé pour signifier quelque chose
qui peut être traduit par le français *coup* ou l'allemand
Putsch — l'expérience anglaise ne fournit heureusement
pas d'équivalent qui convienne.

Il y a beaucoup d'autres mots, jadis non politiques, qui
ont acquis une nouvelle signification politique tirée de
l'usage panoccidental. Ils comprennent des termes
comme *ḥurriyya*, liberté[2] ; *al-ra'y al-'amm*, opinion
publique ; *majlis nuwwāb*, Chambre des députés ; *majlis
shuyūkh*, Sénat ; *istiʿmār*, colonisation ; *muḥāfiz*, conservateur ; *waṭan*, pays, *patrie** ; *intikhāb*, élection ;
taʿāyush, coexistence ; et *taṣaʿud*, escalade.

L'apparition du vocabulaire politique arabe moderne
est un aspect important de la vie politique et culturelle du
monde islamique. Une étude attentive de son évolution
est indispensable pour la critique des textes et des
documents ; une appréciation des strates de contenu du
langage courant de la politique peut contribuer grandement au déchiffrage des symboles politiques et des
compétences, et, ainsi, à une meilleure compréhension de
la pensée, des buts et des processus politiques.

1. Voir ci-dessus, p. 79 ; et Bernard LEWIS, *The Emergence of
Modern Turkey*, 2ᵉ éd., Londres, 1968, p. 156 ; S. MARDIN, *The Genesis
of Young Ottoman Thought*, pp. 23, 215.

2. Dans l'usage classique, c'était un terme juridique, à l'occasion
social, mais jamais politique. Sur son développement moderne, voir ci-
dessus, p. 126 et suivantes.

* En français dans le texte.

Composition Bussière.
Impression S.E.P.C. à Saint-Amand (Cher),
le 23 août 1993.
Dépôt légal : août 1993.
Numéro d'imprimeur : 1506-1460.
ISBN 2-07-032796-5. / Imprimé en France.